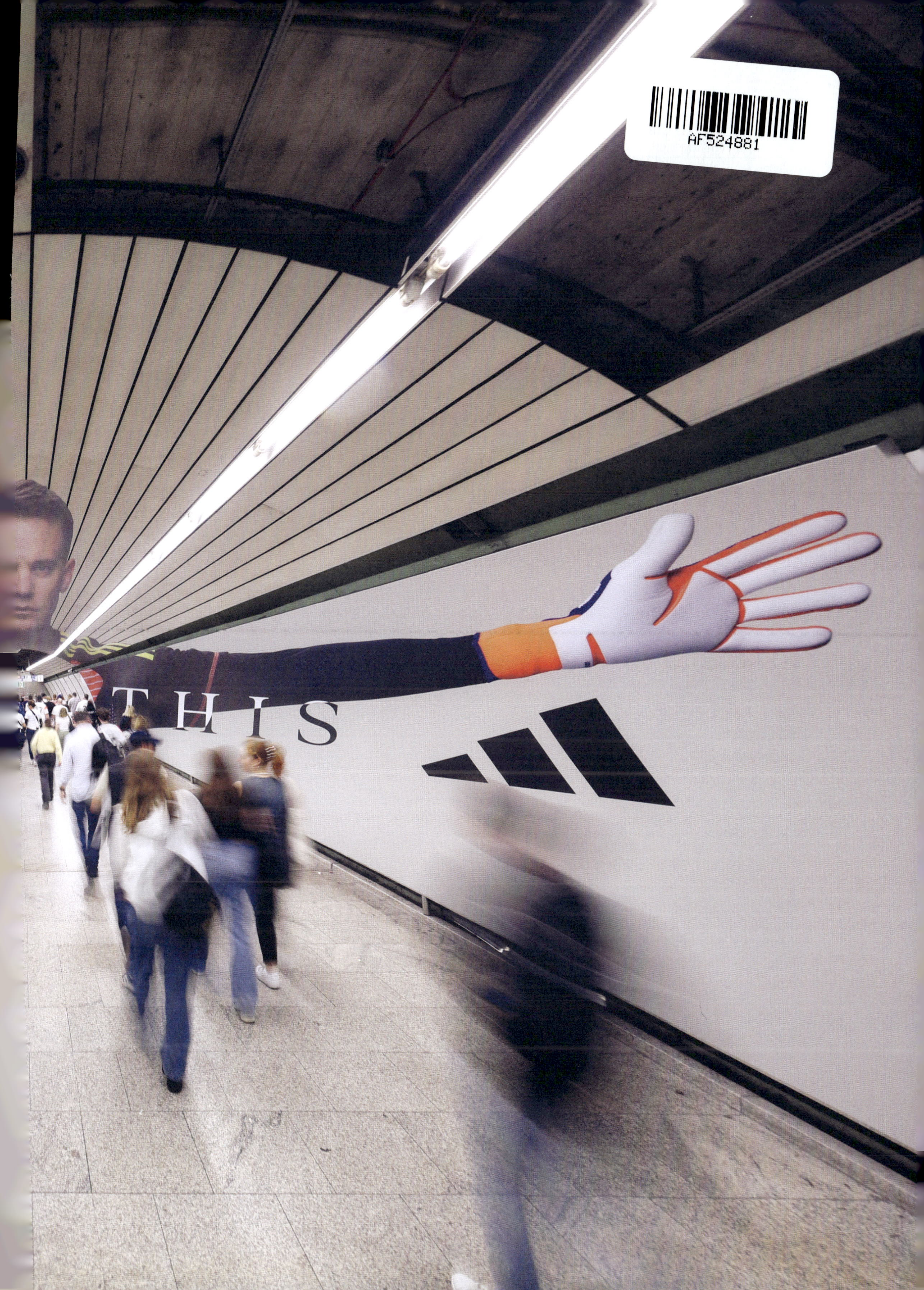
THIS

FUSSBALL EM 2024

Alle Spiele, alle Tore und die besten Fotos der Heim-EM

Dino Reisner • Siegmund Dunker

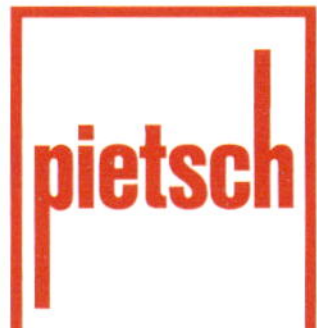

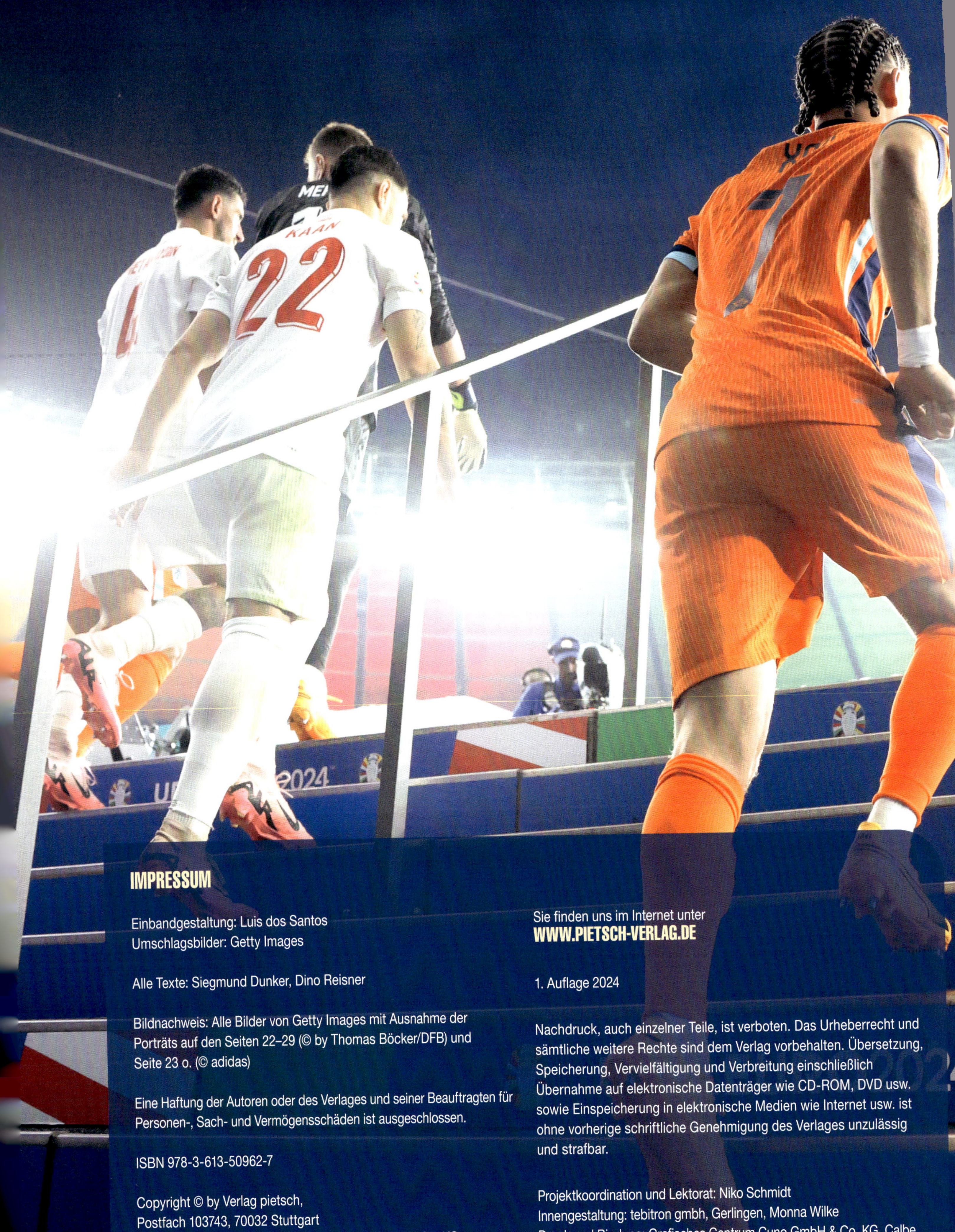

IMPRESSUM

Einbandgestaltung: Luis dos Santos
Umschlagsbilder: Getty Images

Alle Texte: Siegmund Dunker, Dino Reisner

Bildnachweis: Alle Bilder von Getty Images mit Ausnahme der Porträts auf den Seiten 22–29 (© by Thomas Böcker/DFB) und Seite 23 o. (© adidas)

ISBN 978-3-613-50962-7

Sie finden uns im Internet unter
WWW.PIETSCH-VERLAG.DE

1. Auflage 2024

Projektkoordination und Lektorat: Niko Schmidt
Innengestaltung: tebitron gmbh, Gerlingen, Monna Wilke
Druck und Bindung: Grafisches Centrum Cuno GmbH & Co. KG, Calbe

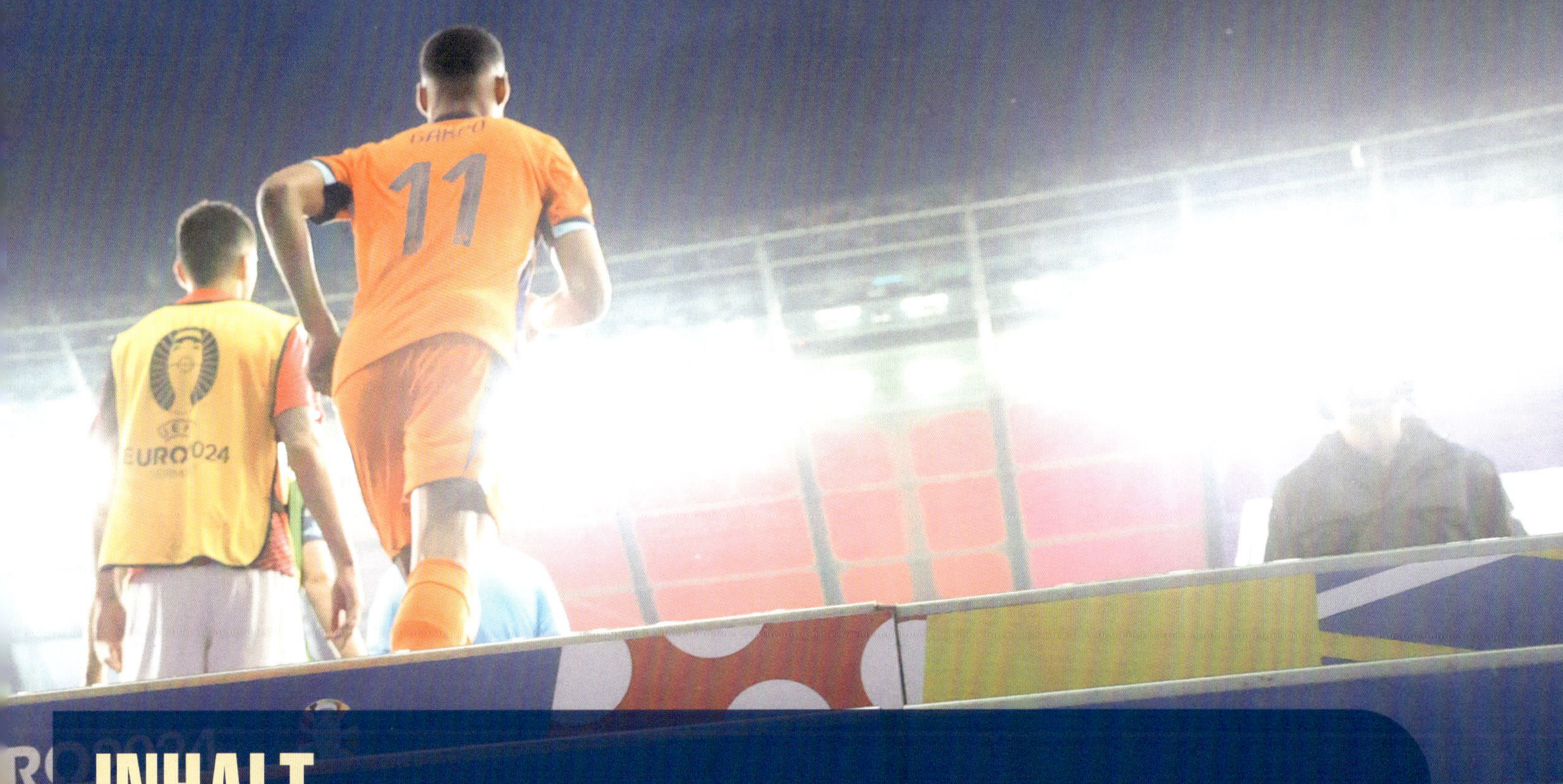

INHALT

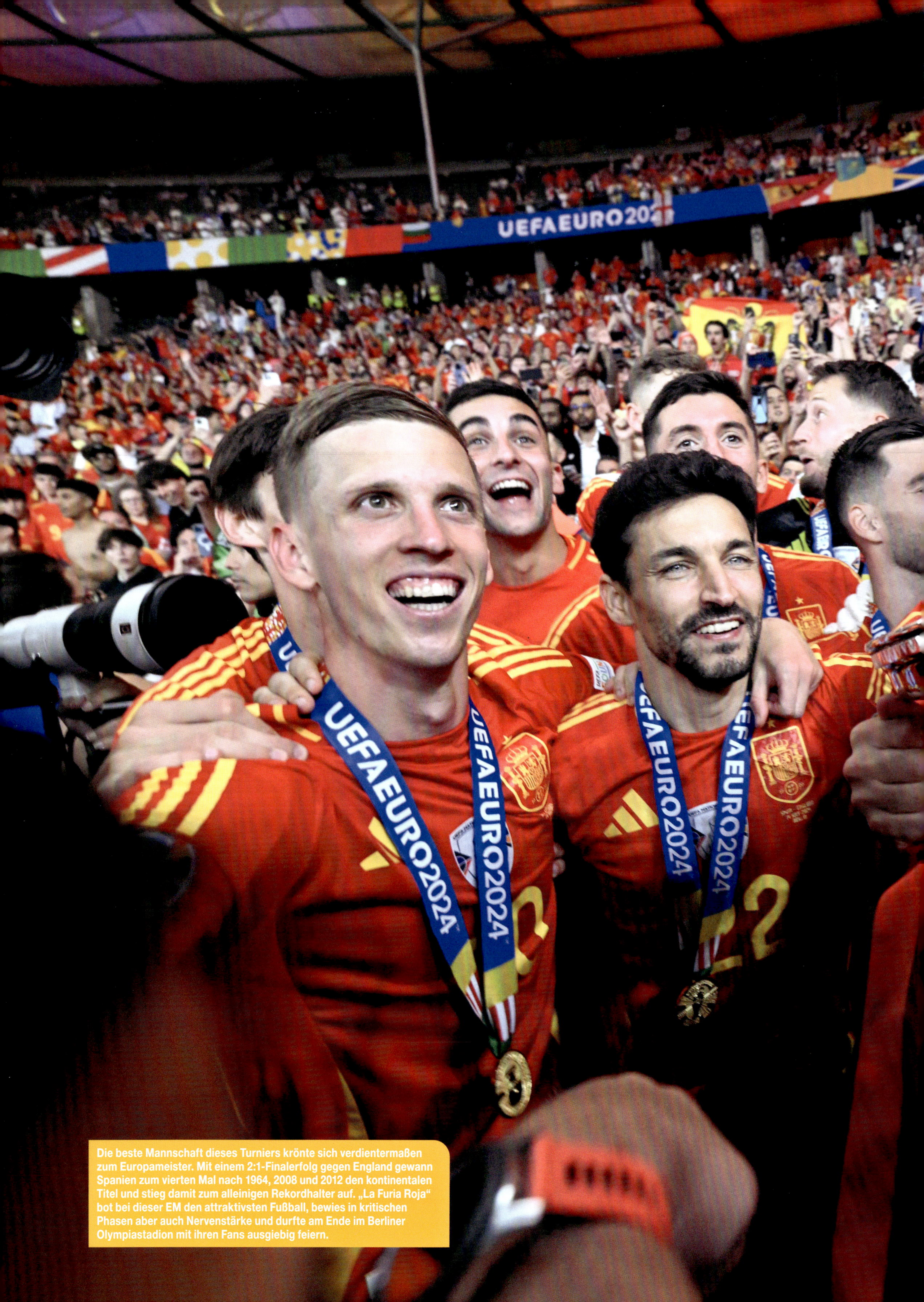

Die beste Mannschaft dieses Turniers krönte sich verdientermaßen zum Europameister. Mit einem 2:1-Finalerfolg gegen England gewann Spanien zum vierten Mal nach 1964, 2008 und 2012 den kontinentalen Titel und stieg damit zum alleinigen Rekordhalter auf. „La Furia Roja“ bot bei dieser EM den attraktivsten Fußball, bewies in kritischen Phasen aber auch Nervenstärke und durfte am Ende im Berliner Olympiastadion mit ihren Fans ausgiebig feiern.

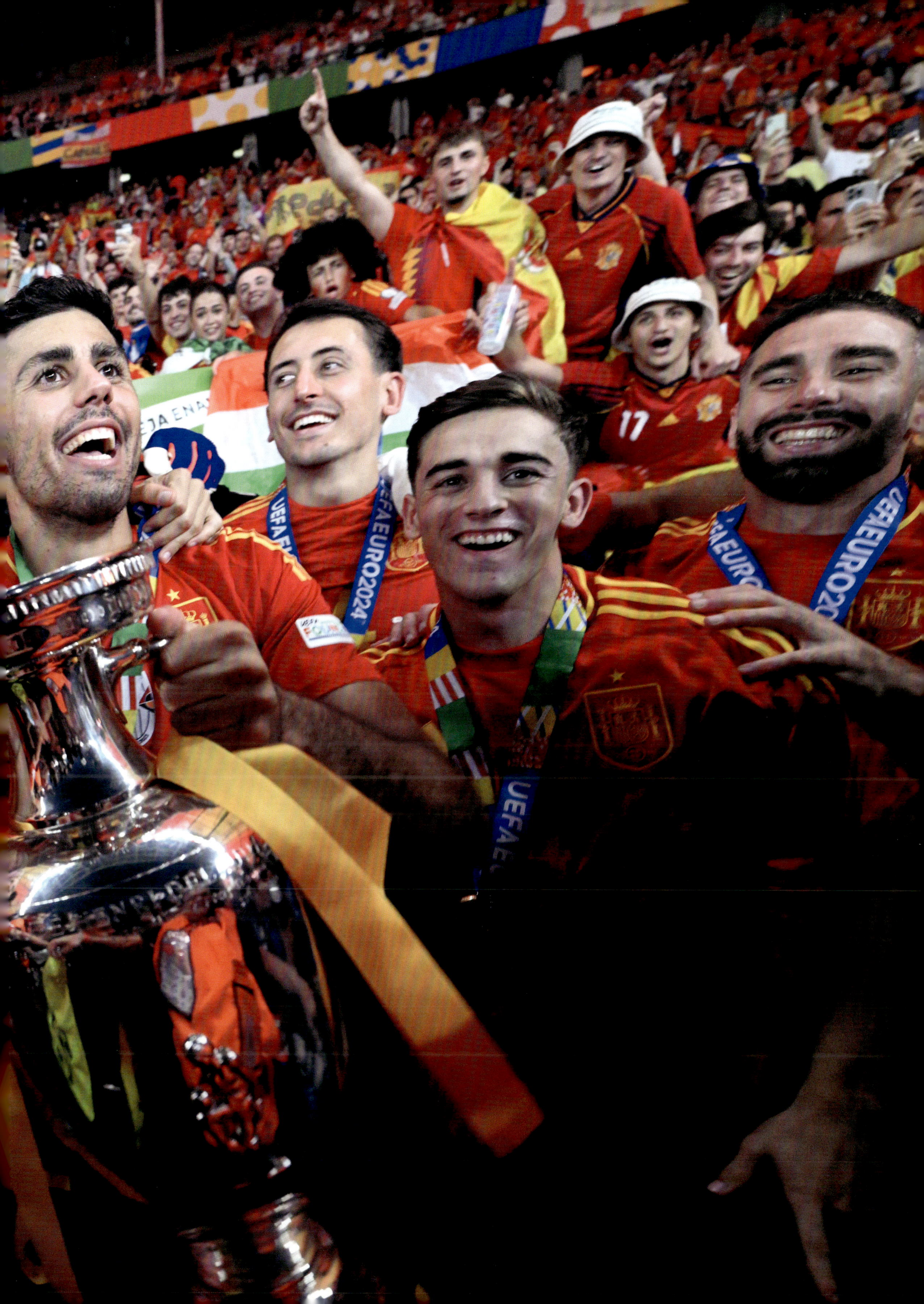
UEFA EURO2024

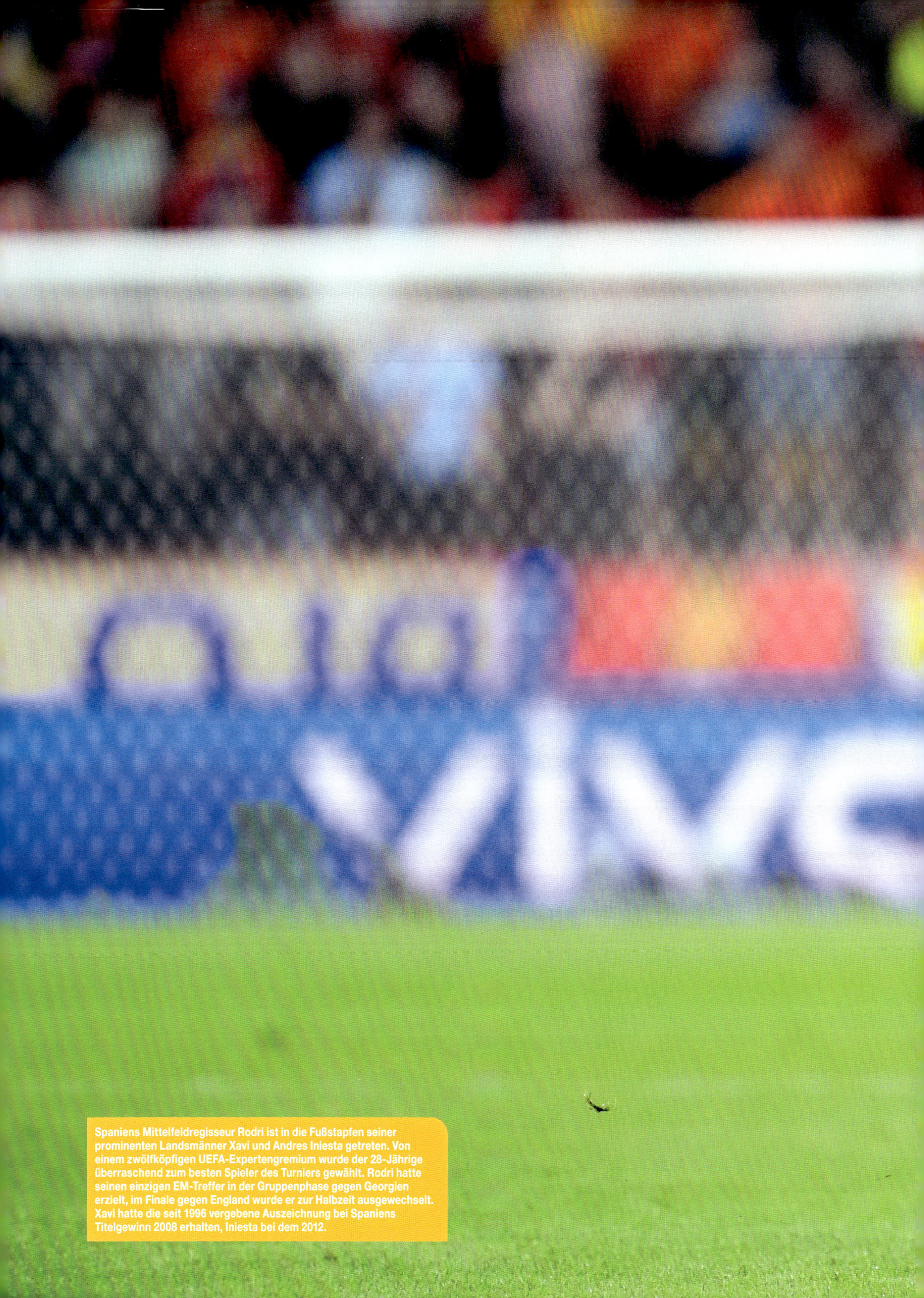

Spaniens Mittelfeldregisseur Rodri ist in die Fußstapfen seiner prominenten Landsmänner Xavi und Andres Iniesta getreten. Von einem zwölfköpfigen UEFA-Expertengremium wurde der 28-Jährige überraschend zum besten Spieler des Turniers gewählt. Rodri hatte seinen einzigen EM-Treffer in der Gruppenphase gegen Georgien erzielt, im Finale gegen England wurde er zur Halbzeit ausgewechselt. Xavi hatte die seit 1996 vergebene Auszeichnung bei Spaniens Titelgewinn 2008 erhalten, Iniesta bei dem 2012.

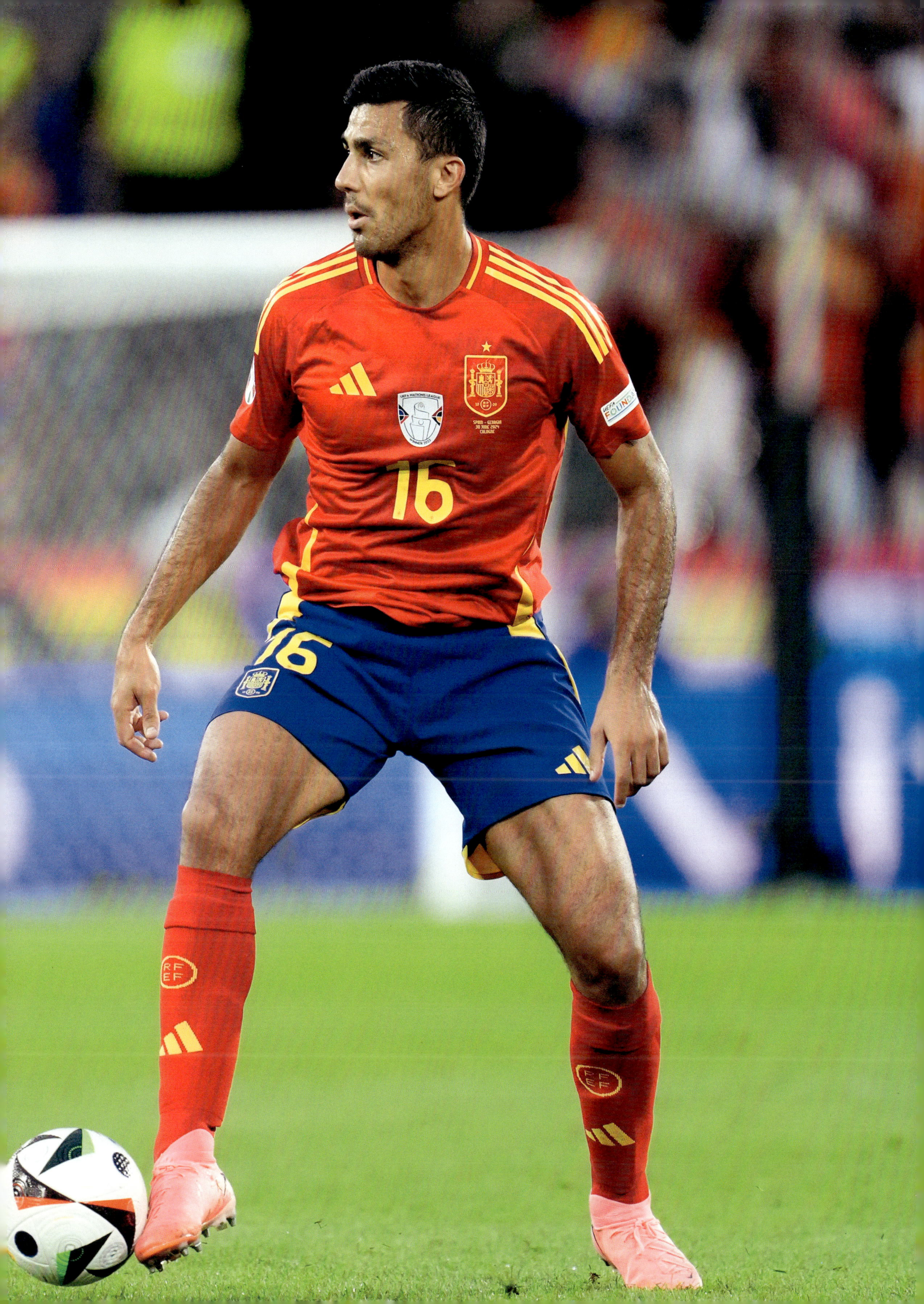
16
16
RF EF

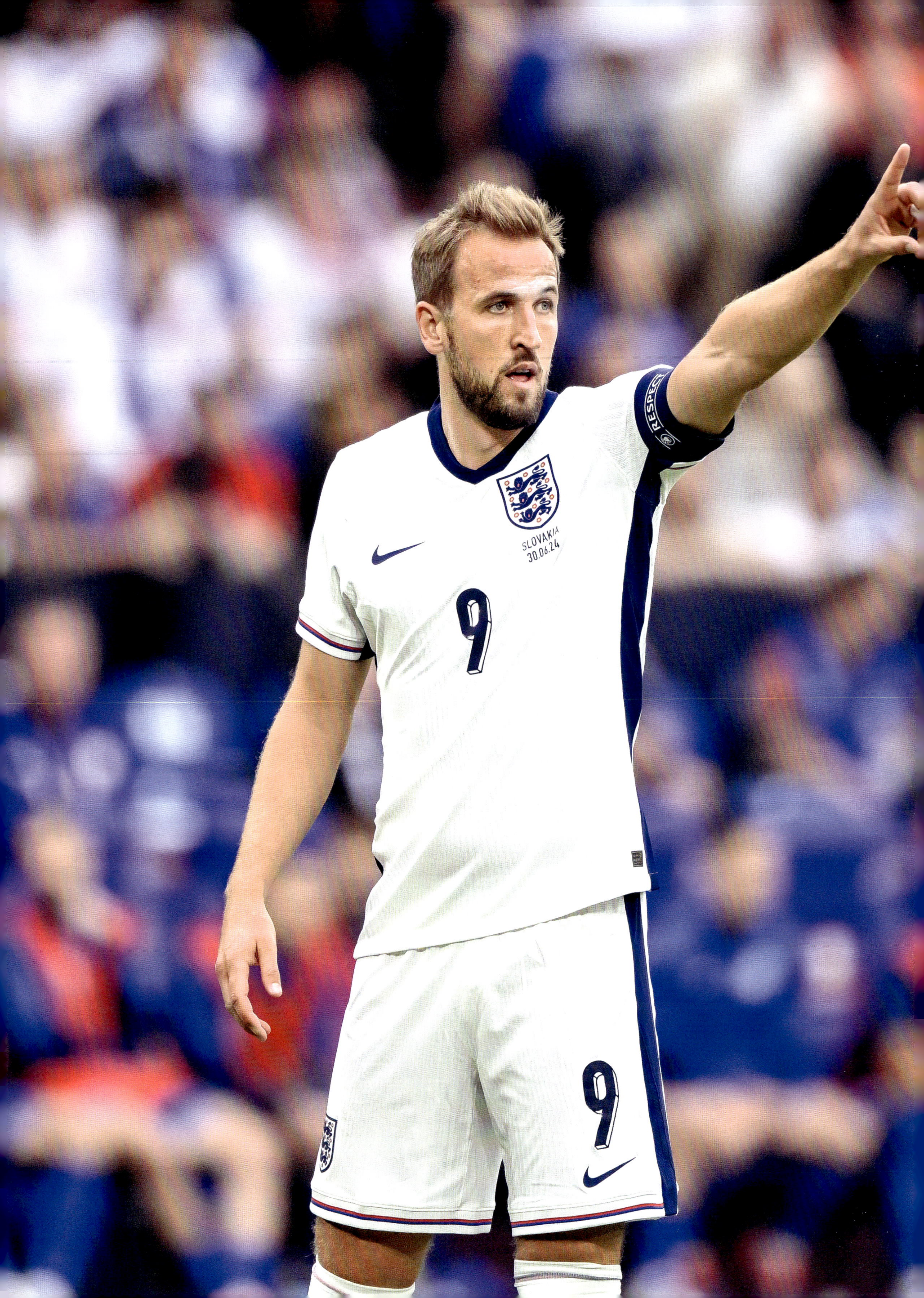
SLOVAKIA
30.06.24

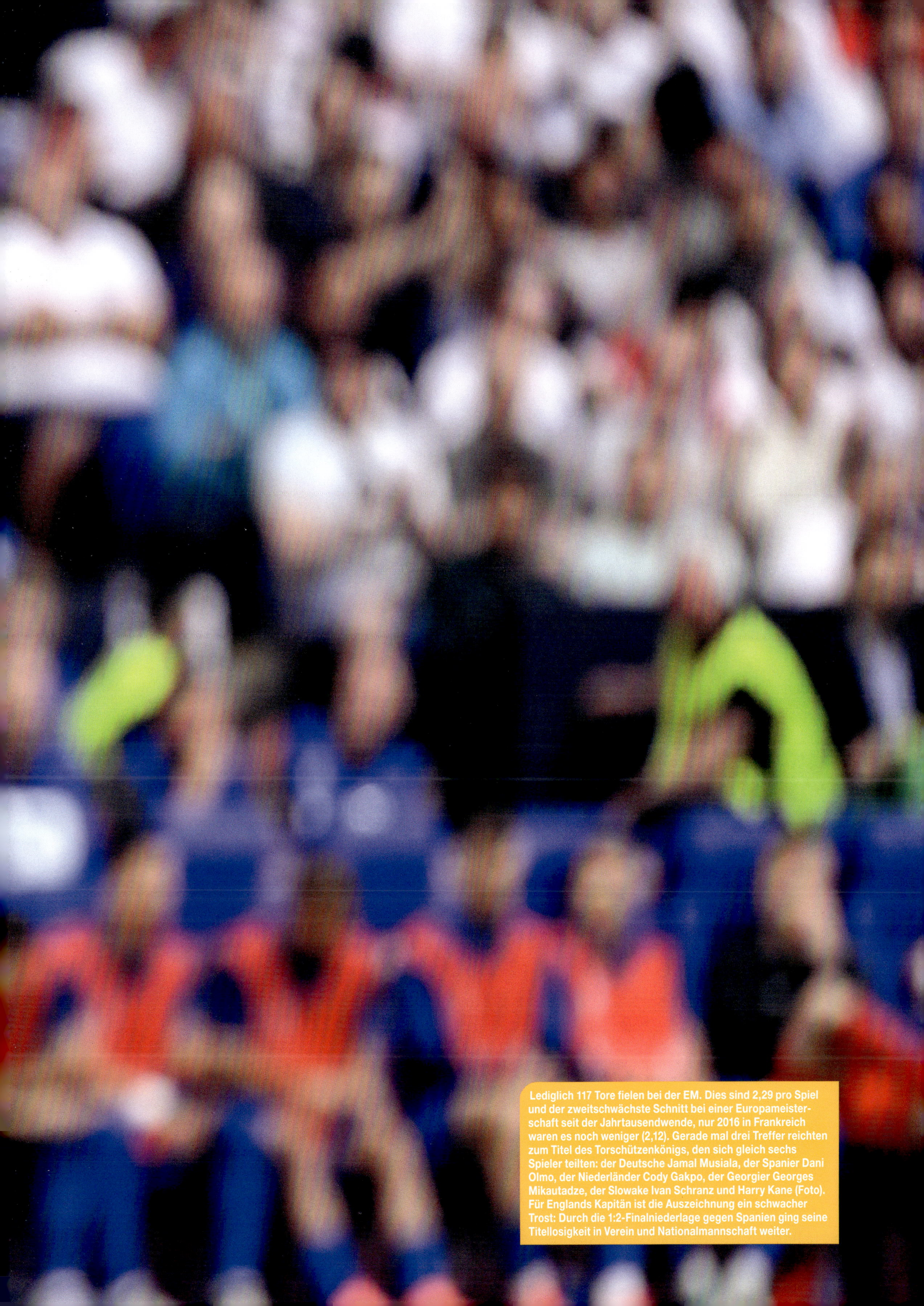

Lediglich 117 Tore fielen bei der EM. Dies sind 2,29 pro Spiel und der zweitschwächste Schnitt bei einer Europameisterschaft seit der Jahrtausendwende, nur 2016 in Frankreich waren es noch weniger (2,12). Gerade mal drei Treffer reichten zum Titel des Torschützenkönigs, den sich gleich sechs Spieler teilten: der Deutsche Jamal Musiala, der Spanier Dani Olmo, der Niederländer Cody Gakpo, der Georgier Georges Mikautadze, der Slowake Ivan Schranz und Harry Kane (Foto). Für Englands Kapitän ist die Auszeichnung ein schwacher Trost: Durch die 1:2-Finalniederlage gegen Spanien ging seine Titellosigkeit in Verein und Nationalmannschaft weiter.

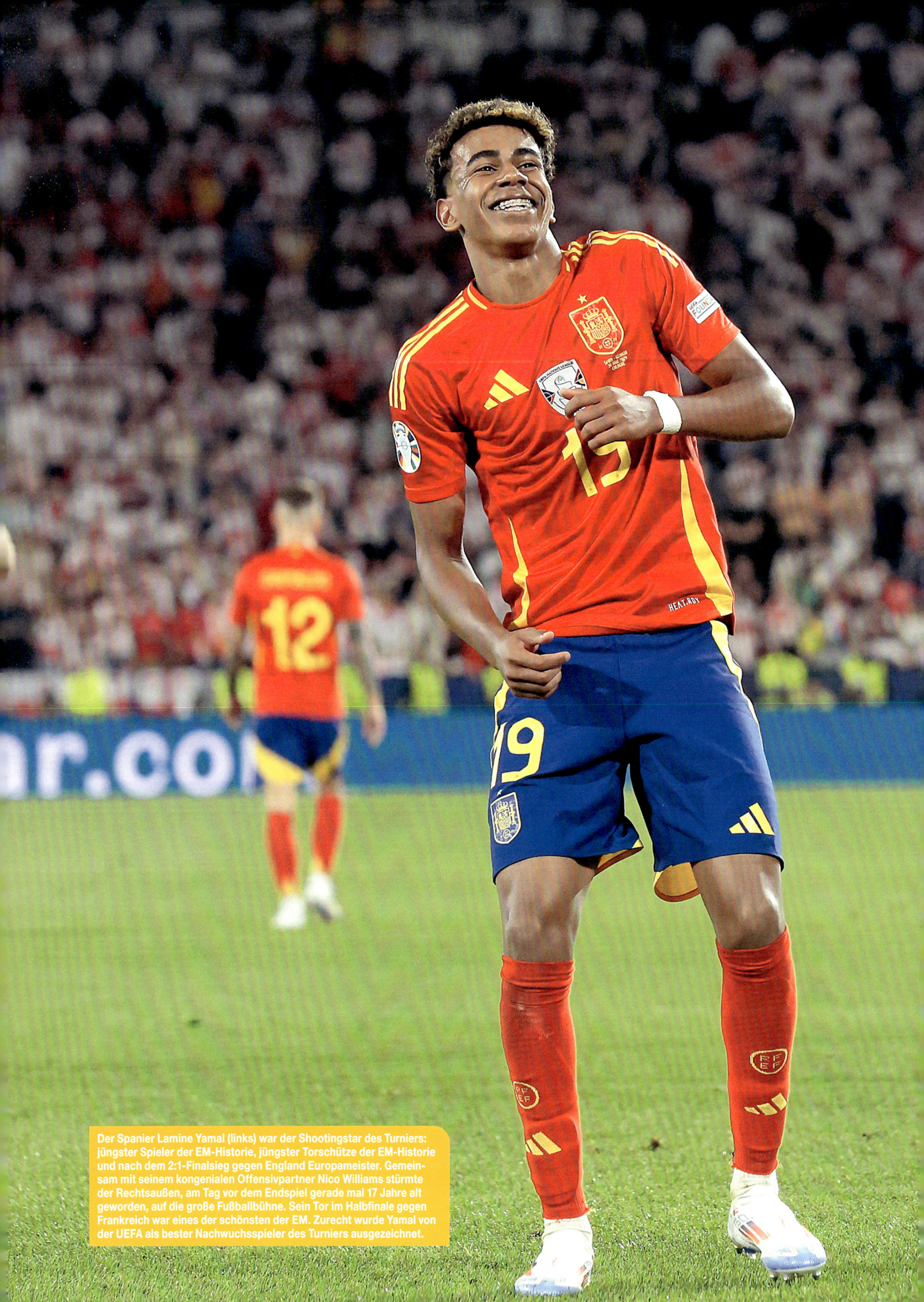

Der Spanier Lamine Yamal (links) war der Shootingstar des Turniers: jüngster Spieler der EM-Historie, jüngster Torschütze der EM-Historie und nach dem 2:1-Finalsieg gegen England Europameister. Gemeinsam mit seinem kongenialen Offensivpartner Nico Williams stürmte der Rechtsaußen, am Tag vor dem Endspiel gerade mal 17 Jahre alt geworden, auf die große Fußballbühne. Sein Tor im Halbfinale gegen Frankreich war eines der schönsten der EM. Zurecht wurde Yamal von der UEFA als bester Nachwuchsspieler des Turniers ausgezeichnet.

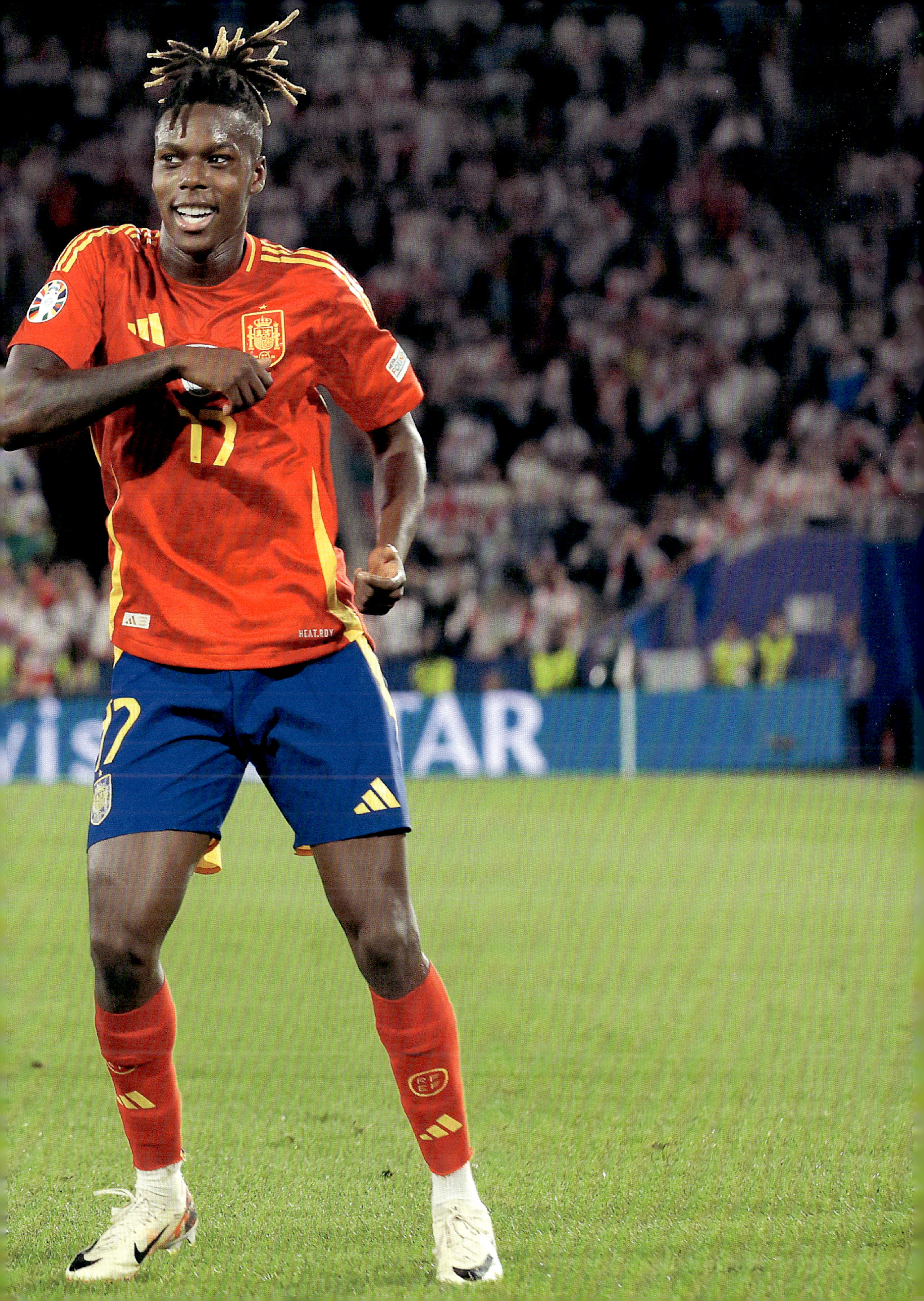

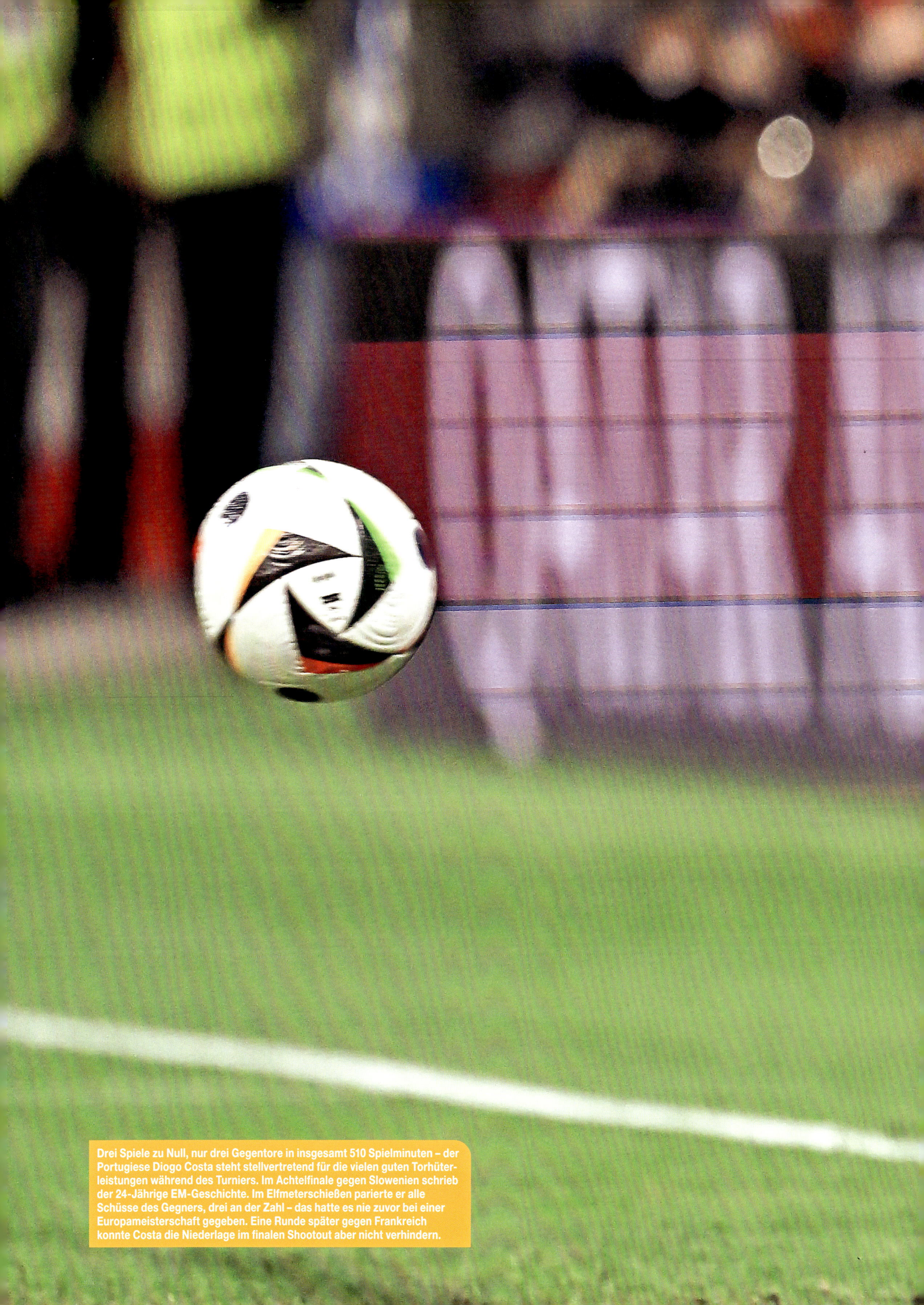

Drei Spiele zu Null, nur drei Gegentore in insgesamt 510 Spielminuten – der Portugiese Diogo Costa steht stellvertretend für die vielen guten Torhüterleistungen während des Turniers. Im Achtelfinale gegen Slowenien schrieb der 24-Jährige EM-Geschichte. Im Elfmeterschießen parierte er alle Schüsse des Gegners, drei an der Zahl – das hatte es nie zuvor bei einer Europameisterschaft gegeben. Eine Runde später gegen Frankreich konnte Costa die Niederlage im finalen Shootout aber nicht verhindern.

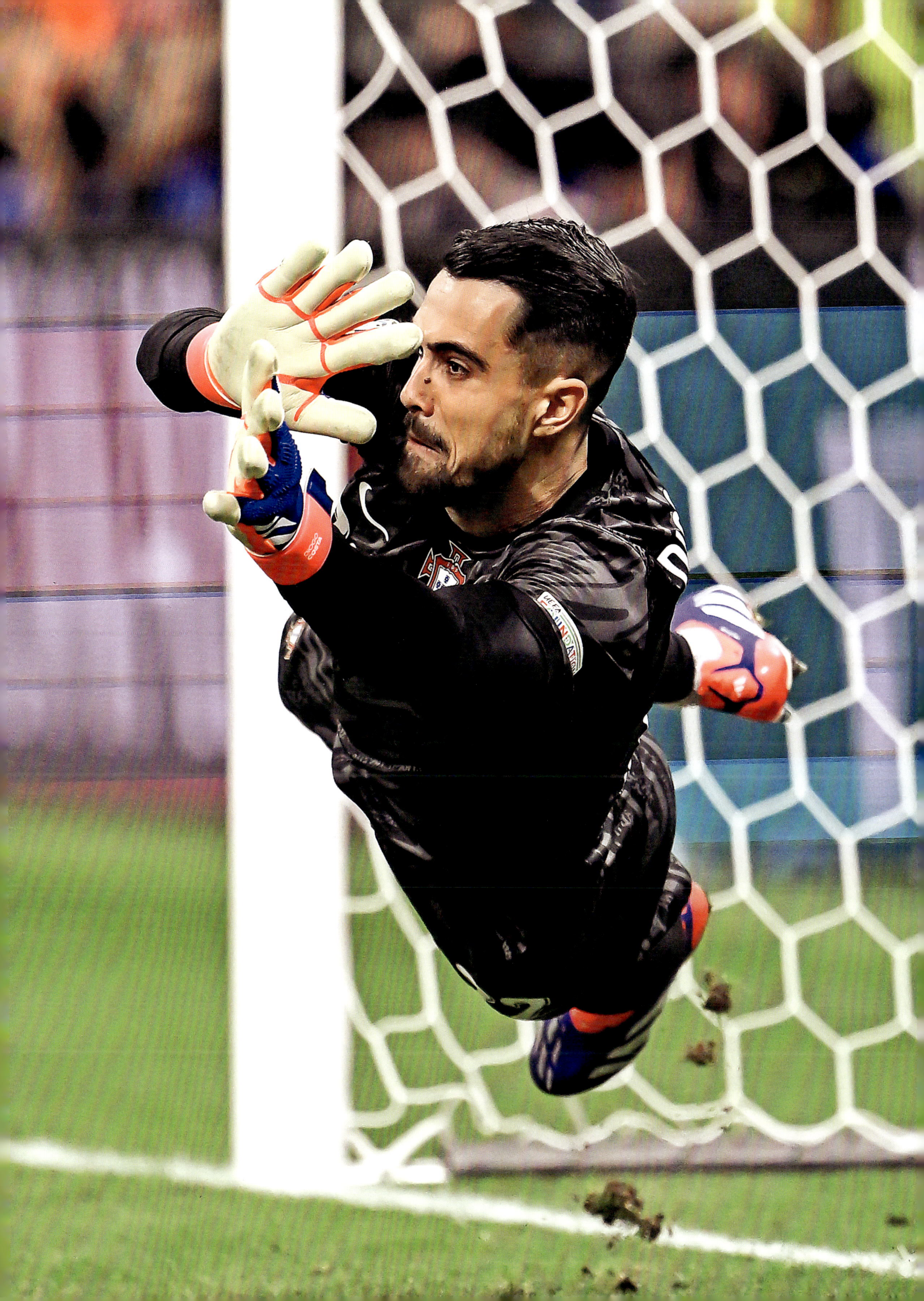

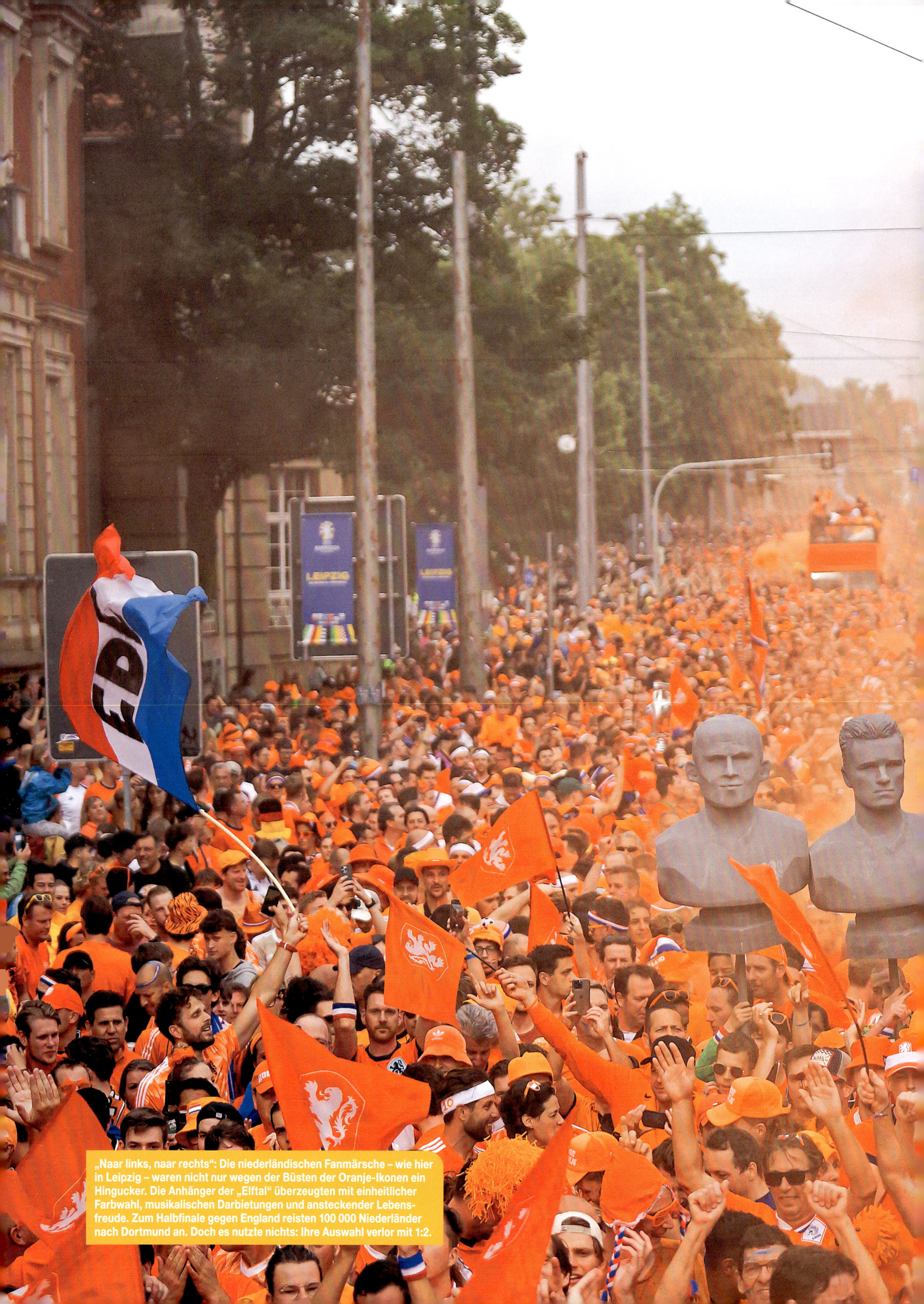

„Naar links, naar rechts“: Die niederländischen Fanmärsche – wie hier in Leipzig – waren nicht nur wegen der Büsten der Oranje-Ikonen ein Hingucker. Die Anhänger der „Elftal“ überzeugten mit einheitlicher Farbwahl, musikalischen Darbietungen und ansteckender Lebensfreude. Zum Halbfinale gegen England reisten 100 000 Niederländer nach Dortmund an. Doch es nutzte nichts: Ihre Auswahl verlor mit 1:2.

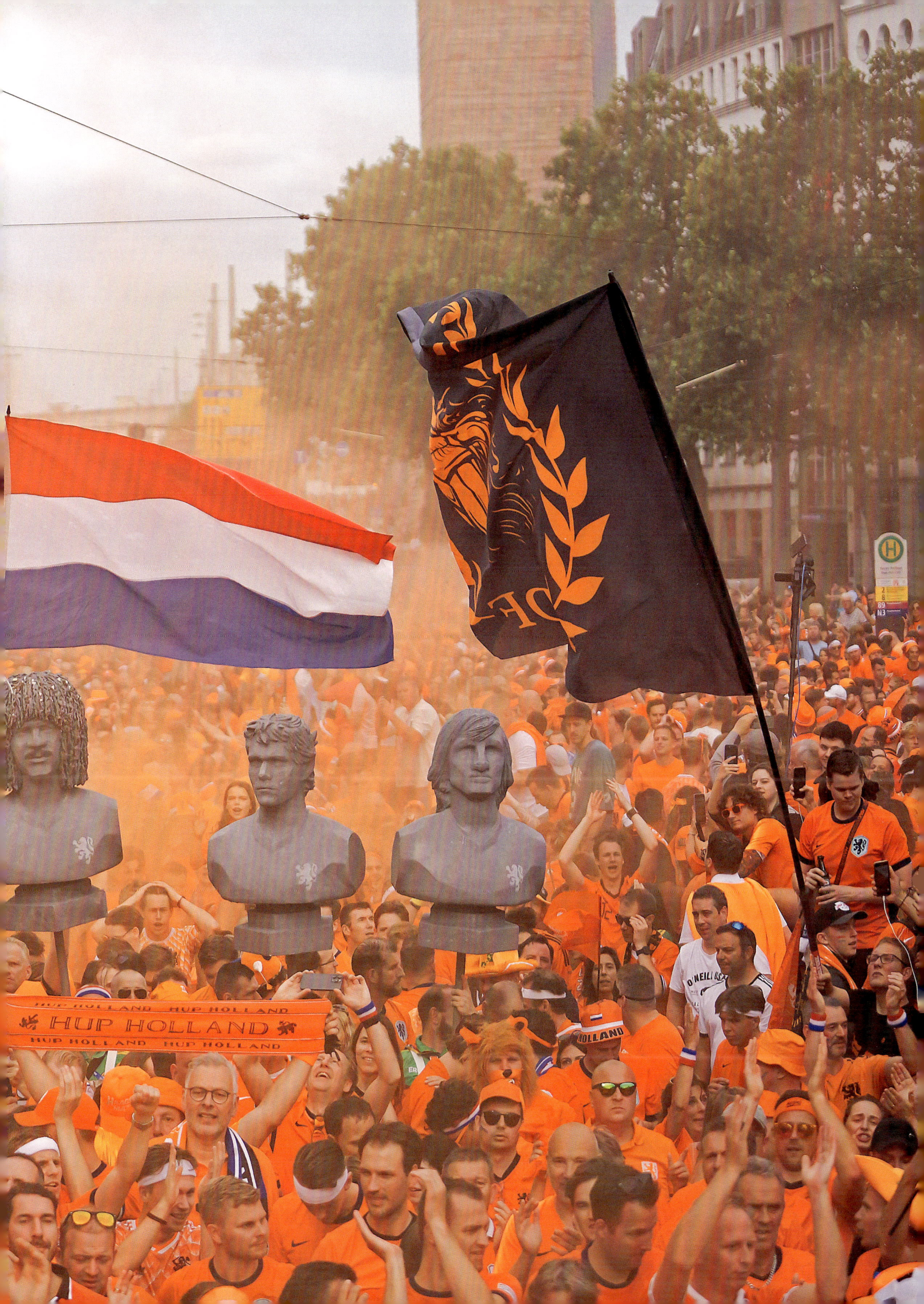
HUP HOLLAND HUP HOLLAND
HUP HOLLAND
HUP HOLLAND HUP HOLLAND
HOLLAND

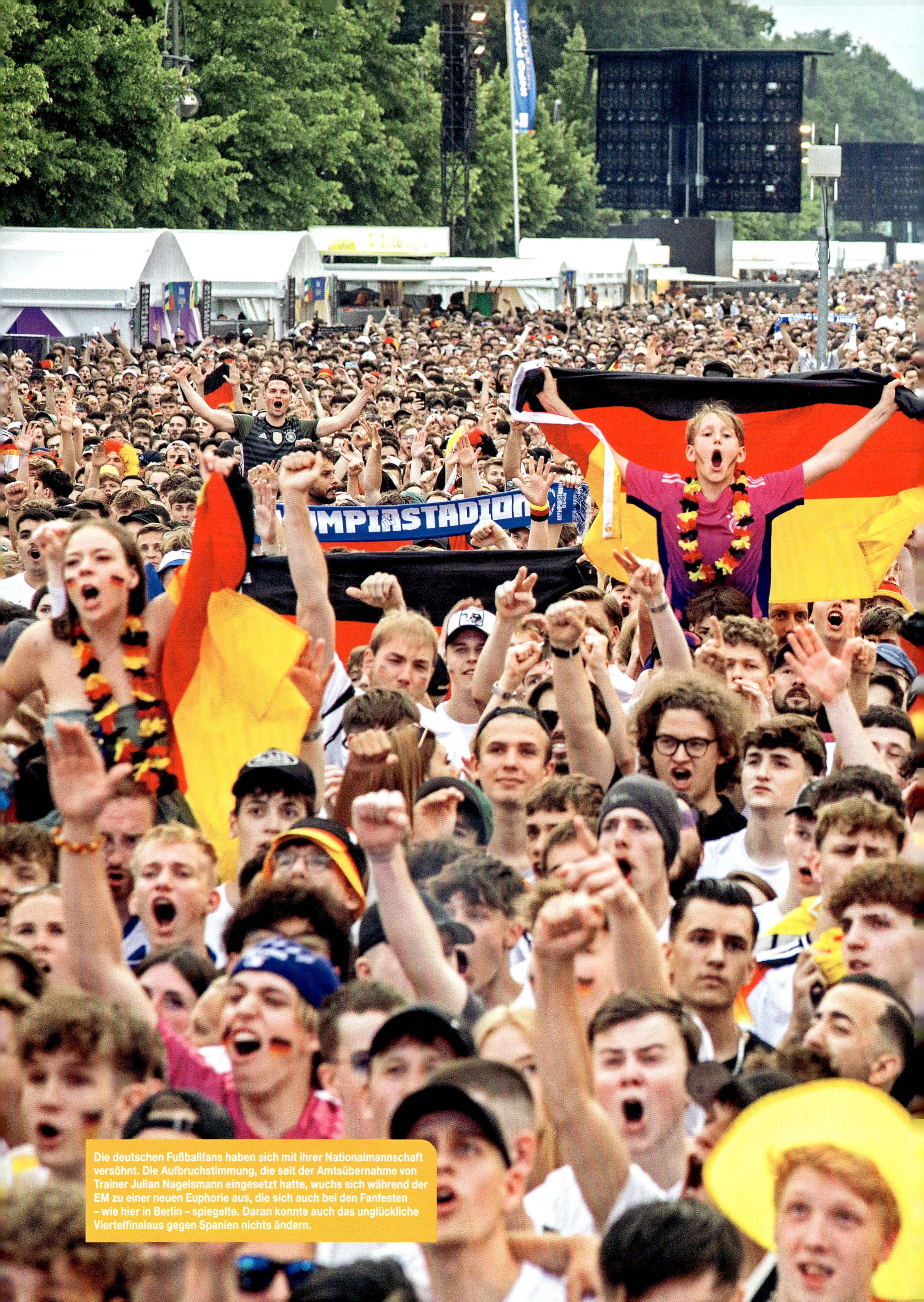

Die deutschen Fußballfans haben sich mit ihrer Nationalmannschaft versöhnt. Die Aufbruchstimmung, die seit der Amtsübernahme von Trainer Julian Nagelsmann eingesetzt hatte, wuchs sich während der EM zu einer neuen Euphorie aus, die sich auch bei den Fanfesten – wie hier in Berlin – spiegelte. Daran konnte auch das unglückliche Viertelfinalaus gegen Spanien nichts ändern.

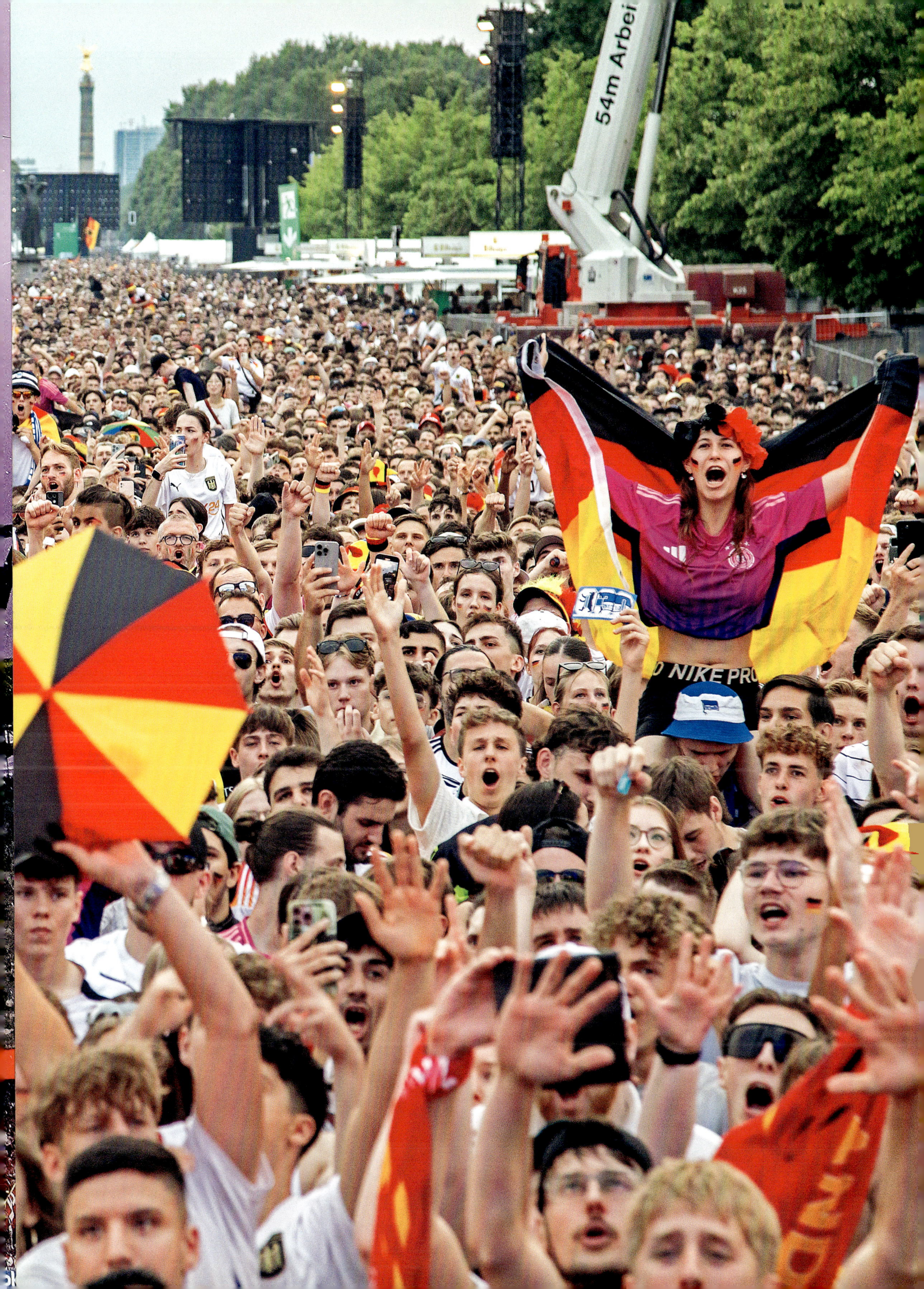
54m Arbei
NIKE PRO

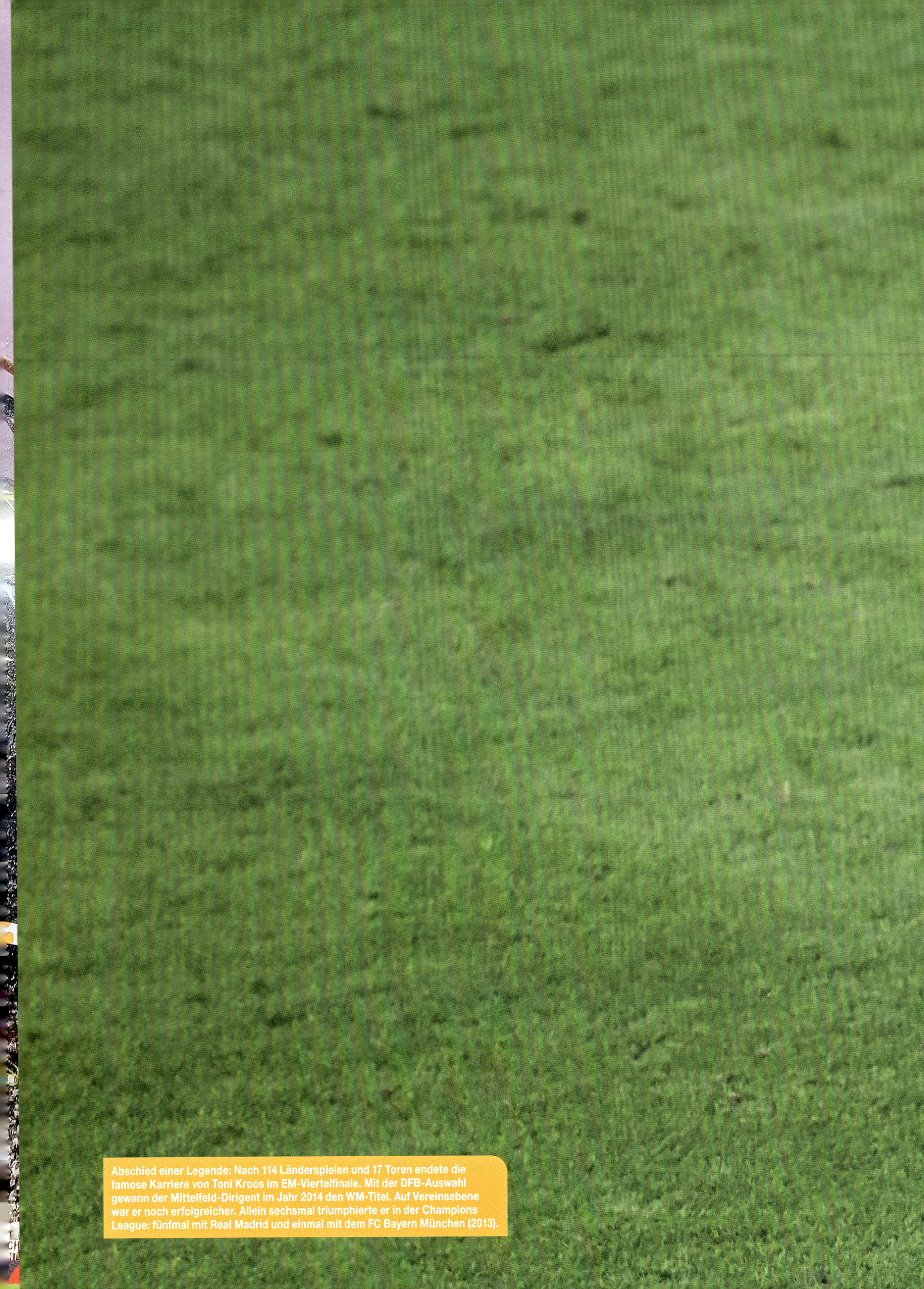

Abschied einer Legende: Nach 114 Länderspielen und 17 Toren endete die famose Karriere von Toni Kroos im EM-Viertelfinale. Mit der DFB-Auswahl gewann der Mittelfeld-Dirigent im Jahr 2014 den WM-Titel. Auf Vereinsebene war er noch erfolgreicher. Allein sechsmal triumphierte er in der Champions League: fünfmal mit Real Madrid und einmal mit dem FC Bayern München (2013).

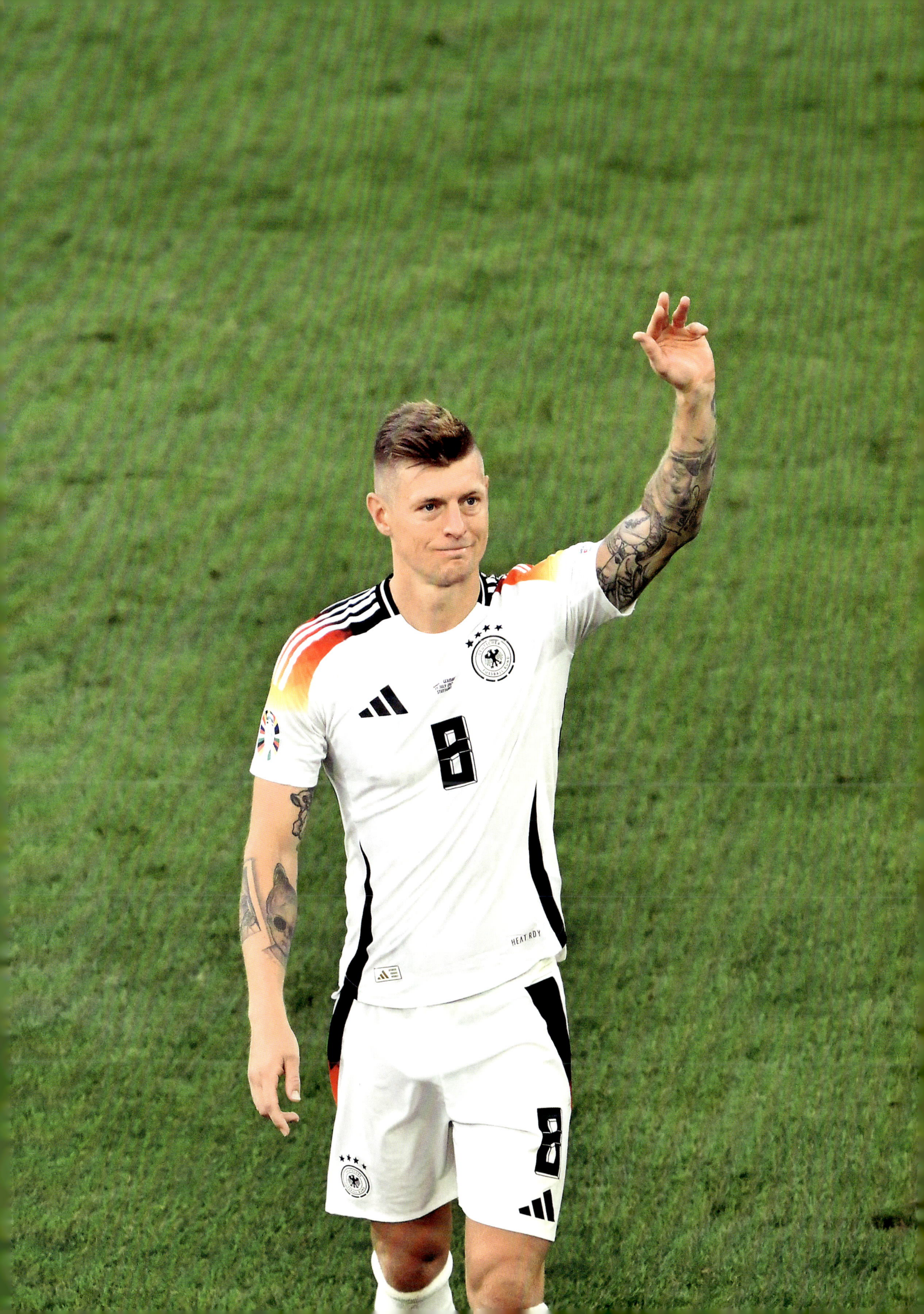

EM-SPLITTER

NEUER ZUSCHAUERREKORD

Die Fußballfans ließen sich die Laune nicht verderben, weder von den (wenig überraschenden) Anreiseproblemen mit der Deutschen Bahn und dem öffentlichen Nahverkehr noch vom launischen Wetter und den absurd hohen Ticketpreisen: In Scharen strömten sie in die zehn EM-Stadien. Mit insgesamt 2,68 Millionen Zuschauern bei den 51 Spielen war die Europameisterschaft 2024 die bestbesuchte der Geschichte, die Stadionauslastung betrug nahezu 100 Prozent. Bisherige Bestmarke waren 2,43 Millionen beim Turnier 2016 in Frankreich. In Sachen Zuschauerschnitt (52 574 pro Spiel) rangiert die EM 2024 auf Platz zwei. Nur die ebenfalls in Deutschland ausgetragene EM 1988 mit nur acht Teilnehmern und anderem Modus fand vor noch größerer Stadionkulisse statt: Durchschnittlich 62 379 Zuschauer kamen damals zu den 15 Spielen.

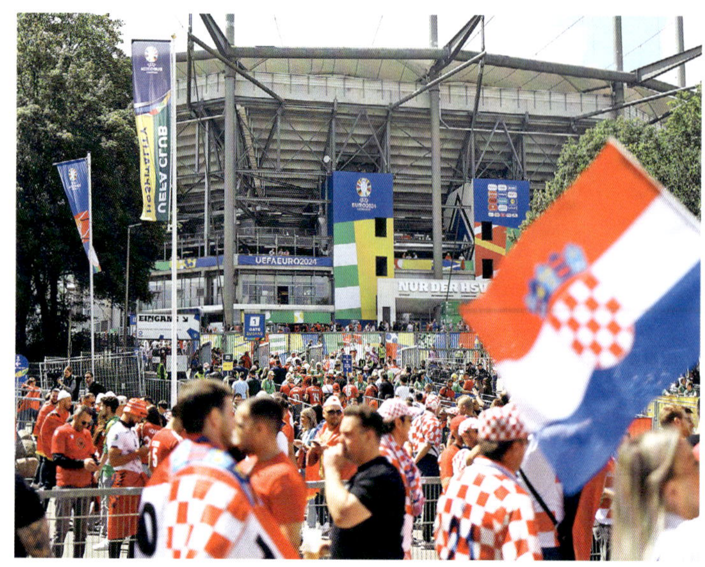

REKORDE UND TRENDS

Die EM 2024 stellte nicht nur bei den Zuschauern einen neuen Rekord auf: Zu erleben gab es unter anderem auch das früheste Tor der 64-jährigen EM-Historie (durch Nedim Bajrami/Foto), den ältesten Spieler (Pepe), den jüngsten Spieler (Lamine Yamal), den ältesten Torschützen (Luka Modric), den jüngsten Torschützen (ebenfalls Lamine Yamal) und den Spieler mit den häufigsten Turnierteilnahmen (Cristiano Ronaldo). Auch bei den Toren in der Nachspielzeit und den Weitschusstoren wurden neue Bestmarken aufgestellt. 13 Treffer fielen nach Ende der regulären Spielzeit und 22 durch präzise Distanzschüsse am Rande oder von außerhalb des Strafraums. Mit zehn Eigentoren wurde der Rekord der EM 2021 (elf) knapp verfehlt. Erwähnt werden muss allerdings, dass es bis einschließlich der EM 2012 deutlich weniger Turnierspiele gab.

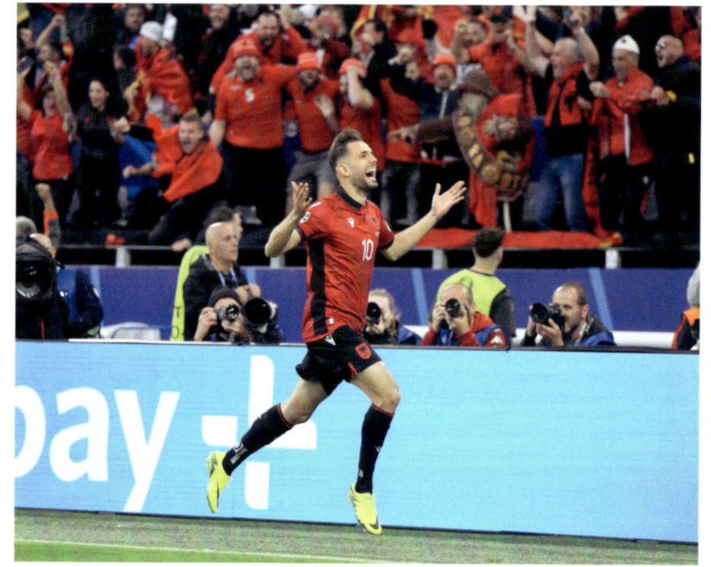

VIRTUELLE BANDENWERBUNG

Bei den TV-Übertragungen sorgte eine unscheinbare Einblendung vor den EM-Partien für Stirnrunzeln bei den Zuschauern. „Sendung erhält virtuelle Werbung", lautete der neue Hinweis. Konkret bedeutet das, dass sich die Bandenwerbung, die die Zuschauer an den Endgeräten sehen, von der im Stadion unterscheidet. Und nicht nur das: Die eingeblendete Werbung ist speziell auf das jeweilige TV-Publikum zugeschnitten. Künstliche Intelligenz macht diese Überblendungen möglich. Bei der EM kam die Technik allerdings nur in Deutschland, den USA und China zum Einsatz. Während die UEFA virtuelle Werbung bei der EM erstmals einsetzte, ist sie in der Bundesliga, aber auch in anderen Sportarten, etwa in der Formel 1 und beim Eishockey, bereits etabliert. Perfekt ausgereift ist die Technik allerdings noch nicht. Kommen Spieler der Bande zu nahe, kann es passieren, dass sie in den Banden regelrecht verschwinden.

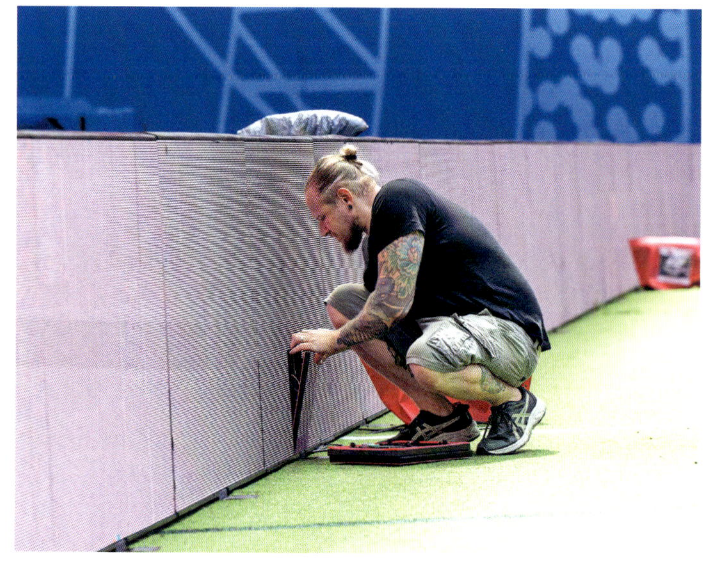

HIGHTECHSPIELGERÄT

Bereits seit 1968 produziert Adidas die offiziellen EM-Bälle. „Fußballliebe", so der Name des bunten Leders 2024, war mehr als einfach nur das Spielgerät der Profis auf dem Rasen. Der Ball war ein Hightechapparat. Die bereits bei der WM 2022 erprobte „Connected Ball Technology", die dem Ball ein Innenleben in Form eines leistungsstarken Bewegungssensors verleiht, entfaltete bei der EM ihre volle Blüte. Bis zu 500 Signale pro Sekunde sendet dieser 14 Gramm wiegende „Chip im Ball", wo er sich befindet und ob er berührt wird. Dadurch werden dem VAR exakteste Daten für Abseits-, Tor- und Handspielentscheidungen geliefert. Die UEFA ließ sich die Innovation einiges kosten: Pro Partie kamen 20 Hightechbälle zum Einsatz, die mit Aufdrucken wie Datum und Spielort verziert waren.

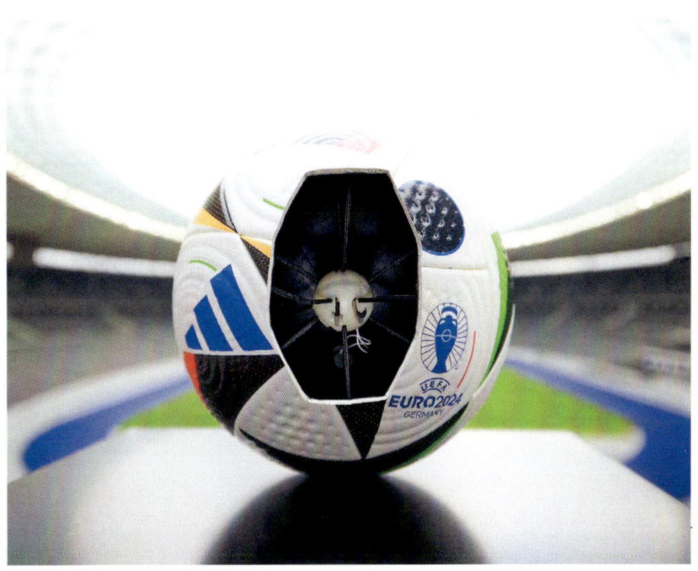

EIN FALSCHES MASKOTTCHEN UND EIN „ROOFER"

Zwischen 800 und 1300 Ordner und Sicherheitskräfte (im Fachjargon Stewards) waren in den EM-Stadien bei jedem Spiel im Einsatz. Rund um die Spielstätten, Fanfeste und Fanmärsche sowie in den Innenstädten und Bahnhöfen sorgten über 20 000 Polizeibeamte für Recht und Ordnung, Unterstützt wurden sie von über 500 szenekundigen Kollegen aus dem Ausland. Die Bundespolizei sprach sogar vom größten Einsatz seit ihrer Gründung 1951. An dieser Stelle vielen Dank für das Engagement! An die Öffentlichkeit kamen zwei Sicherheitslücken: Vor dem Eröffnungsspiel verschaffte sich YouTuber Marvin Wildhage als Maskottchen verkleidet unberechtigt Zugang aufs Spielfeld. Vor dem Achtelfinale Deutschland gegen Dänemark war ein geistig verwirrter „Roofer" unbemerkt unter das Dortmunder Stadiondach geklettert. Schlimmeres passiert ist in beiden Fällen zum Glück nicht.

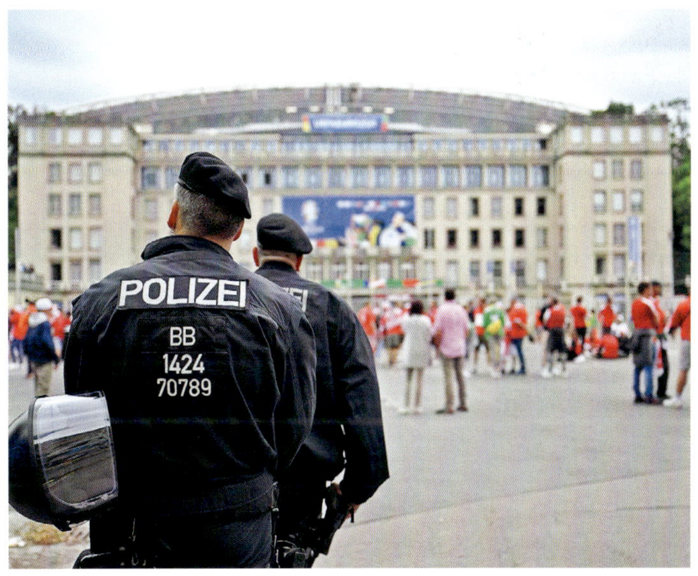

MACEDA 1984, PUYOL 2010, MERINO 2024

So mancher Fußballfan erlebte am 5. Juli ein Déjà-vu: Der Spanier Mikel Merino sorgt mit dem 2:1 für das Turnieraus des deutschen Teams. Eine Minute vor Schluss mit einem kraftvollen Kopfball nach einer hohen Flanke in den Strafraum. Ältere fühlten zurückversetzt ins Jahr 1984: Der Spanier Antonio Maceda sorgte mit dem 1:0 für das Turnieraus des deutschen Teams bei der EM in Frankreich. Eine Minute vor Schluss mit einem kraftvollen Kopfball nach einer hohen Flanke in den Strafraum. Im letzten Gruppenspiel hätte der DFB-Elf ein Remis fürs Weiterkommen gereicht. Jüngere fühlten sich zurückversetzt ins Jahr 2010: Der Spanier Carles Puyol sorgte mit dem 1:0 für den Halbfinal-K.-o. des deutschen Teams bei der WM in Südafrika. Mit einem kraftvollen Kopfball. Unterschiede zu 1984 und 2024: Puyol traf in der 73. Minute und seinem Treffer ging eine Ecke voraus.

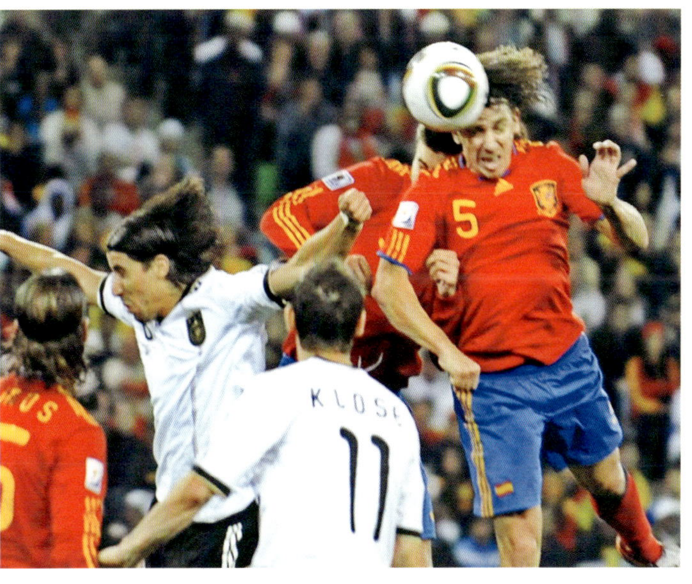

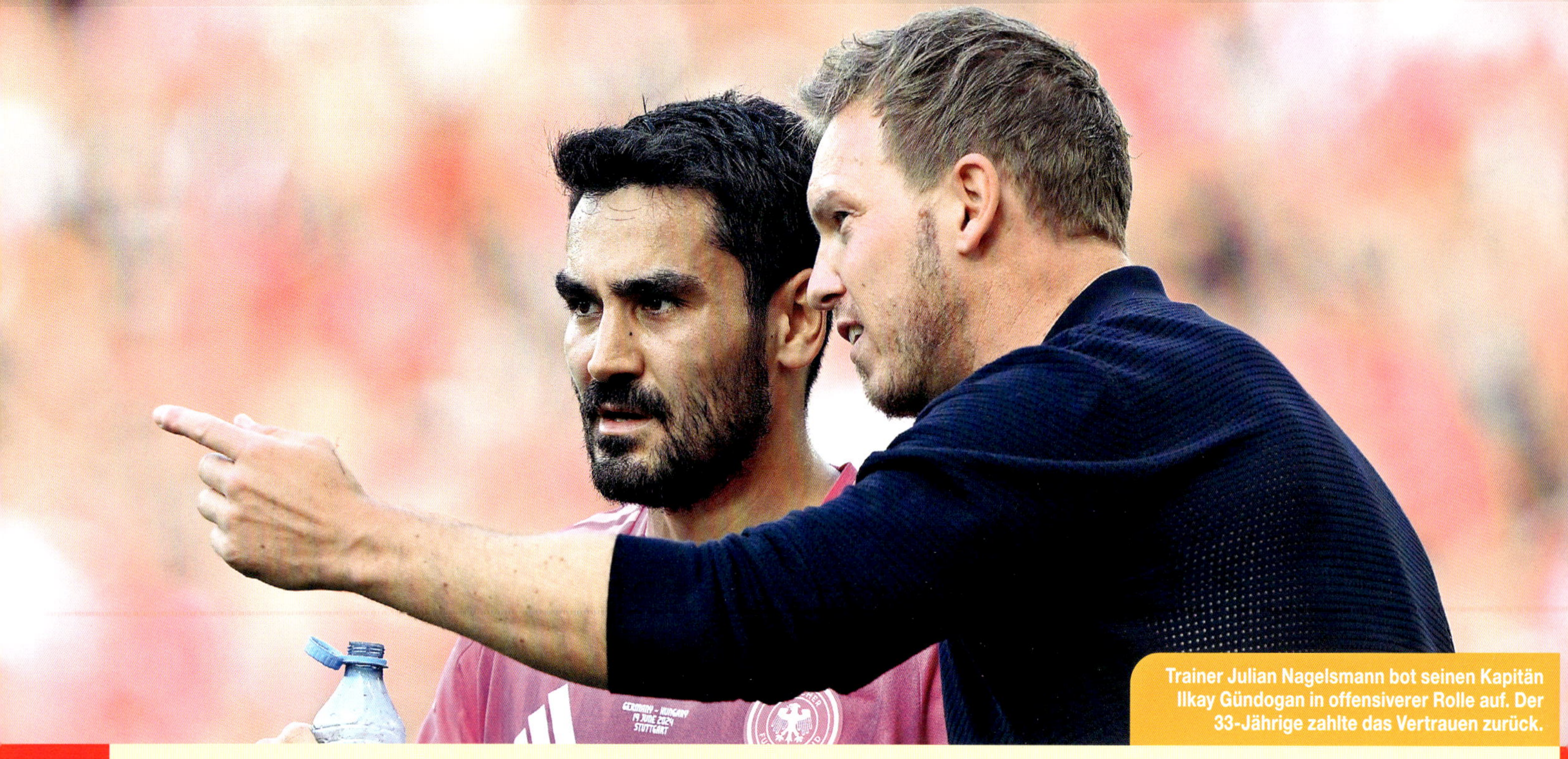

Trainer Julian Nagelsmann bot seinen Kapitän Ilkay Gündogan in offensiverer Rolle auf. Der 33-Jährige zahlte das Vertrauen zurück.

DAS DEUTSCHE TEAM

Erstmals seit der Europameisterschaft 2016 in Frankreich kam die deutsche Nationalmannschaft bei einem großen Turnier über das Achtelfinale hinaus. In der Runde der letzten Acht scheiterte das Team von Trainer Julian Nagelsmann denkbar knapp am späteren Europameister Spanien, gewann aber dennoch viele Herzen zurück. Das DFB-Team agierte als Einheit auf dem Platz und zählte auch spielerisch zu den besten Mannschaften des Turniers.

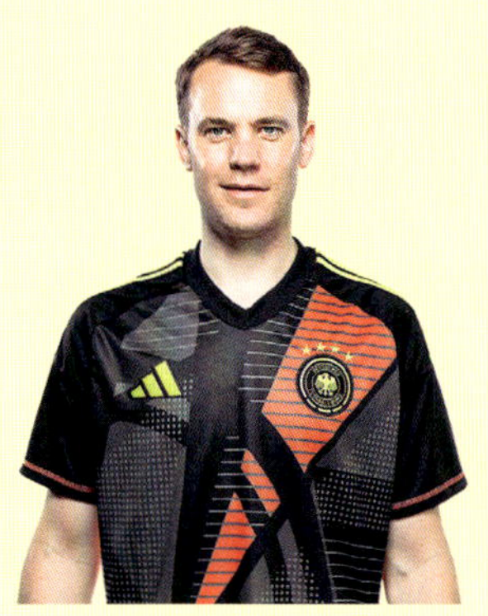

#1 MANUEL NEUER

TOR

27.03.1986
FC Bayern München

Länderspiele: 124
Tore: 0

EM-Bilanz
5 Spiele
480 Einsatzminuten
0 Tore, 0 Vorlagen

Vor Beginn der Europameisterschaft musste sich der 38-Jährige viel Kritik gefallen lassen, weil er regelmäßig patzte. Pünktlich zu Turnierbeginn war er dann allerdings voll da und erwies sich bei seiner vierten EM als sicherer Rückhalt.

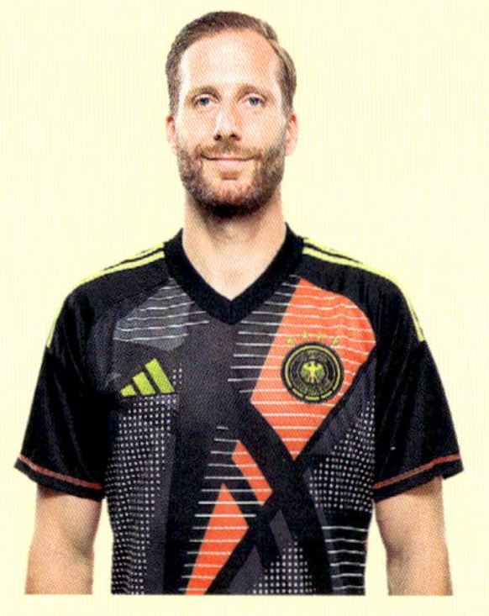

#12 OLIVER BAUMANN

TOR

02.06.1990
TSG 1899 Hoffenheim

Länderspiele: 0
Tore: 0

EM-Bilanz
0 Spiele
0 Einsatzminuten
0 Tore, 0 Vorlagen

Der Routinier erhielt nach konstant guten Leistungen für Hoffenheim als dritter Torhüter den Vorzug vor dem Frankfurter Kevin Trapp. Ließ sich aber bisweilen von der Unsicherheit seiner Nebenleute anstecken.

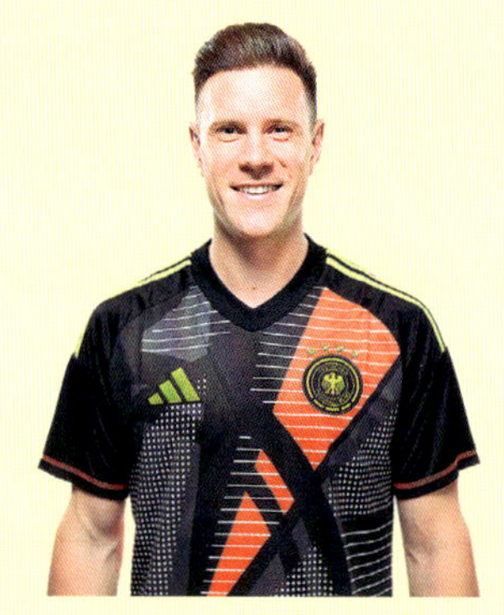

#23 MARC-ANDRÉ TER STEGEN

TOR

30.04.1992
FC Barcelona

Länderspiele: 40
Tore: 0

EM-Bilanz
0 Spiele
0 Einsatzminuten
0 Tore, 0 Vorlagen

Wäre bei den meisten Nationalmannschaften auf dieser Welt die klare Nummer eins, hat in Deutschland aber das Pech, im Schatten von Neuer zu stehen.

#2 ANTONIO RÜDIGER

ABWEHR

03.03.1993
Real Madrid

Länderspiele: 74
Tore: 3

EM-Bilanz
5 Spiele
480 Einsatzminuten
0 Tore, 0 Vorlagen

Polarisierend abseits des Platzes, auf dem Feld jedoch ein großer Gewinn für dieses Team. Erfüllte die Rolle des Abwehrchefs mit Leidenschaft und Klasse. Grandios in Zweikämpfen, stark im Aufbauspiel und als Antreiber.

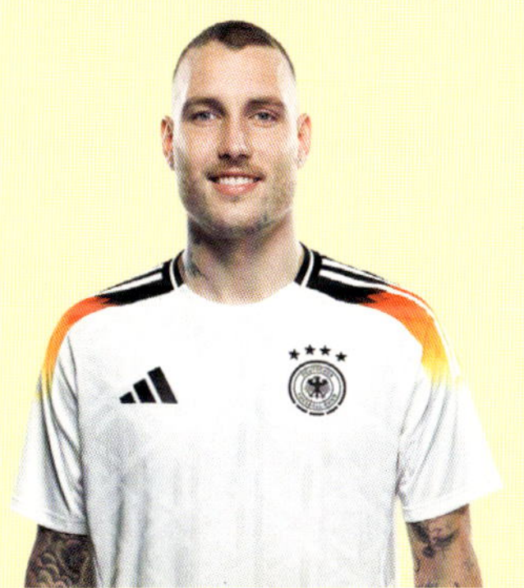

#3 DAVID RAUM

ABWEHR

22.04.1998
RB Leipzig

Länderspiele: 24
Tore: 0

EM-Bilanz
3 Spiele
167 Einsatzminuten
0 Tore, 1 Vorlage

Feierte im dritten Gruppenspiel sein EM-Debüt und bereitete mit einer brillanten Flanke den 1:1-Ausgleich gegen die Schweiz vor. Rückte zur K.-o.-Phase in die Startelf. Überzeugte gegen Dänemark mit seiner Dynamik auf dem linken Flügel, im Spiel gegen Spanien zurückhaltender.

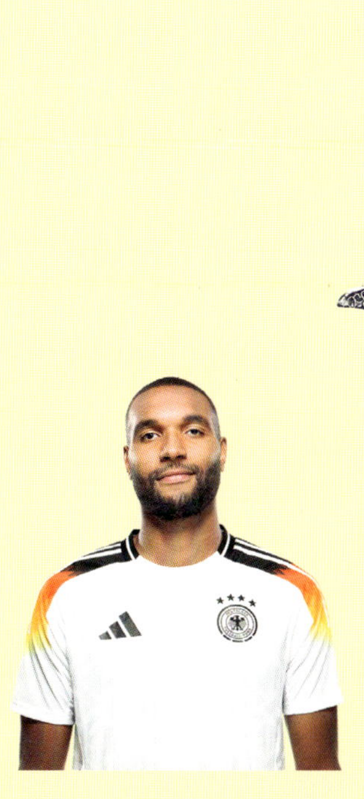

#4 JONATHAN TAH

ABWEHR

11.02.1996
Bayer 04 Leverkusen

Länderspiele: 29
Tore: 0

EM-Bilanz
4 Spiele
231 Minuten
0 Tore, 0 Vorlagen

Nach einer starken Saison in Leverkusen war der 28-Jährige in der Innenverteidigung gesetzt. Sah beim Führungstor der Schweiz unglücklich aus, ansonsten grundsolide. Verpasste nur das Achtelfinale wegen einer Gelbsperre.

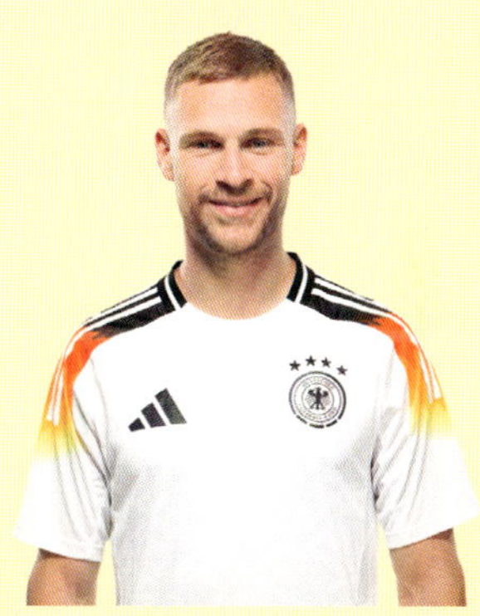

#6 JOSHUA KIMMICH

ABWEHR

08.02.1995
FC Bayern München

Länderspiele: 91
Tore: 6

EM-Bilanz
5 Spiele
480 Einsatzminuten
0 Tore, 2 Vorlagen

Statt im Mittelfeld kam der 29-Jährige ausschließlich als Rechtsverteidiger zum Einsatz und verpasste keine Minute. Überzeugte mit starkem Zweikampfverhalten und guten Offensivvorstößen. Lieferte sich im Viertelfinale hochklassige Duelle mit dem agilen Dani Olmo.

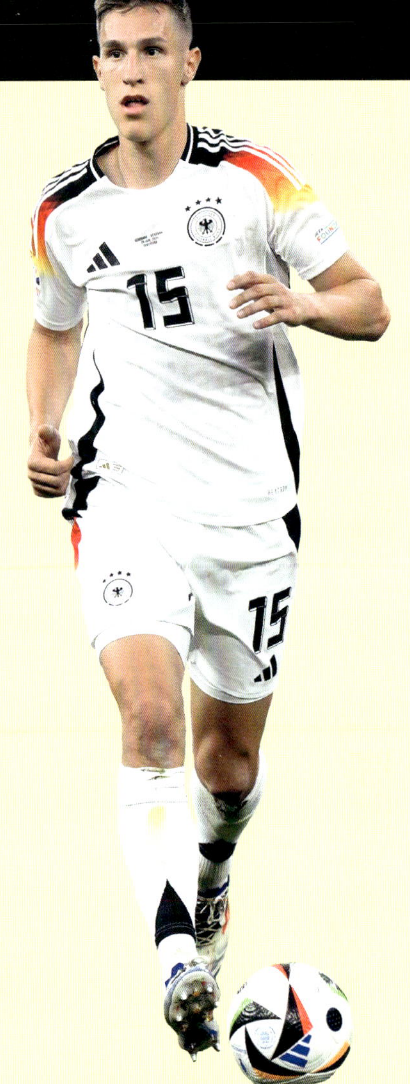

#15 NICO SCHLOTTERBECK
ABWEHR

01.12.1999
Borussia Dortmund

Länderspiele: 14
Tore: 0

EM-Bilanz
2 Spiele
119 Einsatzminuten
0 Tore, 1 Vorlage

Rückte für den gesperrten Tah im Achtelfinale in die Innenverteidigung und überzeugte sofort mit Schnelligkeit, Sprungkraft und resolutem Zweikampfverhalten. Ein verkorkstes Dribbling im eigenen Strafraum blieb unbestraft.

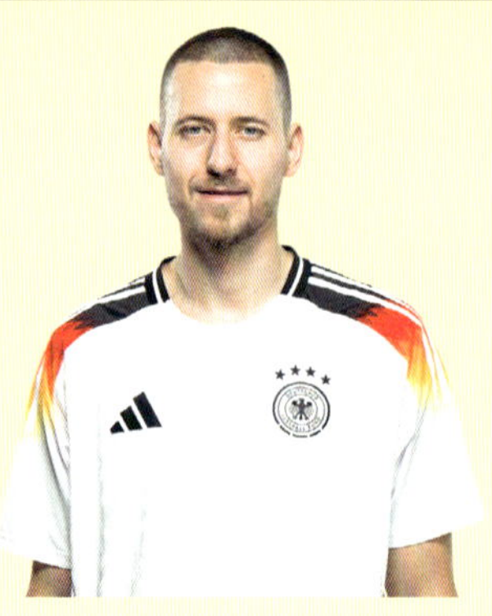

#16 WALDEMAR ANTON
ABWEHR

20.07.1996
VfB Stuttgart

Länderspiele: 4
Tore: 0

EM-Bilanz
2 Spiele
32 Einsatzminuten
0 Tore, 0 Vorlagen

Verdiente sich seine EM-Nominierung mit einer überragenden Saison in Stuttgart. Wurde gegen Dänemark in der Schlussphase und gegen Spanien in der Verlängerung eingesetzt und zeigte fehlerlose Auftritte.

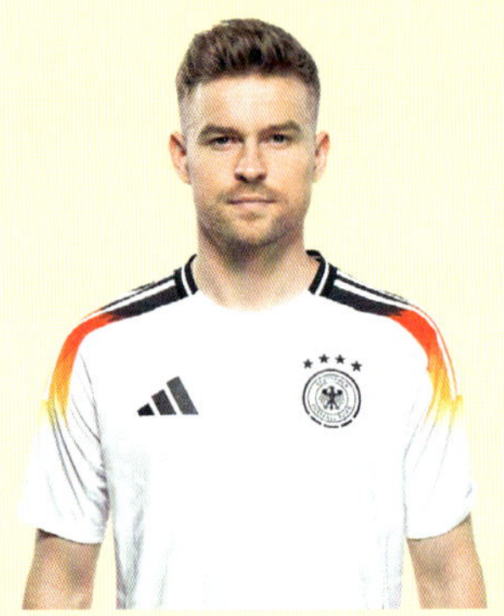

#18 MAXIMILIAN MITTELSTÄDT
ABWEHR

18.03.1997
VfB Stuttgart

Länderspiele: 8
Tore: 1

EM-Bilanz
4 Spiele
304 Einsatzminuten
0 Tore, 1 Vorlage

Der Linksverteidiger bestritt alle drei Gruppenspiele von Beginn an. Agierte defensiv solide, war offensiv aber nur punktuell gefährlich. Verlor ab dem Achtelfinale seinen Stammplatz an den dynamischeren Raum. Gegen Spanien nach seiner Einwechslung überzeugend.

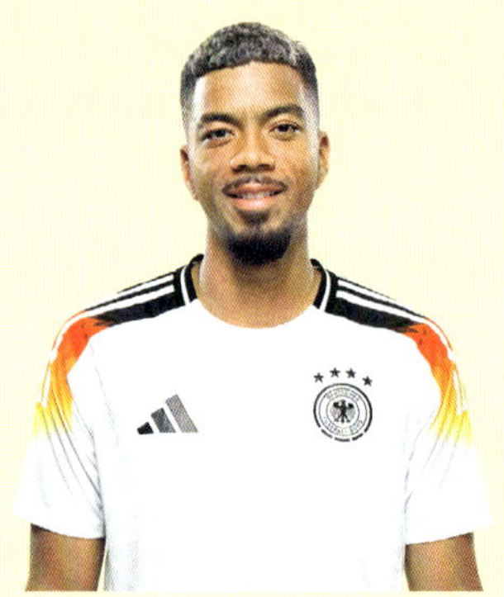

#20 BENJAMIN HENRICHS
ABWEHR

23.02.1997
RB Leipzig

Länderspiele: 16
Tore: 0

EM-Bilanz
1 Spiel
9 Einsatzminuten
0 Tore, 0 Vorlagen

Der flexible Außenverteidiger verbuchte im gesamten Turnier lediglich einen Kurzeinsatz im Achtelfinale.

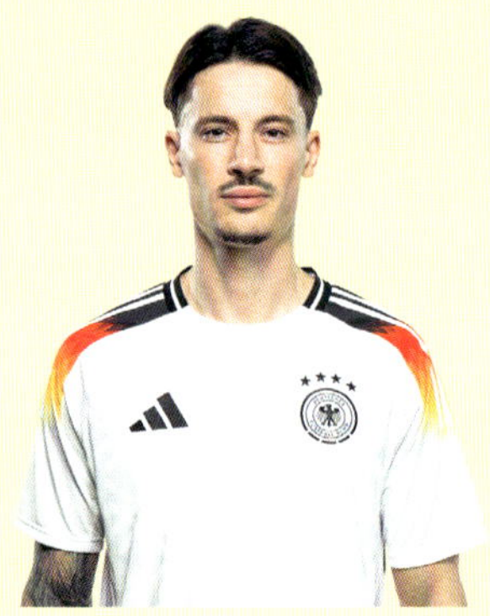

#24 ROBIN KOCH
ABWEHR

17.07.1996
Eintracht Frankfurt

Länderspiele: 9
Tore: 0

EM-Bilanz
0 Spiele
0 Einsatzminuten
0 Tore, 0 Vorlagen

Der Innenverteidiger musste auch seine zweite Europameisterschaft komplett von der Bank verfolgen und blieb ohne Einsatz.

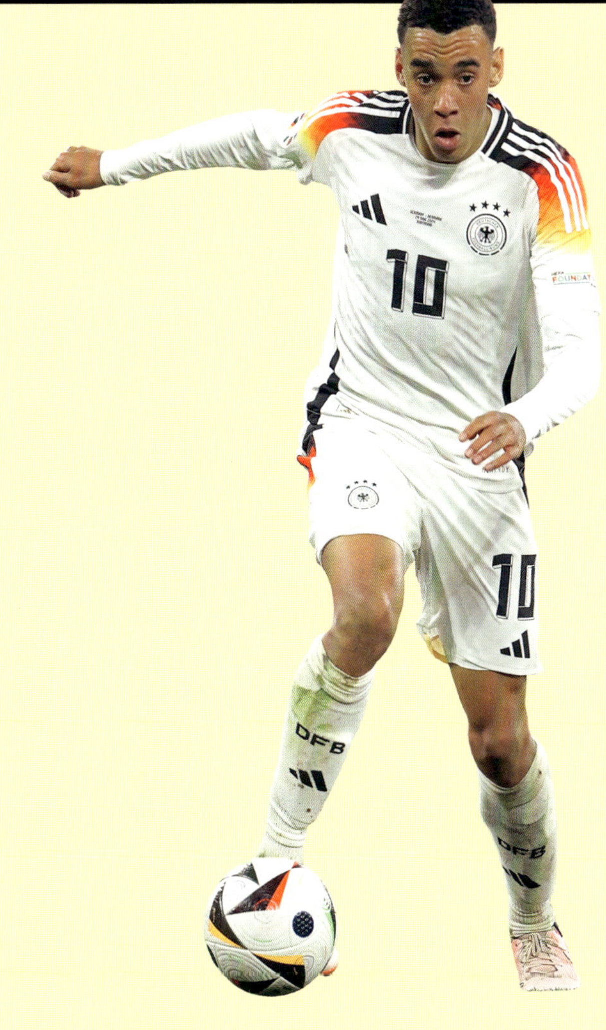

#10 JAMAL MUSIALA
MITTELFELD

26.02.2003
FC Bayern München

Länderspiele: 34
Tore: 5

EM-Bilanz
5 Spiele
423 Einsatzminuten
3 Tore, 0 Vorlagen

Der 21-Jährige ist ein Spieler, der von den Sitzen reißt. Bei der EM kam auch noch Torgefahr hinzu. Avancierte mit drei Treffern zum besten deutschen Torschützen. Mit seiner Geschmeidigkeit und technischer Finesse brillierte er in Eins-gegen-Eins-Situationen. Wollte manchmal etwas zu viel.

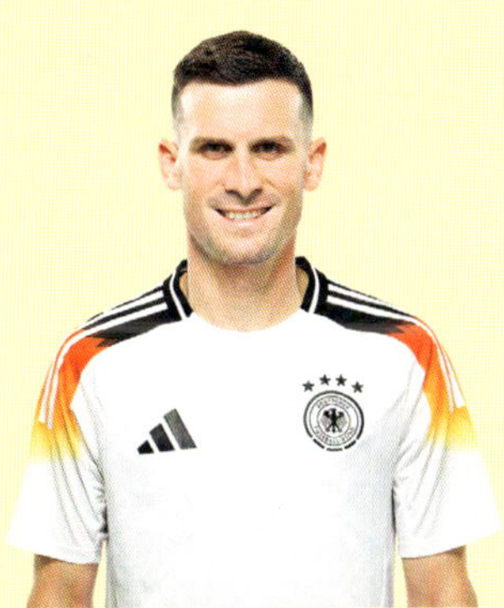

#5 PASCAL GROSS
MITTELFELD

15.06.1991
Brighton & Hove Albion

Länderspiele: 8
Tore: 1

EM-Bilanz
1 Spiel
45 Einsatzminuten
0 Tore, 0 Vorlagen

Mit 33 Jahren war der Mittelfeldspieler, der seit Jahren in der Premier League überzeugt, erstmals für Deutschland bei einer Europameisterschaft dabei. Kam aber nur in der zweiten Halbzeit gegen Schottland zum Einsatz.

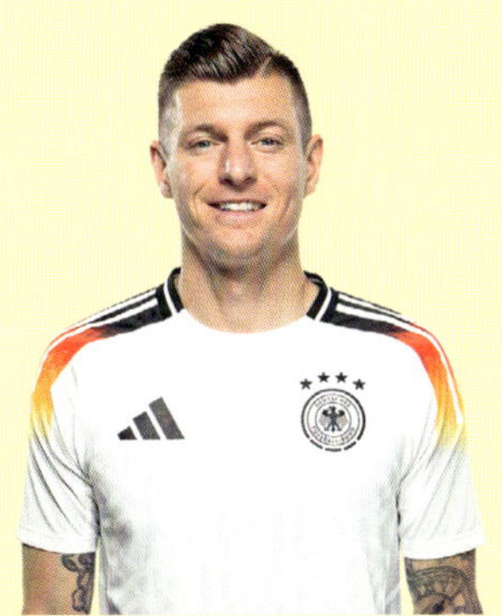

#8 TONI KROOS
MITTELFELD

04.01.1990
Real Madrid

Länderspiele: 114
Tore: 17

EM-Bilanz
5 Spiele
470 Minuten
0 Tore, 0 Vorlagen

Der Rückkehrer prägte in seinem letzten großen Turnier das deutsche Spiel mit seiner Ruhe am Ball und millimetergenauen Zuspielen. Hatte im Viertelfinale ein paar Probleme mit dem hohen Tempo der Spanier und musste seine famose Karriere mit einer Niederlage beenden.

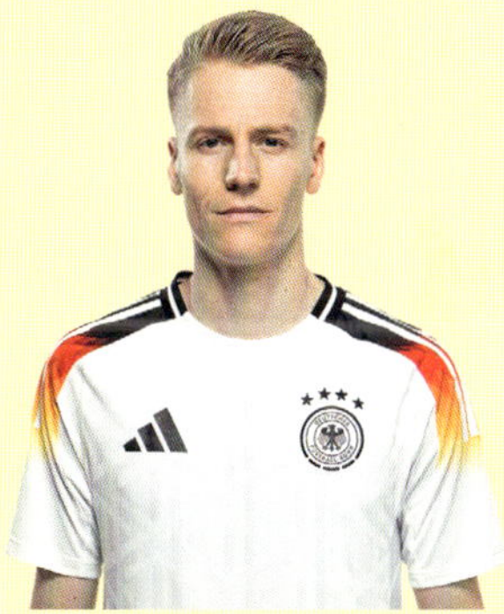

#11 CHRIS FÜHRICH
MITTELFELD

09.01.1998
VfB Stuttgart

Länderspiele: 5
Tore: 0

EM-Bilanz
1 Spiel
18 Einsatzminuten
0 Tore, 0 Vorlagen

Der Senkrechtstarter vom VfB Stuttgart musste sich mit der Reservistenrolle begnügen und schnupperte lediglich in der Schlussphase gegen Ungarn etwas EM-Luft.

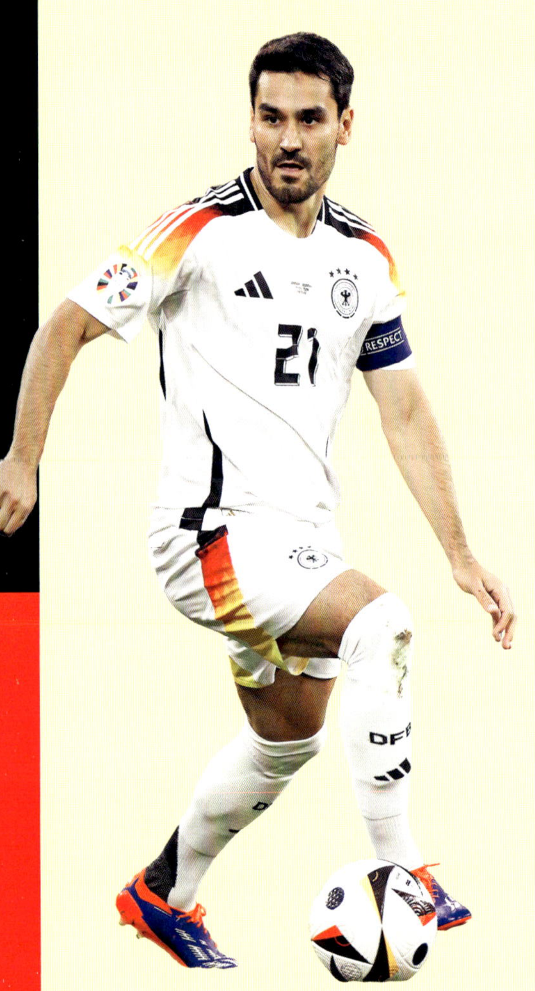

#21 ILKAY GÜNDOGAN
MITTELFELD

24.10.1990
FC Barcelona

Länderspiele: 82
Tore: 19

EM-Bilanz
5 Spiele
385 Einsatzminuten
1 Tor, 2 Vorlagen

Der Kapitän startete auf der Zehnerposition herausragend ins Turnier. Avancierte gegen Schottland zum Dreh- und Angelpunkt, gegen Ungarn erzielte er ein Tor und bereitete ein weiteres vor. Danach nicht mehr so auffällig, aber immer noch wichtig fürs Team.

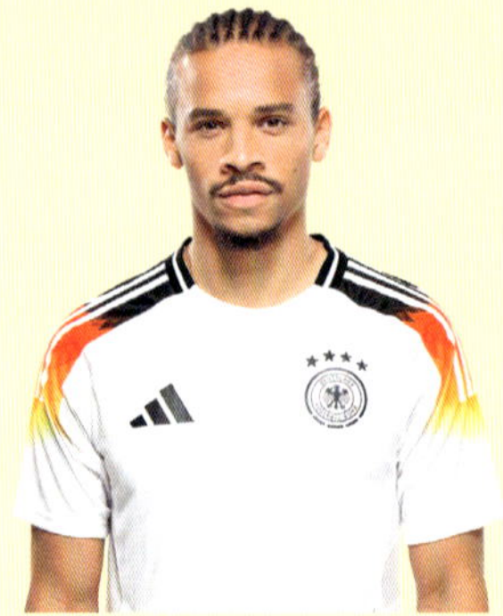

#19 LEROY SANÉ
MITTELFELD

11.01.1996
FC Bayern München

Länderspiele: 65
Tore: 13

EM-Bilanz
5 Spiele
207 Einsatzminuten
0 Tore, 1 Vorlage

Kam in der Vorrunde nur von der Bank und versuchte dann, sein Glück zu sehr zu erzwingen. Rückte in den K.-o.-Spielen in die Startelf. Wechselhaft gegen Dänemark, unglücklich gegen Spanien und schon zur Pause ausgewechselt.

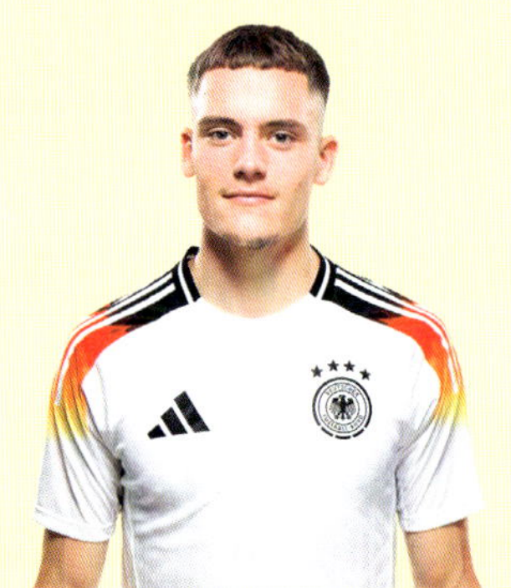

#17 FLORIAN WIRTZ
MITTELFELD

03.05.2003
Bayer 04 Leverkusen

Länderspiele: 23
Tore: 3

EM-Bilanz
5 Spiele
281 Minuten
2 Tore, 0 Vorlagen

Das 21-jährige Top-Talent startete vielversprechend und erzielte das erste Tor dieser EM, fremdelte im Laufe der Gruppenphase aber etwas mit seiner Rolle auf der Außenbahn. Dafür nach seiner Einwechslung gegen Spanien eine enorme Bereicherung und Schütze des 1:1.

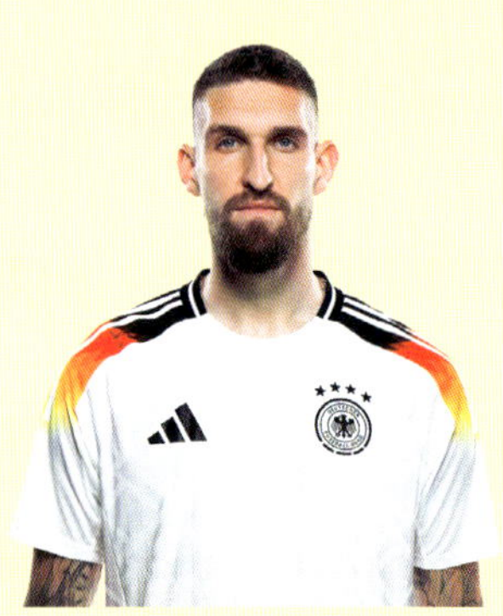

#23 ROBERT ANDRICH
MITTELFELD

22.09.1994
Bayer 04 Leverkusen

Länderspiele: 10
Tore: 0

EM-Bilanz
5 Spiele
321 Einsatzminuten
0 Tore, 0 Vorlagen

Der Leverkusener verkörpert als Abfangjäger einen Spielertypen, der dem deutschen Mittelfeld in den vergangenen Turnieren gefehlt hatte. Gewann viele Zweikämpfe und stopfte Löcher, wirkte im Spiel nach vorne dagegen limitiert.

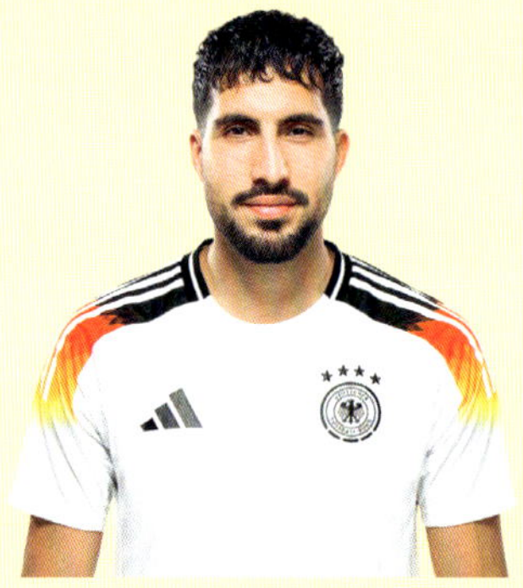

#25 EMRE CAN
MITTELFELD

12.01.1994
Borussia Dortmund

Länderspiele: 47
Tore: 2

EM-Bilanz
4 Spiele
99 Einsatzminuten
1 Tor, 0 Vorlagen

Nach dem krankheitsbedingten Aus von Aleksandar Pavlovic reiste Can direkt vom Urlaub ins deutsche EM-Quartier nach. Erwischte gegen Schottland mit seinem späten Treffer einen Traumstart ins Turnier. Stand im Viertelfinale in der Startelf, nutzte diese Chance aber nicht.

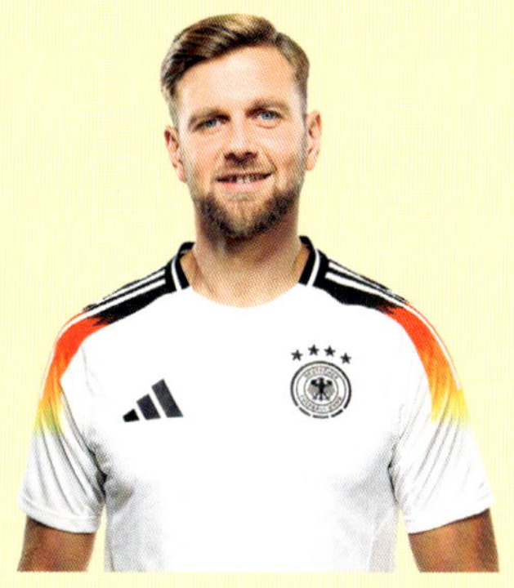

#9 NICLAS FÜLLKRUG

ANGRIFF

09.02.1993
Borussia Dortmund

Länderspiele: 21
Tore: 13

EM-Bilanz
5 Spiele
162 Einsatzminuten
2 Tore, 0 Vorlagen

Entpuppte sich als perfekter Joker. Mit seiner Kopfballstärke und physischen Präsenz immer sofort ein Faktor, traf sowohl gegen Schottland als auch Ungarn sehenswert. Auch gegen Spanien ein Aktivposten, allerdings mit Pech im Abschluss.

#7 KAI HAVERTZ

ANGRIFF

11.06.1999
FC Arsenal

Länderspiele: 51
Tore: 18

EM-Bilanz
5 Spiele
391 Minuten
2 Tore, 1 Vorlage

Fremdelte in der Nationalmannschaft lange mit seiner Rolle als Mittelstürmer. Nicht so bei dieser EM: Immer anspielbar, stark in der Ballannahme, nervenstark bei Elfmetern. Nur seine Chancenverwertung ließ zu wünschen übrig.

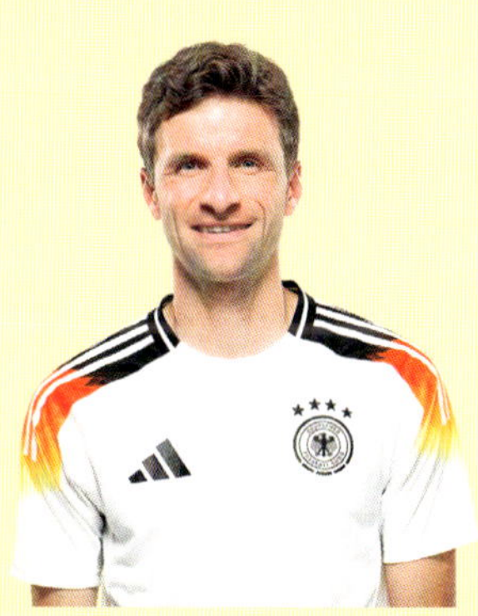

#13 THOMAS MÜLLER

ANGRIFF

13.09.1989
FC Bayern München

Länderspiele: 131
Tore: 45

EM-Bilanz
2 Spiele
56 Einsatzminuten
0 Tore, 1 Vorlage

Der Routinier vom FC Bayern spielte bei seiner vierten und letzten EM nur noch eine Nebenrolle. Lieferte gegen Schottland nach seiner späten Einwechslung die Vorlage zum 5:1. Kam danach erst wieder im Viertelfinale ab der 80. Minute zum Einsatz.

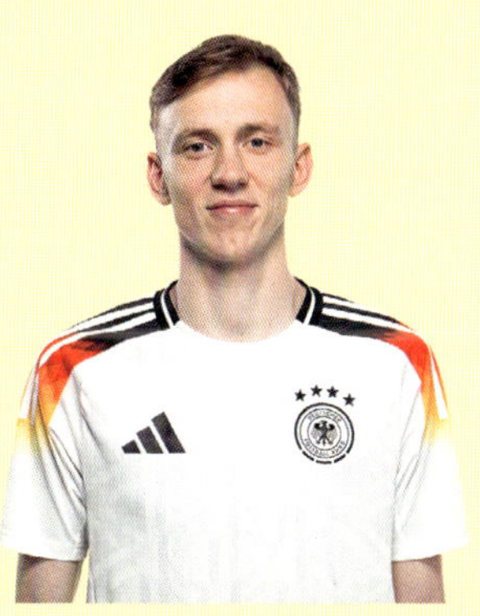

#14 MAXIMILIAN BEIER

ANGRIFF

17.10.2002
TSG 1899 Hoffenheim

Länderspiele: 2
Tore: 0

EM-Bilanz
1 Spiel
25 Einsatzminuten
0 Tore, 0 Vorlagen

Der 21-Jährige feierte in der zweiten Halbzeit gegen die Schweiz sein EM-Debüt und sorgte für Belebung im statischen deutschen Spiel. Im weiteren Turnierverlauf dann allerdings nicht mehr berücksichtigt.

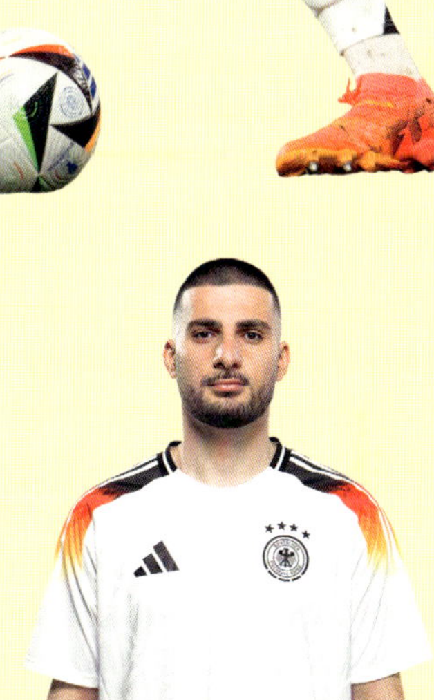

#26 DENIZ UNDAV

ANGRIFF

19.07.1996
VfB Stuttgart

Länderspiele: 3
Tore: 0

EM-Bilanz
1 Spiel
6 Einsatzminuten
0 Tore, 0 Vorlagen

Der Spätstarter katapultierte sich mit einer bärenstarken Saison in Stuttgart in den EM-Kader. Blieb dort bis auf einen Kurzeinsatz gegen Ungarn allerdings außen vor. Sah gegen Spanien als Bankspieler Gelb.

KURZWEILIGE ERÖFFNUNGSSHOW

Einigen war sie zu schlicht, doch genau das war beabsichtigt: Mit einer kurzweiligen und unprätentiösen Zeremonie wurde eine Viertelstunde vor dem Eröffnungsspiel zwischen Deutschland und Schottland in der Münchner Allianz Arena die 17. Europameisterschaft eröffnet. Nicht einmal zehn Minuten dauerte die Show, choreografiert vom Mailänder Künstler Carlos Navarrete-Patiño. Unter dem Motto „Welcome to Germany“ präsentierten rund 350 junge und fröhliche Tänzerinnen und Tänzer, begleitet von Musik und Pyrotechnik, die 24 teilnehmenden Nationen und die zehn Austragungsorte. Auf Reden von Funktionären und Politikern wurde verzichtet, stattdessen wurden die Zuschauer auf den Tribünen in die Choreografie eingebunden.

Der emotionale Höhepunkt der Eröffnungsfeier folgte im Anschluss: Heidi Beckenbauer, die Witwe des zu Jahresbeginn verstorbenen Franz Beckenbauer, brachte den EM-Pokal ins Stadion. Die Münchner Fußballlegende hatte die deutsche Mannschaft 1972 in Brüssel zu ihrem ersten EM-Titel geführt. Flankiert wurde sie dabei von Jürgen Klinsmann, dem Kapitän der DFB-Elf beim EM-Triumph 1996 in Wembley, und von Bernard Dietz, dem fast schon ein wenig in Vergessenheit geratenen Spielführer der Europameister 1980 in Rom (im Foto links neben Heidi Beckenbauer). Beim Abgang vom Rasen warf Heidi Beckenbauer in Gedenken an ihren Franz eine Kusshand in den Münchner Abendhimmel.

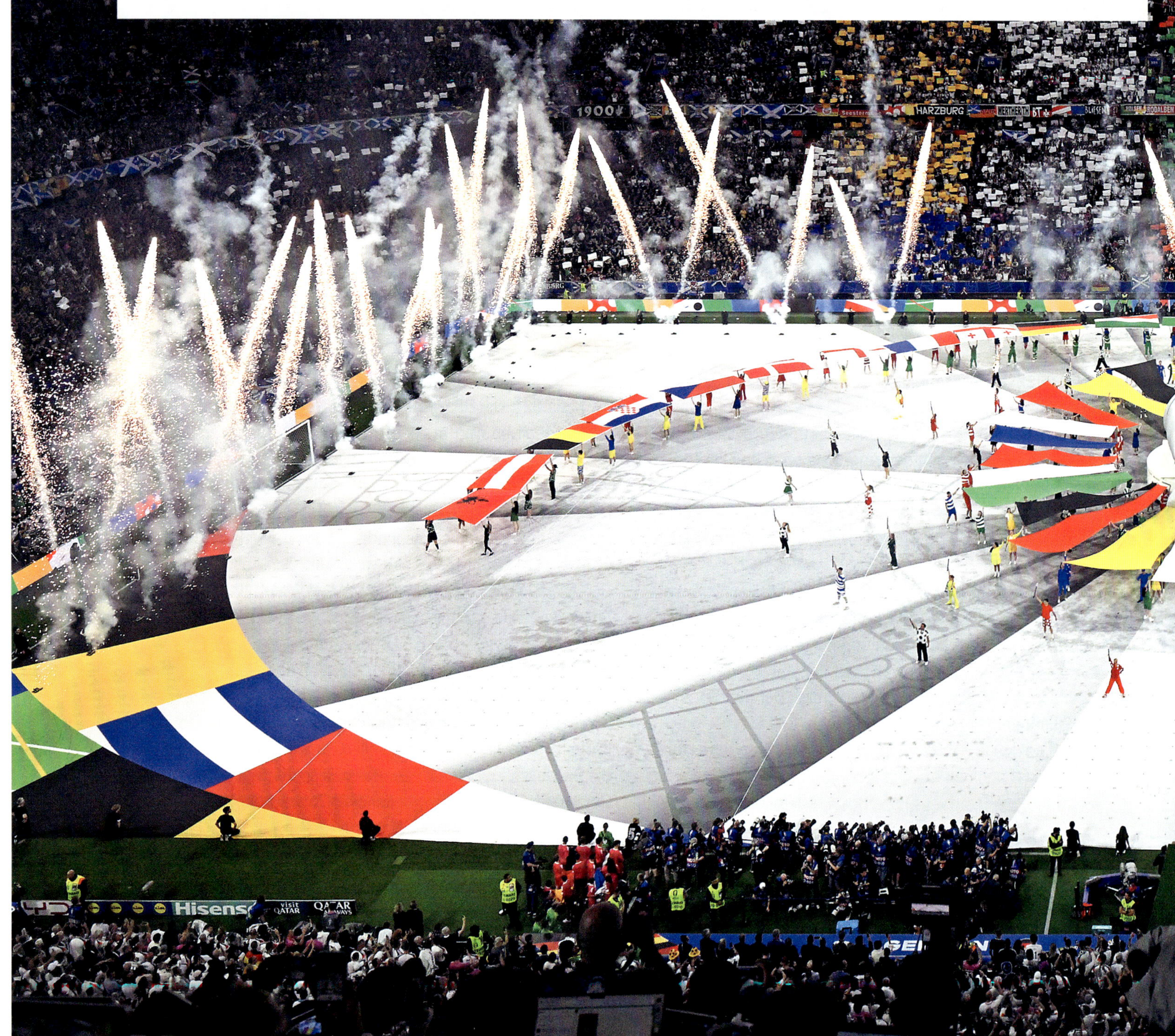

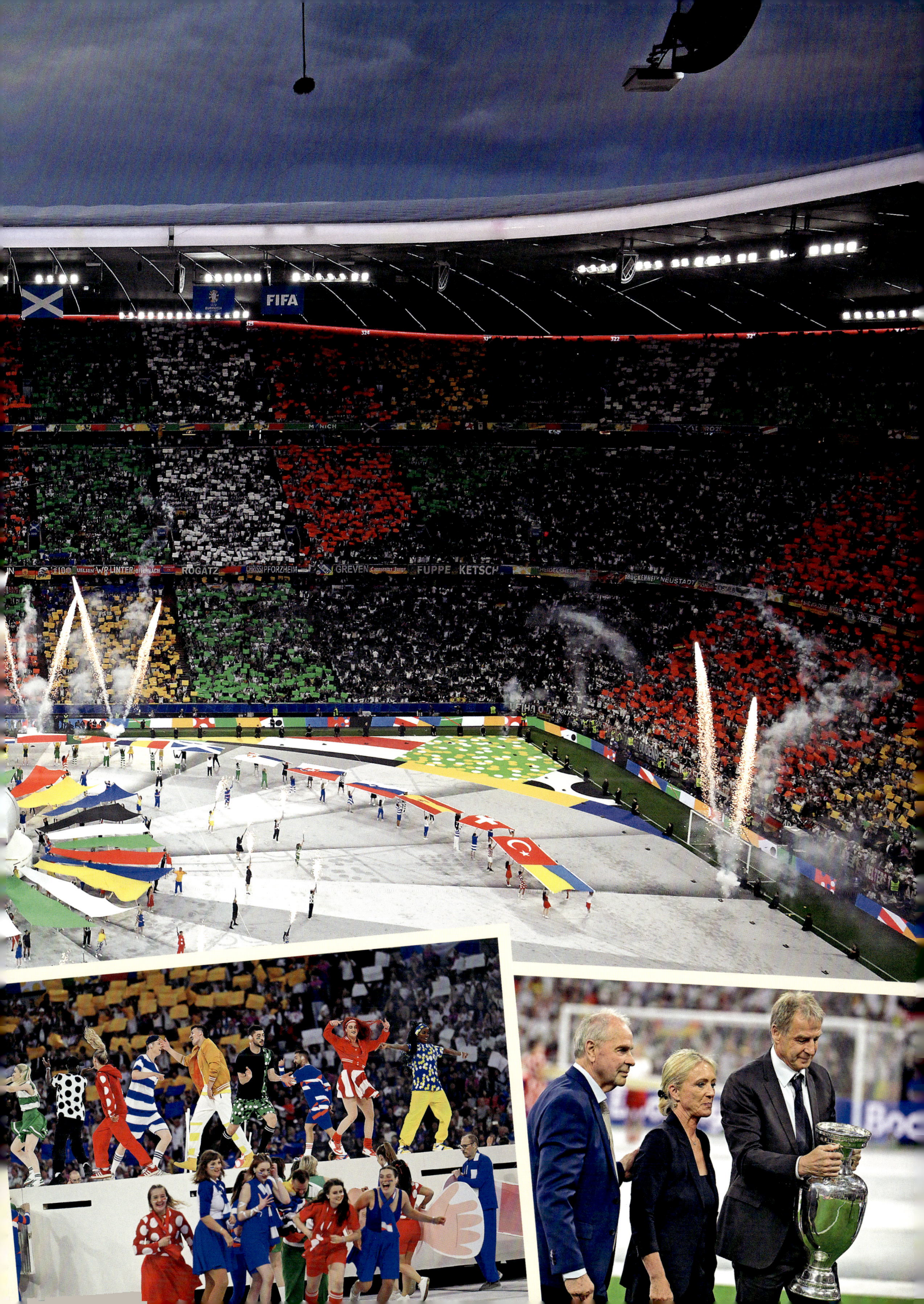
FIFA
ROGATZ
GREVEN
FUPPE
KETSCH

GRUPPE A

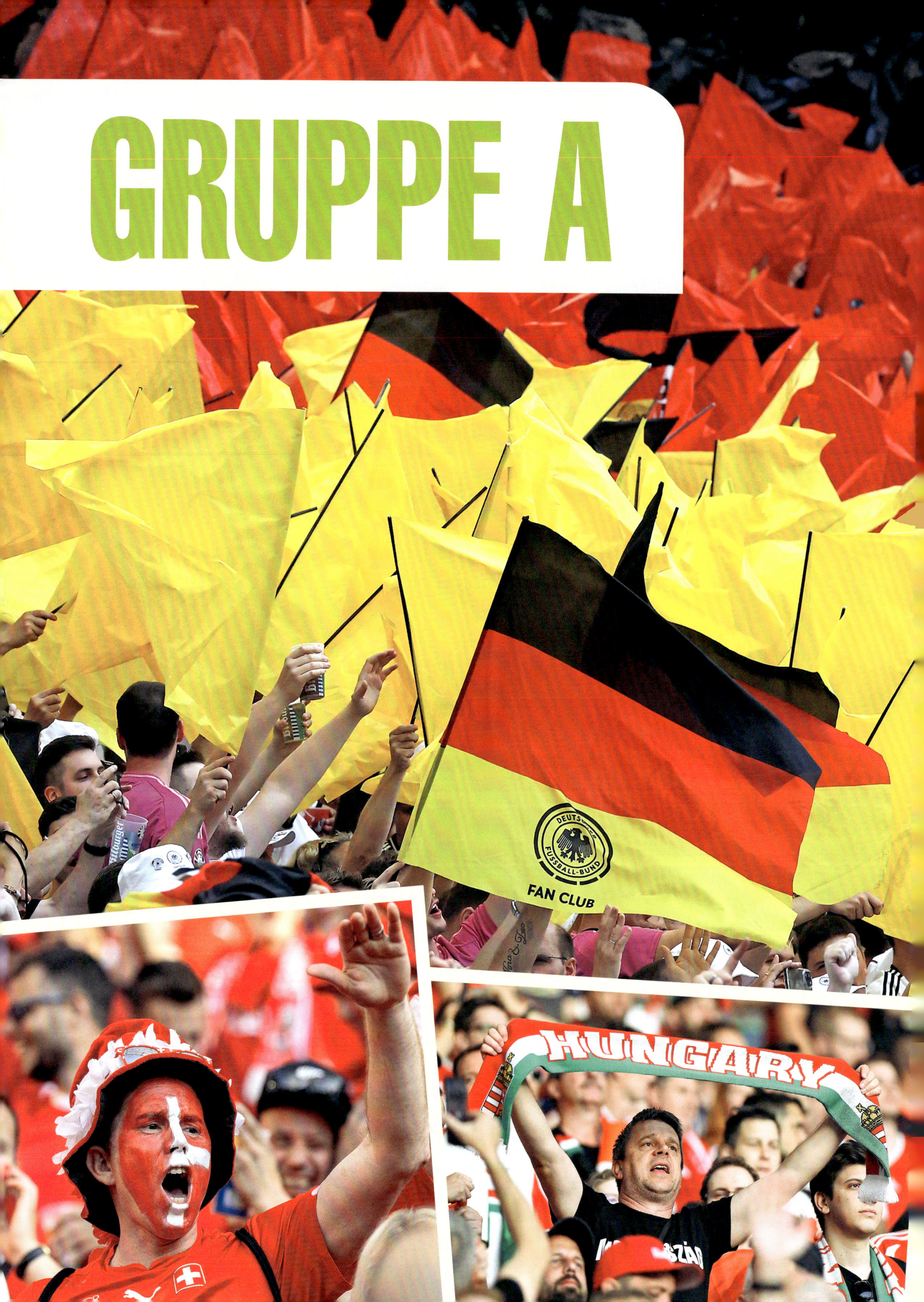

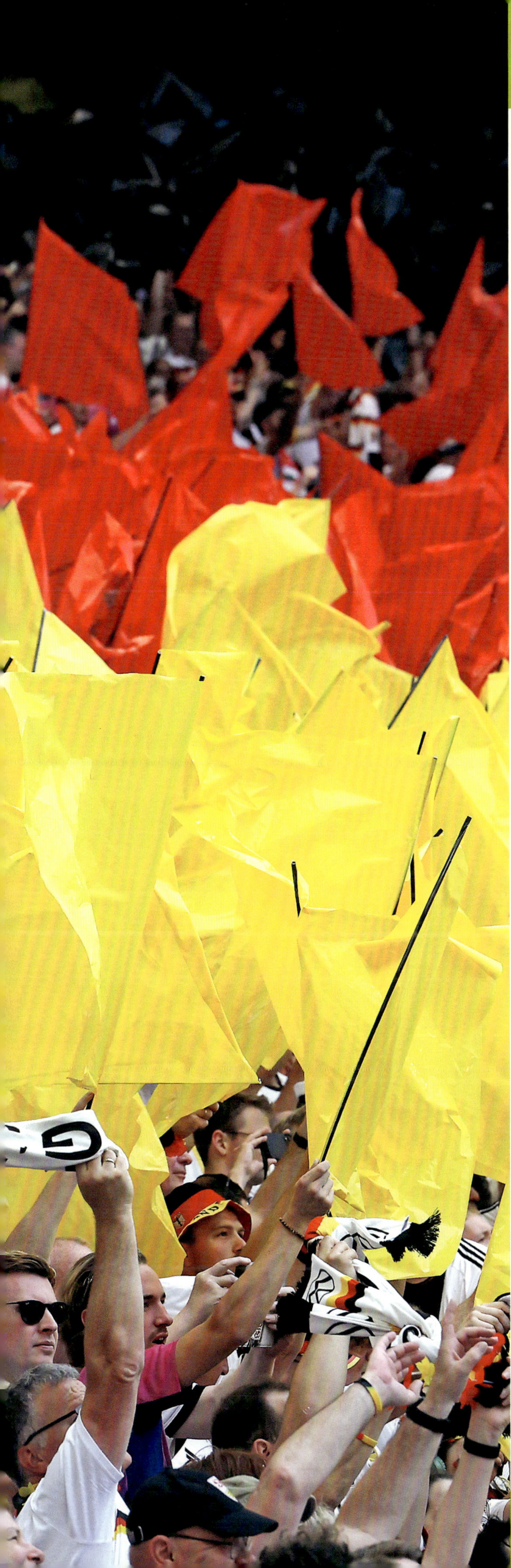

			Spiele	Tore	Punkte
1.	**Deutschland**		3	8:2	7
2.	**Schweiz**		3	5:3	5
3.	Ungarn		3	2:5	3
4.	Schottland		3	2:7	1

Deutschland – Schottland	5:1 (3:0)
Ungarn – Schweiz	1:3 (0:2)
Deutschland – Ungarn	2:0 (1:0)
Schottland – Schweiz	1:1 (1:1)
Schweiz – Deutschland	1:1 (1:0)
Schottland – Ungarn	0:1 (0:0)

EM-Gastgeber Deutschland wurde seiner Favoritenrolle in Gruppe A souverän gerecht. Nach dem furiosen 5:1-Auftakterfolg gegen Schottland – dem torreichsten Spiel dieser EM – sicherte sich die DFB-Auswahl mit einem 2:0 gegen Ungarn vorzeitig den Einzug ins Achtelfinale. Die aufkeimende Euphorie erfuhr im letzten Gruppenspiel jedoch einen Dämpfer. Erst ein Treffer von Niclas Füllkrug in der Nachspielzeit sorgte für das 1:1 gegen die Schweiz und somit den Gruppensieg. Die Schweizer blieben in der Vorrunde ebenfalls unbesiegt. Den Ungarn reichte auch ein 1:0-Sieg im letzten Gruppenspiel gegen die Schotten nicht fürs Weiterkommen. Die sieglosen „Bravehearts" überzeugten zwar nicht auf dem Platz, dafür hinterließen ihre Fans mächtig Eindruck.

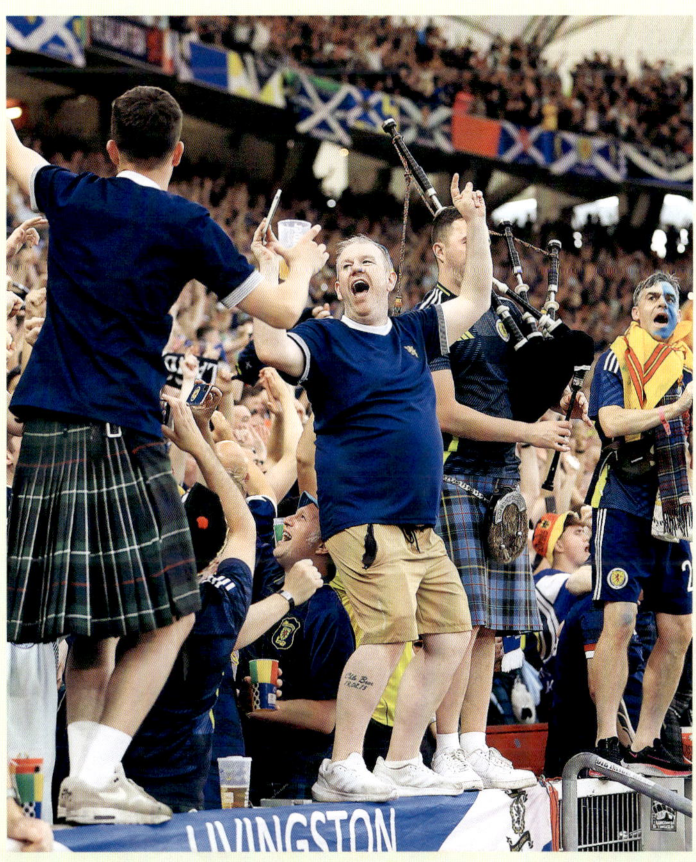

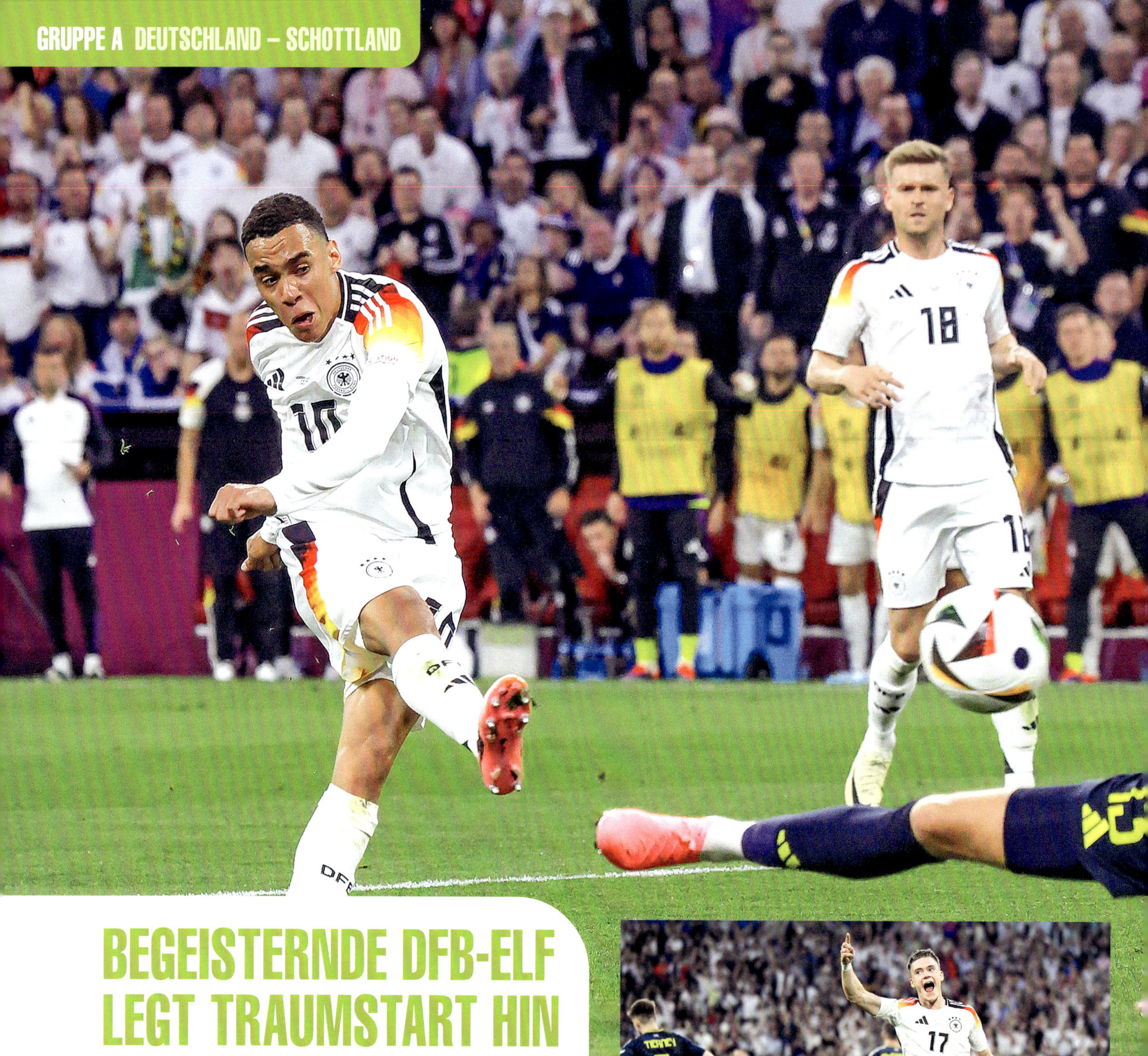

BEGEISTERNDE DFB-ELF LEGT TRAUMSTART HIN

Mit diesem Schuss erhöht der grandios aufspielende Jamal Musiala auf 2:0.

Florian Wirtz bejubelt das erste Tor dieser Europameisterschaft.

Schöner hätte man sich den Auftakt in diese Europameisterschaft nicht ausmalen können. Erst überrumpelten die ausgelassen feiernden und vor allem durstigen schottischen Fans Münchens Kneipenwirte. Dann genügten dem DFB-Team 90 Minuten plus Nachspielzeit, um eine Fußballnation, die zwischen unvermeidlicher Skepsis und zaghaftem Optimismus schwankte, mit Euphorie zu infizieren. Schon der erste gelungene Angriff des deutschen Teams führte zum ersten Tor in diesem Turnier. Toni Kroos verlagerte das Spiel kunstvoll auf die rechte Seite, Joshua Kimmich passte flach nach innen und fand Florian Wirtz, der den Ball per Direktabnahme von der Strafraumgrenze ins lange Eck beförderte. Das 1:0 löste die Anspannung bei der deutschen Elf, die fortan immer mehr Dominanz aufbaute. Ein Traumpass von Kapitän Ilkay Gündogan leitete das 2:0 in der 19. Minute ein. Kai Havertz ließ sich zwar etwas abdrängen, behielt im Strafraum jedoch die Übersicht und bediente Jamal Musiala, der sich mit einer eleganten Körpertäuschung etwas Platz verschaffte und den Ball unter die Latte jagte. Der Kombinationswirbel der DFB-Auswahl bereitete den Schotten nun zusehends Unbehagen. Ein Foul am überragenden Musiala bescherte den Gastgebern einen

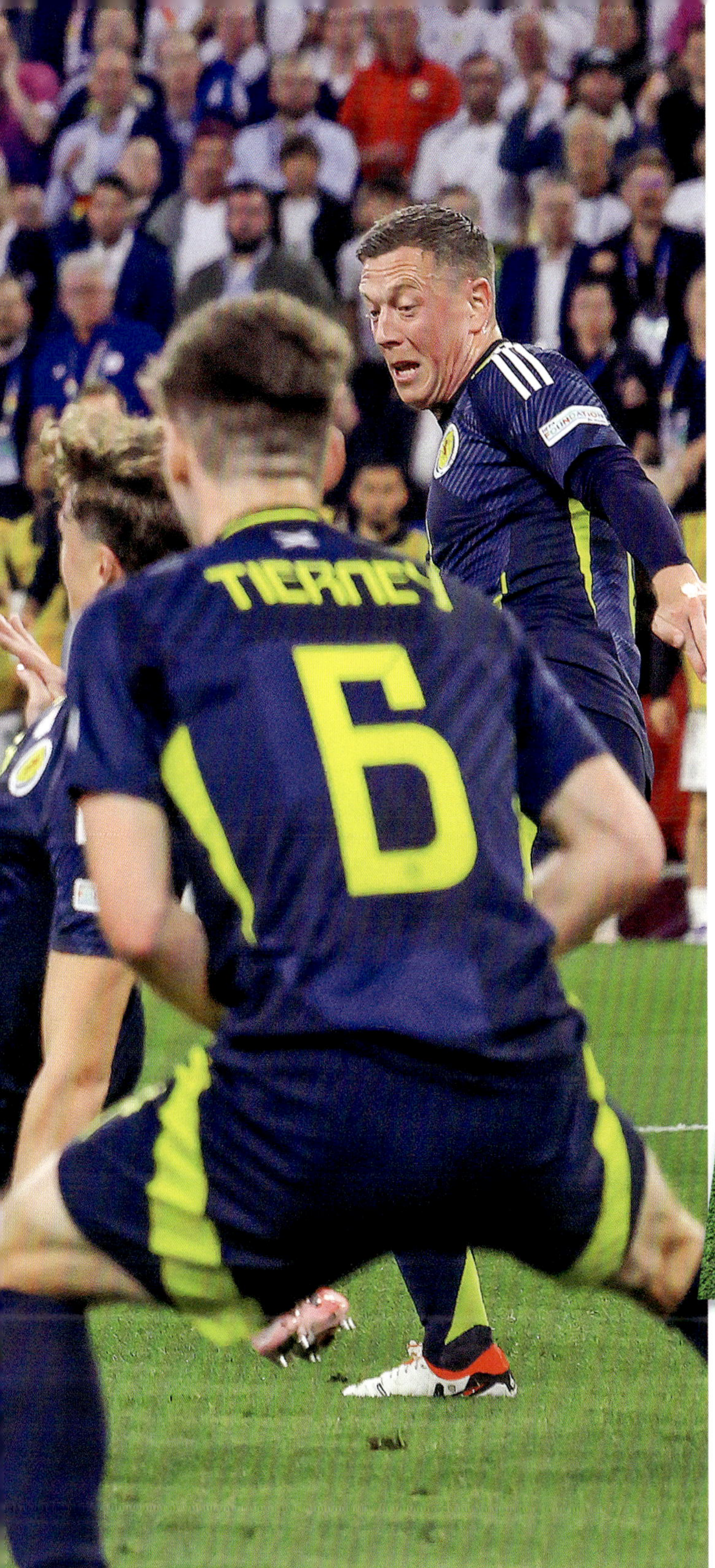

Freitag, 14. Juni 2024, 21 Uhr, München, 18° Celsius

DEUTSCHLAND – SCHOTTLAND

5 : 1

Trainer: Julian Nagelsmann

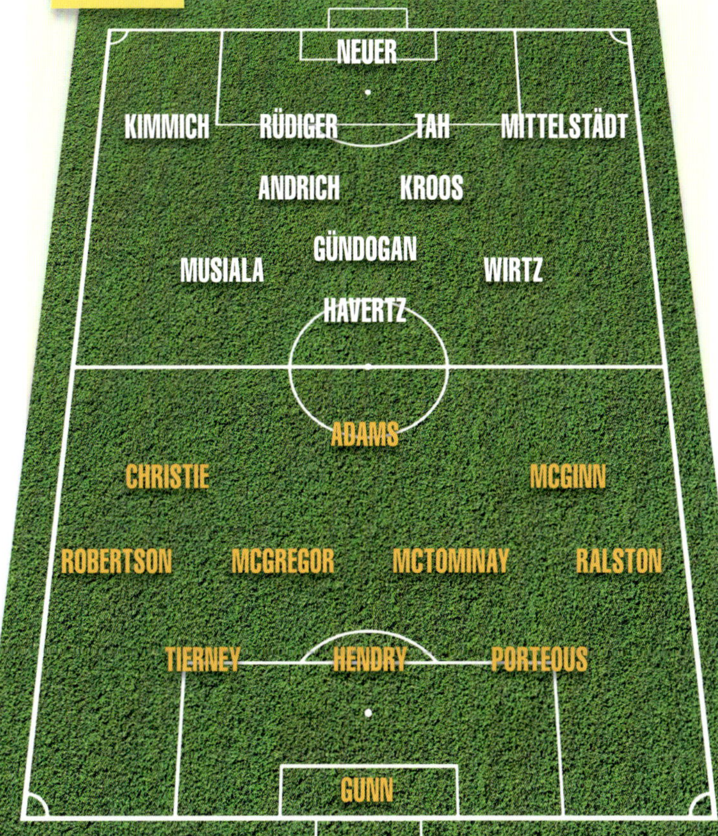

Trainer: Steve Clarke

Eingewechselt:

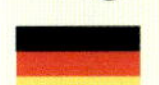

Groß für Andrich (46.)
Füllkrug für Havertz (63.)
Sané für Wirtz (63.)
Müller für Musiala (74.)
Can für Kroos (80.)

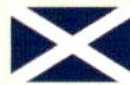

Hanley für Adams (46.)
Gilmour für McGregor (67.)
McLean für McGinn (67.)
McKenna für Tierney (77.)
Shankland für Christie (82.)

vermeintlichen Elfmeter, der nach Ansicht der Videobilder jedoch zurückgenommen wurde. Kurz vor der Pause gab es dann allerdings keine Zweifel mehr. Ein heftiges Einsteigen von Ryan Porteous gegen Gündogan hatte nicht nur einen Elfmeter, sondern auch die Rote Karte für den Innenverteidiger zur Folge. Havertz verwandelte abgeklärt zum 3:0. Nach der Pause nahmen die Deutschen etwas Tempo raus, ohne an Dominanz einzubüßen. Die eingewechselten Niclas Füllkrug und Emre Can legten noch zwei Treffer nach. Dazwischen lag das Ehrentor für die überforderten Schotten, erzielt durch das DFB-Team. Ein unglücklicher Kopfball von Abwehrchef Antonio Rüdiger überwand den ansonsten beschäftigungslosen Torhüter Manuel Neuer.

Tore: 1:0 Wirtz (10.), 2:0 Musiala (19.), 3:0 Havertz (45.+1), 4:0 Füllkrug (68.), 4:1 Rüdiger (Eigentor, 87.), 5:1 Can (90.+3)

Gelbe Karten: Andrich, Tah / Ralston

Gelb-Rote Karten: –

Rote Karten: – / Porteous (44.)

Schiedsrichter: Clement Turpin (Frankreich)

Zuschauer: 65 052

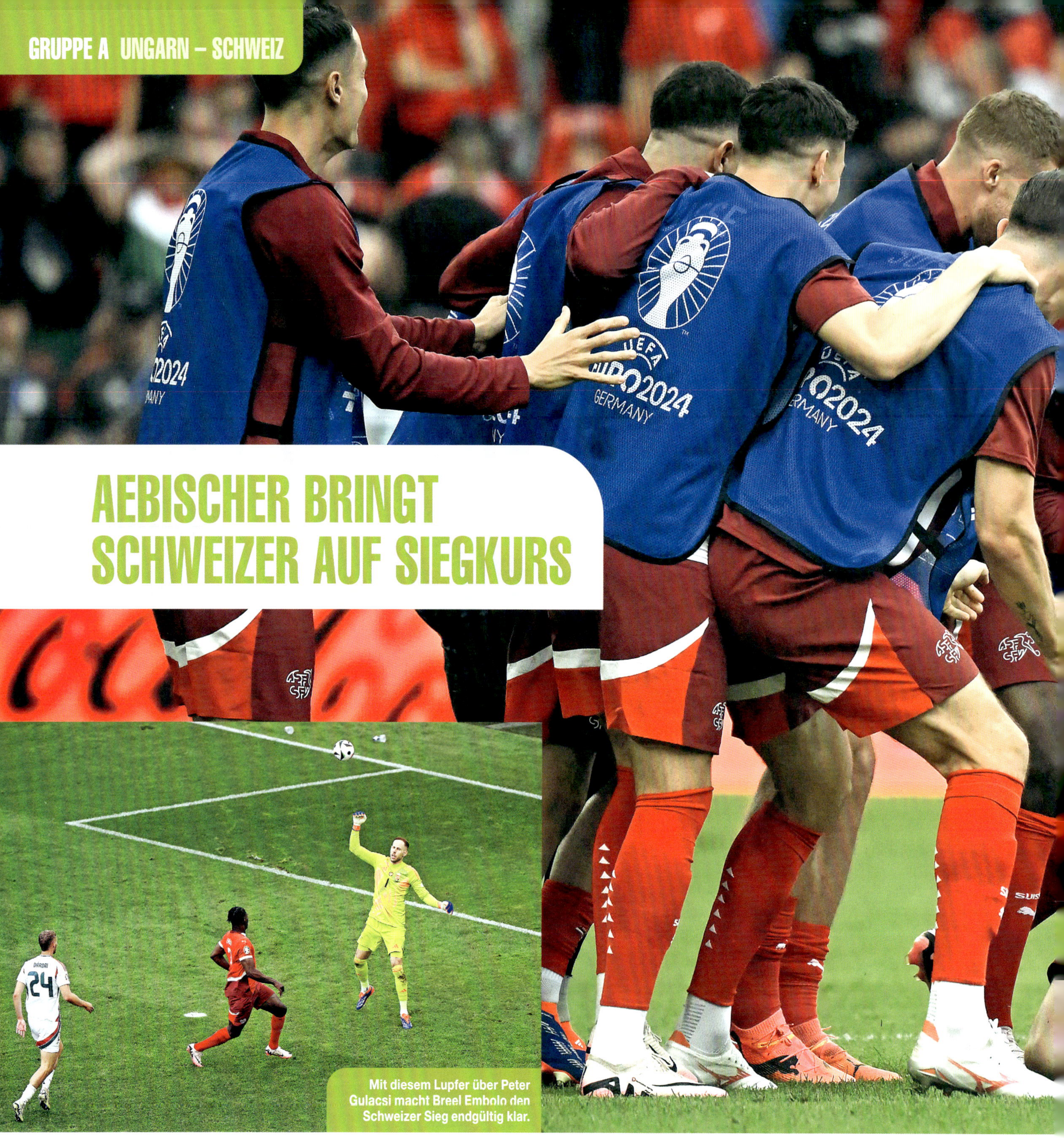

AEBISCHER BRINGT SCHWEIZER AUF SIEGKURS

Mit diesem Lupfer über Peter Gulacsi macht Breel Embolo den Schweizer Sieg endgültig klar.

Knapp 200 Kilometer trennen Freiburg im Breisgau und Freiburg im Üechtland. Das Schweizer Freiburg hat zwar keinen Fußballerstligisten wie sein deutsches Pendant zu bieten, darf sich aber damit schmücken, der Geburtsort von Michel Aebischer zu sein. Der Mittelfeldspieler, der seit Sommer 2022 für den italienischen Serie-A-Klub FC Bologna aufläuft, avancierte im Auftaktspiel gegen Ungarn zum Sieggaranten für die „Nati". Nachdem die Ungarn – mit fünf Bundesligaprofis in der Startelf – durch Roland Sallai vom SC Freiburg die erste Chance des Spiels verzeichnet hatten, sezierte Aebischer die Defensive der Magyaren mit einem feinen Steckpass auf Kwadwo Duah. Der ehemalige Nürnberger blieb frei vor Torwart Peter Gulacsi ganz cool und schob zum 1:0 (12. Minute) ein. Zwar erstickte der Video-Assistent zunächst den Jubel, doch die Zeitlupe bewies, dass Duah nicht im Abseits gestanden hatte. Der Treffer zählte – und beflügelte die Schweizer, die nun klar den Ton angaben.
Es dauerte jedoch bis kurz vor der Pause, ehe sich die Schweizer für einen starken Auftritt erneut belohnten. Wieder war es Aebischer mit seinem feinen rechten Fuß, der die „Nati" jubeln ließ. Diesmal schlenzte er den Ball präzise ins lange Eck. Damit avancierte er zum ersten Schweizer Spieler überhaupt, dem bei einer EM ein Tor und eine Vorlage im selben Spiel glückten.

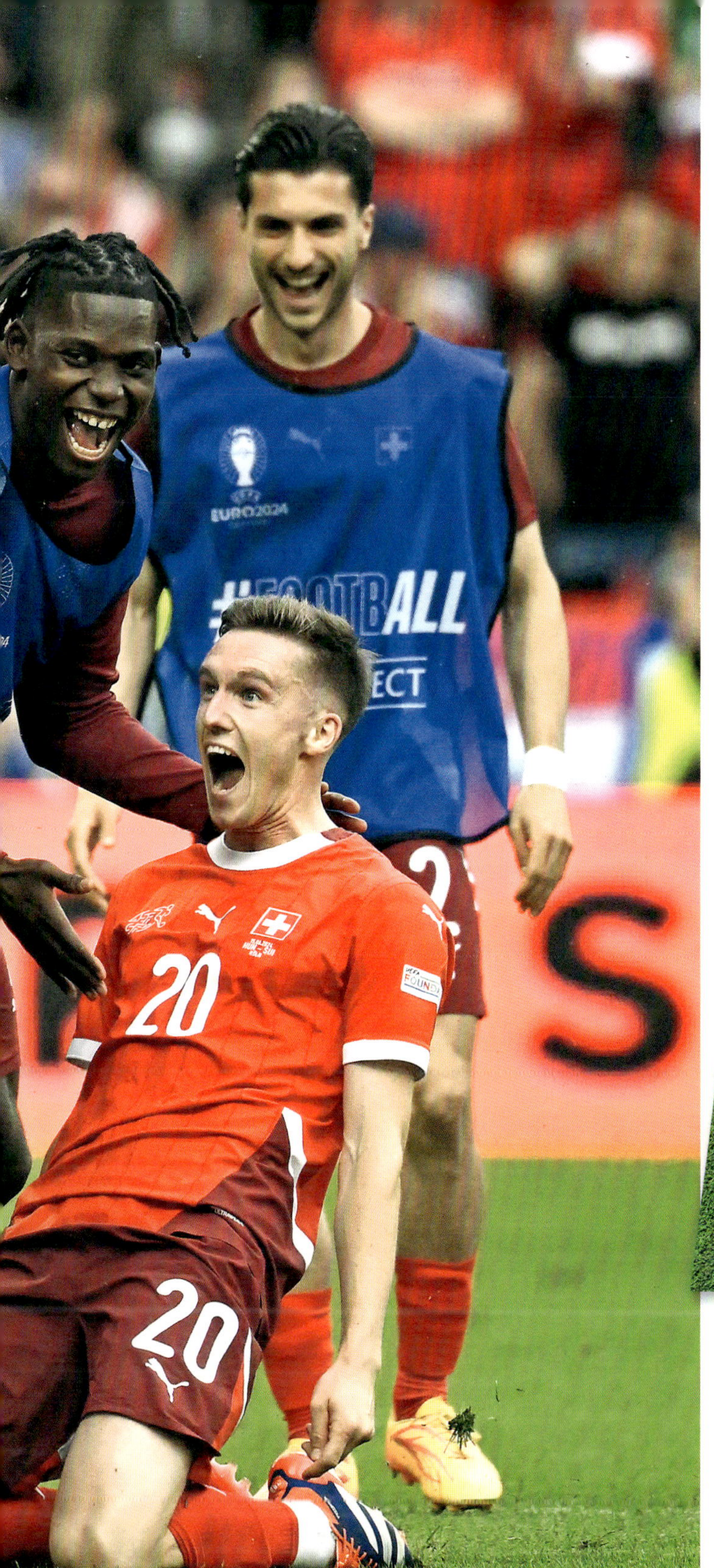
Michael Aebischer feiert sein sehenswertes Tor zum 2:0 mit den Schweizer Reservisten.

Samstag, 15. Juni 2024, 15 Uhr, Köln, 20° Celsius

UNGARN – SCHWEIZ
1 : 3

Trainer: Marco Rossi

GULASCI

LANG ORBAN SZALAI

FIOLA A. NAGY SCHÄFER KERKEZ

SALLAI SZOBOSZLAI

VARGA

DUAH

VARGAS NDOYE

AEBISCHER XHAKA FREULER WIDMER

RODRIGUEZ AKANJI SCHÄR

SOMMER

Trainer: Murat Yakin

Eingewechselt:

Ungarn	Schweiz
Bolla für Lang (46.)	Amdouni für Duah (68.)
Kleinheisler für A. Nagy (67.)	Stergiou für Widmer (68.)
Adam für Kerkez (79.)	Embolo für Vargas (74.)
Dardai für Szalai (79.)	Sierro für Ndoye (86.)
	Rieder für Freuler (86.)

In der zweiten Halbzeit vergaben die Schweizer um Kapitän Granit Xhaka zunächst die Vorentscheidung, ehe Barnabas Varga den Ungarn neues Leben einhauchte. Eine butterweiche Flanke von Kapitän Dominik Szoboszlai köpfte der Mittelstürmer artistisch ein.
Die Ungarn drängten danach auf den Ausgleich, agierten im letzten Drittel allerdings zu unpräzise und unkreativ. Die Schweiz stand stabil und erhöhte in der Nachspielzeit auf 3:1. Nach einer verunglückten Kopfballabwehr von Willi Orban erlief sich der ehemalige Bundesligastürmer Breel Embolo den Ball und überwand Gulacsi per Lupfer.

Tore: 0:1 Duah (12.), 0:2 Aebischer (45.), 1:2 Varga (66.), 1:3 Embolo (90.+3)

Gelbe Karten: Szalai, Bolla / Widmer, Freuler, Yakin

Gelb-Rote Karten: –

Rote Karten: –

Schiedsrichter: Slavko Vincic (Slowenien)

Zuschauer: 41 676

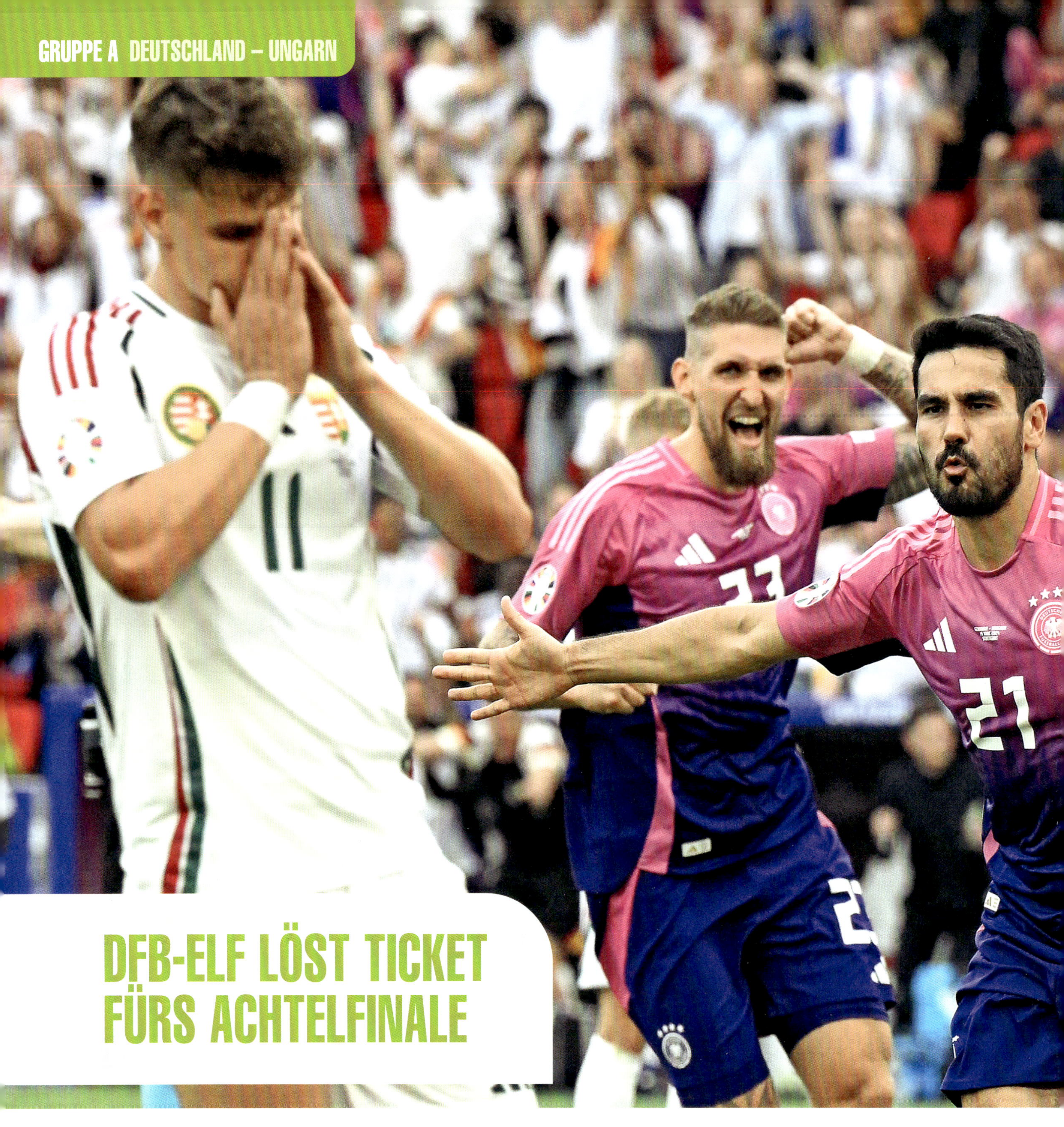

DFB-ELF LÖST TICKET FÜRS ACHTELFINALE

Sogar Trainer-Ikone Pep Guardiola kommt ins Schwärmen, wenn er über Ilkay Gündogan spricht. „Er ist einer der klügsten Spieler, die ich jemals trainiert habe", sagte der hochdekorierte Coach einmal in einem *Stern*-Interview über den deutschen Nationalspieler. Sieben Jahre arbeiteten der spanische Maestro und der Mittelfeldstratege bei Manchester City zusammen, ehe Gündogan im Sommer 2023 zum FC Barcelona wechselte. In Deutschland erfreute er sich aber nie besonders großer Popularität. Seine Leistungen in der Nationalmannschaft, lautete eine wiederkehrende Kritik, ragten an die im Verein nicht annähernd heran. Tatsächlich wirkte Gündogan im DFB-Trikot oft seltsam gehemmt. Bundestrainer Julian Nagelsmann hatte jedoch von Beginn an volles Vertrauen in den 33-Jährigen. Er bestätigte ihn als Kapitän und bot ihn bei der EM auf der Zehnerposition auf. Und Gündogan? Er blühte auf. Schon gegen Schottland zählte er nicht nur wegen seines Traumpasses vor dem 2:0 zu den Besten. Gegen Ungarn avancierte er sogar zum Spieler des Spiels. Vor dem 1:0 setzte er entschlossen gegen Willi Orban nach, eroberte den Ball und setzte Jamal Musiala in Szene, der die deutsche Führung erzielte. Beim 2:0 verwertete er eine Hereingabe von Maximilian Mittelstädt gekonnt, als er den Ball mit der Innenseite ins lange Eck schob. Kampfstark und technisch versiert – diese Attribute trafen an diesem Abend nicht nur auf den Kapitän zu, sondern auf die komplette deutsche Mannschaft, die deutlich

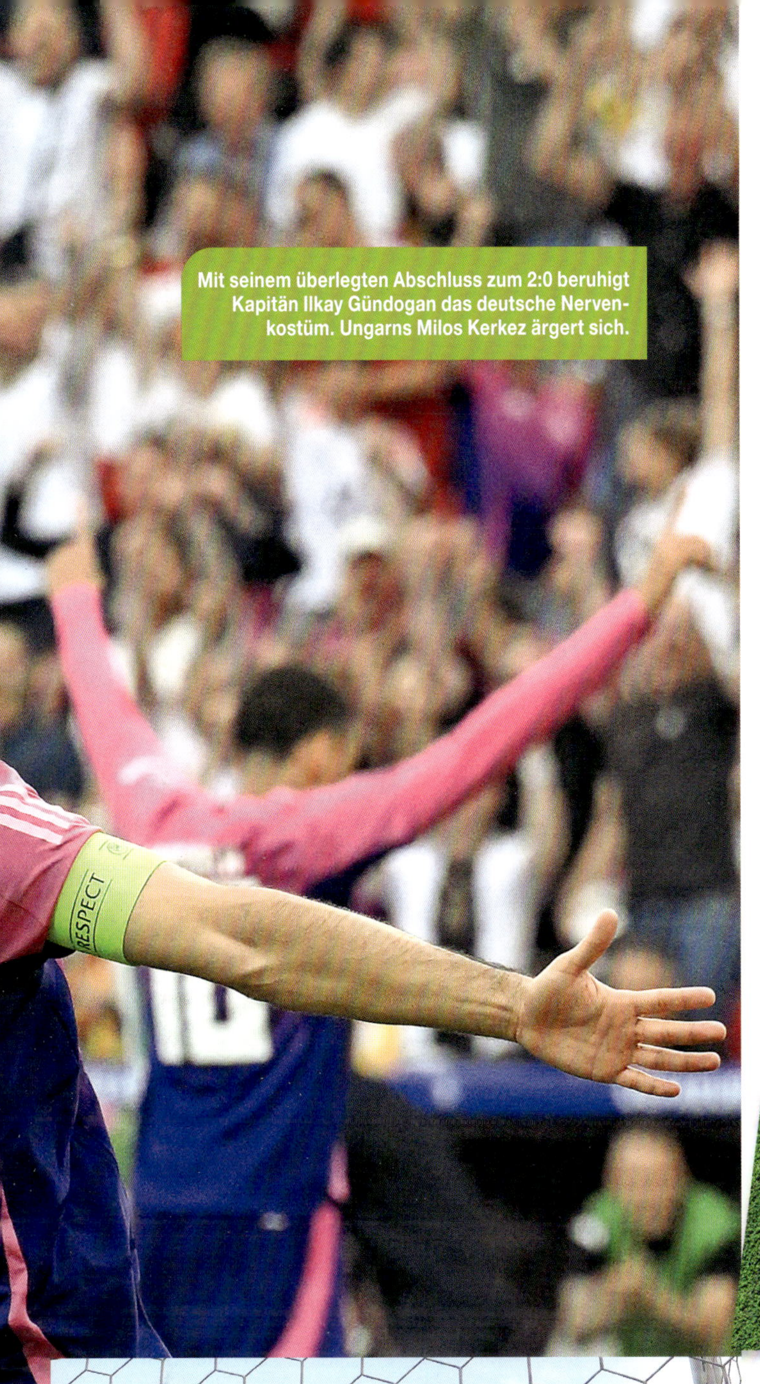

Mit seinem überlegten Abschluss zum 2:0 beruhigt Kapitän Ilkay Gündogan das deutsche Nervenkostüm. Ungarns Milos Kerkez ärgert sich.

DFB-Torwart Manuel Neuer bekommt diesmal einiges zu tun. Hier entschärft er einen Freistoß von Dominik Szoboszlai.

stärker gefordert war als noch im Eröffnungsspiel. Schon nach 15 Sekunden brannte es lichterloh, als Joshua Kimmich zu lange zögerte und Roland Sallai dazwischenfunkte. Manuel Neuer stürzte jedoch entschlossen aus seinem Tor und kam einen Tick vor Sallai an den Ball. In der 26. Minute musste der DFB-Torwart abermals sein ganzes Können aufbieten, als er einen Freistoß von Dominik Szoboszlai entschärfte. Nach der Pause kontrollierte die deutsche Elf das Geschehen dann aber souverän.

Mittwoch, 19. Juni 2024, 18 Uhr, Stuttgart, 22° Celsius

DEUTSCHLAND – UNGARN
2 : 0

Trainer: Julian Nagelsmann

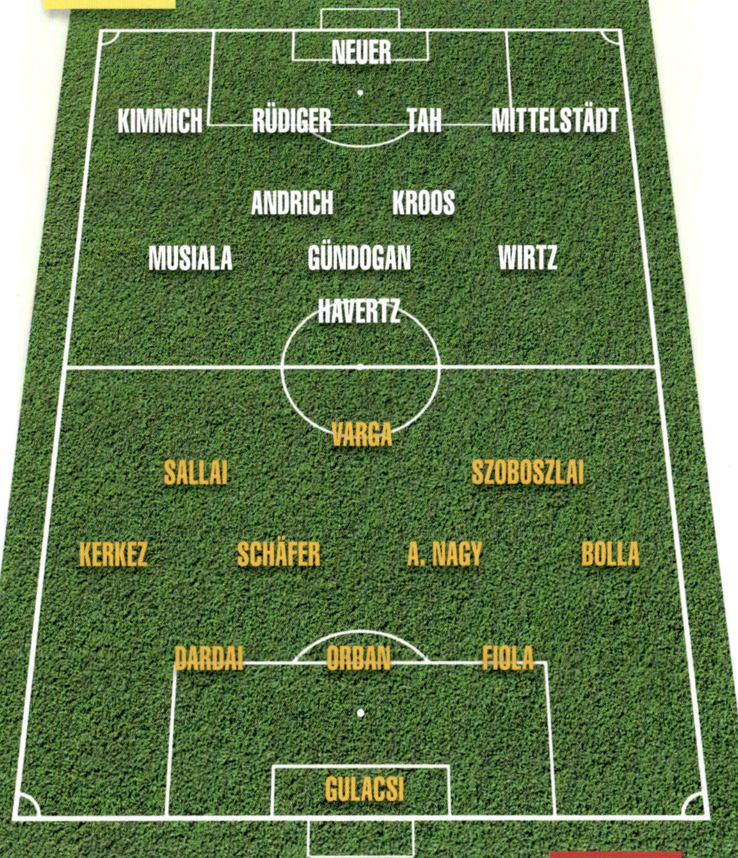

Trainer: Marco Rossi

Eingewechselt:

Deutschland	Ungarn
Sané für Wirtz (58.)	Kleinheisler für A. Nagy (64.)
Füllkrug für Havertz (58.)	Z. Nagy für Kerkez (75.)
Can für Andrich (72.)	Adam für Bolla (75.)
Führich für Musiala (72.)	Gazdag für Varga (87.)
Undav für Gündogan (84.)	Csoboth für Sallai (87.)

Tore: 1:0 Musiala (22.), 2:0 Gündogan (67.)

Gelbe Karten: Rüdiger, Mittelstädt / Varga, Szoboszlai, Rossi

Gelb-Rote Karten: –

Rote Karten: –

Schiedsrichter: Danny Makkelie (Niederlande)

Zuschauer: 54 000

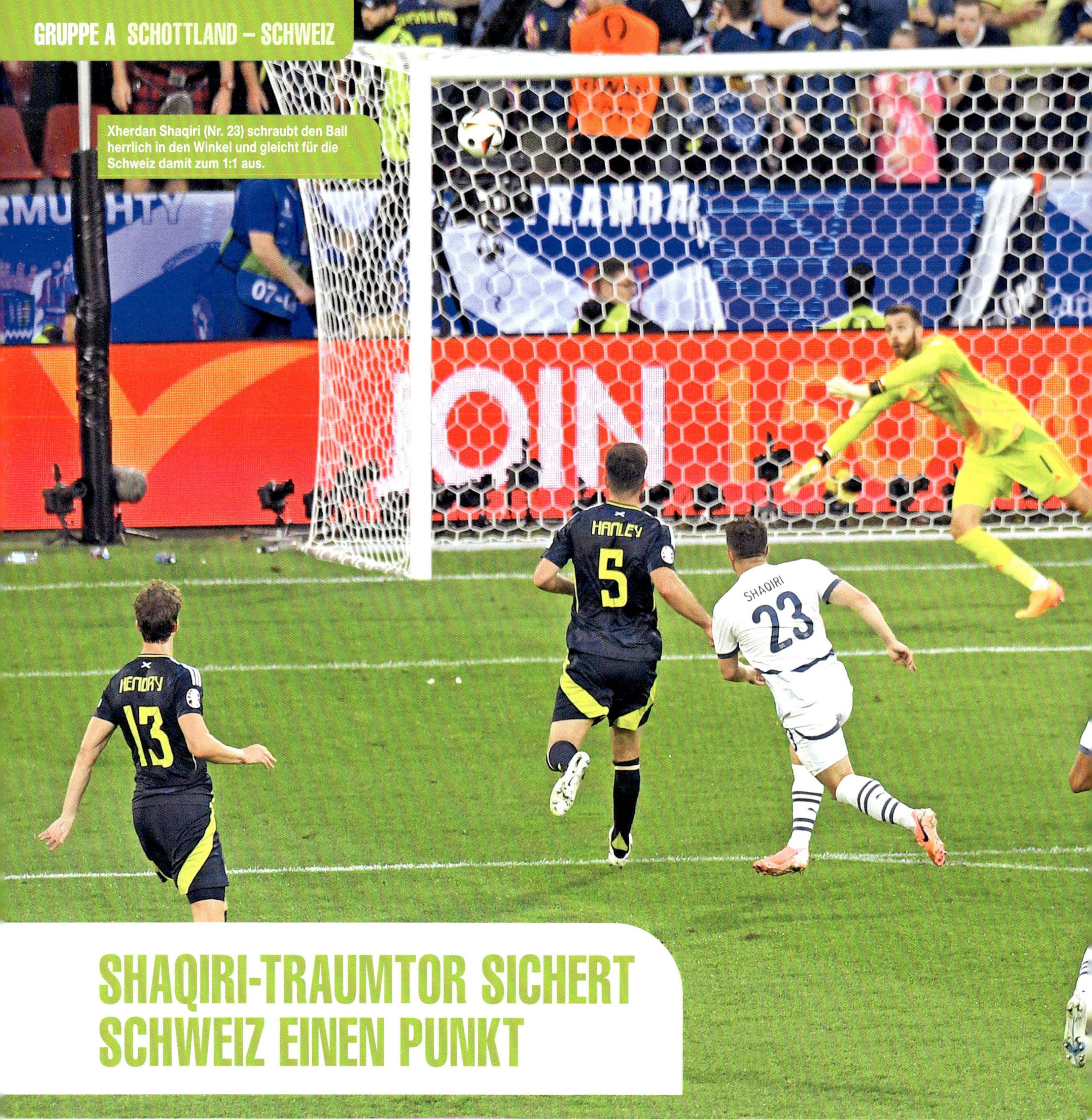

Xherdan Shaqiri (Nr. 23) schraubt den Ball herrlich in den Winkel und gleicht für die Schweiz damit zum 1:1 aus.

SHAQIRI-TRAUMTOR SICHERT SCHWEIZ EINEN PUNKT

Es dauerte bei dieser Europameisterschaft nicht lange, da hatten die Schotten bereits mächtig Eindruck hinterlassen. Nur galt das nicht für das spielende Personal auf dem Platz, sondern für die Fans. Über 100 000 Anhänger der Schotten sollen sich Schätzungen zufolge während der EM in Deutschland aufgehalten haben. Am zweiten Vorrundenspieltag eroberte die „Tartan Army" die Karnevalshochburg Köln und zauberte auch Griesgramen ein Lächeln ins Gesicht. Auf dem Platz waren Schottlands Kicker darum bemüht, die 1:5-Klatsche zum Auftakt gegen Deutschland vergessen zu machen. Und das gelang zunächst recht gut. Zwar bestimmten die Schweizer die Startphase, doch nach einem schön zu Ende gespielten Konter in der 13. Minute waren es die „Bravehearts", die in Führung gingen. Den Schuss von Scott McTominay fälschte der Schweizer Verteidiger Fabian Schär unhaltbar für seinen Torhüter Yann Sommer ab. Die Eidgenossen zeigten sich jedoch unbeeindruckt und rissen das Spiel sofort wieder an sich. Der Ausgleich gelang ihnen dann allerdings unter gütiger Mithilfe der Schotten. Ein Rückpass von Anthony Ralston geriet viel zu kurz. Der ehemalige Bayern-Spieler Xherdan Shaqiri erfasste die Situation blitzschnell und schlenzte den Ball mit dem ersten Kontakt aus 18 Metern wunderschön in den Winkel (26.). Sieben Minuten später hatte Dan Ndoye die Schweizer Führung auf dem Fuß, scheiterte jedoch am stark reagierenden Angus Gunn. In der 58. Minute parierte der schottische Torhüter erneut

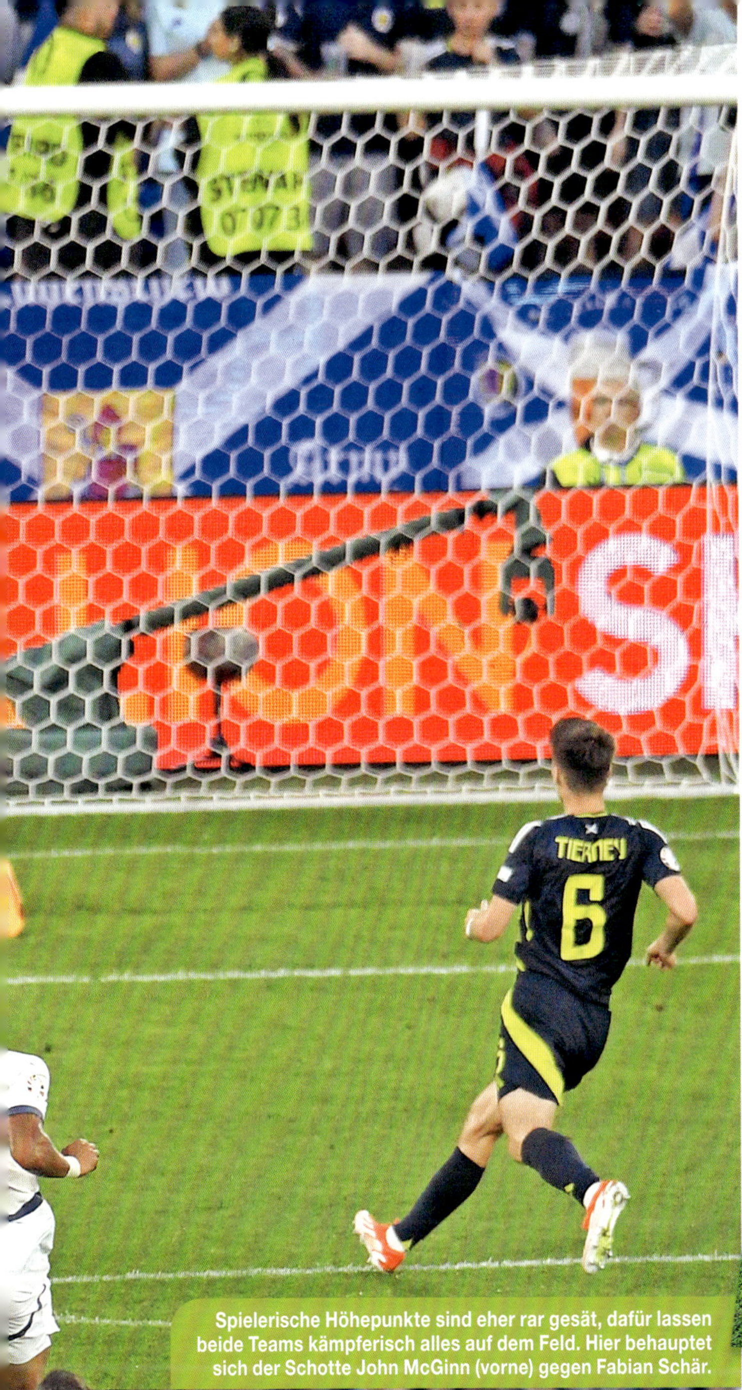

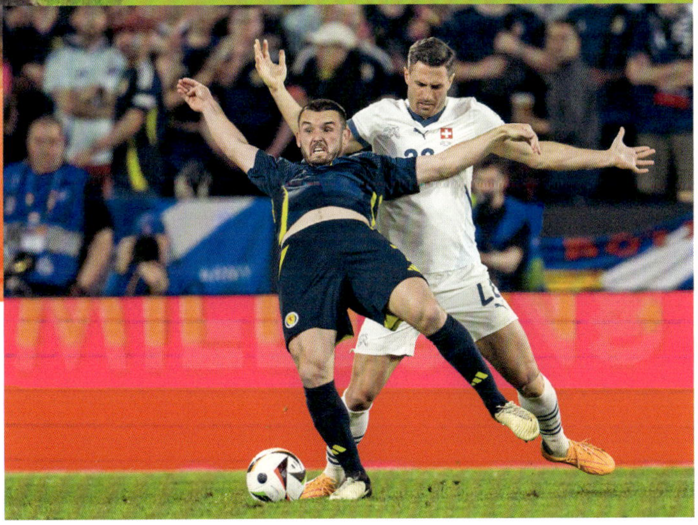

Spielerische Höhepunkte sind eher rar gesät, dafür lassen beide Teams kämpferisch alles auf dem Feld. Hier behauptet sich der Schotte John McGinn (vorne) gegen Fabian Schär.

glänzend – wieder hatte der auffällige Ndoye abgezogen. Die Schotten kompensierten spielerische Mängel mit leidenschaftlichem Kampf. In der 67. Minute fehlten ihnen nur Zentimeter zum erneuten Führungstreffer. Nach einem Freistoß von Kapitän Andy Robertson setzte sich Innenverteidiger Grant Hanley im Luftduell durch, traf aber nur den Pfosten. Letztlich blieb es beim Remis, mit dem die Schweizer etwas besser leben konnten.

Mittwoch, 19. Juni 2024, 21 Uhr, Köln, 16° Celsius

SCHOTTLAND – SCHWEIZ

1 : 1

Trainer: Steve Clarke

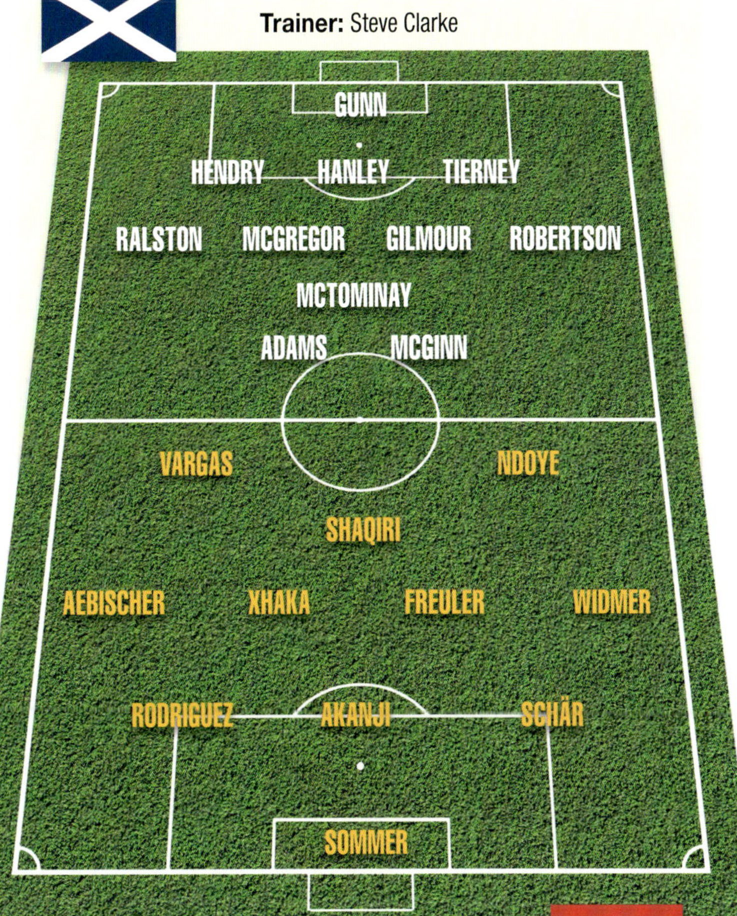

Trainer: Murat Yakin

Eingewechselt:

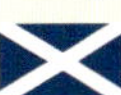

McKenna für Tierney (61.)
McLean für Gilmour (79.)
Christie für McGinn (90.)
Shankland für Adams (90.)

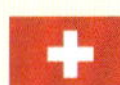

Embolo für Shaqiri (60.)
Rieder für Vargas (75.)
Sierro für Freuler (75.)
Amdouni für Ndoye (86.)
Stergiou für Widmer (86.)

Tore: 1:0 McTominay (13.), 1:1 Shaqiri (26.)

Gelbe Karte: McTominay, McKenna, McGinn / Rodriguez, Sierro

Gelb-Rote Karten: –

Rote Karten: –

Schiedsrichter: Ivan Kruzliak (Slowakei)

Zuschauer: 42 711

AUF DEN SCHOCK FOLGT SPÄTER JUBEL

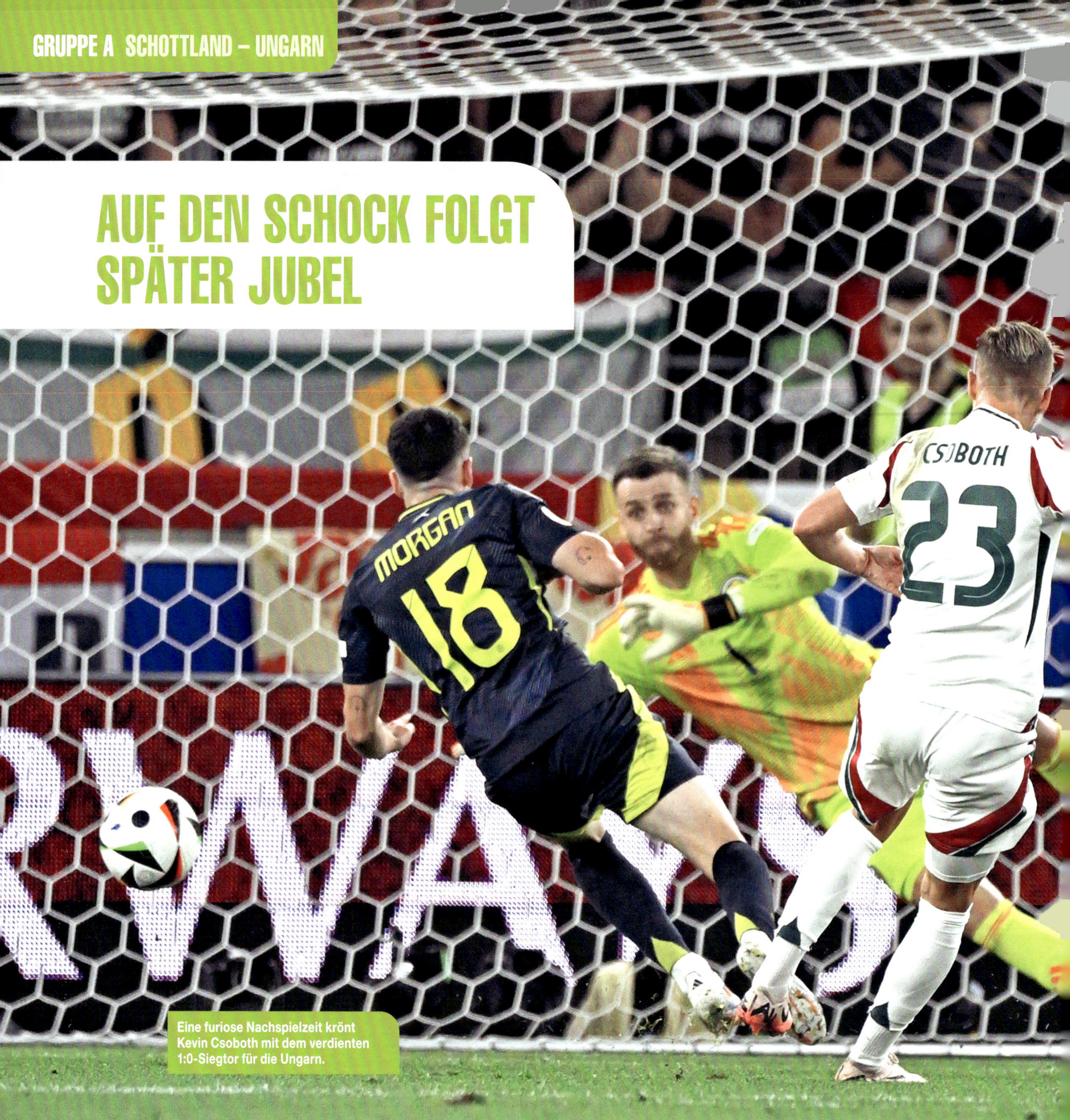

Eine furiose Nachspielzeit krönt Kevin Csoboth mit dem verdienten 1:0-Siegtor für die Ungarn.

Auf einmal wurde es ganz still. 67 Minuten lang hatten die schottischen und ungarischen Fans mit ihren unermüdlichen Gesängen dem zähen Geschehen auf dem Rasen getrotzt, als die Partystimmung tiefer Sorge wich. Nach einem Freistoß von Ungarns Kapitän Dominik Szoboszlai war Schottlands Torhüter Angus Gunn im Strafraum mit Teamkollege Anthony Ralston und Ungarns Stürmer Barnabas Varga zusammengeprallt. Alle drei Akteure blieben liegen, doch während sich die Schotten rasch wieder erhoben, regte sich Varga nicht. Unweigerlich kamen Erinnerungen an die EM 2021 auf, als der Däne Christian Eriksen während des Spiels einen Herzstillstand erlitten hatte. Erst nach mehrminütiger Behandlung konnte Varga vom Platz getragen werden. Der ungarische Fußballverband verkündete wenig später, dass der Stürmer in einem stabilen Zustand auf dem Weg ins Krankenhaus sei. Dort wurden eine Gehirnerschütterung und mehrere Brüche im Gesicht festgestellt. Szoboszlai monierte hinterher, dass es zu lange gedauert habe, ehe die Sanitäter auf den Platz kamen. Ein emotionaler Abend endete für die Ungarn aber nicht nur mit der Sorge um ihren Teamkollegen, sondern auch mit späten Glücksgefühlen. Nach mehreren vergebenen Großchancen vollendete der eingewechselte Kevin Csoboth einen Konter in der zehnten Minute der Nachspielzeit zum

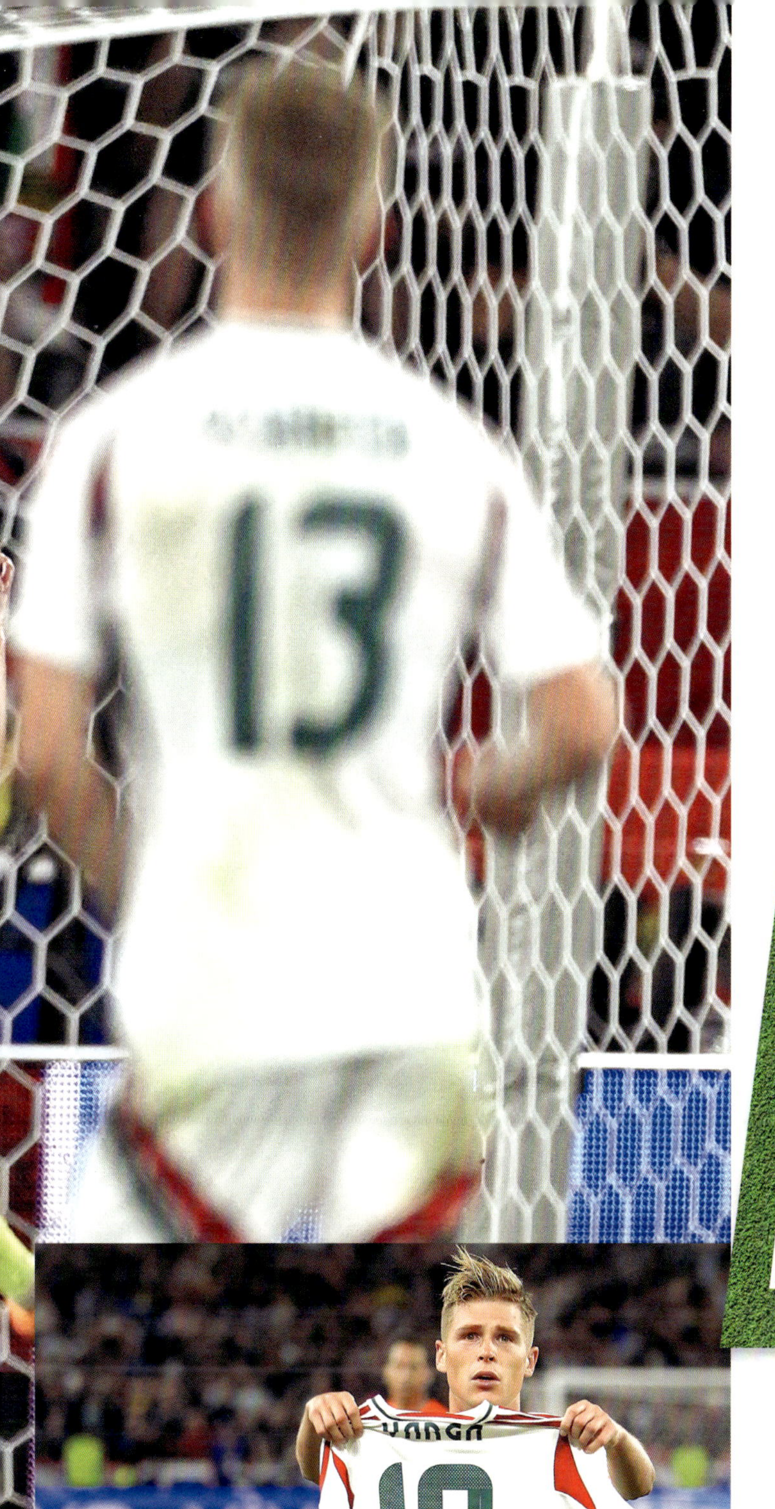

Torschütze Kevin Csoboth erinnert an seinen schwer verletzten Teamkollegen Barnabas Varga.

hochverdienten 1:0 der Magyaren. In einer Partie, in der beide Teams zwingend einen Sieg benötigten, zeigten die Ungarn insgesamt den größeren Siegeswillen. Zwar fehlten auch ihnen in vielen Situationen die spielerischen Mittel, sie entwickelten aber deutlich mehr Drang zum Tor als die umständlich agierenden Schotten. In einer niveauarmen ersten Halbzeit verzeichneten die Ungarn die einzige Großchance. Nach einer gefühlvollen Freistoßflanke von Szoboszlai traf Innenverteidiger Willi Orban aber nur die Latte (41. Minute). Turbulent wurde es erst in der Nachspielzeit. Vor Csoboths Siegtor trafen beide Teams jeweils einmal Aluminium.

Sonntag, 23. Juni 2024, 21 Uhr, Stuttgart, 20° Celsius

SCHOTTLAND – UNGARN
0 : 1

Trainer: Steve Clarke

GUNN

HENDRY HANLEY MCKENNA

RALSTON MCGREGOR GILMOUR ROBERTSON

MCGINN MCTOMINAY

ADAMS

VARGA

SALLAI SZOBOSZLAI

KERKEZ SCHÄFER STYLES BOTKA

DARDAI ORBAN BOLLA

GULASCI

Trainer: Marco Rossi

Eingewechselt:

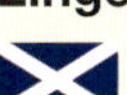

Shankland für Adams (76.),
Armstrong für McGinn (76.)
McLean für Ralston (83.)
Christie für Gilmour (83.)
Morgan für Robertson (89.)

A. Nagy für Styles (61.)
Szalai für Dardai (74.)
Adam für Varga (74.)
Z. Nagy für Kerkez (86.)
Csoboth für Bolla (86.)

Tor: 0:1 Csoboth (90.+10)

Gelbe Karten: McTominay / Styles, Orban, Schäfer, Kleinheisler, Csoboth

Gelb-Rote Karten: –

Rote Karten: –

Schiedsrichter: Ivan Kruzliak (Slowakei)

Zuschauer: 54 000

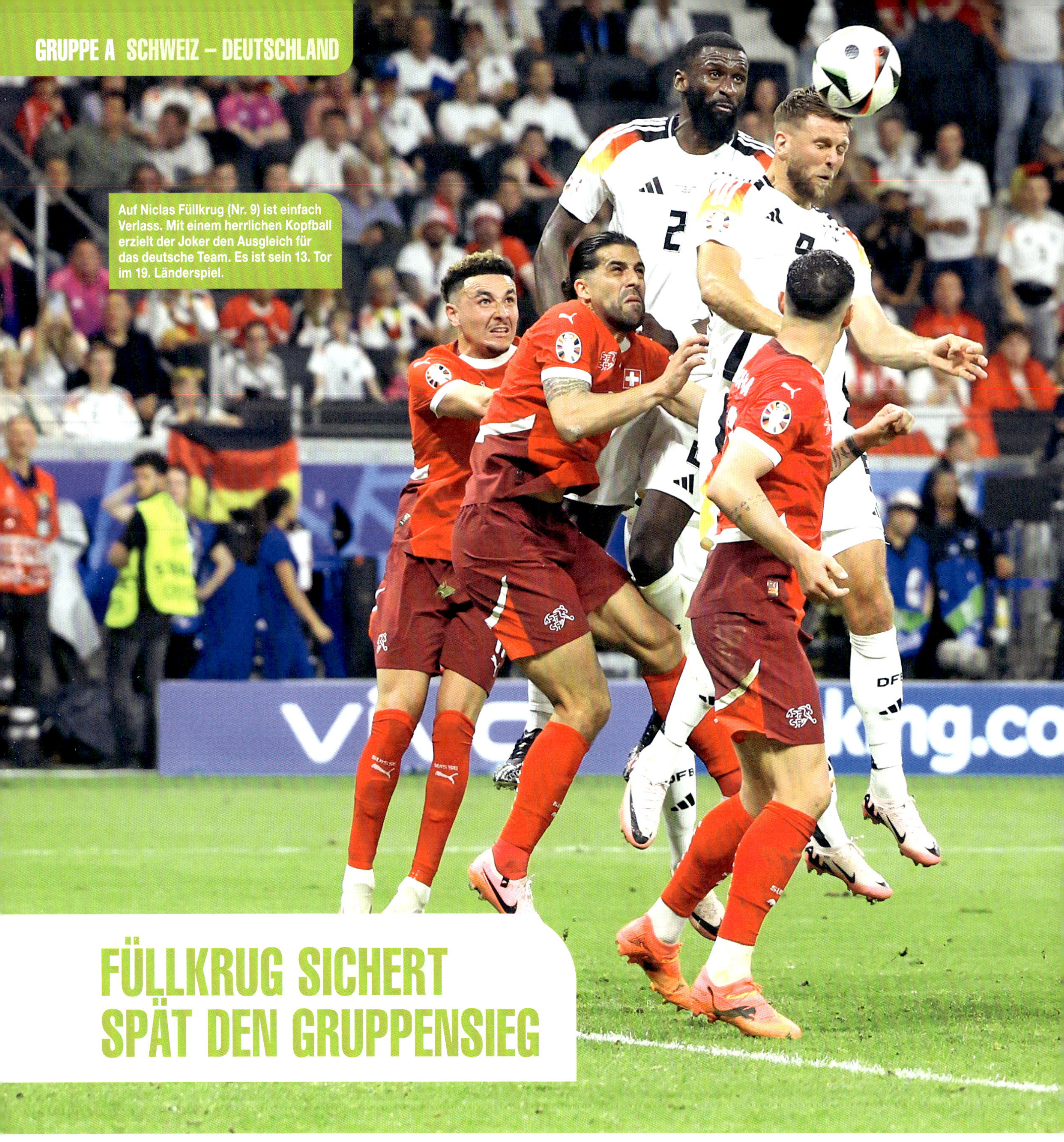

Auf Niclas Füllkrug (Nr. 9) ist einfach Verlass. Mit einem herrlichen Kopfball erzielt der Joker den Ausgleich für das deutsche Team. Es ist sein 13. Tor im 19. Länderspiel.

FÜLLKRUG SICHERT SPÄT DEN GRUPPENSIEG

Als der Schlusspfiff näherrückte, hörte man im weiten Rund des Frankfurter EM-Stadions nur noch die Schweizer Fans. Vor 86 Jahren, beim WM-Achtelfinale 1938, hatten die Eidgenossen letztmals gegen eine deutsche Auswahl gewonnen. Man konnte sich also vorstellen, wie sich die Schweizer an diesem Abend fühlten, kurz vor Schluss 1:0 in Führung liegend gegen den ewigen Angstgegner. Tatsächlich schien von der DFB-Auswahl in der Schlussphase auch nicht mehr viel zu kommen. Die Schweiz war dem 2:0 näher als die Deutschen dem Ausgleich. Doch Ruben Vargas stand bei seinem Treffer knapp im Abseits (84. Minute), und Kapitän Granit Xhaka scheiterte am überragend reagierenden Manuel Neuer (88.). Es lief bereits die zweite Minute der Nachspielzeit, als noch einmal ein deutscher Angriff auf das Tor von Yann Sommer zurollte. David Raum hatte auf der linken Seite etwas Platz und schlug eine krumme Flanke in den Strafraum, wo sich Niclas Füllkrug hochschraubte und in unnachahmlicher Manier zum 1:1 einköpfte. Der Dortmunder bestätigte einmal mehr seinen Ruf als perfekter Joker – und rettete der DFB-Auswahl den Gruppensieg. Das versöhnliche Ende konnte über die Schwächen aber nicht hinwegtäuschen. Nach zwei schön anzusehenden Pflichtsiegen gegen Schottland und Ungarn taten sich die Schützlinge von Trainer Julian Nagelsmann gegen einen taktisch

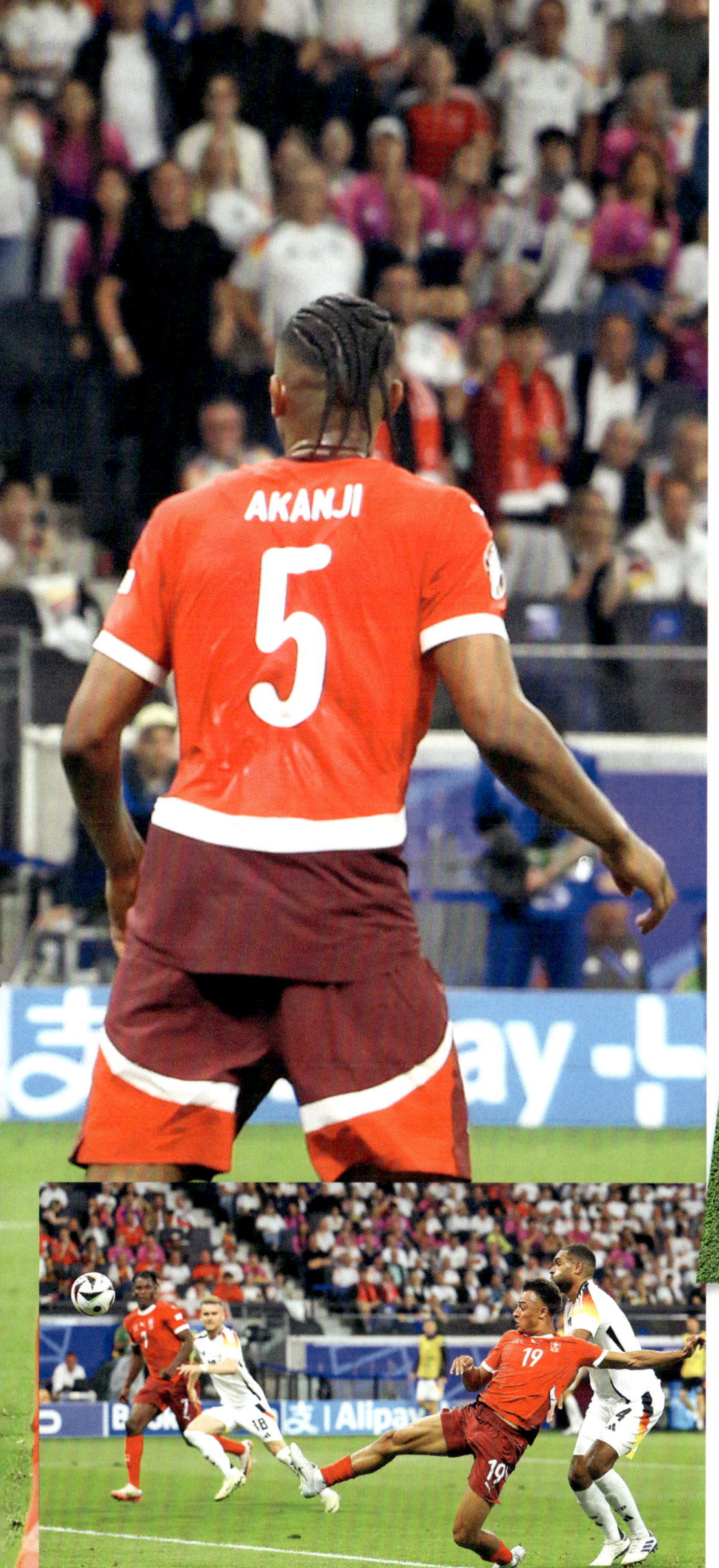

Der starke Dan Ndoye (Nr. 19) entwischt seinem Bewacher Jonathan Tah und bringt die Schweizer in der ersten Halbzeit in Führung.

perfekt eingestellten Gegner enorm schwer. Die Eidgenossen präsentierten sich ungemein bissig und laufstark. Sie verdichteten geschickt das Zentrum, wohl wissend, dass es die DFB-Jungstars Florian Wirtz und Jamal Musiala von der Außenbahn immer wieder dorthin zieht. Dem deutschen Spiel mangelte es an Tempo und zündenden Ideen. Zwar traf Robert Andrich in der 17. Minute nach einem Patzer von Sommer zum vermeintlichen 1:0, doch dem Tor war ein Foulspiel von Musiala vorausgegangen. Die Schweiz lauerte und veredelte einen feinen Angriff mit dem 1:0 durch Dan Ndoye (28.). Das DFB-Team rannte danach vergeblich an – bis Füllkrug in die Luft stieg.

Sonntag, 23. Juni 2024, 21 Uhr, Frankfurt, 18° Celsius

SCHWEIZ – DEUTSCHLAND

1 : 1

Trainer: Murat Yakin

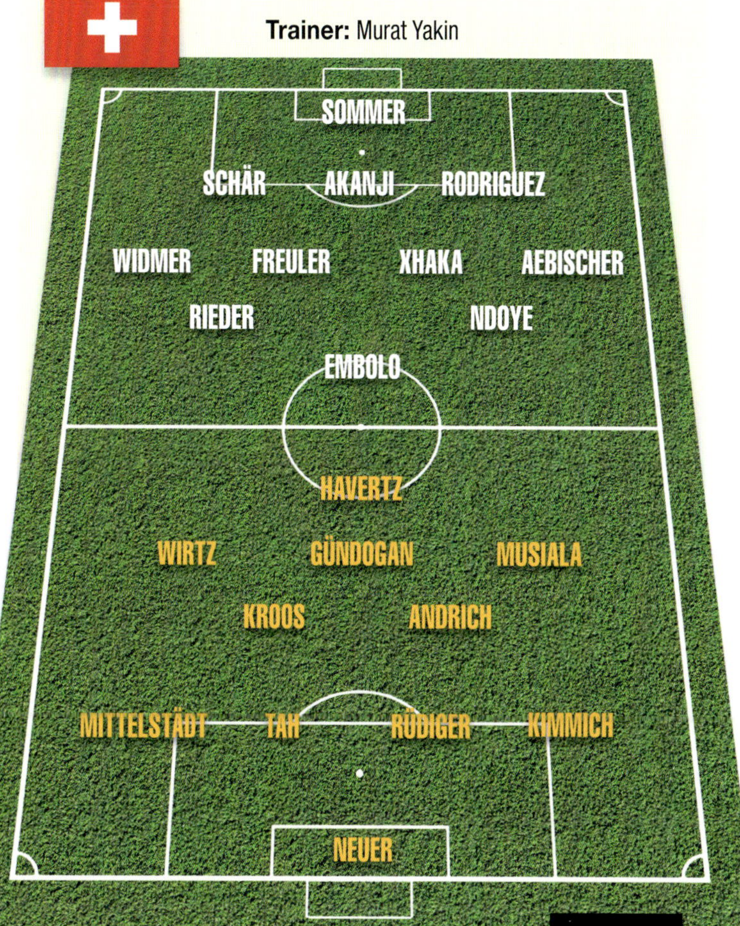

Trainer: Julian Nagelsmann

Eingewechselt:

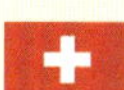

Duah für Embolo (65.)
Vargas für Rieder (65.)
Amdouni für Ndoye (65.)

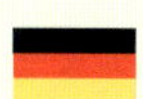

Schlotterbeck für Tah (61.)
Raum für Mittelstädt (61.)
Beier für Andrich (65.)
Sané für Wirtz (76.)
Füllkrug für Musiala (76.)

Tore: 1:0 Ndoye (28.), 1:1 Füllkrug (90.+2)

Gelbe Karten: Ndoye, Xhaka, Widmer / Tah

Gelb-Rote Karten: –

Rote Karten: –

Schiedsrichter: Daniele Orsato (Italien)

Zuschauer: 46685

GRUPPE B

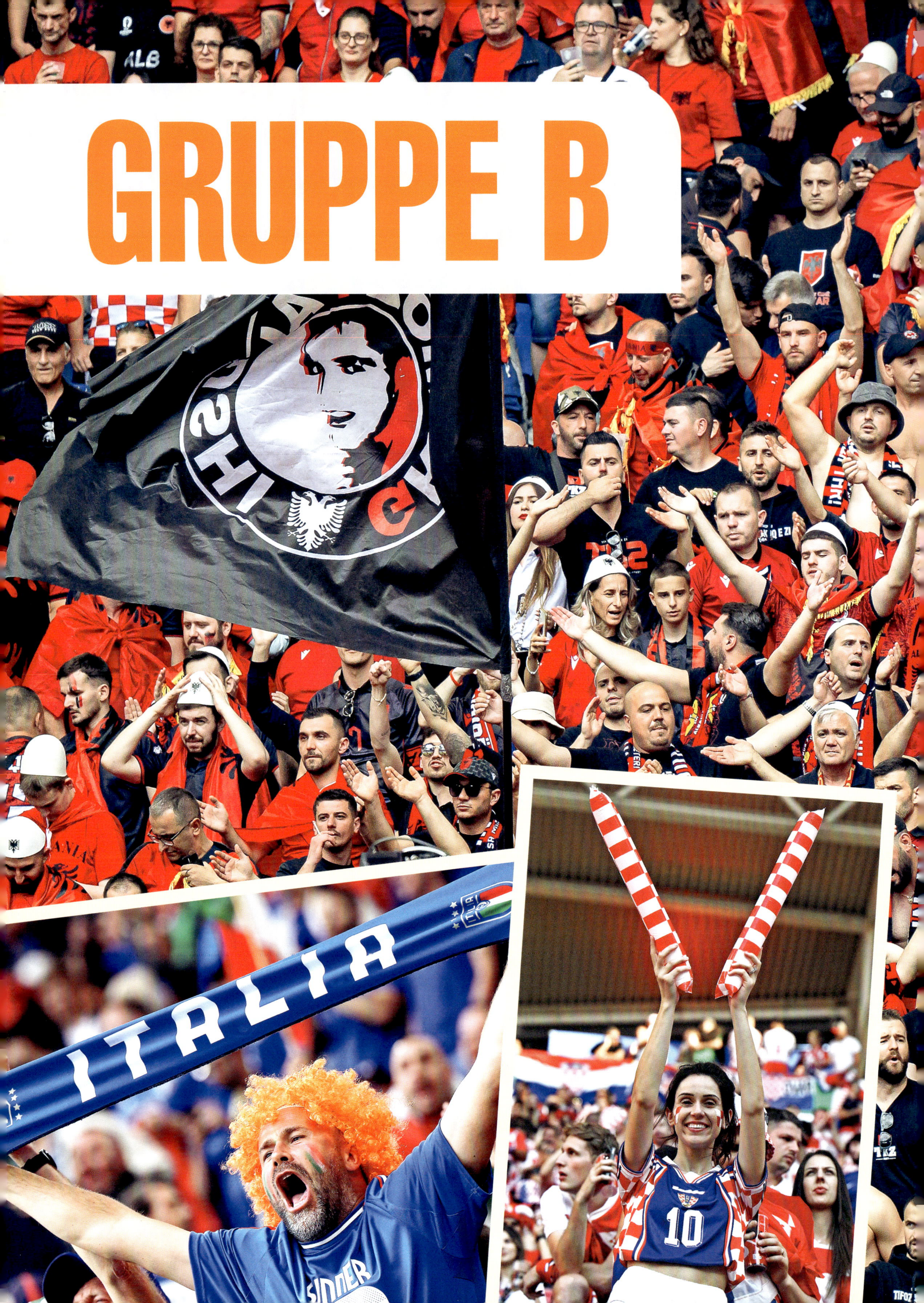

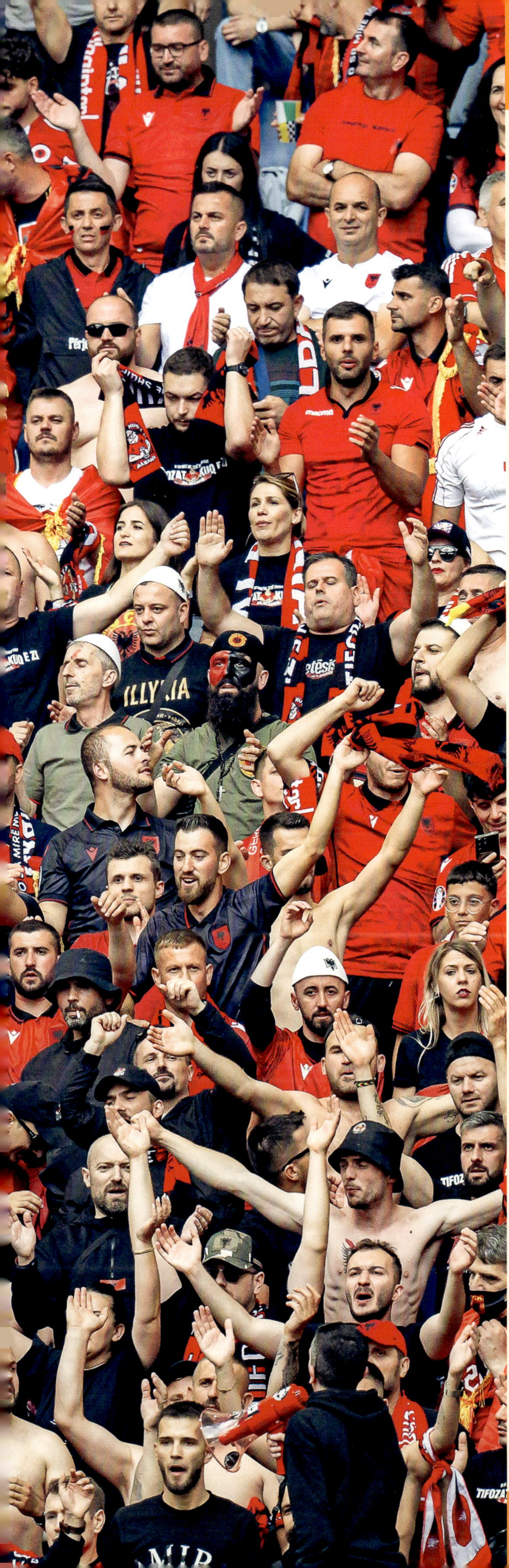

			Spiele	Tore	Punkte
1.	**Spanien**		3	5:0	9
2.	**Italien**		3	3:3	4
3.	Kroatien		3	3:6	2
4.	Albanien		3	3:5	1

Spanien – Kroatien	3:0 (3:0)
Italien – Albanien	2:1 (2:1)
Kroatien – Albanien	2:2 (0:1)
Spanien – Italien	1:0 (0:0)
Kroatien – Italien	1:1 (0:0)
Albanien – Spanien	0:1 (0:1)

Mit drei Siegen war Spanien in einer der stärksten Vorrundengruppen nicht nur das dominierende Team. Die Iberer blieben sogar ohne Gegentor, was in der EM-Historie zuvor nur Italien 2021 gelungen war. Schon nach dem zweiten Spiel stand der Gruppensieg und damit der Einzug ins Achtelfinale fest. Den zweiten Platz sicherte sich Titelverteidiger Italien durch ein Tor in der Nachspielzeit im entscheidenden Spiel gegen Kroatien, das schon zuvor gegen Albanien den Ausgleichstreffer nach Ablauf der regulären Spielzeit hatte hinnehmen müssen. Dem Vizeweltmeister von 2018 und WM-Dritten von 2022 reichten zwei Punkte nicht für die Achtelfinalqualifikation als einer der vier besten Gruppendritten. Außenseiter Albanien holte zwar nur einen Zähler, verkaufte sich aber allen drei Auftritten Spielen achtbar.

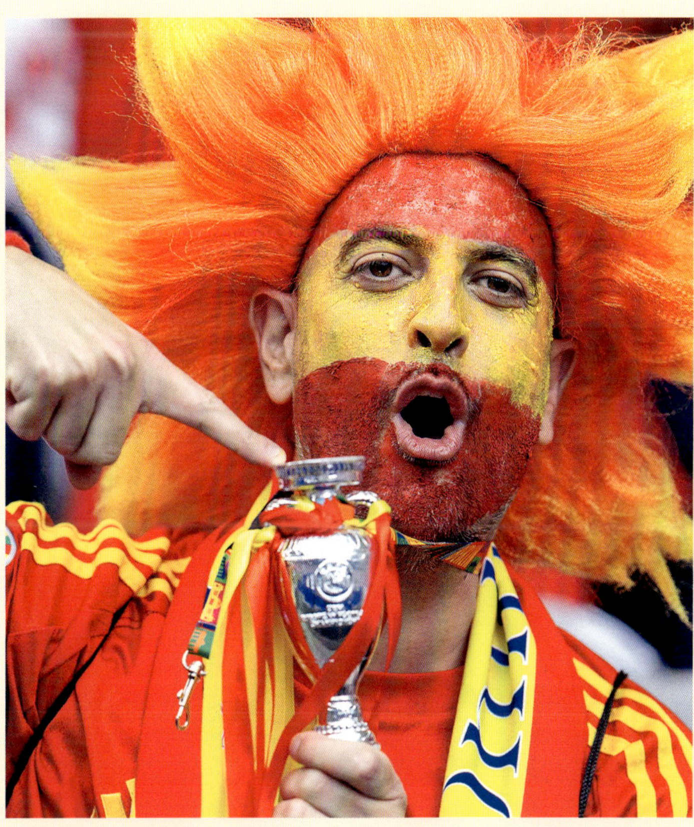

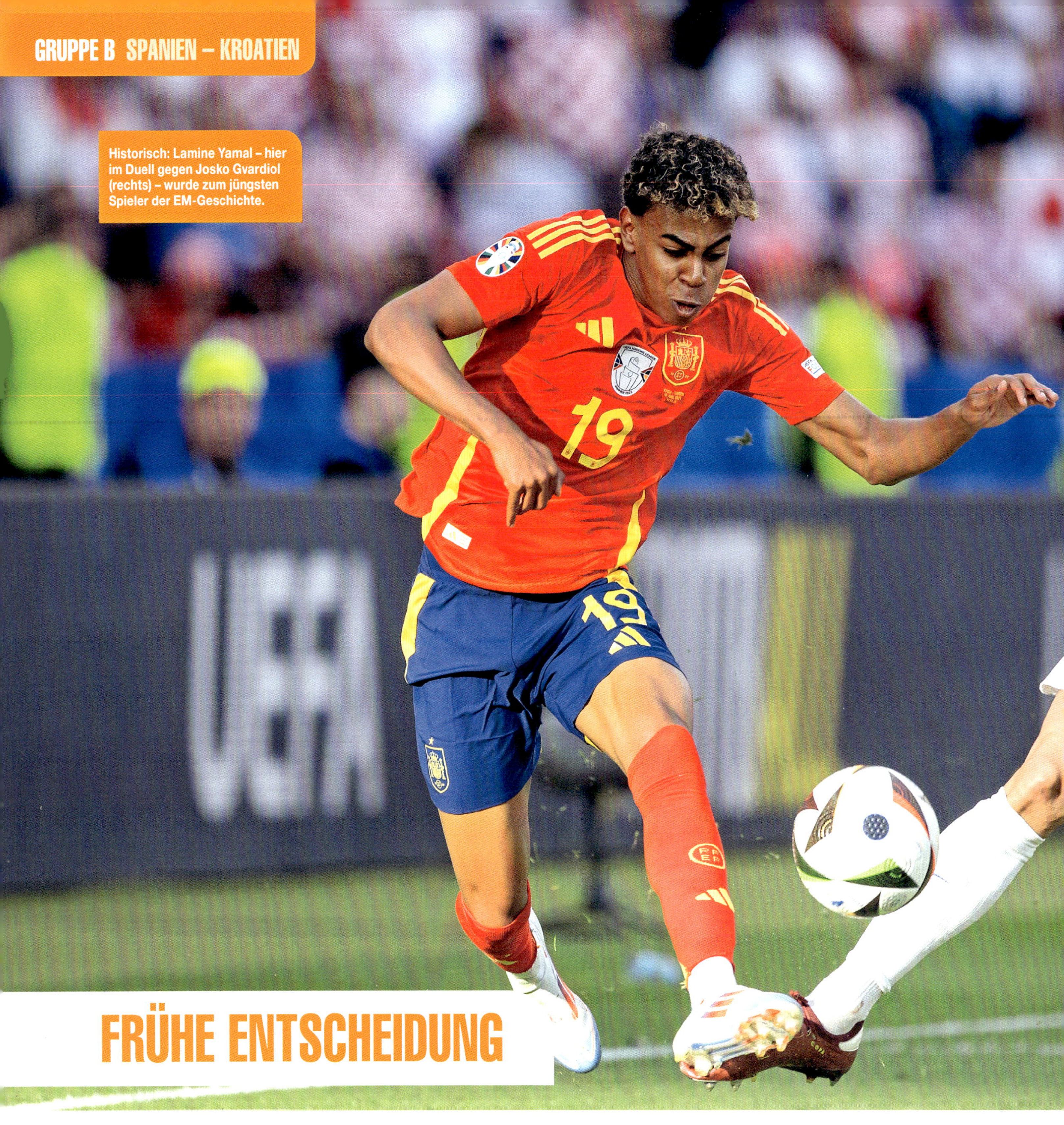

Historisch: Lamine Yamal – hier im Duell gegen Josko Gvardiol (rechts) – wurde zum jüngsten Spieler der EM-Geschichte.

FRÜHE ENTSCHEIDUNG

Berlin war am ersten EM-Wochenende fest in kroatischer Hand. Etwa 100000 Fans in Rot-Weiß-Blau waren in die Hauptstadt gekommen und feierten ihr Team lautstark und friedlich schon viele Stunden vor Spielbeginn. Freilich konnten nicht mehr als 40000 von ihnen Tickets für die Partie im Olympiastadion ergattern. Ihre Partystimmung, egal ob im Stadion oder beim Public Viewing, war schnell verflogen. Nach einem Doppelschlag der Spanier durch Alvaro Morata und Fabian Ruiz in der 29. und 32. Minute lagen sie schnell 0:2 zurück. Fabian Ruiz hatte den ersten Treffer mit einem Steilpass vorbereitet, beim zweiten ließ er zwei Kroaten aussteigen und zog mit links ab – hinterher wurde der Mittelfeldmann von Paris Saint-Germain zurecht zum Spieler des Spiels gewählt. Der ehemalige Leverkusener Daniel Carvajal sorgte in der Nachspielzeit der ersten Hälfte mit dem 3:0 für die frühe Entscheidung.

Nach dem Seitenwechsel versuchten die Kroaten, das Unmögliche möglich zu machen. Rechtsverteidiger Josip Stanisic vergab in der der 55. Minute eine große Chance zum Anschlusstreffer, Bruno Petkovic scheiterte in der 80. Minute mit einem Foulelfmeter – der Schütze selbst war im Strafraum von Rodri zu Fall gebracht worden – an Spaniens Torhüter Unai Simon. Petkovic' Nachschusstreffer wurde nach VAR-Prüfung annulliert, weil Vorlagengeber Ivan Perisic beim Elfmeterschuss zu früh in den Strafraum gelaufen war. Nationaltrainer Zlatko Dalic gestand nach dem Spiel ein:

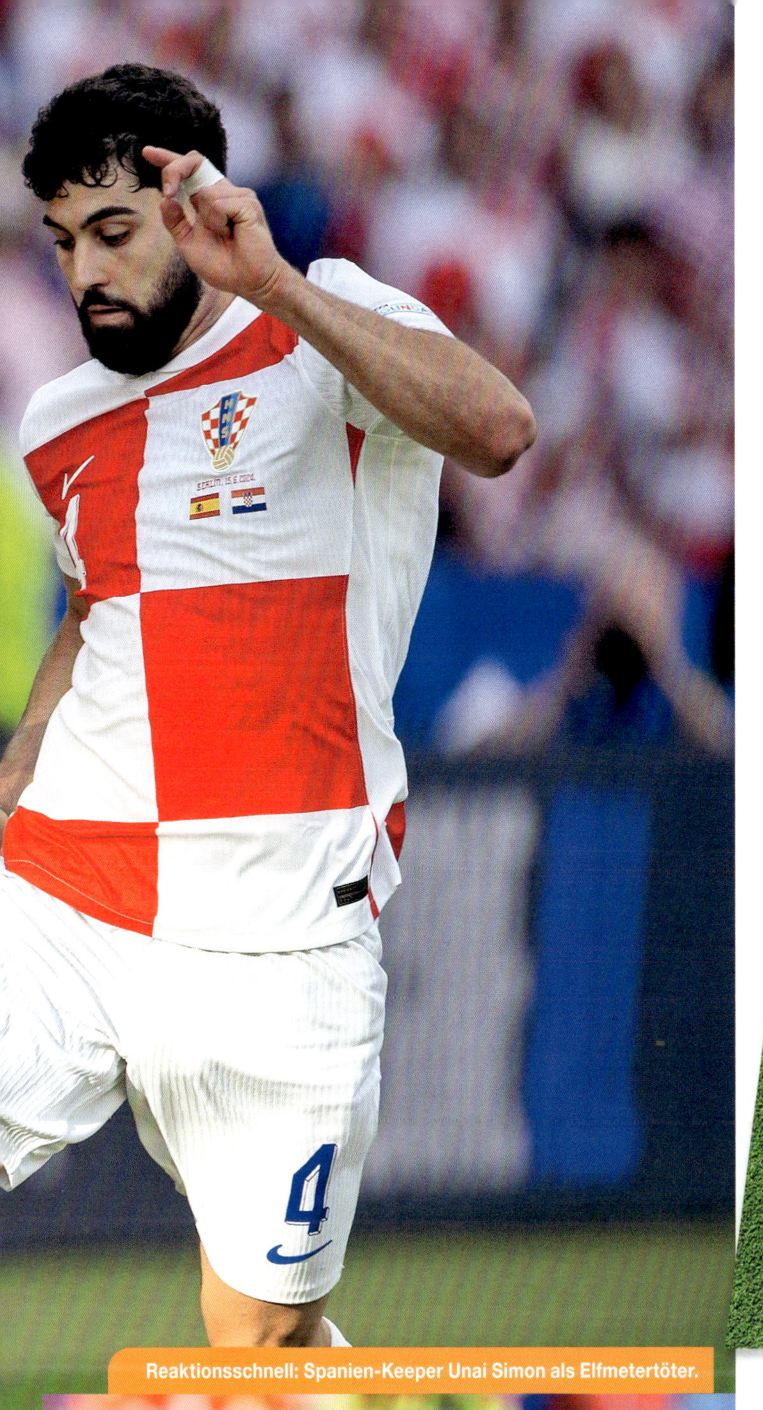

Reaktionsschnell: Spanien-Keeper Unai Simon als Elfmetertöter.

„Wir waren zu langsam, wir waren zu weit weg, uns hat die Aggressivität gefehlt."
Fußballgeschichte schrieben an diesem Abend nur die Spanier. Lamine Yamal löste mit 16 Jahren und 338 Tagen den Polen Kacper Kozlowski (17 Jahre und 246 Tage bei der EM 2021) als jüngsten Spieler der EM-Geschichte ab. Der Angreifer des FC Barcelona bereitete das 3:0 mit einer präzisen Flanke in den Strafraum vor und hatte kurz nach Seitenwechsel das 4:0 selbst auf dem Fuß.

Samstag, 15. Juni 2024, 18 Uhr, Berlin, 22° Celsius

SPANIEN – KROATIEN
3 : 0

Trainer: Luis de la Fuente

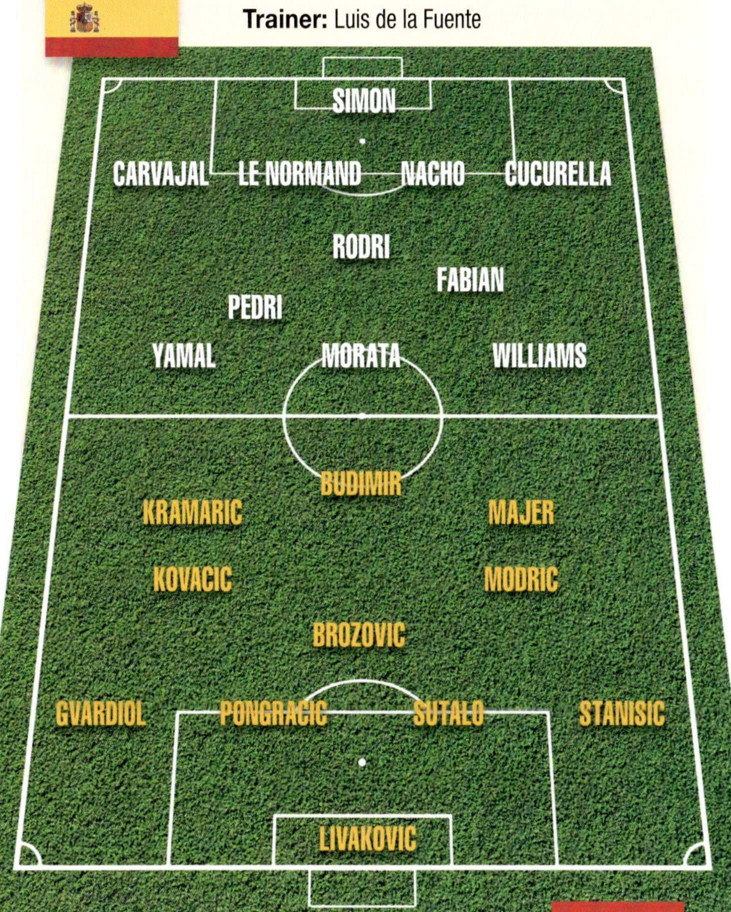

Trainer: Zlatko Dalic

Eingewechselt:

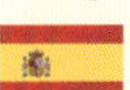

Olmo für Pedri (59.)
Oyarzabal für Morata (67.)
Merino für Williams (67.)
Zubimendi für Rodri (86.)
Torres für Yamal (86.)

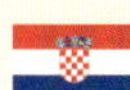

Perisic für Budimir (56.)
Sucic für Kovacic (65.)
Pasalic für Modric (65.)
Petkovic für Kramaric (72.)

Tore: 1:0 Morata (29.), 2:0 Fabian (32.), 3:0 Carvajal (45. +2)

Gelbe Karten: Rodri / –

Gelb-Rote Karten: –

Rote Karten: –

Schiedsrichter: Michael Oliver (England)

Zuschauer: 68 844

DAS SCHNELLSTE EM-TOR

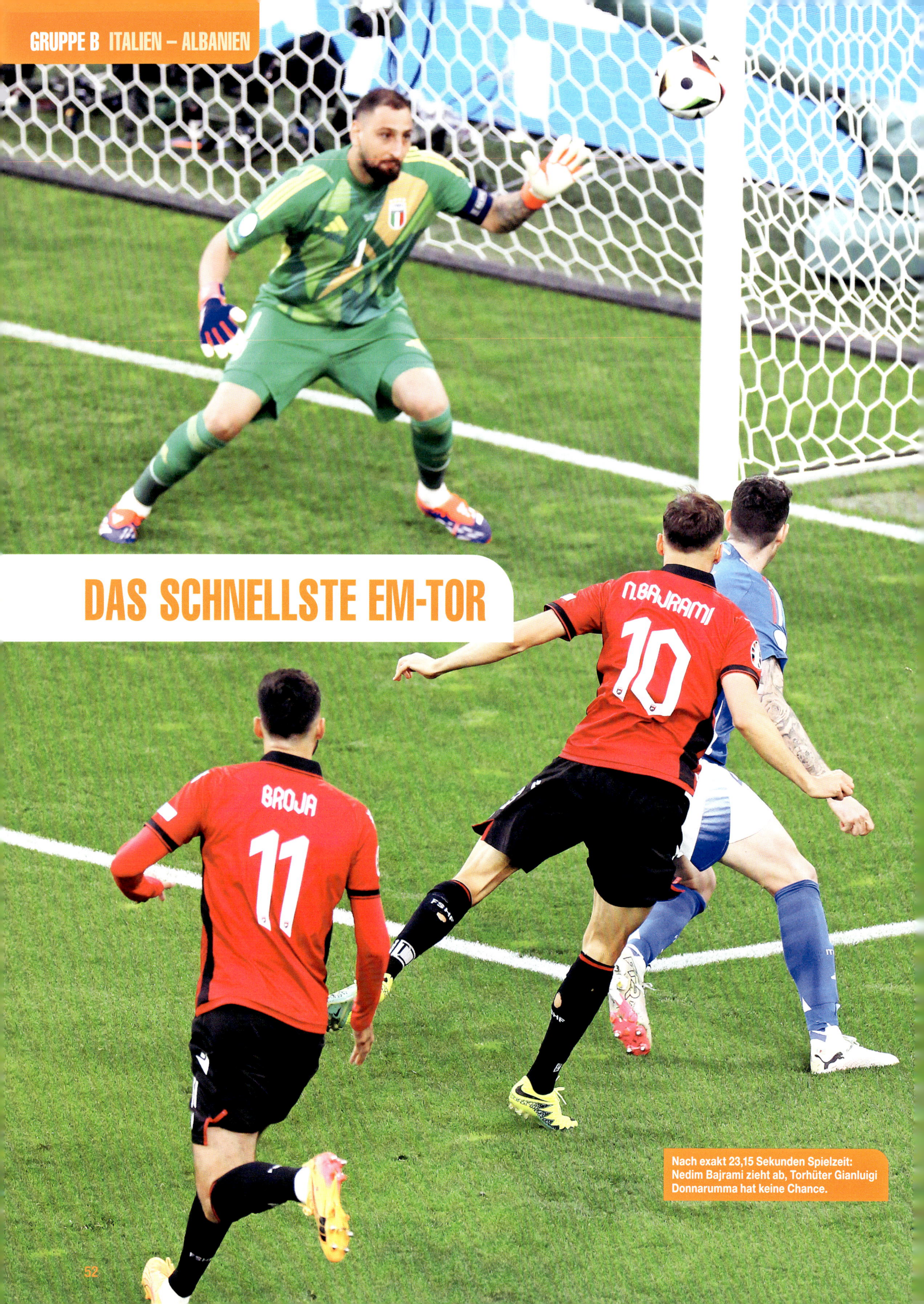

Nach exakt 23,15 Sekunden Spielzeit: Nedim Bajrami zieht ab, Torhüter Gianluigi Donnarumma hat keine Chance.

Im ersten Spiel in Gruppe C hatte Spanien mit dem Einsatz des erst 16-jährigen Lamine Yamal Geschichte geschrieben. Im zweiten Spiel ließ Albanien das schnellste Tor der EM-Historie folgen. Nach exakt 23,15 Sekunden schlug der Ball im Gehäuse des Titelverteidigers ein. Ein Einwurf des Italieners Federico Dimarco in den eigenen Strafraum landete vor den Füßen des Albaners Nedim Bajrami. Der Italien-Legionär von Sassuolo Calcio fackelte nicht lange und ließ Torhüter Gianluigi Donnarumma mit einem satten Rechtsschuss aus sieben Metern keine Chance. Der frühe Gegentreffer war ein Weckruf für die „Squadra Azzurra“. Gleich im Gegenangriff verpasste Lorenzo Pellegrini den Ausgleich nur um wenige Zentimeter. Den besorgte Alessandro Bastoni in der 11. Minute per Kopf – Pellegrini hatte zuvor die Flanke in den albanischen Strafraum geschlagen. Weitere fünf Minuten später legte Nicolo Barella mit einem strammen Schuss von der Strafraumgrenze das 2:1 nach. Die Italiener waren danach dem dritten Treffer nahe, die größte Chance der Albaner zum Ausgleich vergab Rey Manaj in der Schlussminute.
Auf den Rängen des Dortmunder Stadions benahmen sich einige Albaner daneben. Wegen des Werfens von Gegenständen, des Zündens von Pyrotechnik und einer provokativen Botschaft auf einem Banner verhängte die UEFA eine Strafe in Höhe von 37.375 Euro. Damit nicht genug: Ein albanischer Flitzer schadete seinem Team in der Nachspielzeit. Bis ihn die Ordner eingefangen hatten, verstrich wertvolle Zeit von der Uhr. Die Italiener feierten derweil ihren vierten Auftaktsieg in Folge bei einem Großturnier nach dem 2:1 gegen England bei der WM 2014, dem 2:0 gegen Belgien bei der EM 2016 und dem 3:0 gegen die Türkei bei der EM 2021 – das war zuvor noch keiner anderen Nationalmannschaft gelungen (bei den WM-Turnieren 2018 und 2022 waren sie nicht dabei).

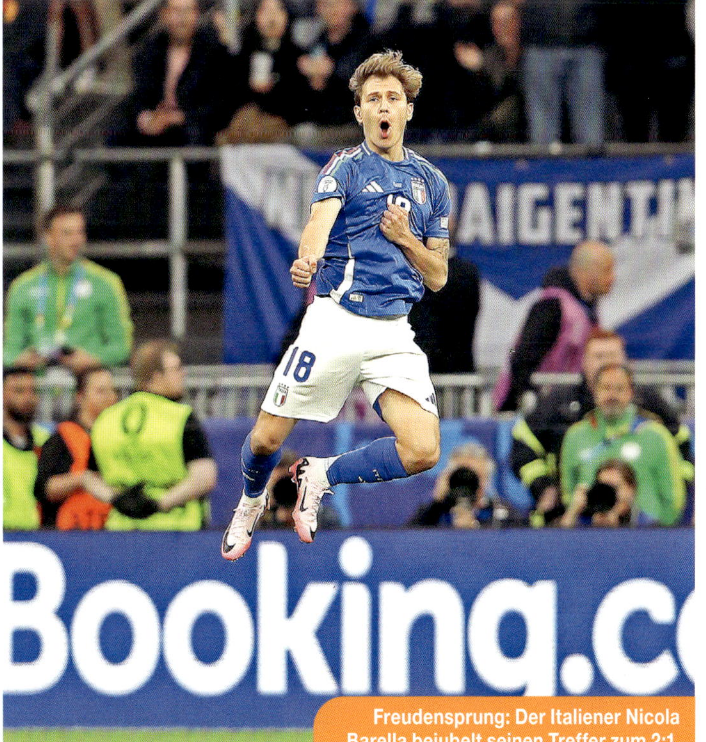

Freudensprung: Der Italiener Nicola Barella bejubelt seinen Treffer zum 2:1.

Samstag, 15. Juni 2024, 21 Uhr, Dortmund, 16° Celsius

ITALIEN – ALBANIEN
2 : 1

Trainer: Luciano Spalletti

DONNARUMMA

DI LORENZO · BASTONI · CALAFIORI · DIMARCO

JORGINHO · BARELLA

FRATTESI · PELLEGRINI · CHIESA

SCAMACCA

BROJA

SEFERI · BAJRMAI · ASANI

ASLLANI · RAMADANI

MITAJ · AJETI · DJIMSITI · HYSAJ

STRAKOSHA

Trainer: Sylvinho

Eingewechselt:

Italien	Albanien
Cristante für Pellegrini (77.)	Laci für Seferi (68.)
Cambiaso für Chiesa (77.)	Hoxha für Asani (68.)
Darmian für Dimarco (83.)	Manaj für Broja (77.)
Retegui für Scamacca (83.)	Muci für Bajrami (87.)
Folorunsho für Barella (90. + 2)	

Tore: 0:1 Bajrami (1.), 1:1 Bastoni (11.), 2:1 Barella (16.)

Gelbe Karten: Pellegrini, Calafiori / Broja, Hoxha

Gelb-Rote Karten: –

Rote Karten: –

Schiedsrichter: Felix Zwayer (Berlin)

Zuschauer: 60 512

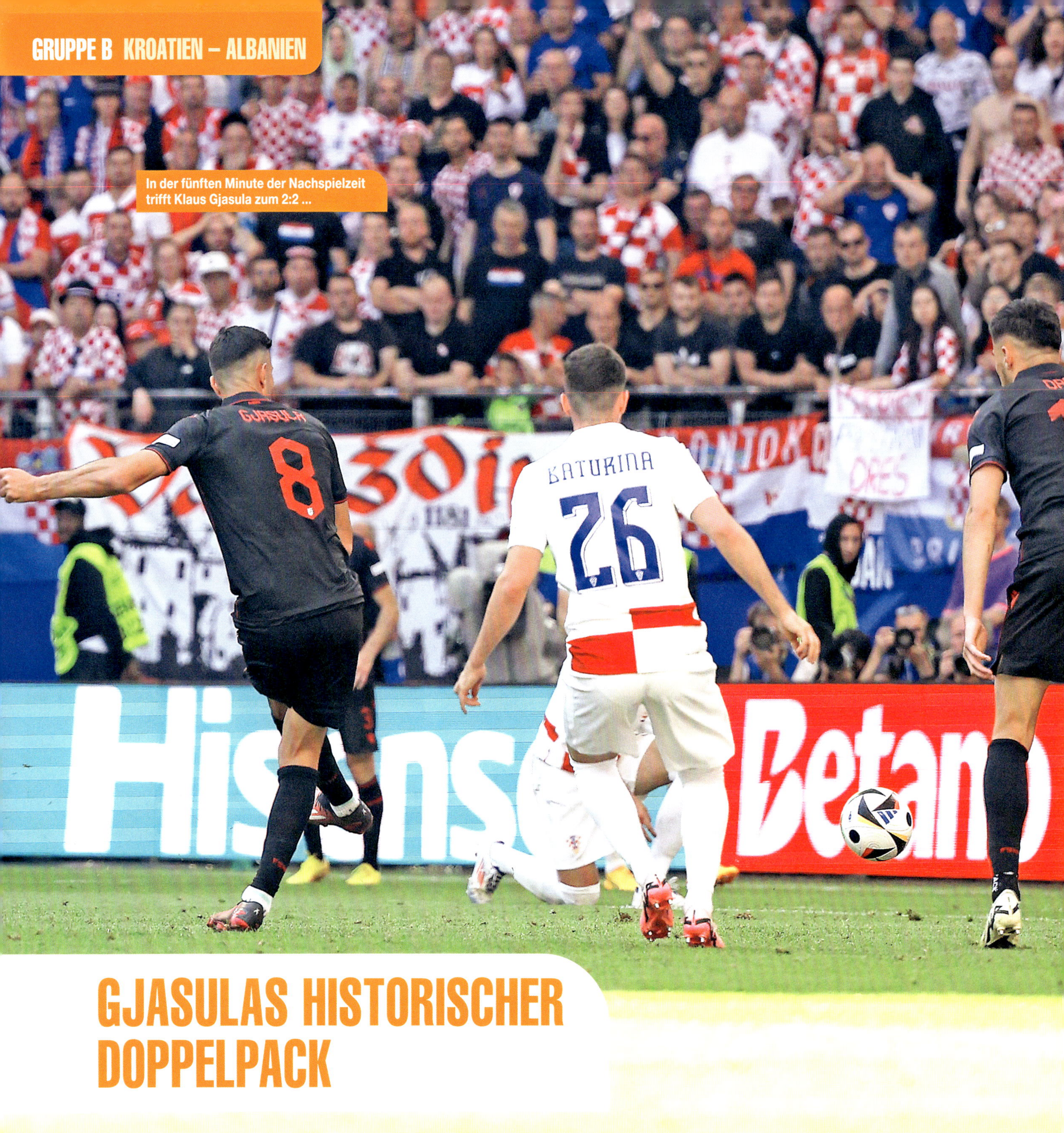

In der fünften Minute der Nachspielzeit trifft Klaus Gjasula zum 2:2 ...

GJASULAS HISTORISCHER DOPPELPACK

In ihrem ersten Spiel gegen Italien hatten sie bereits nach 23 Sekunden getroffen. In ihrem zweiten ließen sich die Albaner für ihr Führungstor zehn Minuten Zeit. Qazim Laci lenkte eine perfekte Flanke von Jasir Asani von der Fünfmeterraumkante per Kopf zum 1:0 ins Netz. Die Kroaten waren in der ersten Hälfte viel zu harmlos und zur Pause mit dem knappen Rückstand gut bedient. Kristjan Asllani und Rey Manaj hatten den zweiten Treffer für den Außenseiter auf dem Fuß bzw. Kopf gehabt. Jedoch wie verwandelt kam der Vizeweltmeister von 2018 und WM-Dritte von 2022 aus der Kabine, das Team um Kapitän Luka Modric diktierte fortan das Geschehen auf dem Hamburger Rasen. Dennoch dauerte es bis zur 74. Minute, ehe der Hoffenheimer Andrej Kramaric mit einem Rechtsschuss aus zwölf Metern den zu diesem Zeitpunkt verdienten Ausgleich erzielte.

Die restliche Spielzeit stand ganz im Zeichen von Klaus Gjasula. Nur vier Minuten nach seiner Einwechslung und gar nur zwei Minuten nach dem 1:1 fälschte der Albaner im eigenen Strafraum einen bereits abgeblockten Schuss des Kroaten Luka Sucic unglücklich ins eigene Gehäuse ab – bereits das vierte Eigentor im 13. Turnierspiel. In der fünften Minute der Nachspielzeit machte Gjasula sein Missgeschick wett. Mit dem linken Fuß schob er einen flachen Rückpass von Mario Mitaj aus elf Metern zum

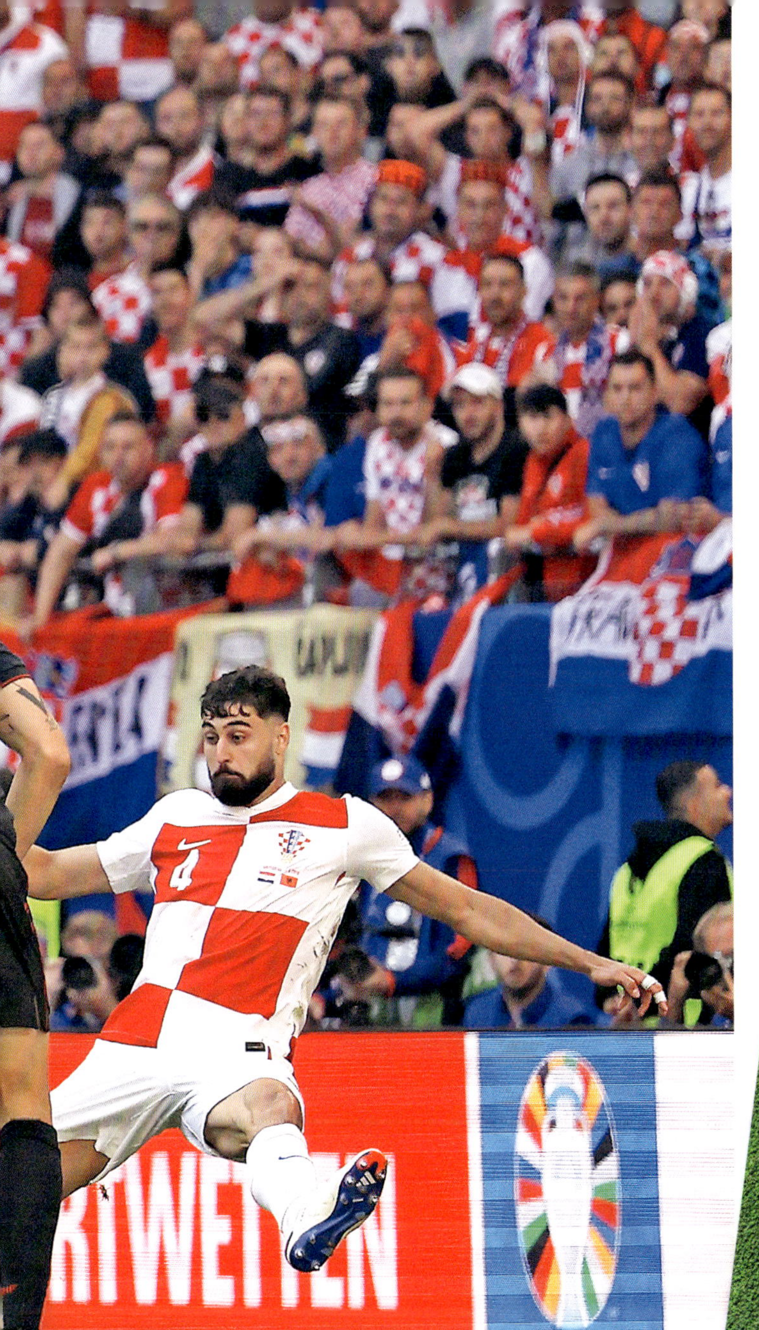

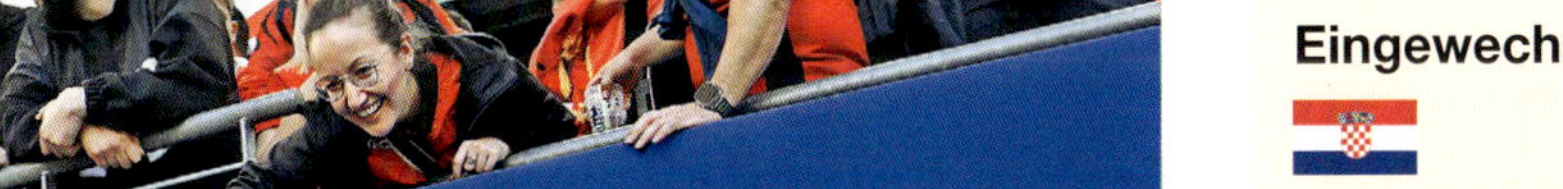

... und ist nach Spielende ein begehrtes Fotomotiv bei den Fans.

letztendlich leistungsgerechten Unentschieden ein. „Das war ein Wechselbad der Gefühle für mich", sagte der Bundesligaprofi von Darmstadt 98 nach seinem historischen Doppelpack. Noch nie zuvor bei einer Welt- oder Europameisterschaft hatte ein Spieler in einer Partie sowohl ins eigene als auch ins gegnerische Tor getroffen. Für Gjasula selbst war dies allerdings kein Novum. Im Januar 2022 ließ er in der Zweiten Bundesliga beim 2:2 zwischen Darmstadt und Karlsruhe schon einmal einem Eigentor einen Treffer ins gegnerische Gehäuse folgen.

Mittwoch, 19. Juni 2024, 15 Uhr, Hamburg, 18° Celsius

KROATIEN – ALBANIEN
2 : 2

Trainer: Zlatko Dalic

LIVAKOVIC

JURANOVIC – SUTALO – GVARDIOL – PERISIC

BROZOVIC

MODRIC – KOVACIC

MAJER – KRAMARIC

PETKOVIC

MANAJ

BAJRAMI – LACI – ASANI

ASLLANI – RAMADANI

MITAJ – DJIMSITI – AJETI – HYSAJ

STRAKOSHA

Trainer: Sylvinho

Eingewechselt:

Kroatien:
Sucic für Majer (46.)
Mario Pasalic für Brozovic (46.)
Budimir für Petkovic (69.)
Sosa für Perisic (84.)
Baturina für Kramaric (84.)

Albanien:
Seferi für Asani (64.)
Gjasula für Laci (72.)
Hoxha für Ramadani (85.)
Daku für Manaj (85.)

Tore: 0:1 Laci (11.), 1:1 Kramaric (64.), 2:1 Gjasula (Eigentor, 76.), 2:2 Gjasula (90. +5)

Gelbe Karten: Corluka (Co-Trainer), Ivusic / Hysaj, Daku, Gjasula

Gelb-Rote Karten: –

Rote Karten: –

Schiedsrichter: Francois Letexier (Frankreich)

Zuschauer: 46 784

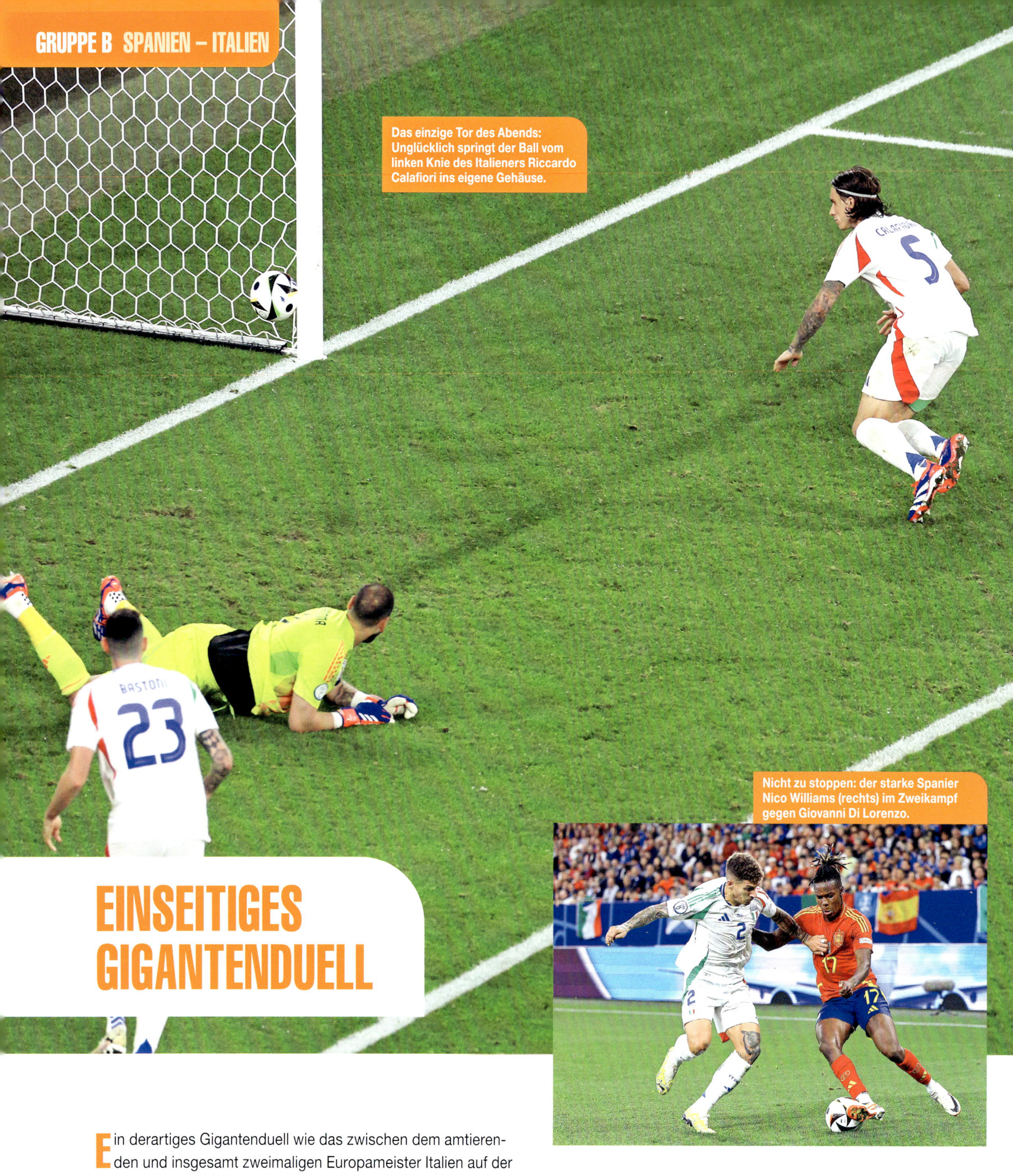

Das einzige Tor des Abends: Unglücklich springt der Ball vom linken Knie des Italieners Riccardo Calafiori ins eigene Gehäuse.

Nicht zu stoppen: der starke Spanier Nico Williams (rechts) im Zweikampf gegen Giovanni Di Lorenzo.

EINSEITIGES GIGANTENDUELL

Ein derartiges Gigantenduell wie das zwischen dem amtierenden und insgesamt zweimaligen Europameister Italien auf der einen sowie dem dreimaligen Titelträger Spanien (zuletzt 2012) auf der anderen Seite hat Seltenheitswert in den Gruppenspielen einer Europameisterschaft. Entsprechend groß war die Vorfreude auf diesen Abend in Gelsenkirchen. Die Erwartungen erfüllten jedoch einzig und allein die Spanier. Mit einem verdienten 1:0-Sieg machten sie vorzeitig den Gruppensieg und den Einzug ins Achtelfinale perfekt. Die Mannen um Kapitän Alvaro Morata knüpften an ihre starke erste Hälfte zum Auftakt gegen Kroatien an und dominierten gegen die ebenso harm- wie mutlosen Italiener das Geschehen auf dem Platz. 20 Torschüsse wurden am Ende für sie gezählt, nur vier waren es beim Gegner, dem das Endergebnis schmeichelte.

Und dennoch benötigte „La Roja“ die tatkräftige Unterstützung der Italiener für ihren einzigen Torerfolg: In der 55. Minute setzte sich der unermüdliche Nico Williams einmal mehr auf dem linken Flügel durch und flankte in den Strafraum. Italiens ansonsten überragender Torhüter Gianluigi Donnarumma lenkte den von Morata verlängerten Ball unglücklich an das linke Knie seines

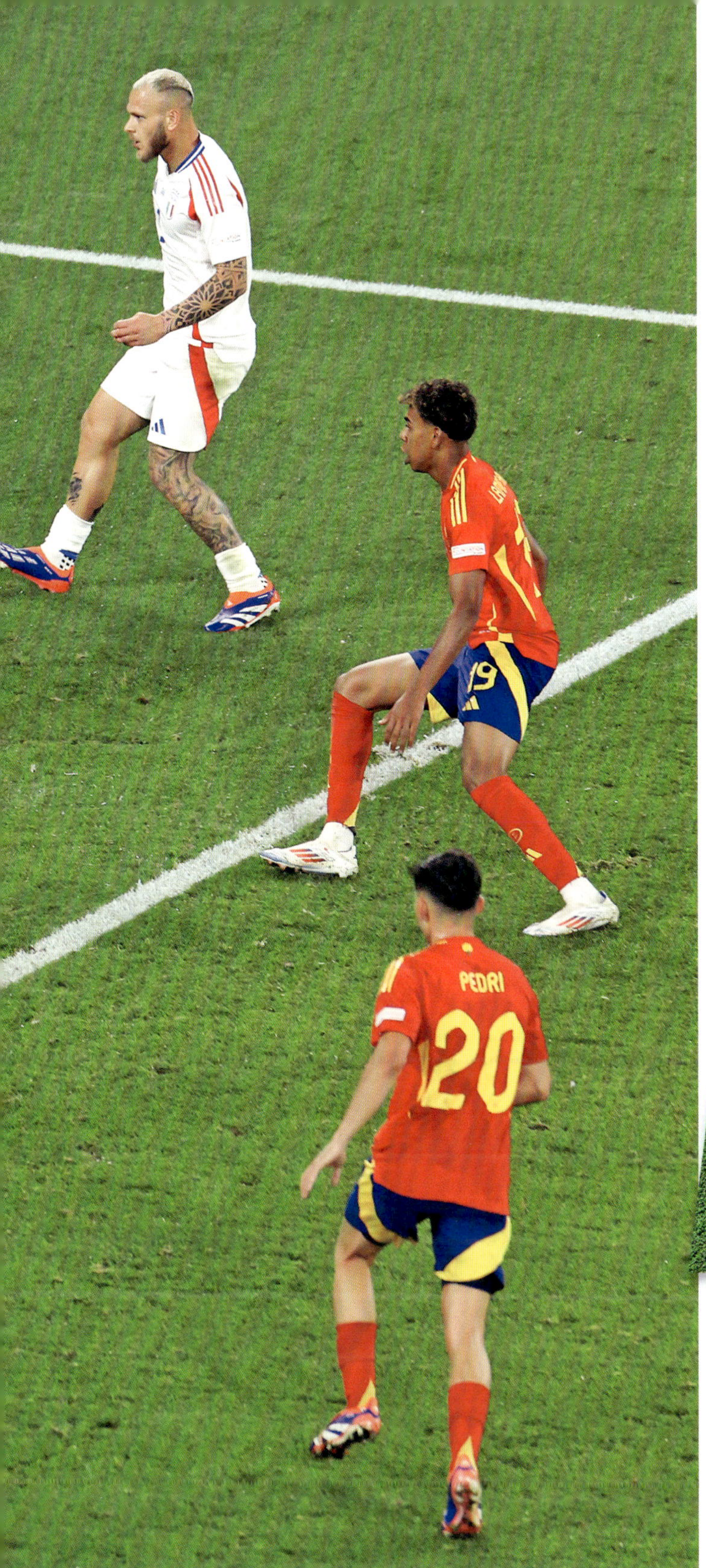

Donnerstag, 20. Juni 2024, 21 Uhr, Gelsenkirchen, 18° Celsius

SPANIEN – ITALIEN
1 : 0

Trainer: Luis de la Fuente

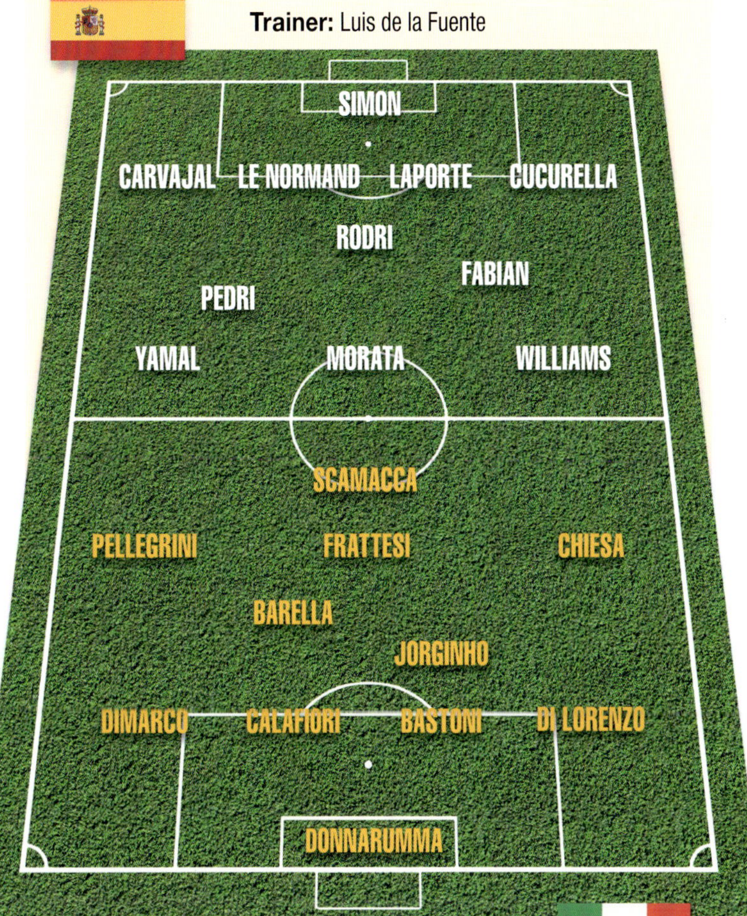

Trainer: Luciano Spalletti

Eingewechselt:

Spanien	Italien
Torres für Yamal (72.)	Cambiaso für Frattesi (46.)
Baena für Pedri (72.)	Cristante für Jorginho (46.)
Ayoze für Williams (78.)	Zaccagni für Chiesa (64.)
Oyarzabal für Morata (78.)	Retegui für Scamacca (64.)
Merino für Fabian (90. +4)	Raspadori für Pellegrini (82.)

Teamkollegen Riccardo Calafiori und von dort flog er ins Netz – im 18. Turnierspiel schon das fünfte Eigentor. Nur drei Minuten später kratzte Andrea Cambiaso einen Kopfball von Robin Le Normand von der Linie, in der 71. Minute traf der zum Spieler des Spiels gewählte Williams nach einem weiteren Solo nur die Latte. Erst in den letzten 20 Spielminuten erarbeiteten sich die insgesamt enttäuschenden Italiener mehr Spielanteile, schossen auch noch dreimal aufs Tor, der Ausgleich wäre jedoch unverdient gewesen – das meinte selbst Nationaltrainer Luciano Spalletti: „Wir waren heute zu träge. Die Spanier waren viel stärker als wir und haben verdient gewonnen."

Tor: 1:0 Calafiori (Eigentor, 55.)

Gelbe Karte: Rodri, Le Normand, Carvajal / Donnarumma, Cristante

Gelb-Rote Karten: –

Rote Karten: –

Schiedsrichter: Slavko Vincic (Slowenien)

Zuschauer: 49 528

KROATIENS AUS IN DER NACHSPIELZEIT

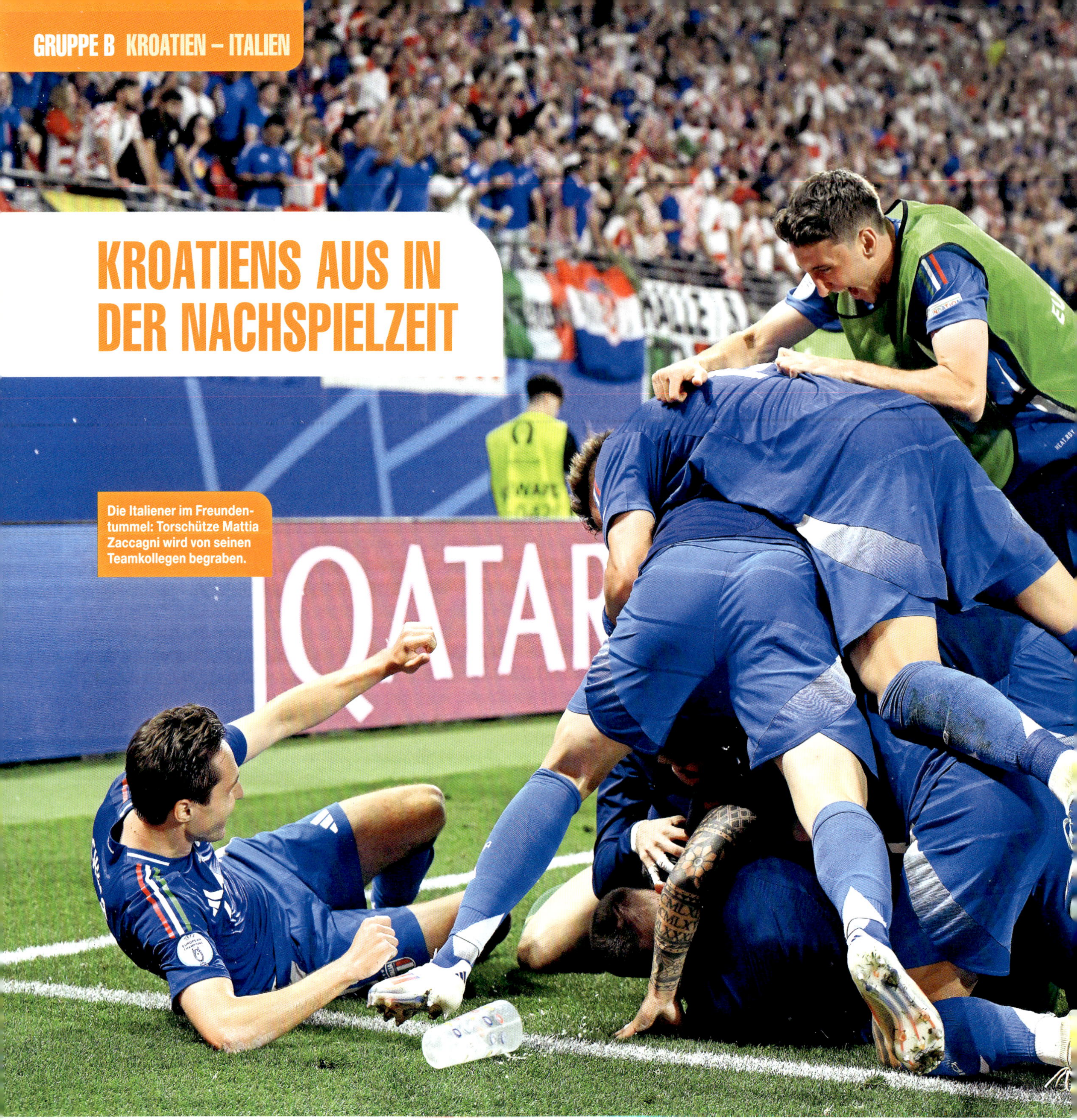

Die Italiener im Freudentummel: Torschütze Mattia Zaccagni wird von seinen Teamkollegen begraben.

Mit der letzten Aktion des Spiels hat Mattia Zaccagni die Italiener ins Achtelfinale geschossen und die Kroaten in ein Tal der Tränen gestürzt. In der achten Minute der Nachspielzeit sorgte der erst in der Schlussphase eingewechselte Mittelfeldspieler für den 1:1-Endstand. Sein Schlenzer aus 14 Metern ins rechte obere Toreck war eines der vielen schönen Tore dieser EM. Und wie sich zwei Tage später nach Abschluss der Gruppenphase herausstellte: Es war überlebenswichtig. Die bis dahin gesammelten drei Punkte hätten den „Azzurri" nicht für den Einzug in die K.-o.-Phase gereicht. Für die Kroaten fühlte sich das Ergebnis wie eine Niederlage an. Sie hätten einen Dreier für den zweiten Platz und das sichere Weiterkommen benötigt. Doch wie schon im vorangegangenen Spiel gegen Albanien kassierten sie den Ausgleichstreffer nach Ablauf der regulären Spielzeit. Ihre Chancen, mit zwei Unentschieden als einer der vier besten Gruppendritten das Achtelfinale zu erreichen, waren nur noch gering. Entsprechend fassungslos kauerten Luka Modric und seine Teamkollegen nach dem Schlusspfiff auf dem Leipziger Rasen. 24 Stunden später war ihr Ausscheiden nach dem Punktgewinn von Slowenien gegen England Gewissheit. Zaccagnis Traumtor war einer von zwei Höhepunkten einer ansonsten mäßigen Partie. Für den anderen sorgte Luka Modric in der 55. Minute: Zunächst scheiterte Kroatiens Kapitän mit einem Elfmeter – Davide Frattesi hatte den Ball im Strafraum an die Hand

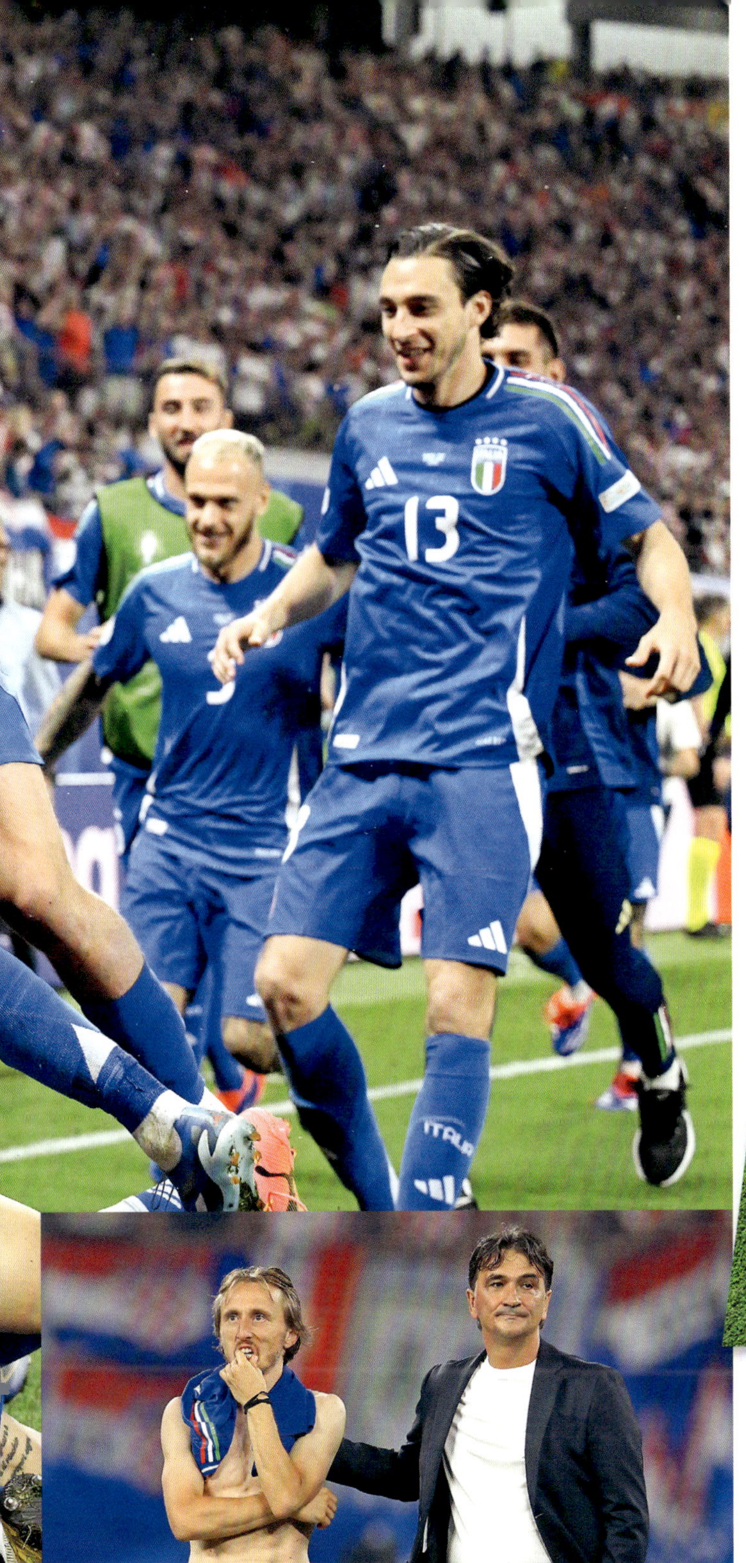

Frustriert nach Spielende: Luka Modric, ältester Torschütze bei einer EM, und Trainer Zlatko Dalic.

Montag, 24. Juni 2024, 21 Uhr, Leipzig, 17° Celsius

KROATIEN – ITALIEN
1 : 1

Trainer: Zlatko Dalic

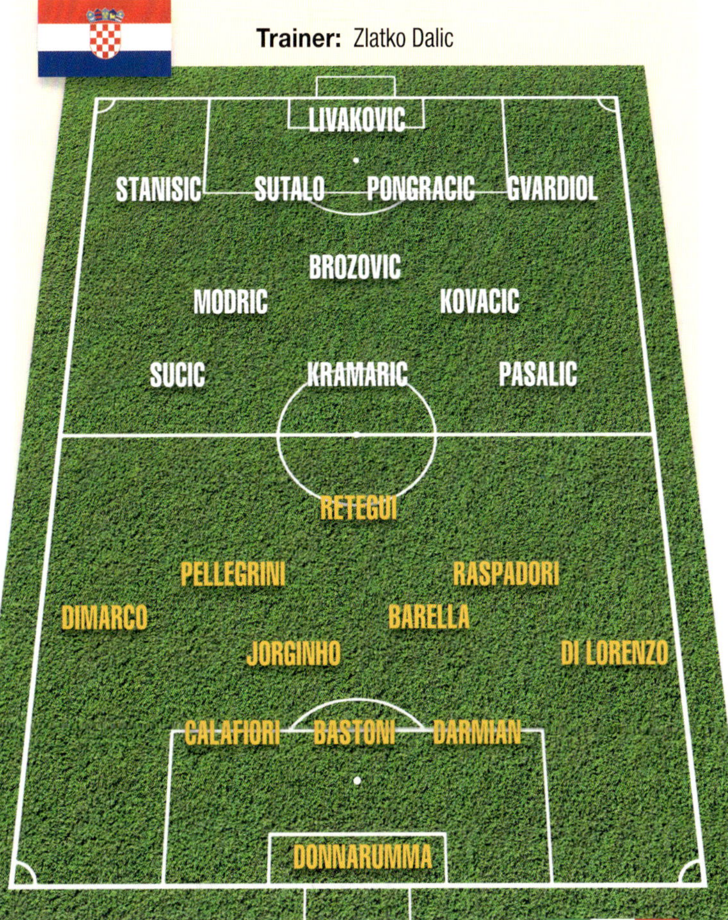

Trainer: Luciano Spalletti

Eingewechselt:

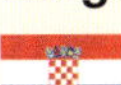

Budimir für Mario Pasalic (70.)
Perisic für Sucic (70.)
Ivanusec für Kovacic (70.)
Majer für Modric (80.)
Juranovic für Kramaric (90.)

Frattesi für Pellegrini (46.)
Chiesa für Dimarco (57.)
Scamacca für Raspadori (75.)
Zaccagni für Darmian (81.)
Fagioli für Jorginho (81.)

bekommen – an Italiens Keeper Gianluigi Donnarumma. Beim folgenden Angriff stand er goldrichtig, um aus kurzer Distanz zum Führungstreffer abzustauben. Nur 32 Sekunden lagen zwischen dem verschossenen Elfmeter und dem 1:0. Erwähnenswert sind ansonsten noch zwei spektakuläre Paraden von Kroatien-Keeper Dominik Livakovic nach Kopfbällen von Alessandro Bastoni.
Bei einigen kroatischen Fans brannten an diesem Abend die Sicherungen durch. Während des Spiels warfen sie immer wieder gefüllte Bierbecher auf den Rasen und auf andere Zuschauer, nach dem Spiel prügelten sie in der Leipziger Innenstadt auf Italiener ein. Gegen elf Kroaten wurden Verfahren wegen gefährlicher Körperverletzung eröffnet.

Tore: 1:0 Modric (55.), 1:1 Zaccagni (90. +8)

Gelbe Karten: Sucic, Modric, Ivanusec, Pongracic, Stanisic, Brozovic / Spalletti, Calafiori, Fagioli

Gelb-Rote Karten: –

Rote Karten: –

Schiedsrichter: Danny Makkelie (Niederlande)

Zuschauer: 38 322

SPANIEN WAHRT BLÜTENREINE WESTE

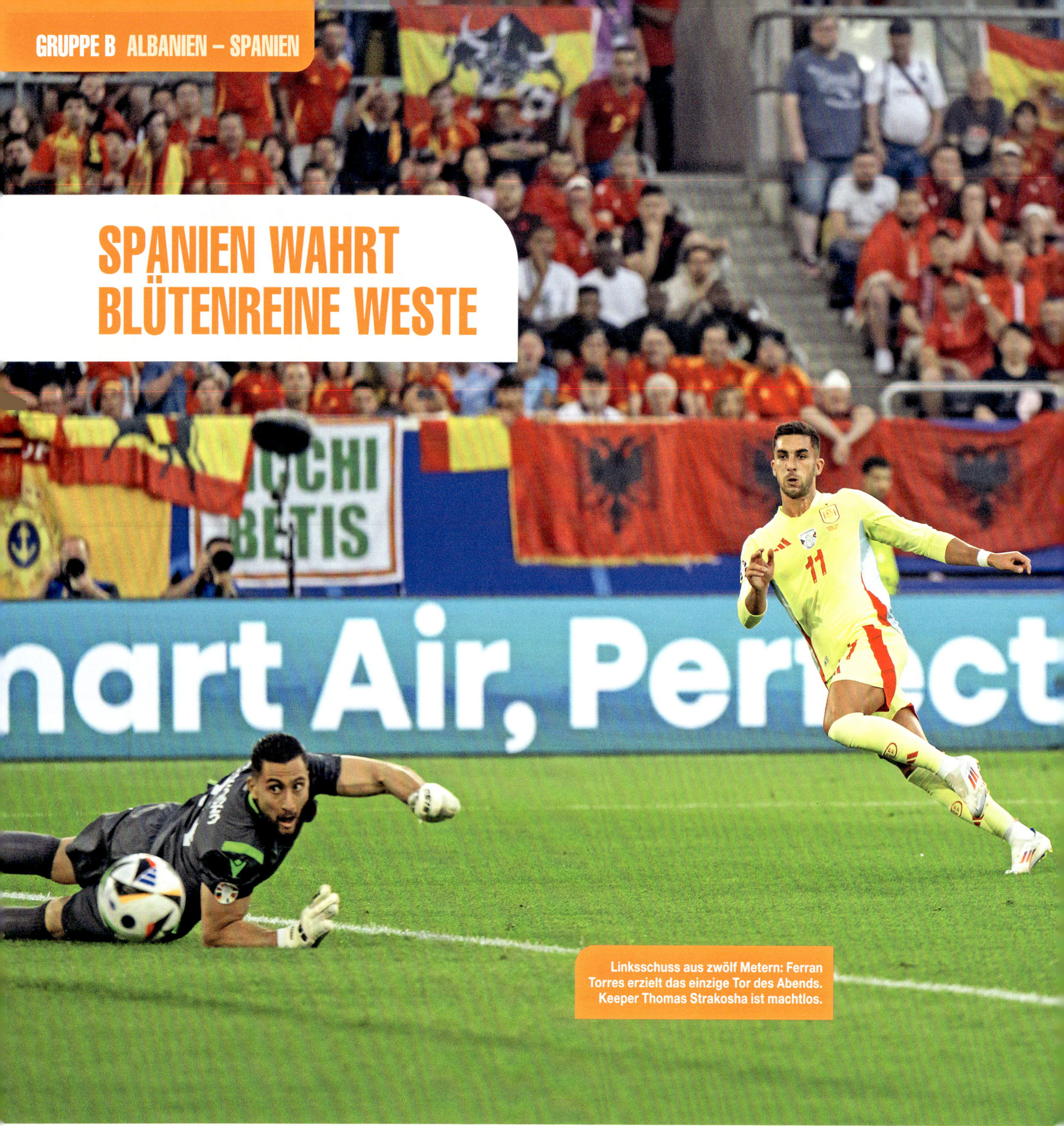

Linksschuss aus zwölf Metern: Ferran Torres erzielt das einzige Tor des Abends. Keeper Thomas Strakosha ist machtlos.

Nach dem 3:0 gegen Kroatien und dem 1:0 gegen Italien standen die Spanier schon vor dem Anstoß in Düsseldorf als Gruppensieger und Achtelfinalist fest. Trainer Luis de la Fuente nutzte die komfortable Ausgangsposition, um im letzten Gruppenspiel gegen Albanien seine Stars zu schonen und veränderte seine Startformation im Vergleich zur vorangegangenen Partie auf gleich zehn Positionen. Sein Gegenüber Sylvinho musste auf Mirlind Daku verzichten, der von der UEFA wegen nationalistischer Gesänge nach dem 2:2 gegen Kroatien für zwei Spiele gesperrt worden war. Auch mit ihrer B-Elf wahrten die Spanier ihre blütenreine Weste und bestätigten mit dem 1:0 ihre Favoritenrolle auf den Titel. Drei Vorrundensiege ohne Gegentreffer waren in der EM-Historie erst einem Team gelungen: dem späteren Europameister Italien 2021.

Ferran Torres erzielte das einzige Tor des Abends bereits in der 13. Minute mit einem Linksschuss aus zwölf Metern – vom linken Innenpfosten prallte der Ball ins Tor. Vorausgegangen war ein traumhaftes Zuspiel des Leipzigers Dani Olmo auf den in die Lücke der albanischen Viererkette startenden Torres. Der Offensivspieler des FC Barcelona wurde zum Spieler des Spiels gewählt, auch David Raya hätte die Auszeichnung verdient gehabt. Der Torhüter rettete die „Furia Roja“ mit mehreren

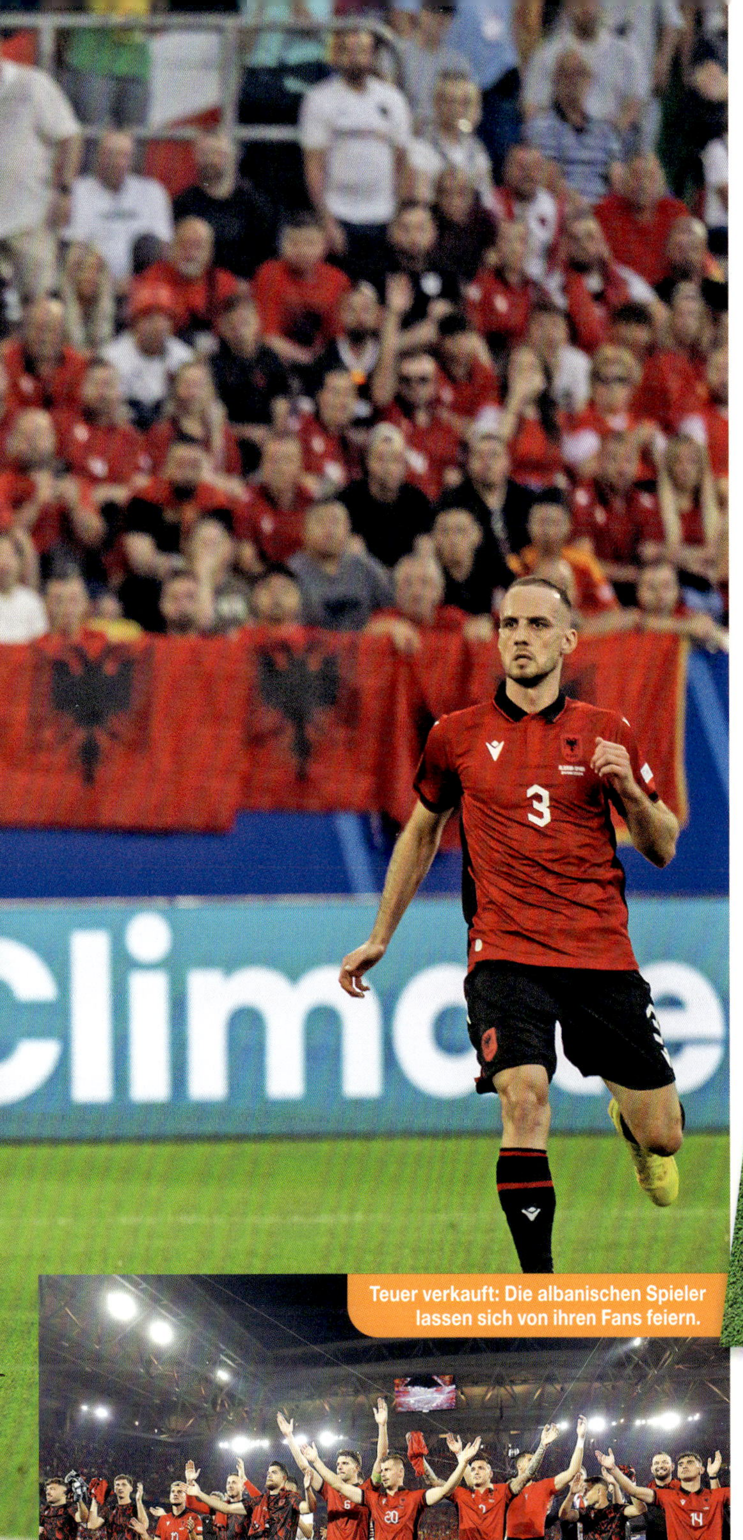

Teuer verkauft: Die albanischen Spieler lassen sich von ihren Fans feiern.

Glanzparaden vor dem Ausgleich der im Spielverlauf immer mutiger werdenden und in der Schlussphase wild anrennenden Albaner.

Auch wenn es für den Außenseiter bei der zweiten EM-Teilnahme nach 2016 nur zu einem Punkt und dem letzten Platz in Gruppe B reichte, konnte er erhobenen Hauptes die Heimreise antreten. Auf den Tribünen und in der Düsseldorfer Altstadt feierten die Fans noch lange nach Spielende ihr Team. „Uns ist es gelungen, gegen drei große Fußballnationen mitzuhalten", sagte Nationaltrainer Sylvinho. „Wir haben alles auf dem Platz gelassen, das Land ist wirklich stolz."

Montag, 24. Juni 2024, 21 Uhr, Düsseldorf, 21° Celsius

ALBANIEN – SPANIEN

0 : 1

Trainer: Sylvinho

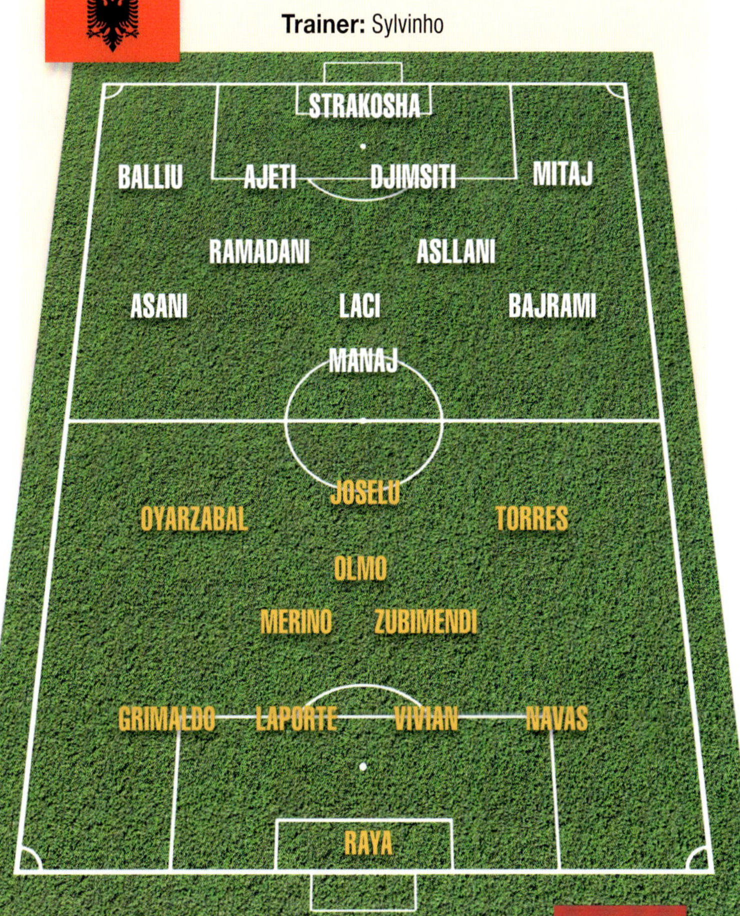

Trainer: Luis de la Fuente

Eingewechselt:

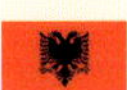

Broja für Manaj (59.)
Hoxha für Bajrami (70.)
Berisha für Laci (70.)
Muci für Asani (81.)

Le Normand für Laporte (46.)
Fermin für Oyarzabal (62.)
Morata für Joselu (72.)
Yamal für Torres (72.)
Baena für Olmo (84.)

Tor: 0:1 Torres (13.)

Gelbe Karten: Sylvinho, Bajrami, Berisha / Vivian

Gelb-Rote Karten: –

Rote Karten: –

Schiedsrichter: Glenn Nyberg (Schweden)

Zuschauer: 46 586

GRUPPE C

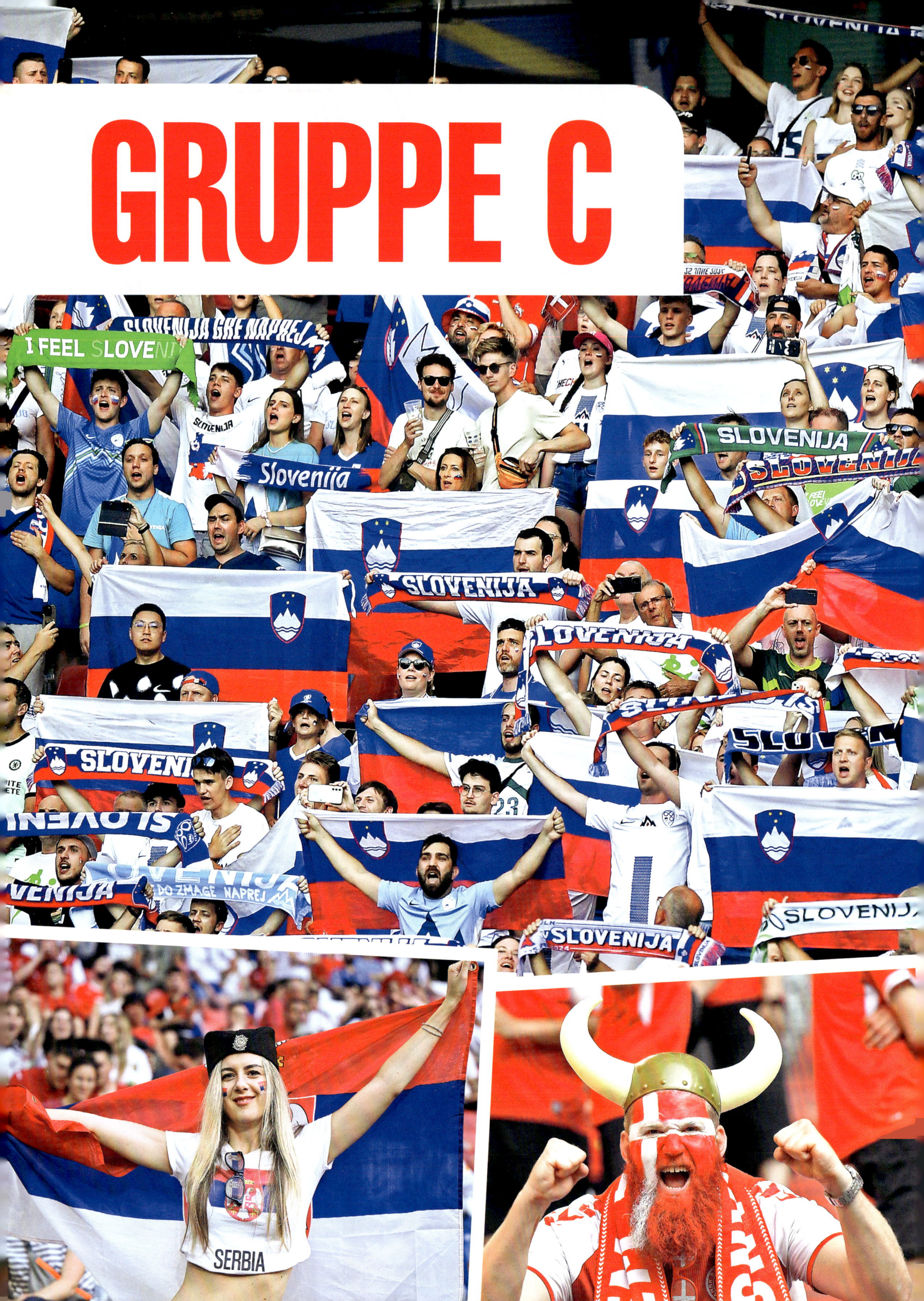

SLOVENIJA GRE NAPREJ
SLOVENIJA
Slovenija
SLOVENIJA
SLOVENIJA
SLOVENIJA
SERBIA

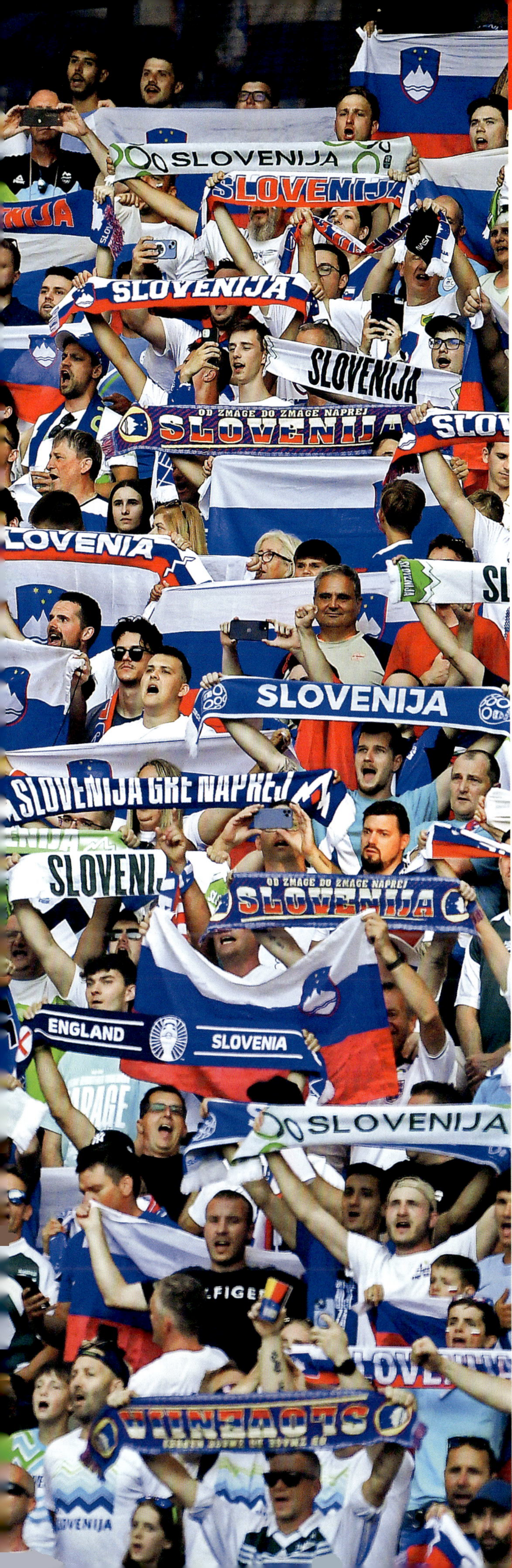

		Spiele	Tore	Punkte
1.	**England**	3	2:1	5
2.	**Dänemark**	3	2:2	3
3.	**Slowenien**	3	2:2	3
4.	Serbien	3	1:2	2

Slowenien – Dänemark	1:1 (0:1)
Serbien – England	0:1 (0:1)
Slowenien – Serbien	1:1 (0:0)
Dänemark – England	1:1 (1:1)
England – Slowenien	0:0
Dänemark – Serbien	0:0

Gruppe C war die langweiligste und sportlich schwächste dieser EM. Kritiker meinten sogar, keine Mannschaft hätte das Weiterkommen verdient gehabt. In sechs Spielen fielen lediglich sieben Tore, nur am ersten Spieltag gab es mit England (1:0 gegen Serbien) einen Sieger, alle anderen Spiele endeten 1:1 oder wie am letzten Spieltag 0:0. Dem Vizeeuropameister von 2021 reichte dieser Erfolg zum Gruppensieg, ansonsten passte er sich dem dürftigen Niveau seiner Konkurrenten an. Dänemark wurde mit drei Unentschieden Zweiter. Den Ausschlag gegenüber den punkt- und torgleichen Slowenen gab die Fair-Play-Wertung: Die Dänen hatten sechs Gelbe Karten kassiert, eine weniger als die Slowenen, die bei ihrer zweiten EM-Teilnahme nach 2000 dennoch als einer der vier besten Gruppendritten erstmals die Qualifikation für die K.-o.-Phase schafften. Serbien war mit nur einem Tor eine der Enttäuschungen des Turniers.

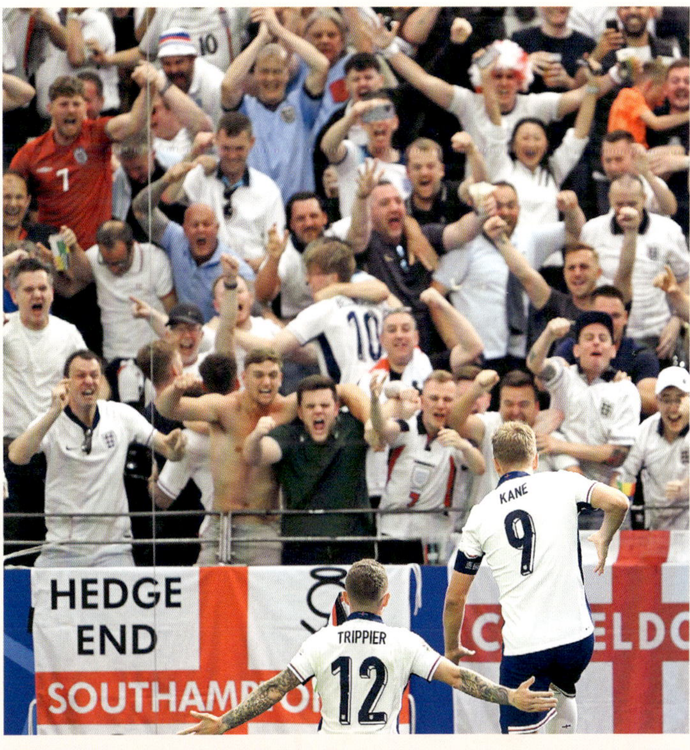

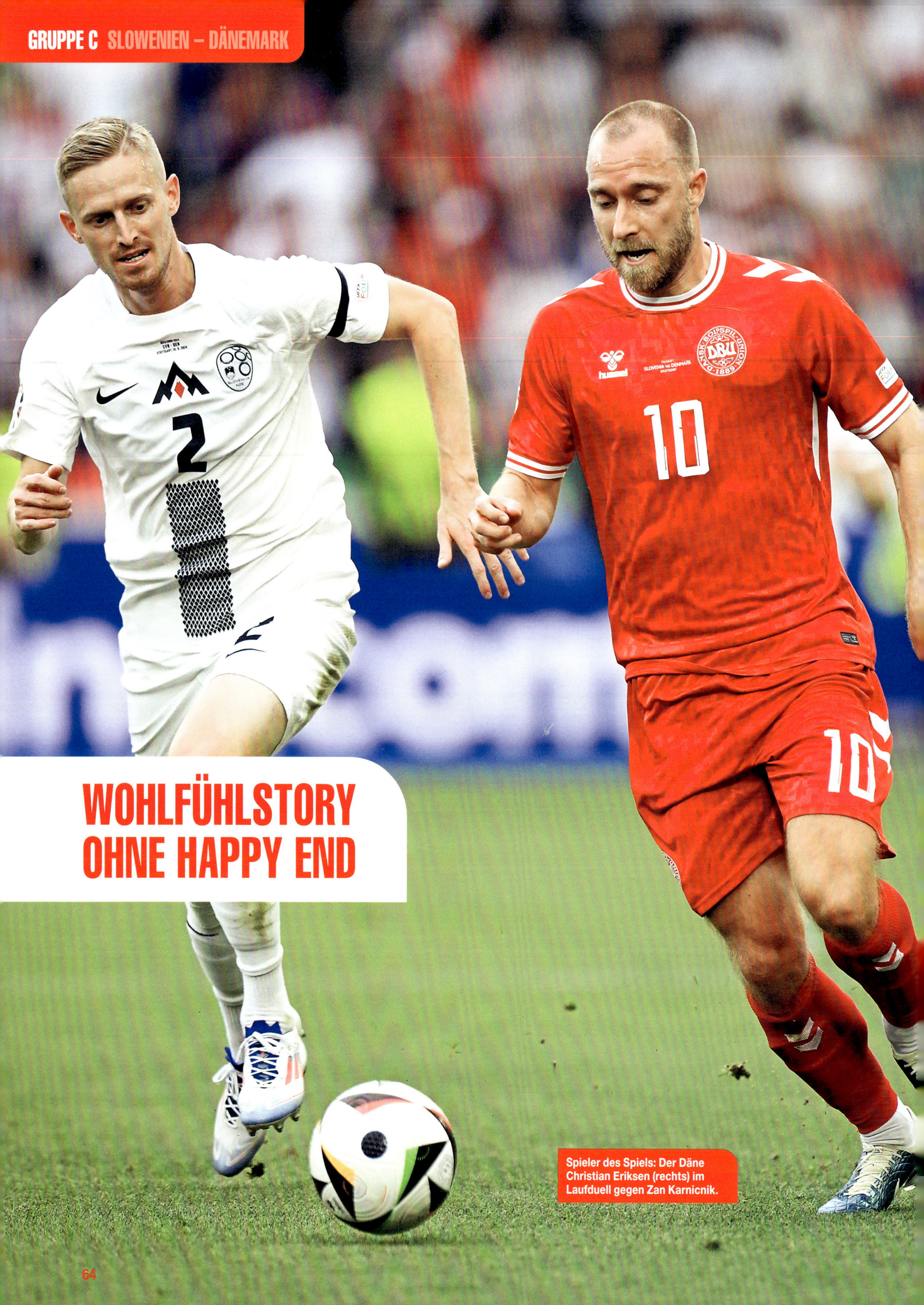

WOHLFÜHLSTORY OHNE HAPPY END

Spieler des Spiels: Der Däne Christian Eriksen (rechts) im Laufduell gegen Zan Karnicnik.

Auf der Pressetribüne im Stuttgarter Stadion war die Wohlfühlstory teilweise schon vorgeschrieben: Christian Eriksen schießt Dänemark zum Auftaktsieg gegen Slowenien. Ausgerechnet jener Eriksen, der fast auf den Tag genau drei Jahre zuvor während des EM-Spiels gegen Finnland einen Herzstillstand erlitten hatte. Unvergessen die damals dramatischen Geschehnisse im Stadion von Kopenhagen, dem raschen Eingreifen der Sanitäter verdankt Eriksen sein Leben. Ohne ihren Spielmacher stürmten die Dänen damals bis ins Halbfinale des Turniers. Bei seiner Rückkehr auf die EM-Bühne am dritten Turniertag wäre Eriksen – inzwischen mit einem implantierten Defibrillator unterwegs – beinahe zum Matchwinner geworden. In der 17. Minute brachte er sein Team nach einem sehenswerten Hackenpass des Wolfsburgers Jonas Wind mit einem Rechtsschuss aus rund sieben Metern in Front. Der Geschichte jedoch fehlte das Happy End.

Die Dänen waren nach dem frühen Führungstreffer lange Zeit das bessere Team, verpassten aber die Entscheidung. Je länger das Spiel dauerte, umso mutiger wurden die Slowenen – und sie wurden belohnt. Nur 60 Sekunden nach Benjamins Seskos Pfostentreffer fälschte der Däne Morten Hjulmand den knallharten Disztanzsschuss von Erik Janza aus 18 Metern unglücklich zum 1:1 ab. Torhüter Kasper Schmeichel war ohne Chance – und auf der Pressetribüne musste die Geschichte noch einmal umgeschrieben werden. Kurz vor dem Ende hatte Andraz Sporar aus spitzem Winkel sogar noch die Chance zum Siegtreffer des Außenseiters. Die Auszeichnung zum Spieler des Spiels war für Eriksen hinterher ein schwacher Trost. Der Däne sprach nach dem Remis von einem „schlechten Gefühl. Es wäre eine andere Geschichte gewesen, wenn wir die drei Punkte geholt hätten." Sloweniens Trainer Matjaz Kek hingegen fand lobende Worte für sein Team: „In der zweiten Halbzeit haben wir uns von der Nervosität befreit, es hat viel besser ausgeschaut."

Vorbildliche Schusshaltung: Erik Janza trifft zum Ausgleich.

Sonntag, 16. Juni 2024, 18 Uhr, Stuttgart, 21° Celsius

SLOWENIEN – DÄNEMARK
1 : 1

Trainer: Matjaz Kek

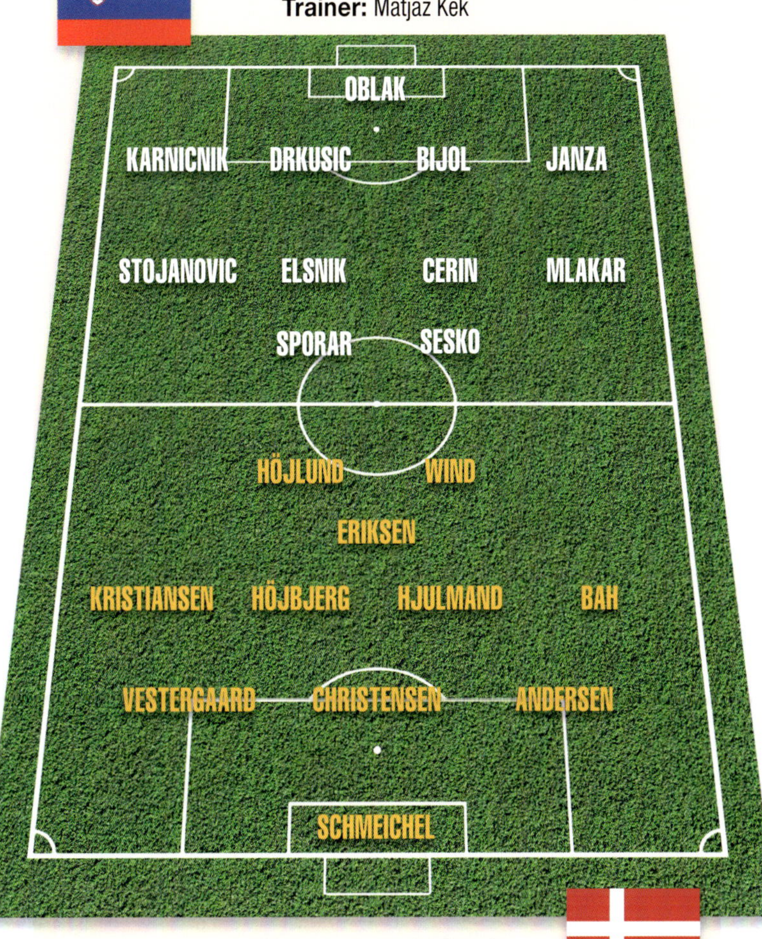

Trainer: Kasper Hjulmand

Eingewechselt:

Slowenien	Dänemark
Verbic für Stojanovic (67.)	Maehle für Kristiansen (78.)
Gorenc Stankovic für Elsnik (75.)	Dolberg für Wind (83.)
Celar für Mlakar (75.)	Poulsen für Höjlund (83.)
Brekalo für Sporar (90. + 5)	Nörgaard für Höjbjerg (83.)
Kurtic für Sesko (90. + 5)	Delaney für Hjulmand (89.)

Tore: 0:1 Eriksen (17.), 1:1 Janza (77.)

Gelbe Karten: Stojanovic, Celar / Hjulmand

Gelb-Rote Karten: –

Rote Karten: –

Schiedsrichter: Sandro Schärer (Schweiz)

Zuschauer: 54 000

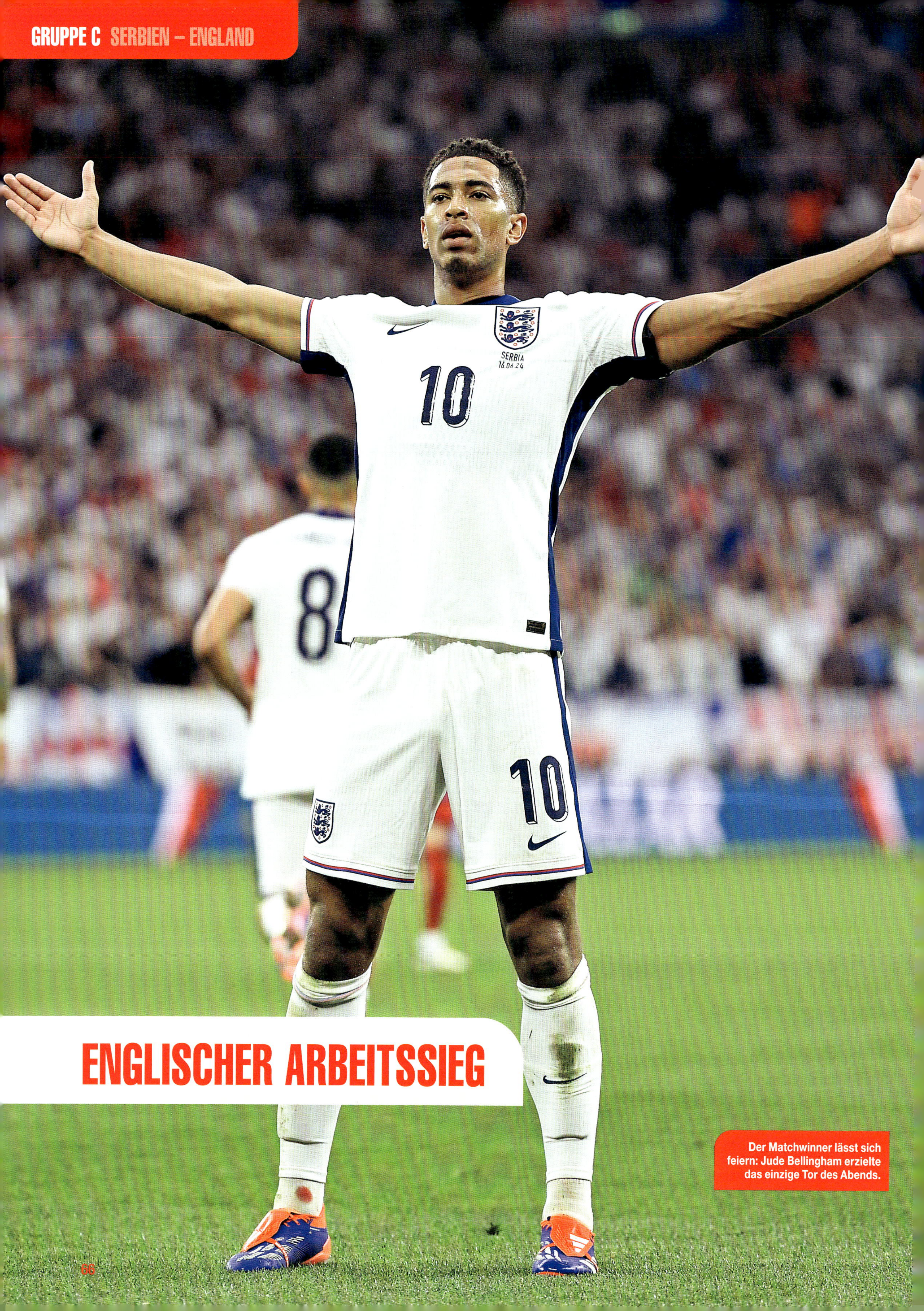

ENGLISCHER ARBEITSSIEG

Der Matchwinner lässt sich feiern: Jude Bellingham erzielte das einzige Tor des Abends.

Ernüchternd endete das erste Wochenende der EM. Am Sonntagnachmittag prügelten sich englische und serbische Hooligans in der Gelsenkirchener Innenstadt – die Polizei brachte das unwürdige Geschehen mit einem Großaufgebot unter Kontrolle. Am Sonntagabend boten beide Teams sportliche Magerkost auf dem Rasen der Schalker Arena. Der 1:0-Arbeitssieg des favorisierten Vizeeuropameisters von 2021 gegen die erstmals überhaupt bei einer EM als eigenständige Nation startenden Serben war eines der langweiligsten Spiele des gesamten Turniers; bei ihrer letzten Teilnahme 2000 liefen die Serben noch zusammen mit Montenegro als Bundesrepublik Jugoslawien auf. Bereits in der 13. Minute erzielte der frühere Dortmunder Jude Bellingham den einzigen Treffer des Abends. Der Mittelfeldmann von Champions-League-Gewinner Real Madrid köpfte eine noch leicht abgefälschte Hereingabe von Bukayo Saka aus fünf Metern ins gegnerische Tor. Nicht nur des Siegtreffers wegen war Bellingham der beste Akteur auf dem Platz und wurde zurecht zum Spieler des ansonsten schwachen Spiels gewählt.

In der 20. Minute hatte der serbische Kapitän Aleksandar Mitrovic mit einem satten Rechtsschuss den Ausgleich auf dem Fuß, fünf Minuten später verpasste der Engländer Kyle Walker nach einem Sololauf das 2:0. Danach passierte nicht mehr sonderlich viel. Die „Three Lions" schalteten unerklärlich früh in einen Verwaltungsmodus. Die Serben waren zwar aggressiv in den Zweikämpfen und kombinierten im Mittelfeld durchaus gefällig, sobald sie jedoch in in die Nähe des englischen Strafraums kamen, brachen sie in Hektik aus. Die größte Chance in der zweiten Hälfte hatte Englands Kapitän Harry Kane. Serbiens Torhüter Predrag Rajkovic lenkte den Kopfball des Bundesligatorschützenkönigs in der 77. Minute an die Latte. Eine Viertelstunde zuvor forderte sein Gegenüber Mitrovic einen Foulelfmeter. Die leichte Berührung durch Kieran Trippier reichte jedoch bei Weitem nicht für einen Pfiff.

Der Elfmeterpfiff blieb aus: Der Engländer Kieran Trippier (rechts) im Duell gegen Aleksandar Mitrovic.

Sonntag, 16. Juni 2024, 21 Uhr, Gelsenkirchen, 15° Celsius

SERBIEN – ENGLAND

0 : 1

Trainer: Dragan Stojkovic

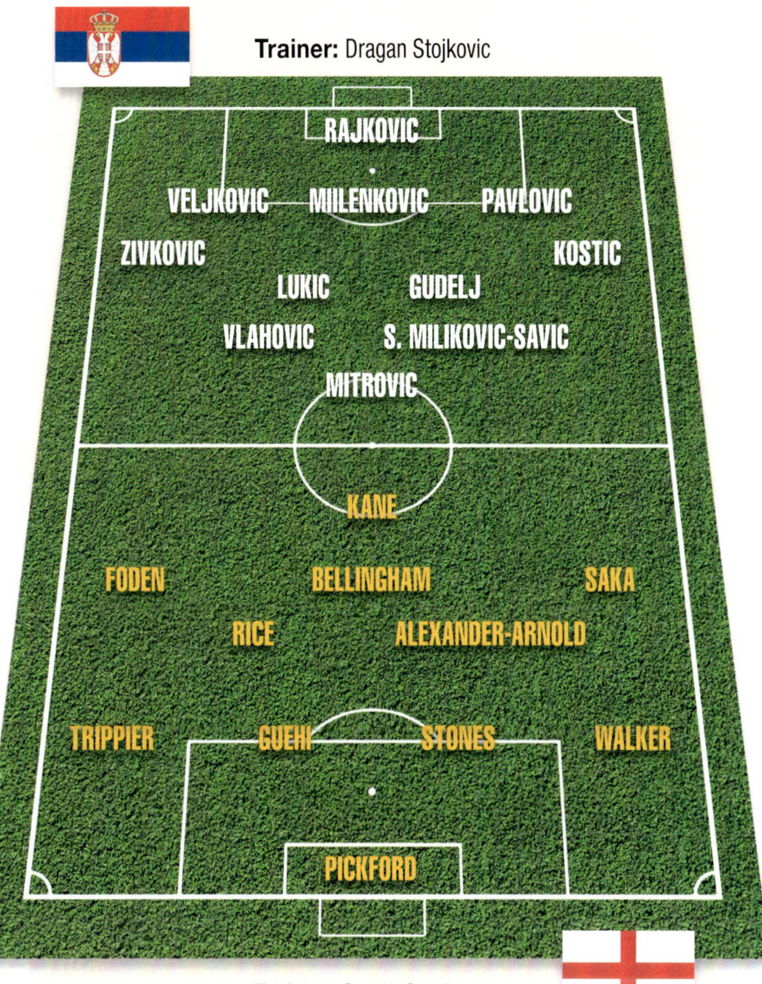

Trainer: Gareth Southgate

Eingewechselt:

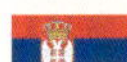

Mladenovic für Kostic (43.)
Ilic für Gudelj (46.)
Tadic für Mitrovic (61.)
Jovic für Lukic (61.)
Birmancevic für Zivkovic (74.)

Gallagher für Alexander-Arnold (69.)
Bowen für Saka (76.)
Mainoo für Bellingham (86.)

Tor: 0:1 Bellingham (13.)

Gelbe Karten: Gudelj, Tadic, Stojkovic / –

Gelb-Rote Karten: –

Rote Karten: –

Schiedsrichter: Daniele Orsato (Italien)

Zuschauer: 48 953

AUSGLEICH MIT DER ALLERLETZTEN AKTION

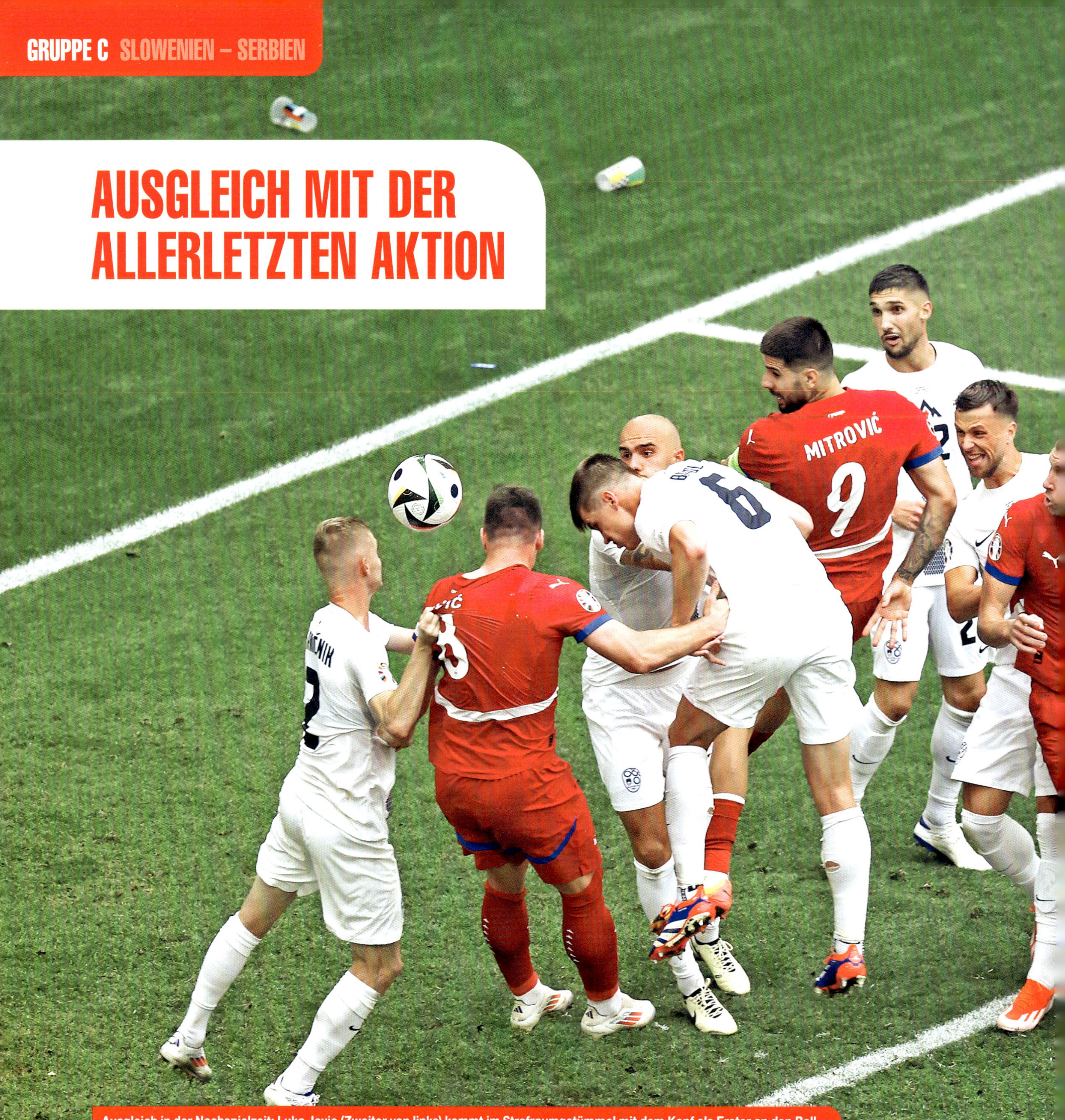

Ausgleich in der Nachspielzeit: Luka Jovic (Zweiter von links) kommt im Strafraumgetümmel mit dem Kopf als Erster an den Ball.

Das zweite Gruppenspiel der Slowenen endete genau wie das erste. Anders als beim 1:1 zum Auftakt vier Tage zuvor in Stuttgart gegen Dänemark kam beim Außenseiter an diesem Nachmittag in München aber keine Freude über den Punktgewinn auf, ganz im Gegenteil: Das Remis gegen Serbien wurde wie eine Niederlage empfunden, tief enttäuscht lagen die Spieler nach Abpfiff auf dem Rasen. Mit der allerletzten Aktion des Spiels – die angezeigten fünf Minuten Nachspielzeit waren bereits abgelaufen – wurde ihnen der historische Premierensieg bei einer Europameisterschaft aus der Hand gerissen. Nach einem Eckball von Ivan Ilic stiftete der nach vorne geeilte serbische Torwart Predrag Rajkovic Verwirrung im slowenischen Strafraum. Der frühere Frankfurter Luka Jovic kam im Getümmel mit dem Kopf als Erster an den Ball und versenkte diesen zum Ausgleich. „Fußball kann grausam sein“, konstatierte Nationaltrainer Matjaz Kek. „In den letzten Minuten fehlte es uns ein wenig an Konzentration, vielleicht auch ein wenig an Kraft.“

Zan Karnicnik hatte die Slowenen in einer munteren Partie in der 69. Minute in spektakulärer Manier in Führung gebracht. In der eigenen Spielhälfte luchste der Abwehrspieler dem Serben Mijat Gacinovic den Ball ab, sprintete damit über das halbe Feld und schob nach Zusammenspiel mit Timi Max Elsnik aus fünf Metern

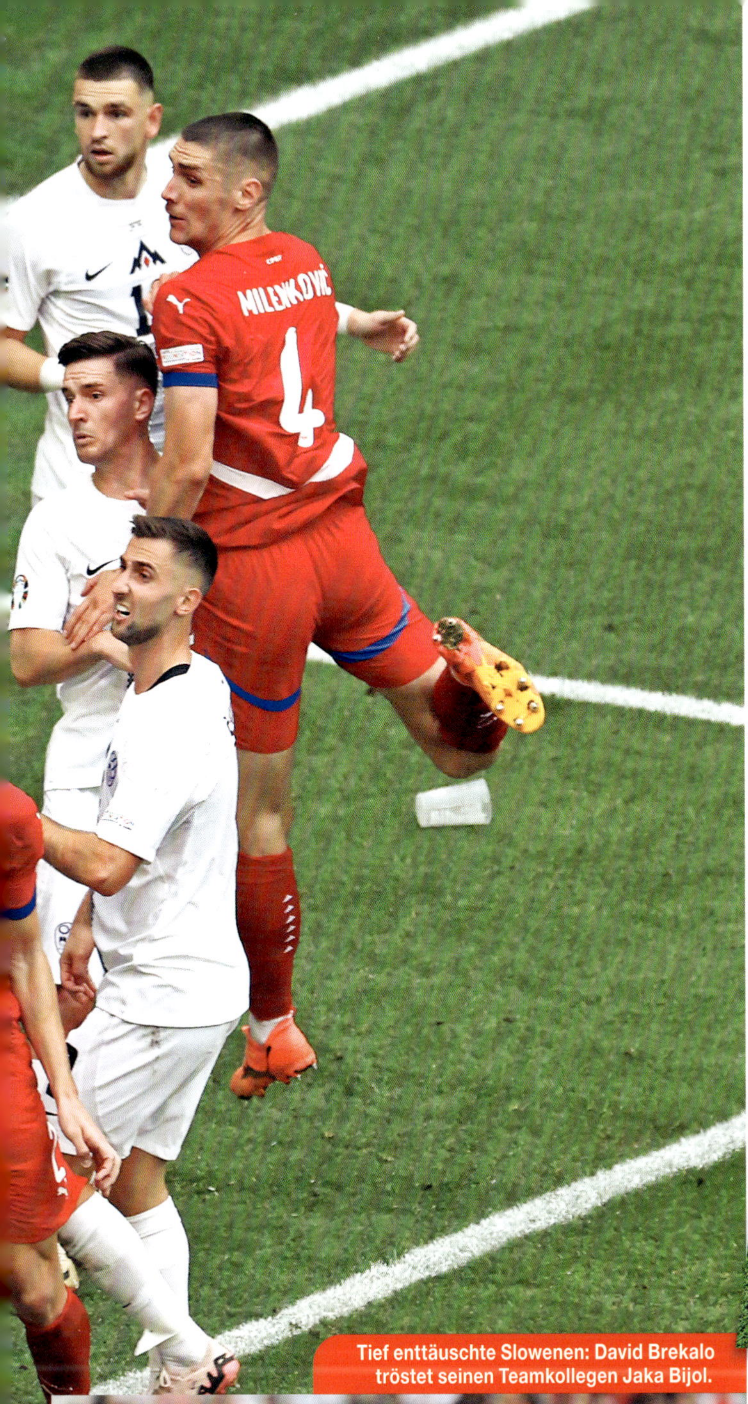

Tief enttäuschte Slowenen: David Brekalo tröstet seinen Teamkollegen Jaka Bijol.

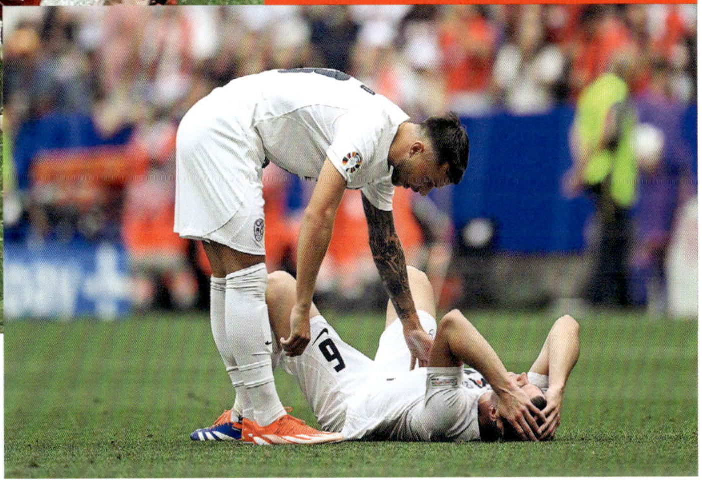

zum 1:0 ein. Vorlagengeber Elsnik hatte in der 36. Minute bereits den Pfosten getroffen. Die im ersten Turnierspiel gegen England unterlegenen Serben hielten mit ihrem ersten Turniertreffer und Punktgewinn die Hoffnung aufs Achtelfinale am Leben. „Wir haben nie aufgegeben, wir haben bis zum Ende an uns geglaubt“, sagte Trainer Dragan Stojkovic nach dem Finale furioso. „Für viele war das Spiel schon fertig, aber nicht für uns. Wir wollten eine Niederlage nicht akzeptieren. Am Ende hat es sich ausgezahlt.“

Donnerstag, 20. Juni 2024, 15 Uhr, München, 24° Celsius

SLOWENIEN – SERBIEN
1 : 1

Trainer: Matjaz Kek

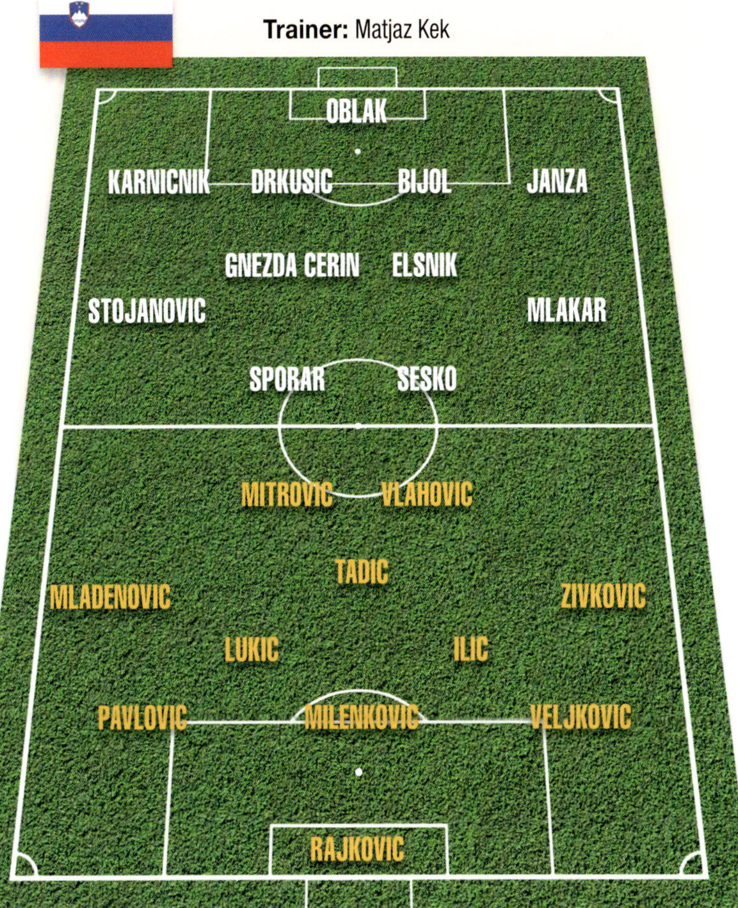

Trainer: Dragan Stojkovic

Eingewechselt:

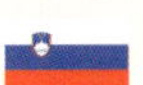

Stankovic für Mlakar (64.)
Verbic für Stojanovic (76.)
Vipotnik für Sesko (76.)
Brekalo für Elsnik (90. +1)

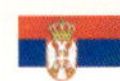

Gacinovic für Mladenovic (46.)
Jovic für Vlahovic (64.)
S. Milinkovic-Savic für Lukic (64.)
Samardzic für Tadic (82.)
Birmancevic für Zivkovic (82.)

Tore: 1:0 Karnicnik (69.), 1:1 Jovic (90. +6)

Gelbe Karten: Janza, Vipotnik / Mladenovic, Lukic, Jovic, Gacinovic

Gelb-Rote Karten: –

Rote Karten: –

Schiedsrichter: Istvan Kovacs (Rumänien)

Zuschauer: 63 028

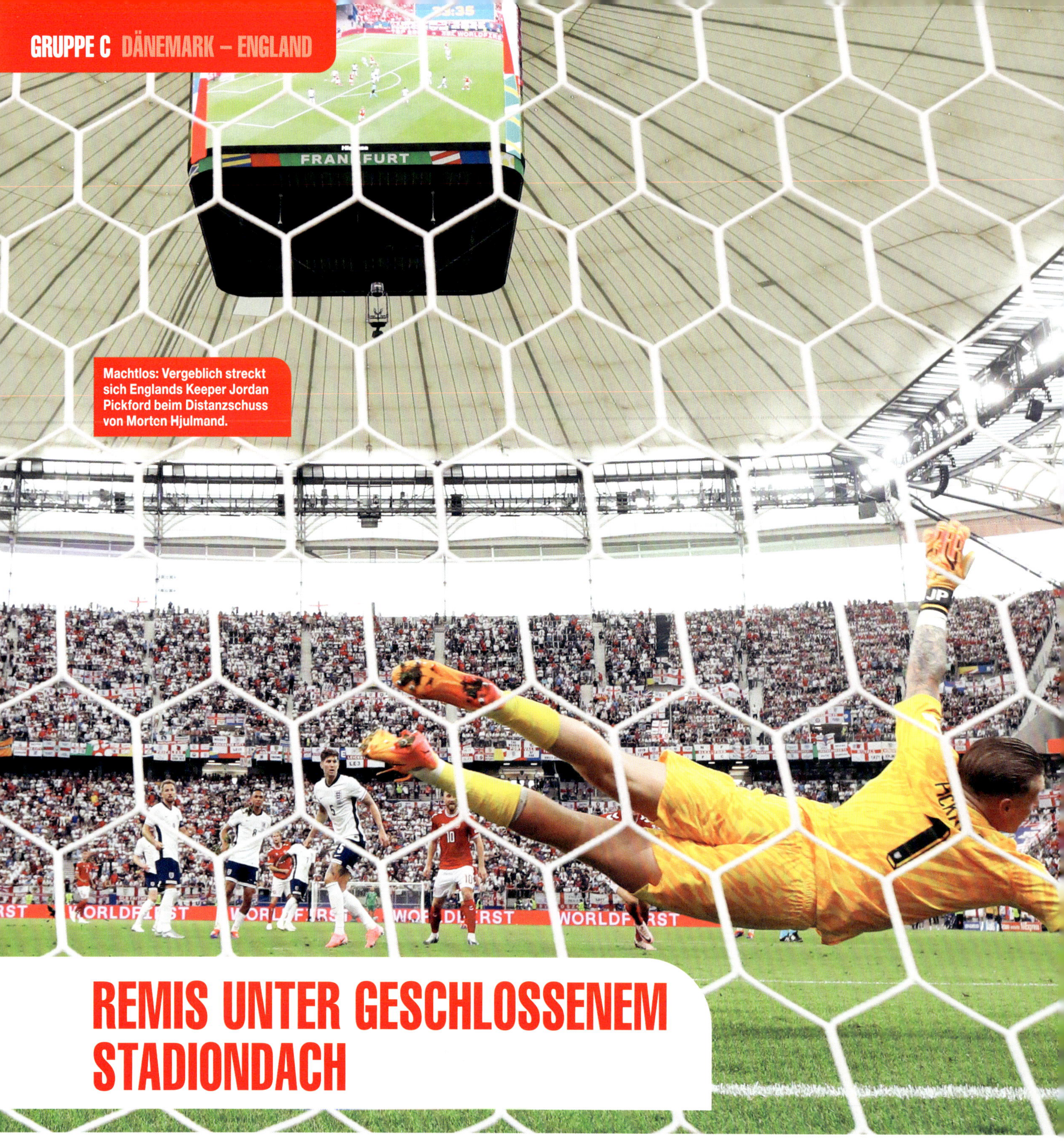

Machtlos: Vergeblich streckt sich Englands Keeper Jordan Pickford beim Distanzschuss von Morten Hjulmand.

REMIS UNTER GESCHLOSSENEM STADIONDACH

Nach dem mühevollen Auftaktsieg gegen Serbien konnte Mitfavorit England auch in seinem zweiten Gruppenspiel nicht überzeugen. Durch ein schmuckloses 1:1 gegen Dänemark verpassten die „Three Lions" das vorzeitige Weiterkommen. „Das war nicht so gut, wie wir uns vorgestellt haben", resümierte Trainer Gareth Southgate. „Wir hatten Probleme mit der Spielkontrolle. Das hat zu einer ängstlichen Vorstellung geführt." Die Skandinavier hingegen waren nach dem zweiten Remis im zweiten Spiel zufrieden: Sie blieben weiter aussichtsreich im Rennen ums Achtelfinale. „Wir haben genau das gemacht, was in so einem Spiel nötig ist", meinte Trainer Kasper Hjulmand.

Bereits zur Pause stand das Endergebnis fest. In der 18. Minute nutzte Englands Kapitän Harry Kane eine Fehlerkette der Dänen zum Führungstreffer: Zunächst verlor Victor Kristiansen im Mittelfeld den Ball leichtfertig an Kyle Walker, nach dessen Hereingabe fälschte Andreas Christensen vor die Füße von Kane ab – und der ließ es sich nicht nehmen, aus fünf Metern zum 1:0 einzuschieben.

Eine Viertelstunde später war der Bundesligatorschützenkönig vom FC Bayern München auch am zweiten Treffer und dem Höhepunkt des ansonsten schwachen Spiels beteiligt: Mit einem Fehlpass leitete er den Ausgleich der Dänen ein. Aus 28 Metern fasste sich

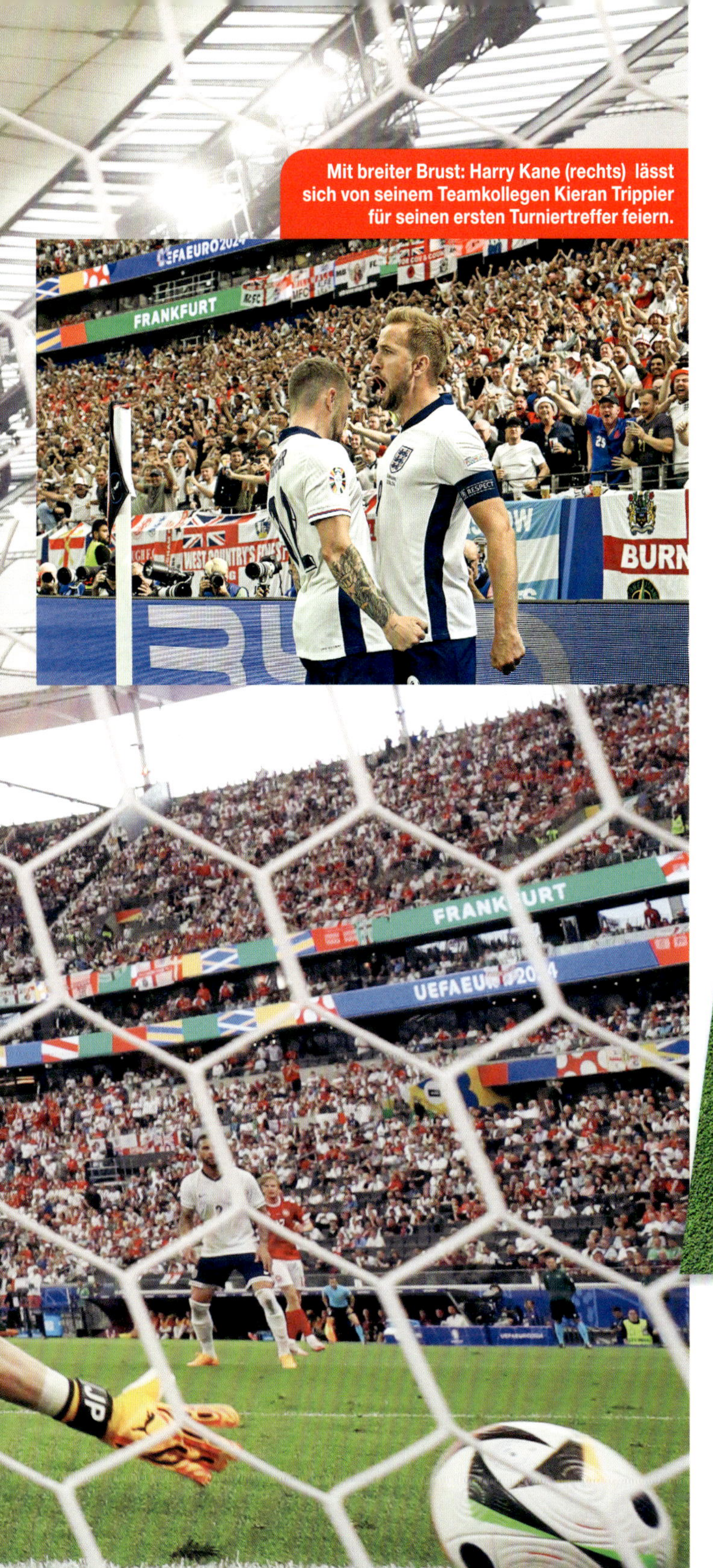

Mit breiter Brust: Harry Kane (rechts) lässt sich von seinem Teamkollegen Kieran Trippier für seinen ersten Turniertreffer feiern.

Donnerstag, 20. Juni 2024, 18 Uhr, Frankfurt, 23° Celsius

DÄNEMARK – ENGLAND

1 : 1

Trainer: Kasper Hjulmand

SCHMEICHEL

CHRISTENSEN VESTERGAARD ANDERSEN

MAEHLE HJULMAND HÖJBJERG KRISTIANSEN

WIND ERIKSEN

HÖJLUND

KANE

FODEN BELLINGHAM SAKA

RICE ALEXANDER-ARNOLD

TRIPPIER GUEHI STONES WALKER

PICKFORD

Trainer: Gareth Southgate

Eingewechselt:

Bah für Kristiansen (57.)
Damsgaard für Wind (57.)
Poulsen für Höjlund (67.)
Skov Olsen für Eriksen (82.)
Nörgaard für Hjulmand (82.)

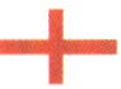

Gallagher für Alexander-Arnold (54.)
Bowen für Foden (69.)
Watkins für Kane (69.)
Eze für Saka (69.)

Tore: 0:1 Kane (18.), 1:1 Hjulmand (34.)

Gelbe Karten: Vestergaard, Maehle, Nörgaard / Gallagher

Gelb-Rote Karten: –

Rote Karten: –

Schiedsrichter: Artur Soares Dias (Portugal)

Zuschauer: 46 177

Morten Hjulmand ein Herz – sein strammer Distanzschuss prallte vom linken Pfosten ins englische Tor. In Halbzeit zwei hatten beide Teams Chancen zum Siegtreffer, die größte war in der 56. Minute Phil Fodens Distanzschuss an den dänischen Pfosten.
Thema nach der Partie war einmal mehr der schlechte Zustand des Frankfurter Stadionrasens. Unzählige Male waren die Spieler ausgerutscht. Eine Vorsichtsmaßnahme hatte dem Problem nicht wirklich abgeholfen: Um den aufgeweichten Untergrund nicht noch weiter in Mitleidenschaft zu ziehen, wurde angesichts des wechselhaften Wetters vor dem Spiel das Membranzeltdach ausgefahren.

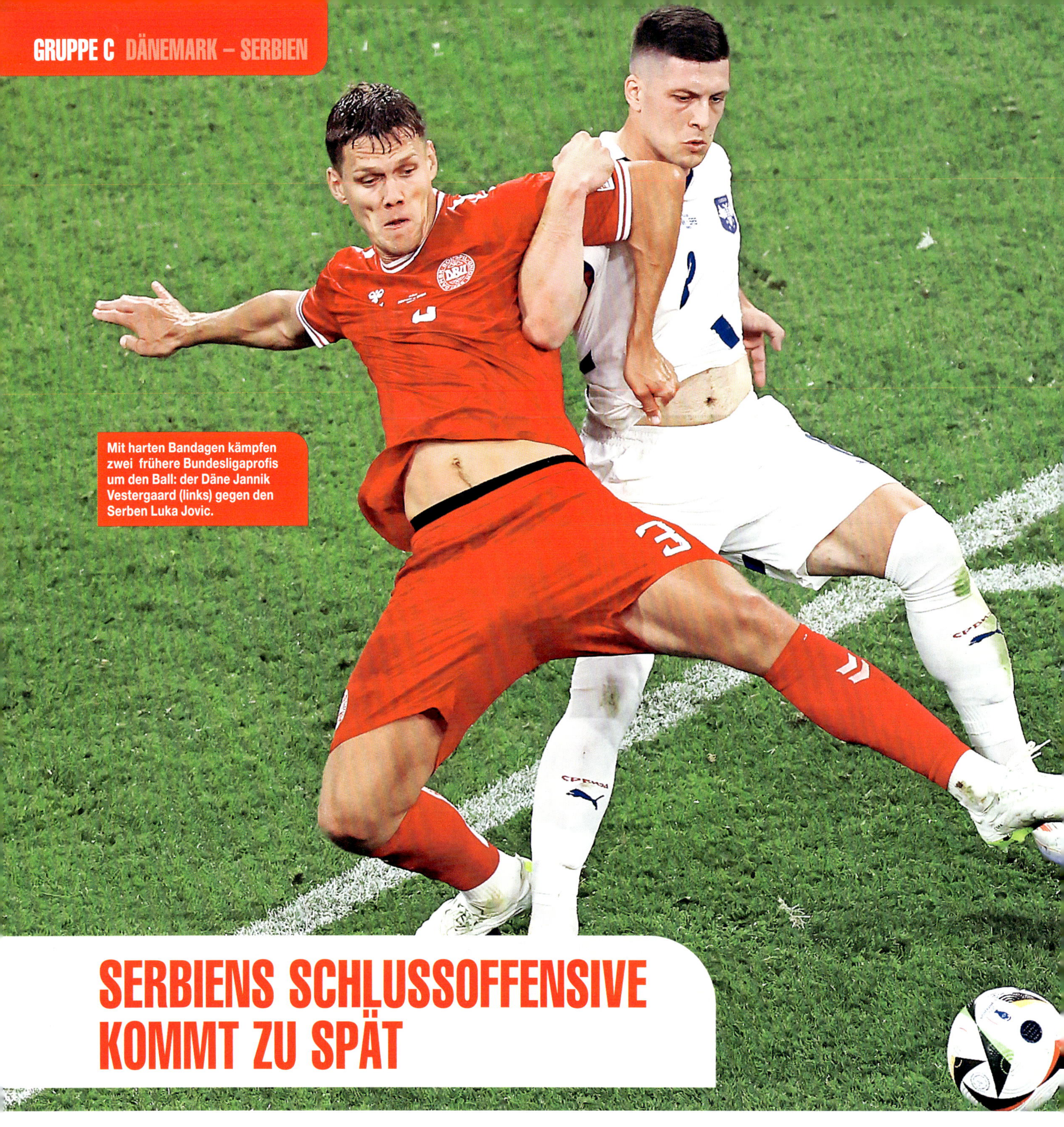

Mit harten Bandagen kämpfen zwei frühere Bundesligaprofis um den Ball: der Däne Jannik Vestergaard (links) gegen den Serben Luka Jovic.

SERBIENS SCHLUSSOFFENSIVE KOMMT ZU SPÄT

Zur Unterstützung seiner Landsleute war sogar Novak Djokovic in seine einstige Wahlheimat gekommen. Als Teenager hatte der erfolgreichste Tennisspieler der Geschichte vier Jahre in der Akademie von Niki Pilic in Oberschleißheim verbracht, keine zehn Kilometer Luftlinie von der Münchner Allianz Arena entfernt. Die Anwesenheit des prominenten Gastes schien die serbische Mannschaft jedoch eher zu lähmen. Vor dem Spiel hatte Djokovic die Spieler im Innenraum abgeklatscht, danach fieberte er leidenschaftlich auf der Tribüne mit.

Für das Weiterkommen hätten die Serben einen Sieg benötigt, wie zuvor gegen England und Slowenien war ihr Auftritt jedoch zu harmlos. Durch das torlose Remis schieden sie mit einer Bilanz von zwei Punkten und 1:2 Toren als Schlusslicht der schwachen Vorrundengruppe C aus. Die Dänen konnten mit dem Endergebnis gut leben, ihr drittes Remis im dritten Spiel reichte für den zweiten Platz und die Qualifikation fürs Achtelfinale. Gegenüber den punkt- und torgleichen Slowenen gab die Fair-Play-Wertung den Ausschlag, in dieser hatten die Dänen mit weniger Gelben Karten (6:7) knapp die Nase vorn. Drei Punkte und 2:2 Tore hätte ihnen aber auch als Gruppendritter zum Einzug in die K.-o.-Phase gereicht.

Zweimal brandete in der Münchner Arena Torjubel auf, zweimal verweigerte der französische Schiedsrichter Francois Letexier zurecht die Anerkennung. Vor dem dänischen Treffer durch Jonas

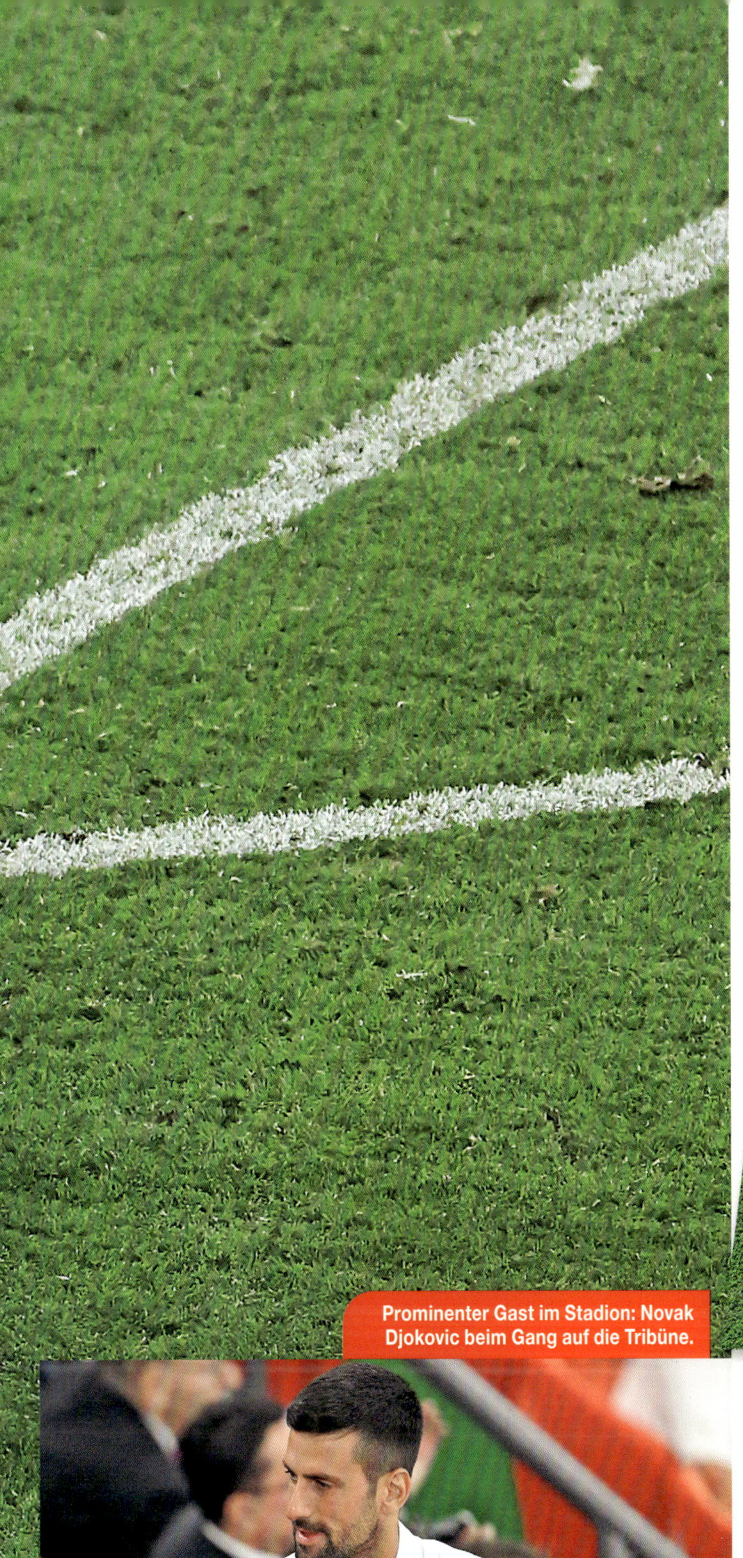

Prominenter Gast im Stadion: Novak Djokovic beim Gang auf die Tribüne.

Wind in der 23. Minute war der Ball im Aus, zudem hatte der Torschütze den serbischen Torhüter Predrag Rajkovic in Ringermanier umklammert. Vor dem Eigentor des Dänen Joachim Andersen in der 53. Minute stand der Serbe Luka Jovic im Abseits. Erst in der Schlussphase schien sich die Mannschaft von Trainer Dragan Stojkovic endlich dem Ernst ihrer Lage bewusst zu werden. Mit drei Mittelstürmern – außer Jovic noch Aleksandar Mitrovic und Dusan Vlahovic – bliesen sie noch einmal zu einer Offensive, ein Treffer sprang dabei aber nicht mehr heraus.

Dienstag, 25. Juni 2024, 21 Uhr, München, 23° Celsius

DÄNEMARK – SERBIEN
0 : 0

Trainer: Kasper Hjulmand

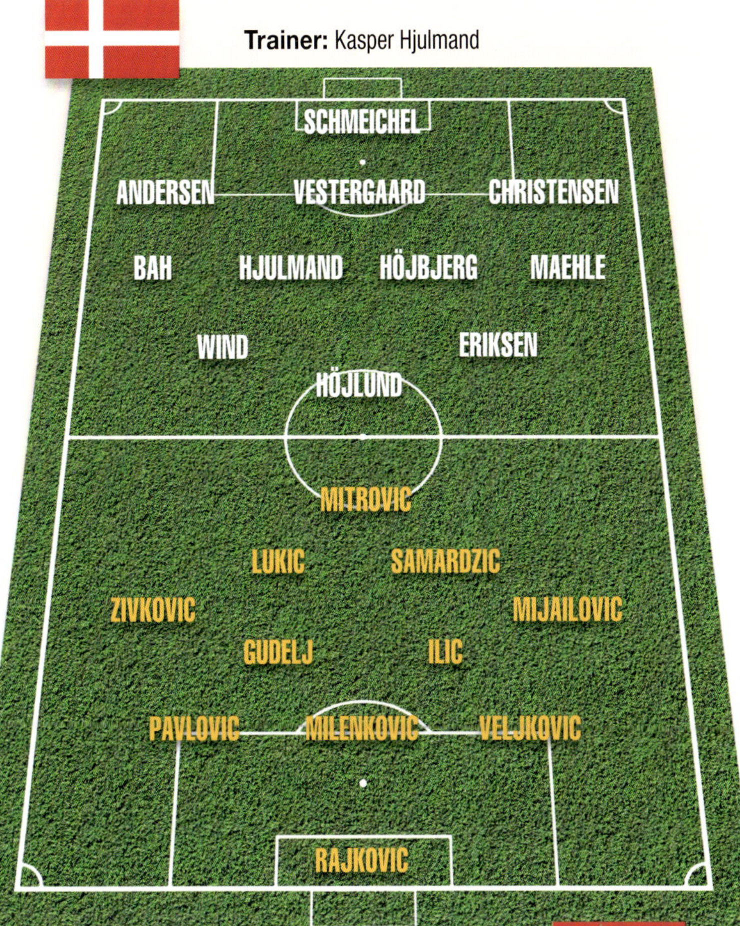

Trainer: Dragan Stojkovic

Eingewechselt:

Skov Olsen für Wind (46.)
Dolberg für Höjlund (59.)
Delaney für Hjulmand (77.)
Kristiansen für Bah (77.)
Poulsen für Eriksen (88.)

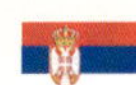

Tadic für Samardzic (46.)
Jovic für Gudelj (46.)
Vlahovic für Ilic (67.)
Mladenovic für Mijailovic (73.)
S. Milinkovic-Savic für Lukic (87.)

Tore: –

Gelbe Karten: Wind, Hjulmand / Milenkovic, Mitrovic

Gelb-Rote Karten: –

Rote Karten: –

Schiedsrichter: Francois Letexier (Frankreich)

Zuschauer: 64 288

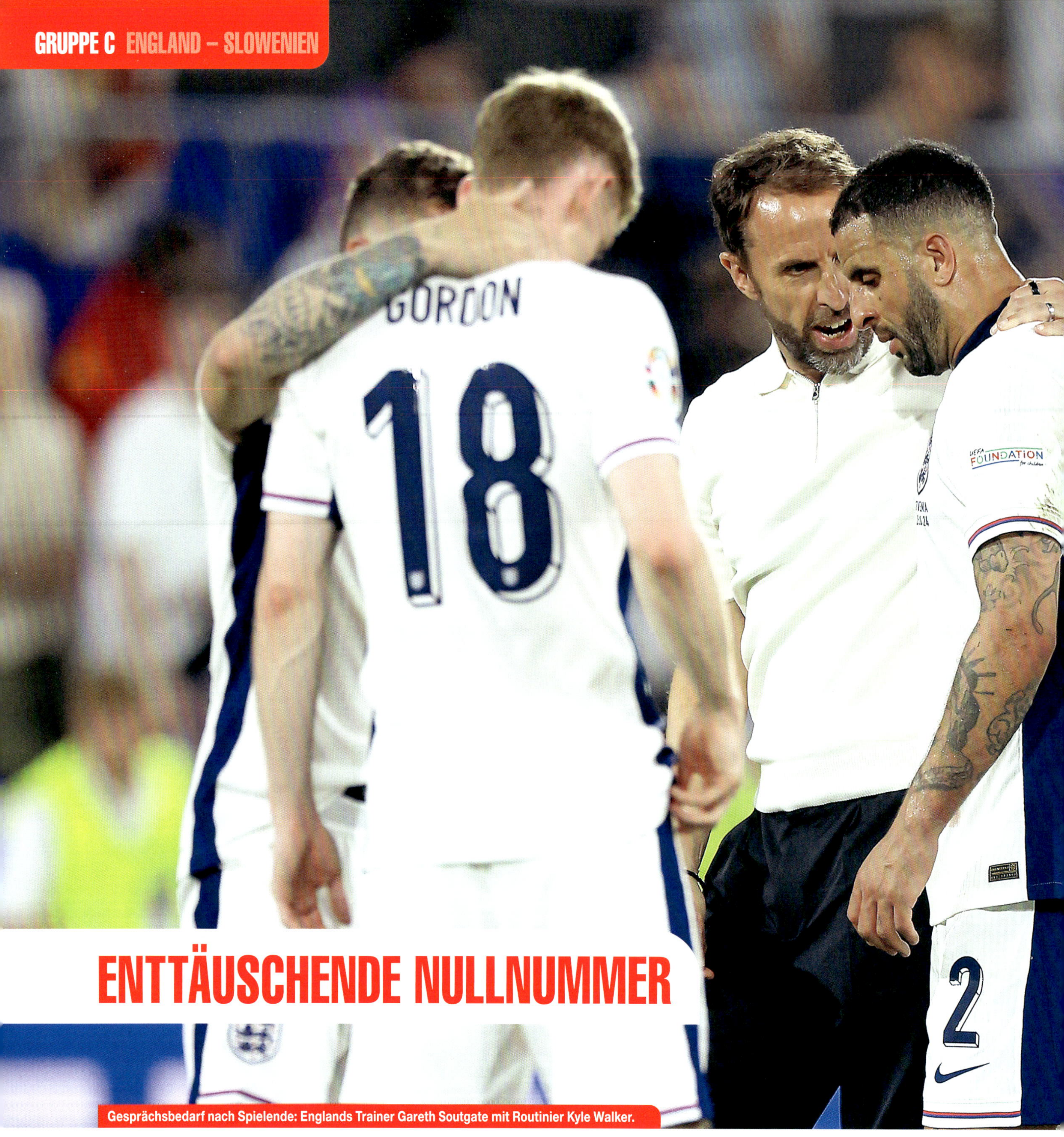

ENTTÄUSCHENDE NULLNUMMER

Gesprächsbedarf nach Spielende: Englands Trainer Gareth Soutgate mit Routinier Kyle Walker.

Mit einem Marktwert von 1,52 Milliarden Euro schickte England den nach Angaben von Transfermarkt.de teuersten Kader dieser EM an den Start – vor Frankreich (1,23 Mrd. €), Portugal (1,05 Mrd. €), Spanien (965,5 Mio. €), Deutschland (831 Mio. €), den Niederlanden (815 Mio. €) und Titelverteidiger Italien (705,5 Mio. €). Umso enttäuschender waren die Auftritte des Vizeeuropameisters von 2021 in der Vorrunde. Auch im dritten Gruppenspiel konnte die Mannschaft von Trainer Gareth Southgate nicht überzeugen und kam gegen Außenseiter Slowenien nicht über ein torloses Remis hinaus. Fünf Punkte und magere zwei Tore reichten in der schwachen Gruppe C dennoch zum ersten Platz. Damit hatten die „Three Lions" ihr Minimalziel erreicht und gingen im Achtelfinale einem Duell gegen Gastgeber Deutschland aus dem Weg. „Wir sind noch nicht da, wo wir sein wollen", gestand Trainer Gareth Southgate ein. Dennoch wollte er gegenüber den ersten zwei Spielen Fortschritte erkannt haben: „Wir waren besser am Ball, wir haben das Spiel dominiert. Das war schon ein Schritt in die richtige Richtung."

Freilich hatte sein Team klare Vorteile beim Ballbesitz (73:27 Prozent), den Torschüssen (12:4), den Ecken (6:0) und den Torchancen – etwa durch Harry Kane, der in der 41. Minute eine Flanke von Kieran Trippier am langen Pfosten nur um wenige Zentimeter

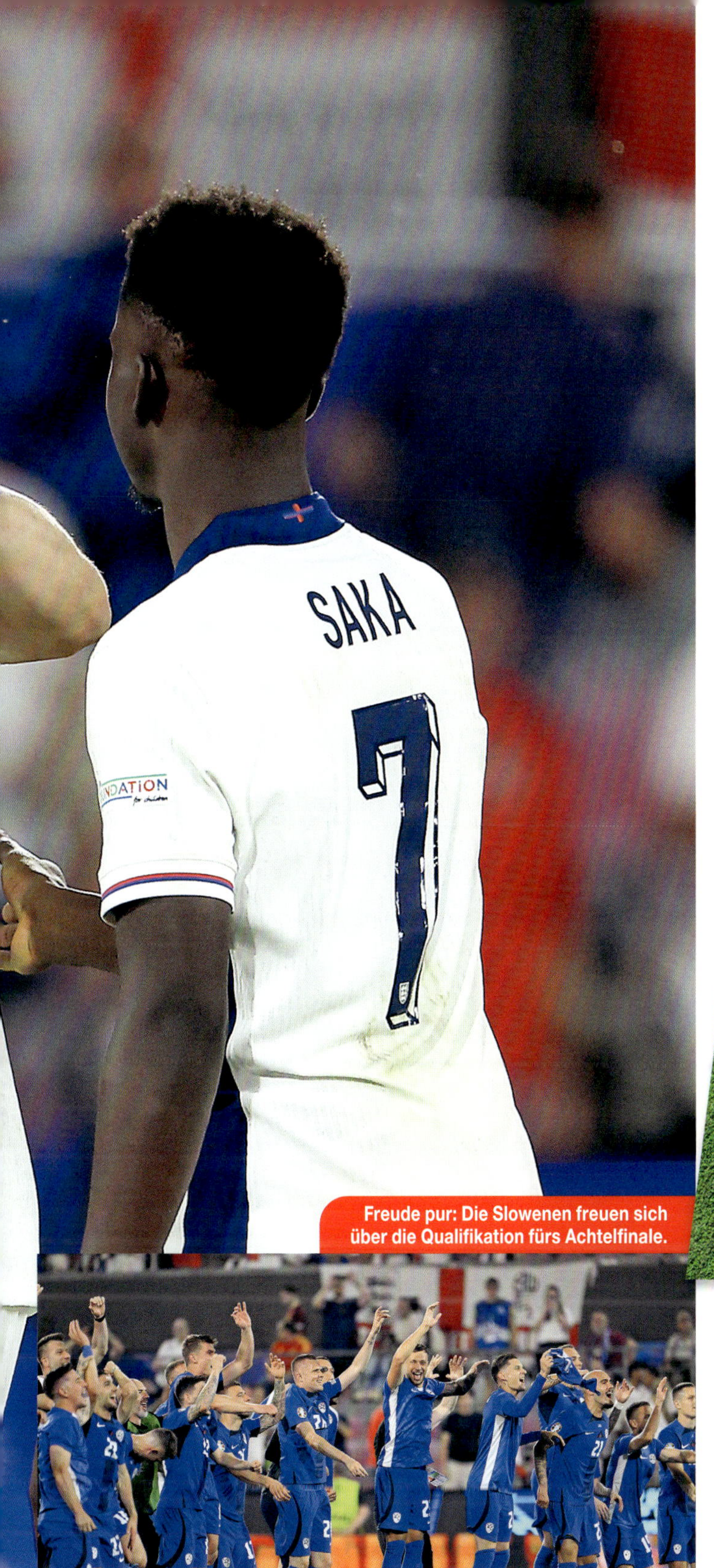

Freude pur: Die Slowenen freuen sich über die Qualifikation fürs Achtelfinale.

Dienstag, 25. Juni 2024, 21 Uhr, Köln, 24° Celsius

ENGLAND – SLOWENIEN

0 : 0

Trainer: Gareth Southgate

PICKFORD

WALKER STONES GUEHI TRIPPIER

GALLAGHER RICE

SAKA BELLINGHAM FODEN

KANE

SESKO SPORAR

MLAKAR STOJANOVIC

ELSNIK CERIN

JANZA BIJOL DRKUSIC KARNICNIK

OBLAK

Trainer: Matjaz Kek

Eingewechselt:

Mainoo für Gallagher (46.)
Palmer für Saka (71.)
Alexander-Arnold für Trippier (84.)
Gordon für Foden (89.)

Ilicic für Sesko (75.)
Gorenc Stankovic für Mlakar (86.)
Celar für Sporar (86.)
Balkovec für Janza (90. +2)

verpasste und dessen Kopfball in der 58. Minute von Benjamin Sesko kurz vor der Torlinie wegbugsiert wurde. Zudem fand ein schön herausgespieltes Tor von Bukayo Saka in der 20. Minute keine Anerkennung, weil Vorlagengeber Phil Foden im Abseits gestanden hatte.
Unter dem Strich war dies aber zu wenig gegen defensiv eingestellten Slowenen (Marktwert 141,6 Mio. €). Mit seinem dritten Unentschieden konnte der Außenseiter – erst zum zweiten Mal nach 2000 bei einer EM dabei – nach dem Schlusspfiff die erste Qualifikation für die K.-o.-Phase bejubeln.

Tore: –

Gelbe Karten: Trippier, Guehi, Foden / Janza, Bijol

Gelb-Rote Karten: –

Rote Karten: –

Schiedsrichter: Clement Turpin (Frankreich)

Zuschauer: 41 536

GRUPPE D

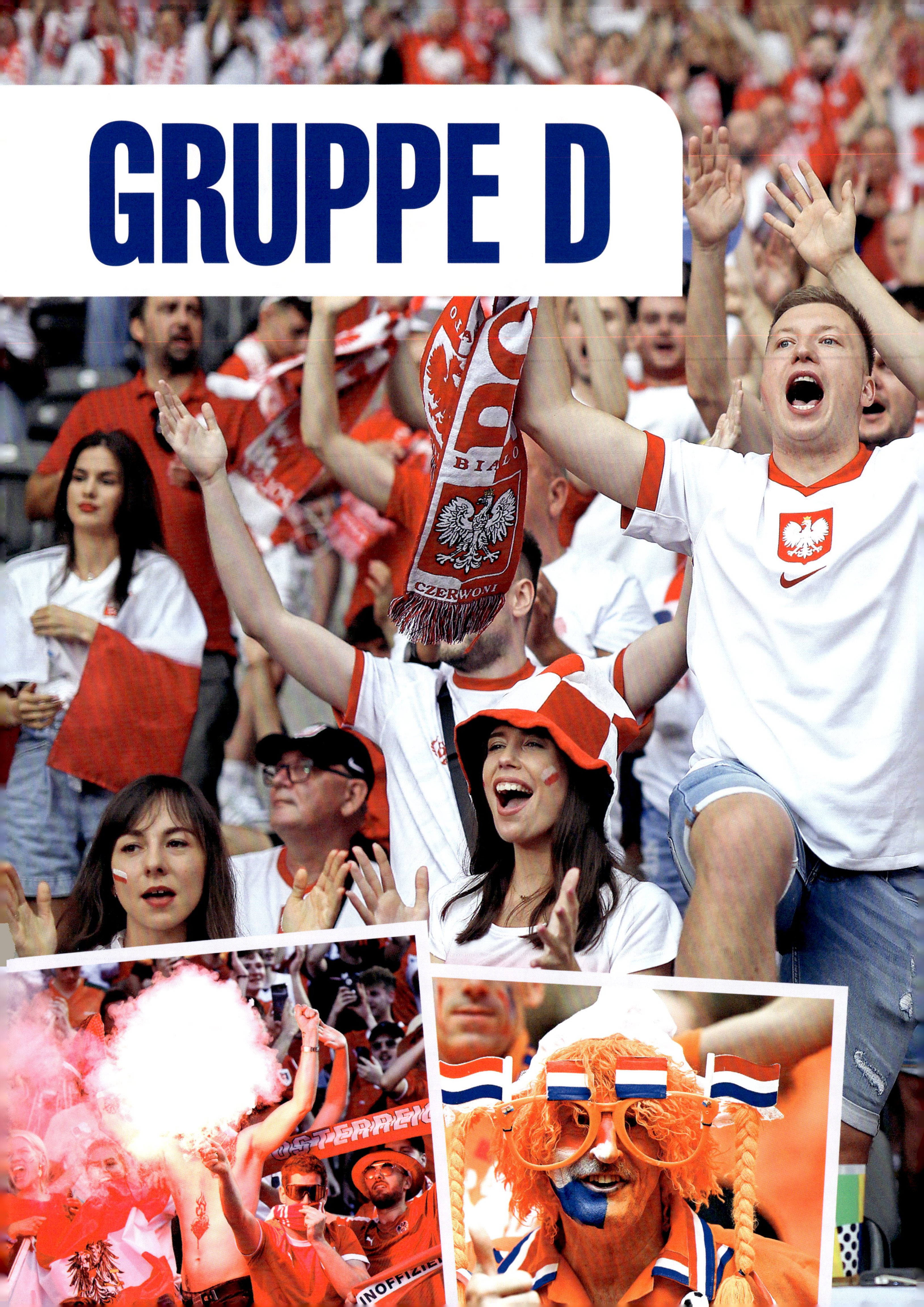

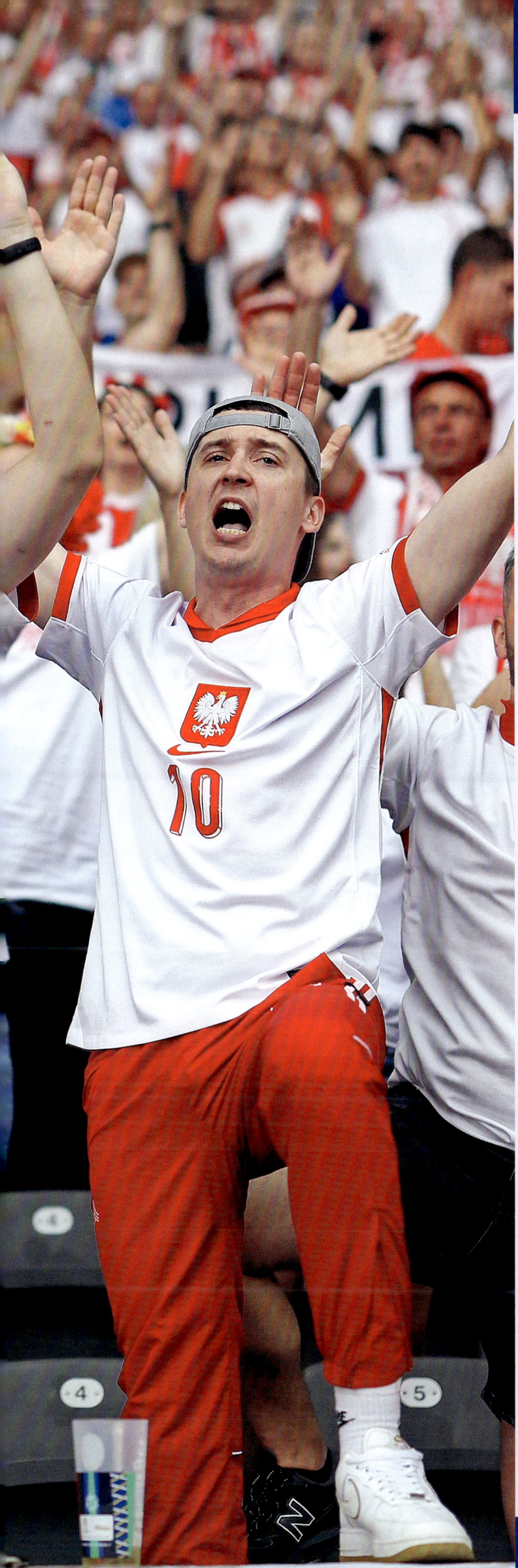

			Spiele	Tore	Punkte
1.	**Österreich**		3	6:4	6
2.	**Frankreich**		3	2:1	5
3.	**Niederlande**		3	4:4	4
4.	Polen		3	3:6	1

Polen – Niederlande	1:3 (1:1)
Österreich – Frankreich	0:1 (0:1)
Polen – Österreich	1:3 (1:1)
Niederlande – Frankreich	0:0 (0:0)
Niederlande – Österreich	2:3 (0:1)
Frankreich – Polen	1:1 (0:0)

Nicht Frankreich, nicht die Niederlande – Außenseiter Österreich sicherte sich in Gruppe D völlig überraschend den Gruppensieg. Das Team von Trainer Ralf Rangnick musste zum Auftakt zwar eine 0:1-Niederlage gegen die Franzosen einstecken, bezwang im Anschluss aber die Polen (3:1) und nach einem begeisternden Spiel auch die Niederländer (3:2), die durch ihre erste Turnierniederlage noch auf Platz drei abrutschten. Als einer der vier besten Drittplatzierten löste Oranje aber dennoch sein Ticket fürs Achtelfinale. Mit Minimalisten-Fußball überstanden die favorisierten Franzosen die Gruppenphase. In drei Spielen gelangen ihnen nur zwei Treffer – einmal profitierten sie von einem Eigentor, einmal trafen sie per Foulelfmeter.

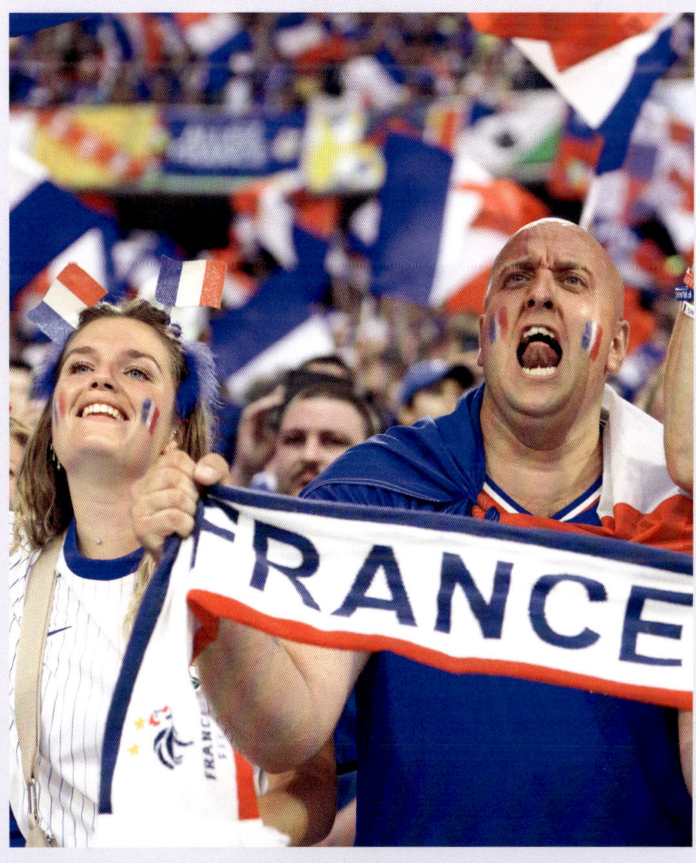

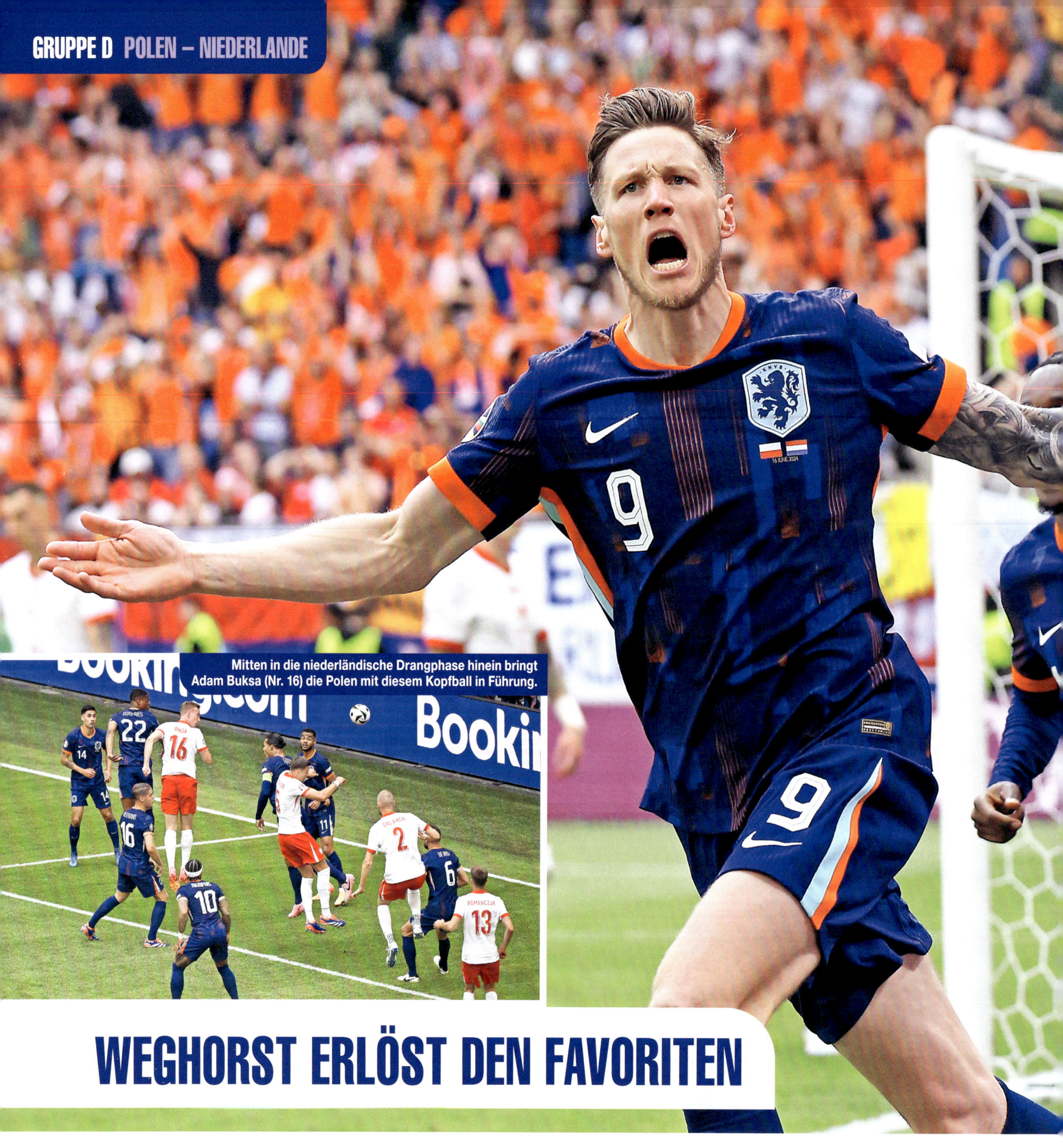

Mitten in die niederländische Drangphase hinein bringt Adam Buksa (Nr. 16) die Polen mit diesem Kopfball in Führung.

WEGHORST ERLÖST DEN FAVORITEN

Seit Johan Cruyff und Co. mit ihrem Voetbal Total die Welt begeisterten, müssen sich die nachfolgenden Generationen niederländischer Fußballer immer wieder den Vergleich mit früheren Ikonen gefallen lassen. Die Niederländer lieben das Spektakel. Das Erlebnis ist für sie mindestens so wichtig wie das Ergebnis. An Ballkünstlern mangelte es Oranje auch bei der EM in Deutschland nicht. Im Auftaktspiel gegen Polen avancierte aber ein Spieler zum Matchwinner, der so gar nicht zum bevorzugten Stil der Niederländer passt. Wout Weghorst ist fast zwei Meter groß und verkörpert den bedrohten Phänotyp des Strafraumstürmers. 80 Minuten lang saß der 31-Jährige, bekannt aus Wolfsburg und Hoffenheim, auf der Bank und sah, wie seine Kollegen Chance um Chance vergaben. Dann kam er für Memphis Depay ins Spiel – und traf mit seinem ersten Ballkontakt zum erlösenden 2:1 für den Favoriten. Er stand nach einem abgefälschten Pass von Nathan Aké goldrichtig und drosch den Ball humorlos in die Maschen. Fußball kann so einfach sein.

Dass sich die „Elftal“ den Sieg verdiente, daran bestand kein Zweifel. Sie dominierte die erste Halbzeit spielerisch, scheiterte aber wiederholt am starken polnischen Torhüter Wojciech Szczesny oder am eigenen Nervenkostüm. Die Polen, die ohne ihren angeschlagenen Torjäger Robert Lewandowski antreten

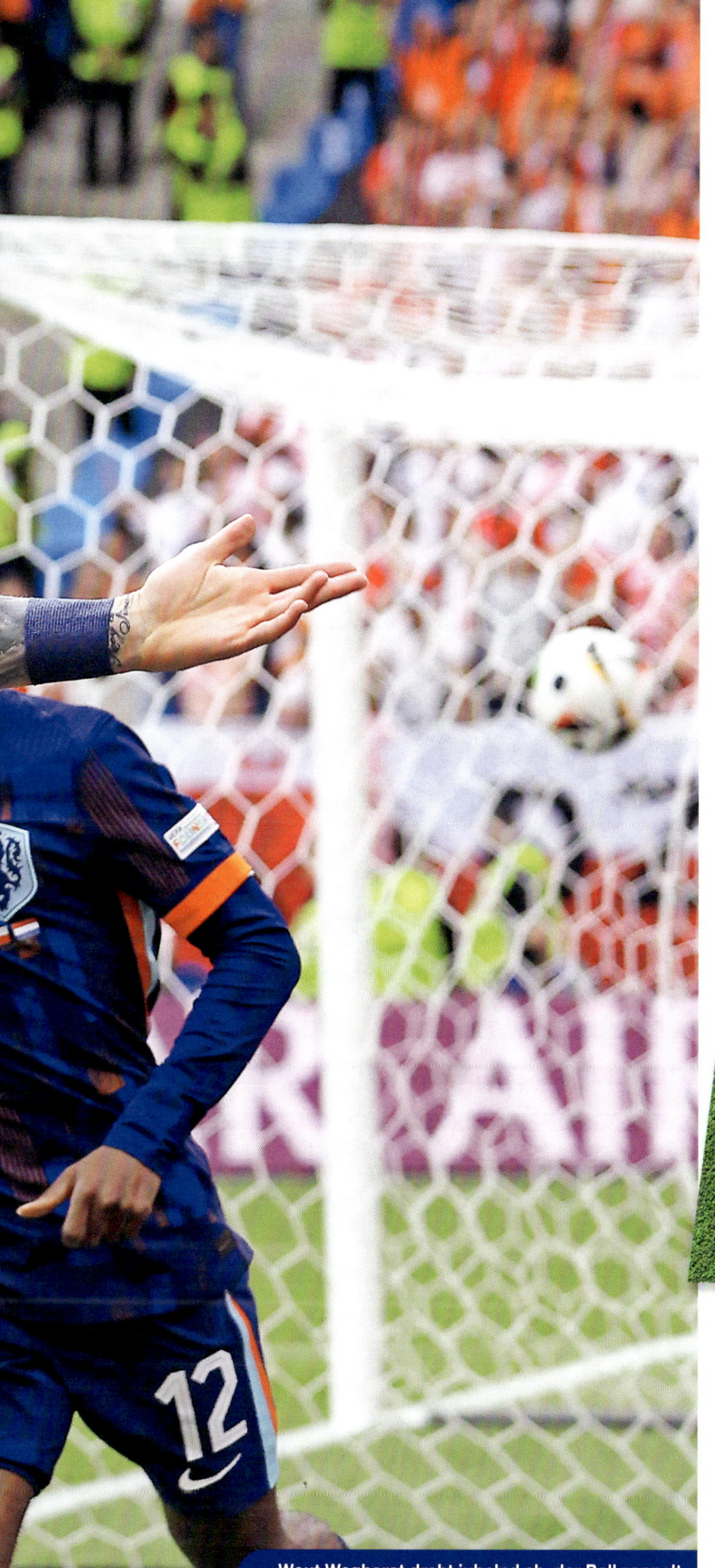

Wout Weghorst dreht jubelnd ab, der Ball zappelt noch im Netz. Mit seinem späten Tor beschert der Joker den Niederländern den Auftaktsieg.

mussten, waren fast ausschließlich mit Defensivaufgaben beschäftigt, stellten den Spielverlauf dann aber auf den Kopf, als Adam Buksa eine Ecke einköpfte. Die Niederlande zeigten sich allerdings unbeirrt und verschärften das Tempo weiter. Ein abgefälschter Schuss von Cody Gakpo führte in der 29. Minute zum überfälligen Ausgleich.
In der zweiten Halbzeit verflachte das Spiel. Es schien, als würden dem Favoriten die Ideen und Kraft ausgehen. Doch dann kam Weghorst. Ohne Zittern kamen die Niederländer aber nicht davon. Kurz vor Schluss hielt Torwart Bart Verbruggen mit einer starken Parade gegen Karol Swiderski den Sieg fest.

Sonntag, 16. Juni 2024, 15 Uhr, Hamburg, 20° Celsius

POLEN – NIEDERLANDE
1 : 2

Trainer: Michal Probierz

SZCZESNY

FRANKOWSKI BEDNAREK SALAMON KIWIOR

ROMANCZUK

S. SZYMANSKI ZIELINSKI

ZALEWSKI

BUKSA URBANSKI

DEPAY

GAKPO XAVI

REIJNDERS

VEERMAN SCHOUTEN DUMFRIES

AKÉ VAN DIJK DE VRIJ

VERBUGGEN

Trainer: Ronald Koeman

Eingewechselt:

Moder für Szymanski (46.)
Swiderski für Urbanski (55.)
Slisz für Romanczuk (55.)
Piotrowski für Zielinski (78.)
Bereszynski für Salamon (86.)

Wijnaldum für Veerman (62.)
Malen für Xavi (62.)
Frimpong für Gakpo (81.)
Weghorst für Depay (81.)
van de Ven für Aké (87.)

Tore: 1:0 Buksa (16.), 1:1 Gakpo (29.), 1:2 Weghorst (83.)

Gelbe Karten: – / Veerman

Gelb-Rote Karten: –

Rote Karten: –

Schiedsrichter: Artur Soares Dias (Portugal)

Zuschauer: 48 117

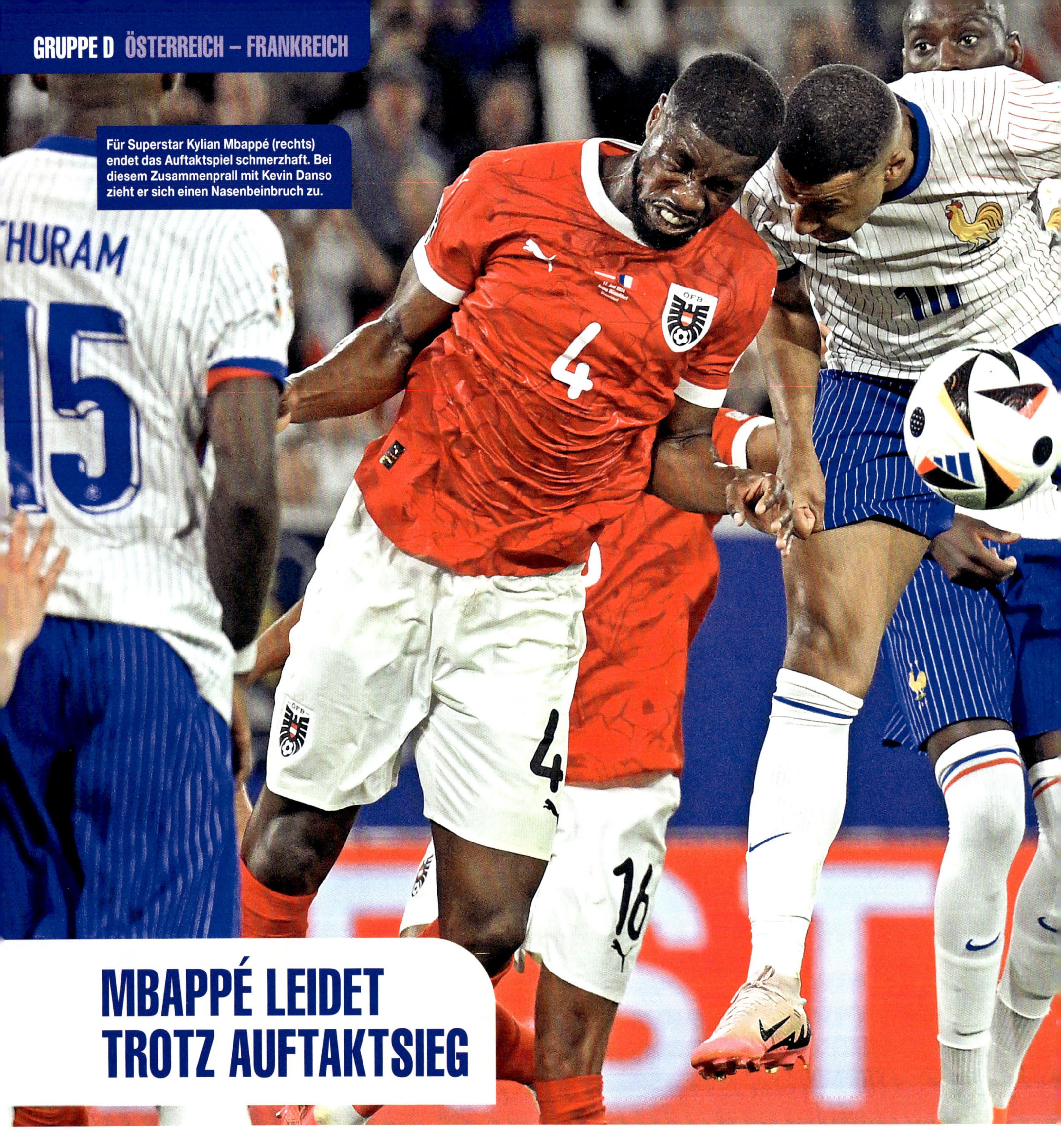

Für Superstar Kylian Mbappé (rechts) endet das Auftaktspiel schmerzhaft. Bei diesem Zusammenprall mit Kevin Danso zieht er sich einen Nasenbeinbruch zu.

MBAPPÉ LEIDET TROTZ AUFTAKTSIEG

Anfang Juni machte Real Madrid offiziell, was längst alle wussten: Kylian Mbappé läuft ab der kommenden Saison für die Königlichen auf. Was nicht alle wussten: Sein neuer Vertrag enthält eine Ausstiegsklausel im Wert von einer Milliarde Euro. Mbappé setzte also wieder einmal neue Maßstäbe. Selbst in der an Stars reichen französischen Auswahl dreht sich alles um den 25-jährigen Stürmer. Umgekehrt konnte man bei Mbappé den Eindruck gewinnen, dass sich bei ihm nicht alles um die EM drehen würde. Bei der Auftaktpressekonferenz bezeichnete er die Neuwahlen in Frankreich als wesentlich wichtiger als das erste EM-Spiel der „Equipe Tricolore". Man durfte also gespannt sein, wie Mbappé und Co. ob dieser Nebengeräusche ins Turnier starten würden. Nun, der Superstar brauchte nicht lange, um auf Betriebstemperatur zu kommen. Schon in der achten Minute zwang er Österreichs Torhüter Patrick Pentz zu einer Glanztat. Nach einer druckvollen Anfangsphase des Favoriten legten die Österreicher, die acht Bundesligaprofis in der Startelf aufboten, ihre Zurückhaltung zunehmend ab und setzten offensiv immer wieder Nadelstiche. Nach einer brillanten Ablage von Marcel Sabitzer scheiterte Christoph Baumgartner im Eins-gegen-Eins jedoch an Frankreichs Torhüter Mike Maignan (36. Minute). Das rächte sich sofort. Mbappé setzte sich auf der ungewohnten

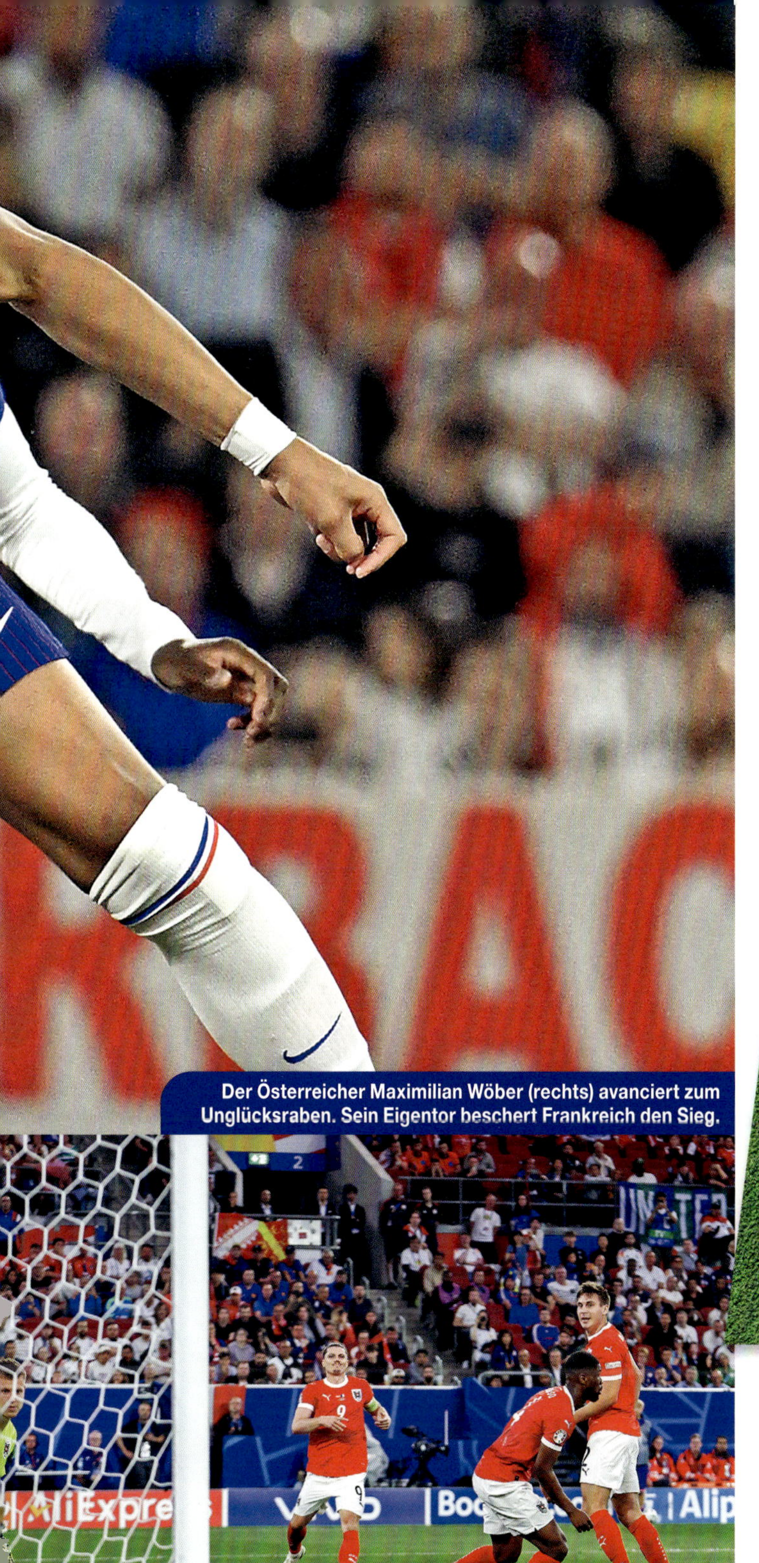

Der Österreicher Maximilian Wöber (rechts) avanciert zum Unglücksraben. Sein Eigentor beschert Frankreich den Sieg.

rechten Seite durch und flankte in die Mitte, wo Maximilian Wöber seinen eigenen Torhüter unglücklich per Kopfball überwand (38.). Kurz nach der Pause hatte Mbappé die Vorentscheidung auf dem Fuß. Nach einem Steilpass von Adrien Rabiot enteilte der Superstar allen Verteidigern, schoss allerdings völlig unbedrängt rechts am Tor vorbei und verstand hinterher die Welt nicht mehr. Auch in seinem fünften EM-Spiel blieb er ohne Torerfolg. Zwar brachten die Franzosen den knappen Vorsprung sicher über die Zeit, für Mbappé endete die Partie aber dennoch schmerzhaft. Nach einem Zusammenprall mit Kevin Danso zog er sich einen Nasenbeinbruch zu.

Montag, 17. Juni 2024, 21 Uhr, Düsseldorf, 18° Celsius

ÖSTERREICH – FRANKREICH
0 : 1

Trainer: Ralf Rangnick

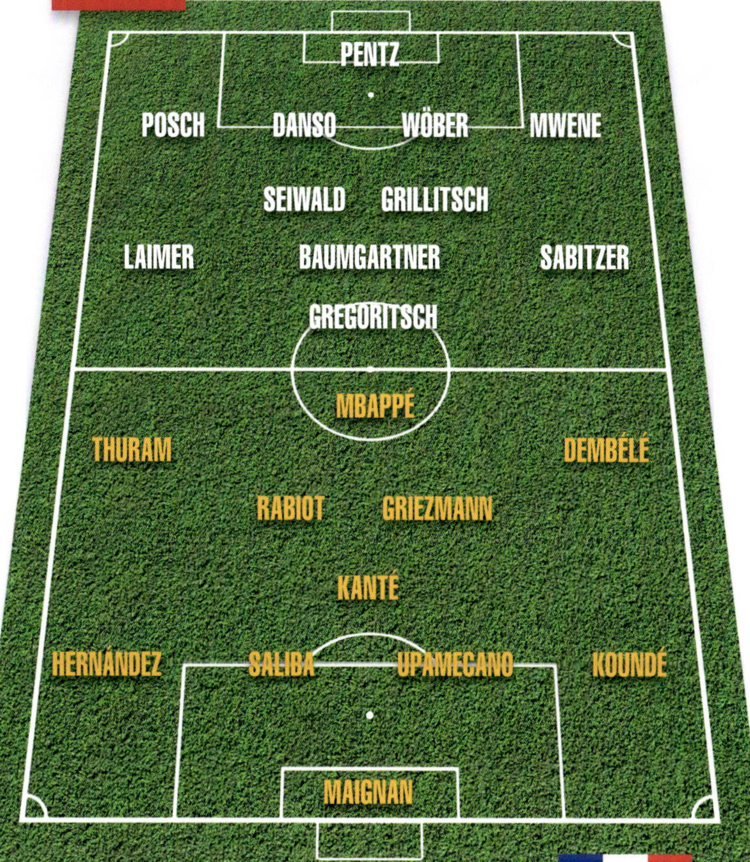

Trainer: Didier Deschamps

Eingewechselt:

Trauner für Wöber (59.)
Arnautovic für Gregoritsch (59.)
Wimmer für Grillitsch (59.)
Prass für Mwene (88.)
Schmid für Laimer (90.+1)

Kolo Muani für Dembélé (71.)
Camavinga für Rabiot (71.)
Fofana für Griezmann (90.)
Giroud für Mbappé (90.)

Tor: 0:1 Wöber (Eigentor, 38.)

Gelbe Karten: Wöber, Mwene, Baumgartner, Laimer, Danso / Dembélé, Mbappé

Gelb-Rote Karten: –

Rote Karten: –

Schiedsrichter: Jesus Gil Manzano (Spanien)

Zuschauer: 45 181

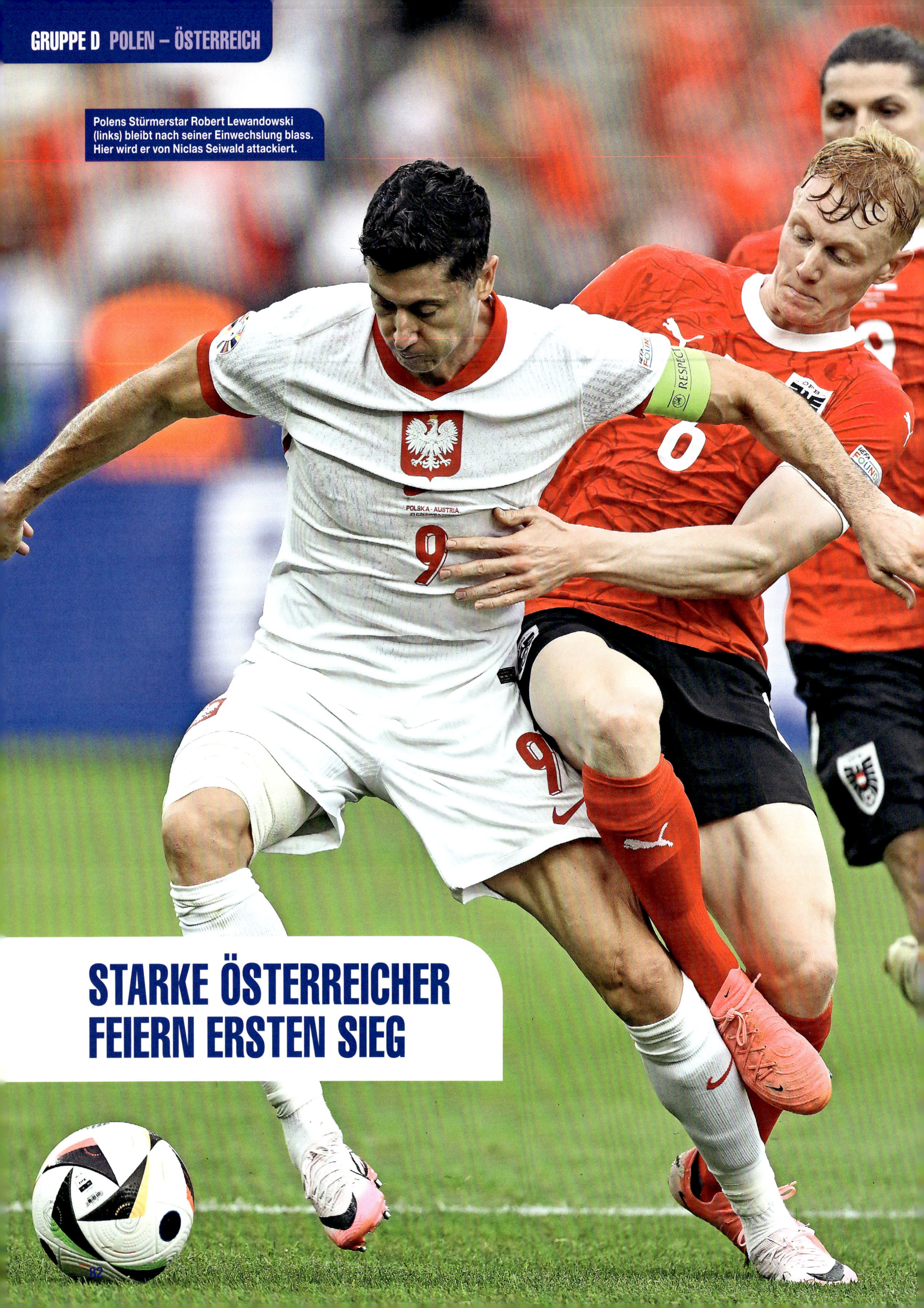

Polens Stürmerstar Robert Lewandowski (links) bleibt nach seiner Einwechslung blass. Hier wird er von Niclas Seiwald attackiert.

STARKE ÖSTERREICHER FEIERN ERSTEN SIEG

Als sich die Gerüchte häuften, dass Ralf Rangnick beim FC Bayern München als Trainer übernehmen würde, offenbarte sich auf eindrucksvolle Weise, wie stark der 65-Jährige polarisiert. Da gab es eine Fraktion, die Rangnick als einen der innovativsten Denker des europäischen Fußballs rühmte. Und da gab es eine Fundamentalopposition, die in Rangnick einen kauzigen Selbstdarsteller ohne Geschick im Umgang mit arrivierten Stars sah. Der Professor, wie er auch genannt wird, ließ das Interesse des deutschen Rekordmeisters auf sich wirken – und sagte ab. Sein Job als österreichischer Nationaltrainer war noch nicht beendet. Rangnick hatte das ÖFB-Team seit seiner Ankunft im Mai 2022 spürbar weiterentwickelt und souverän zur EM geführt. Und er hatte den Österreichern ein neues Selbstverständnis eingeflößt. Schon beim Auftaktspiel gegen Frankreich (0:1) zeigte sein Team, dass es auf höchstem Niveau mithalten kann. Gegen Polen zählte nun nur ein Sieg. Und so begannen die Österreicher auch. Sie waren griffig in den Zweikämpfen und entwickelten viel Drang zum Tor. Schon in der neunten Minute strichen sie den Lohn für ihre starke Anfangsphase ein. Phillipp Mwene setzte sich auf der linken Seite durch und flankte in die Mitte, wo sich Innenverteidiger Gernot Trauner hochschraubte und zum 1:0 einköpfte. Mit der frühen Führung im Rücken verfielen die Österreicher dann aber in Passivität. Die Polen fanden immer besser ins Spiel und glichen nach einer halben Stunde durch den entschlossen nachsetzenden Krzysztof Piatek aus. Damit traf der Ex-Herthaner in seinem ehemaligen Heimstadion. Nach einer Stunde kam bei den Polen der angeschlagene Superstar Robert Lewandowski ins Spiel, doch die überlegene Mannschaft waren die Österreicher. Nach einer herrlichen Ballstafette schloss Christoph Baumgartner überlegt zum 2:1 (66.) ab und rannte schnurstracks zu seinem Trainer. Der genialische Stürmer Marko Arnautovic sorgte wenig später per Elfmeter für die Vorentscheidung (78.).

Freitag, 21. Juni 2024, 18 Uhr, Berlin, 21° Celisus

POLEN – ÖSTERREICH
1 : 3

Trainer: Michal Probierz

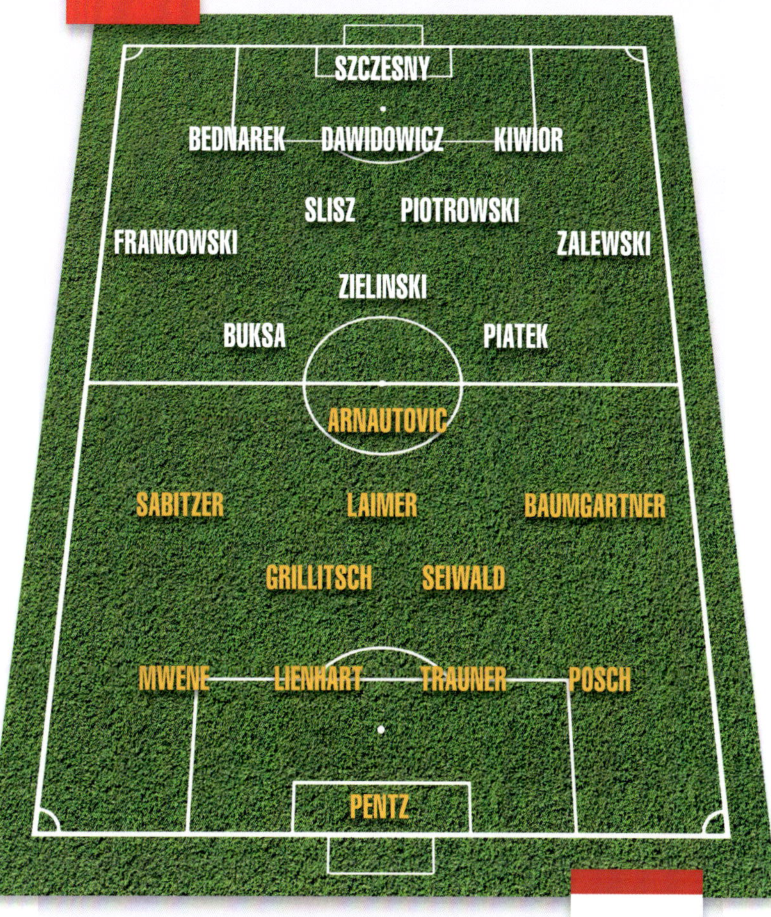

Trainer: Ralf Rangnick

Eingewechselt:

Polen	Österreich
Moder für Piotrowski (46.)	Wimmer für Grillitsch (46.)
Swiderski für Piatek (60.)	Danso für Trauner (59.)
Lewandowski für Buksa (60.)	Prass für Mwene (63.)
Grosicki für Slisz (75.)	Schmid für Baumgartner (81.)
Urbanski für Zielinski (87.)	Gregoritsch für Arnautovic (81.)

Tore: 0:1 Trauner (9.), 1:1 Piatek (30.), 1:2 Baumgartner (66.), 1:3 Arnautovic (Foulelfmeter, 78.)

Gelbe Karten: Slisz, Moder, Lewandowski, Szczesny / Wimmer, Arnautovic

Gelb-Rote Karten: –

Rote Karten: –

Schiedsrichter: Halil Umut Meler (Türkei)

Zuschauer: 69 455

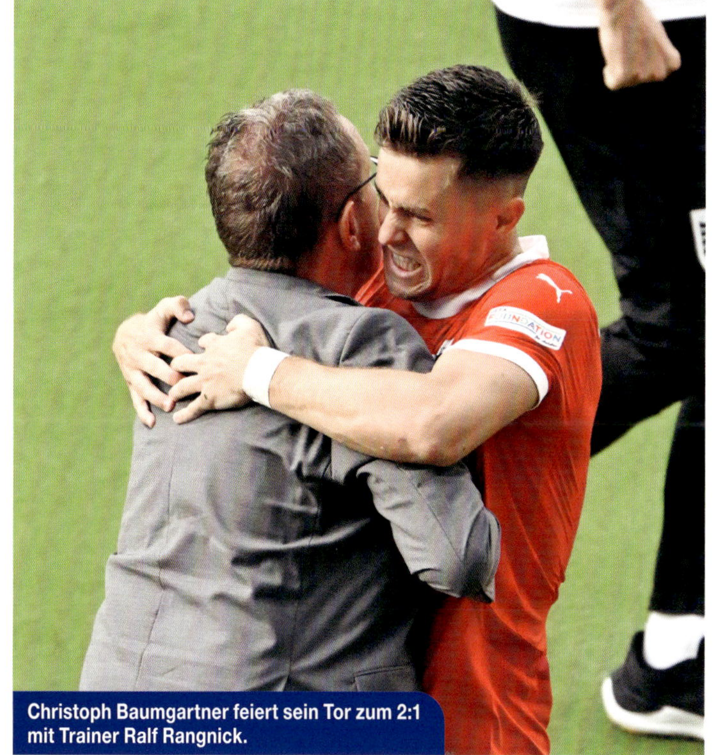
Christoph Baumgartner feiert sein Tor zum 2:1 mit Trainer Ralf Rangnick.

NIEDERLÄNDER JUBELN ZU FRÜH

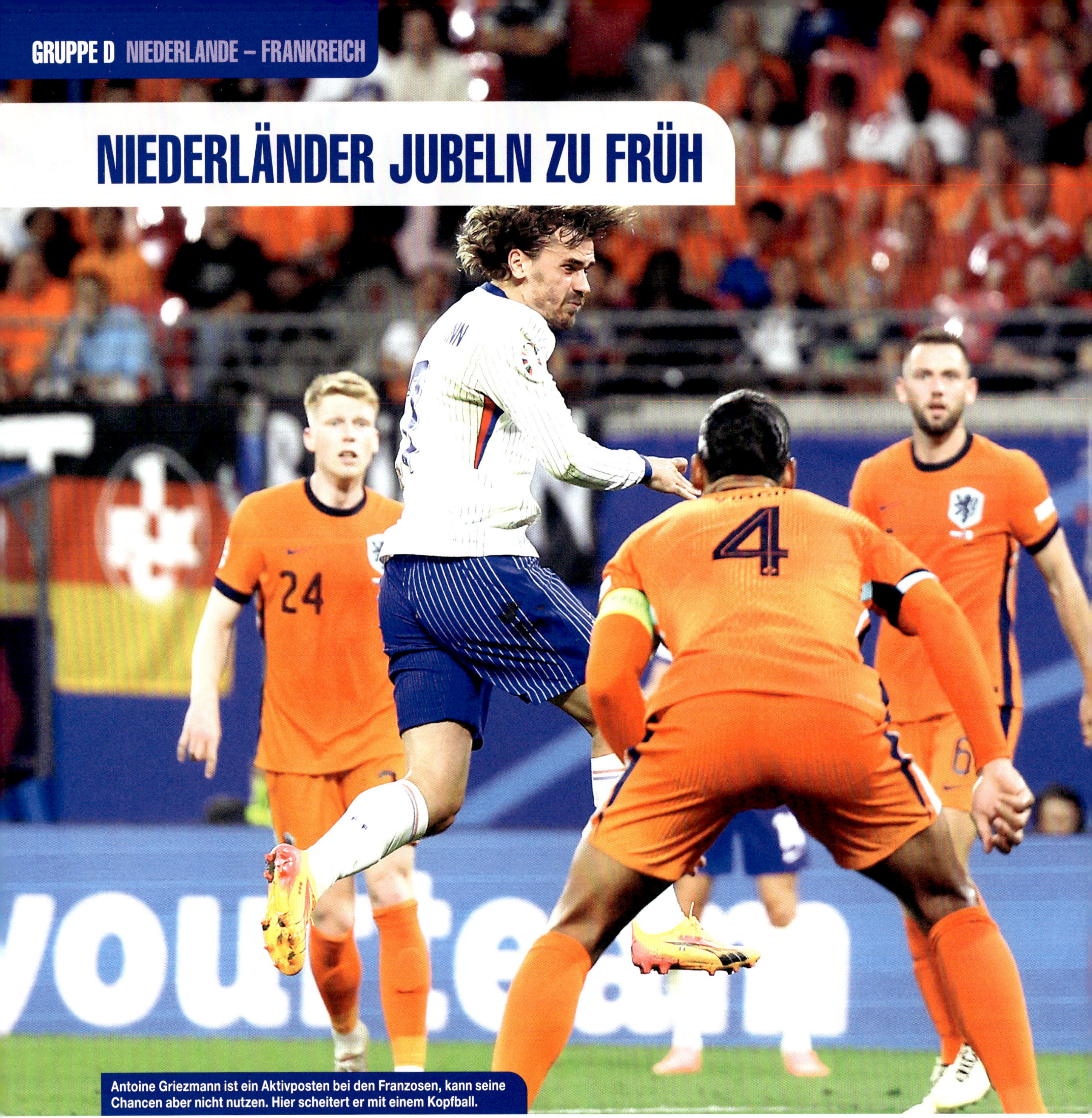

Antoine Griezmann ist ein Aktivposten bei den Franzosen, kann seine Chancen aber nicht nutzen. Hier scheitert er mit einem Kopfball.

Die Emotionen mussten raus. Xavi Simons rannte los, rutschte auf den Knien Richtung Eckfahne und ließ sich von den Fans in Oranje feiern. Der 21-Jährige hatte soeben nicht nur auf großer Bühne gegen die Grande Nation getroffen, sondern auch in einem Stadion, das er bestens kennt. Schließlich war der filigrane Mittelfeldspieler in der vergangenen Bundesliga-Saison für RB Leipzig aufgelaufen. Xavi Simons schwebte auf Wolken – bis ihn Schiedsrichter Anthony Taylor unsanft hinunter schubste. Der Engländer erkannte den Treffer in der 69. Minute nicht an, weil Denzel Dumfries beim Abschluss des Leipzigers im Abseits gestanden hatte. Dumfries griff zwar nicht aktiv ein, verhinderte aber zumindest theoretisch ein Eingreifen des französischen Torhüters Mika Maignan. Es war eine diskutable Entscheidung – und zugleich einer der wenigen Aufreger in der zweiten Halbzeit, die von den Franzosen zwar dominiert worden war, aber kaum Torchancen hervorbrachte. Die beste Gelegenheit vergab Kapitän Antoine Griezmann, der nach einer tollen Kombination und einer etwas unsauberen Ballannahme aus kurzer Distanz am starken niederländischen Torhüter Bart Verbruggen scheiterte (65. Minute). In Abwesenheit von Superstar Kylian Mbappé, der beim Auftaktsieg gegen Österreich einen Nasenbeinbruch erlitten hatte, avancierte Griezmann zum auffälligsten Offensivakteur der Franzosen. Schon in der ersten Halbzeit hatte er das 1:0 auf dem Fuß, geriet jedoch im Fünfmeterraum in Rücklage und traf den Ball nicht richtig (14.). Den größeren Vorwurf musste man in dieser Szene aber Vorbereiter Adrien Rabiot machen, der völlig

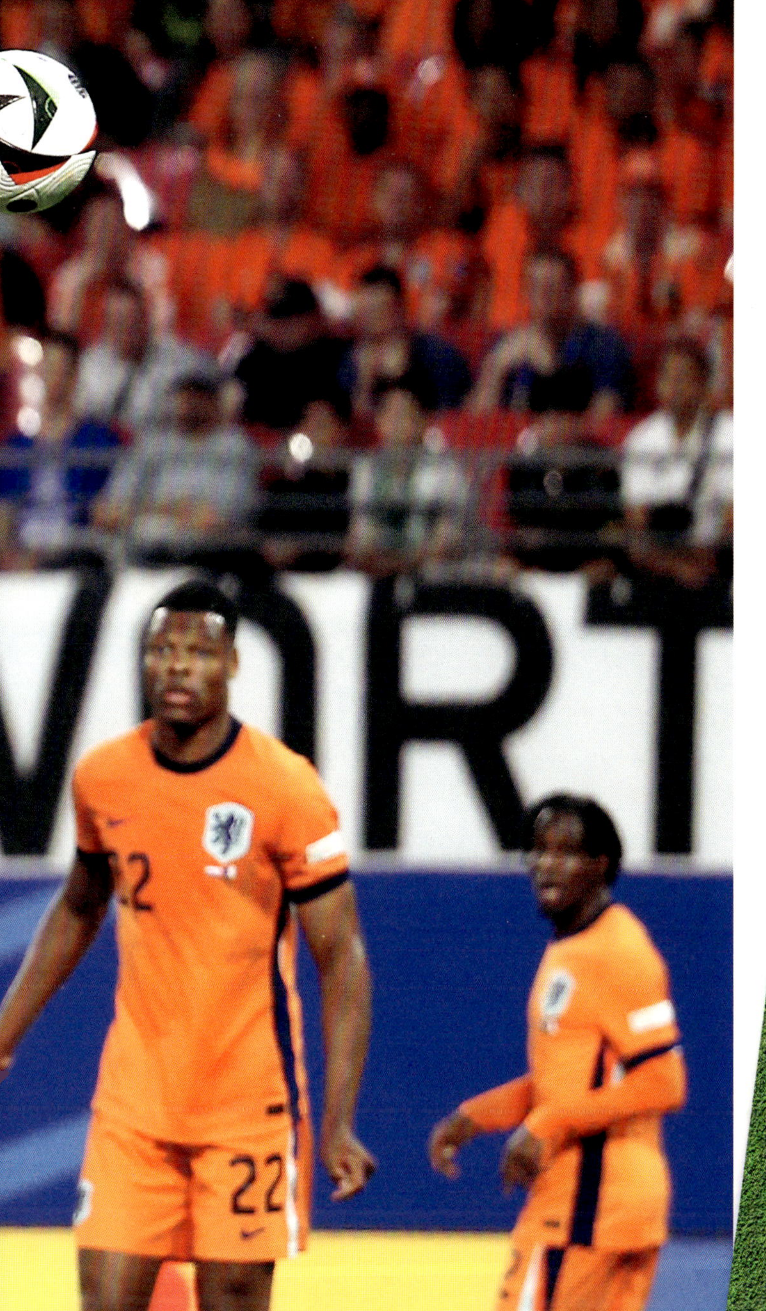

Zu früh gefreut: Der Treffer des Niederländers Xavi Simons wird in der Folge wieder einkassiert.

freistehend auf den Abschluss verzichtete und stattdessen noch einmal ungenau querlegte. Doch auch die Niederländer verzeichneten in den ersten, unterhaltsamen 20 Minuten einige Abschlüsse, ehe das Spiel zusehends verflachte und taktischen Zwängen unterlag. Am Ende stand im 21. Spiel dieser EM das erste torlose Unentschieden.

Freitag, 21. Juni 2024, 21 Uhr, Leipzig, 21° Celsius

NIEDERLANDE – FRANKREICH

0 : 0

Trainer: Ronald Koeman

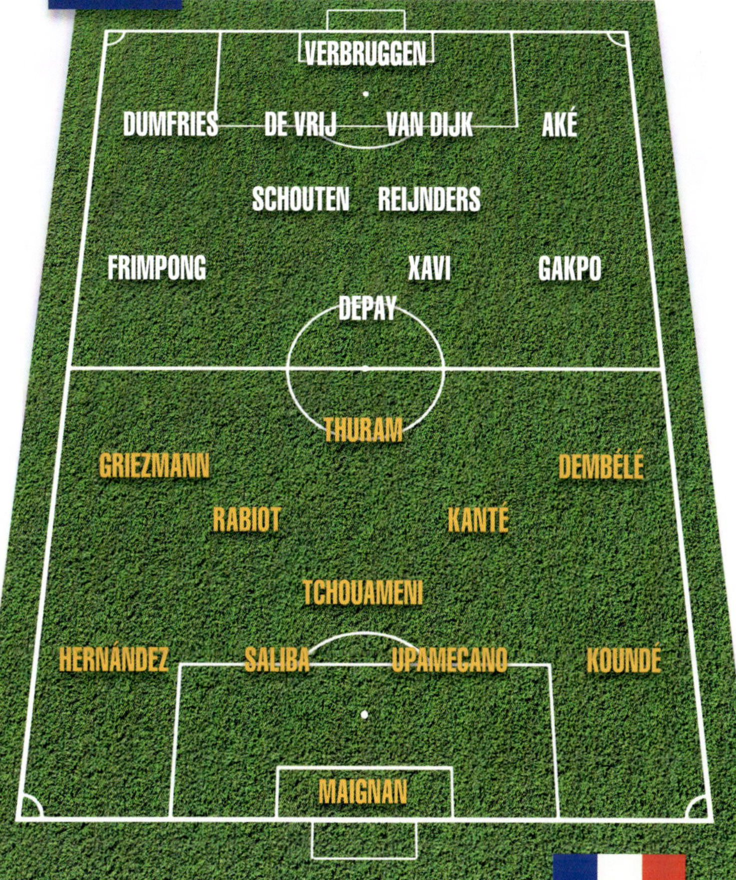

Trainer: Didier Deschamps

Eingewechselt:

Wijnaldum für Xavi (73.)
Veerman für Schouten (73.)
Geertruida für Frimpong (73.)
Weghorst für Depay (79.)

Coman für Dembélé (75.)
Giroud für Thuram (75.)

Tore: –

Gelbe Karten: Schouten / –

Gelb-Rote Karten: –

Rote Karten: –

Schiedsrichter: Anthony Taylor (England)

Zuschauer: 38 531

SABITZER SCHIESST ÖSTERREICH ZUM GRUPPENSIEG

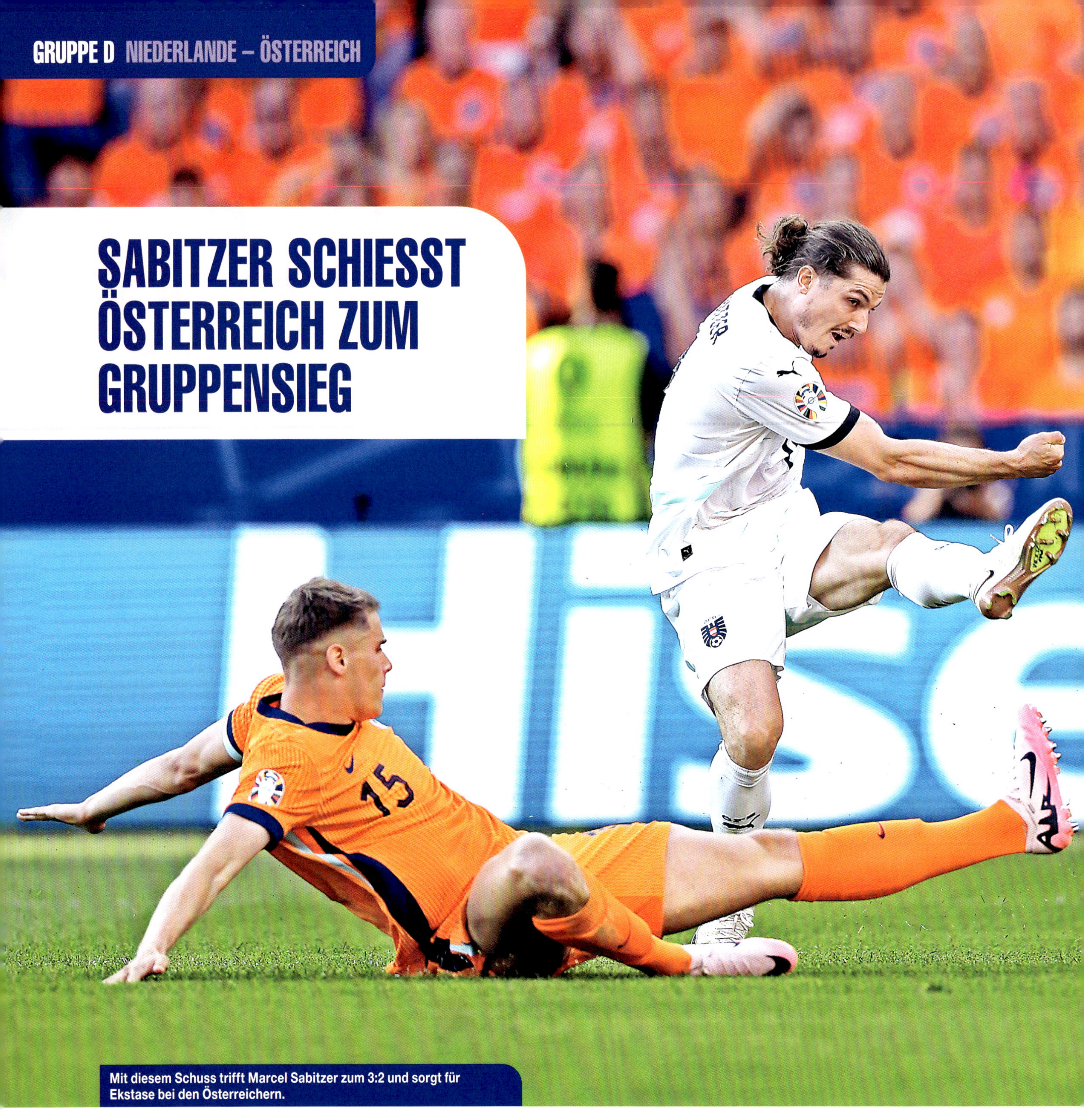

Mit diesem Schuss trifft Marcel Sabitzer zum 3:2 und sorgt für Ekstase bei den Österreichern.

Nach der Auslosung der EM-Vorrundengruppen mussten die Österreicher erst einmal schlucken. Viel schwieriger hätte es für sie nicht kommen können. Sieben Monate später fanden sie sich im Berliner Olympiastadion in einer surrealen Szenerie wieder. Nach dem Erfolg gegen die Niederlande standen Marcel Sabitzer und Co. tatsächlich als Gruppensieger vor Vize-Weltmeister Frankreich fest. Auch ohne ihren verletzten Anführer David Alaba haben sich die Österreicher bei dieser EM vom belächelten Emporkömmling zu einem veritablen Konkurrenten für Europas Granden entwickelt. Auch gegen die Niederlande überzeugte das Team von Trainer Ralf Rangnick mit taktischer Disziplin, Laufstärke und technisch hohem Niveau in der Offensive. Die Österreicher gaben in der Anfangsphase klar den Ton an und gingen bereits in der sechsten Minute in Führung, als Oranje-Flügelspieler Donyell Malen eine Hereingabe von Alexander Prass ins eigene Tor beförderte. Es war das siebte Eigentor bei dieser EM. Malen gab auch in der 23. Minute eine unglückliche Figur ab. Nach tollem Zuspiel von Tijani Reijnders tauchte er frei vor ÖFB-Torwart Patrick Pentz auf, traf aber den Ball nicht richtig. Oranje-Trainer Ronald Koeman reagierte noch vor der Pause auf den behäbigen Auftritt seiner Mannschaft und brachte mit Xavi Simons mehr Dynamik fürs Mittelfeld ins Spiel. Der Wechsel sollte sich kurz nach Wiederanpfiff auszahlen. Der 21-Jährige trieb den Ball energisch nach vorne und legte links raus auf Cody Gakpo, der sich mit einer geschickten Finte etwas Platz verschaffte und überlegt zum 1:1 abschloss (47.). Die Österreicher ließen sich

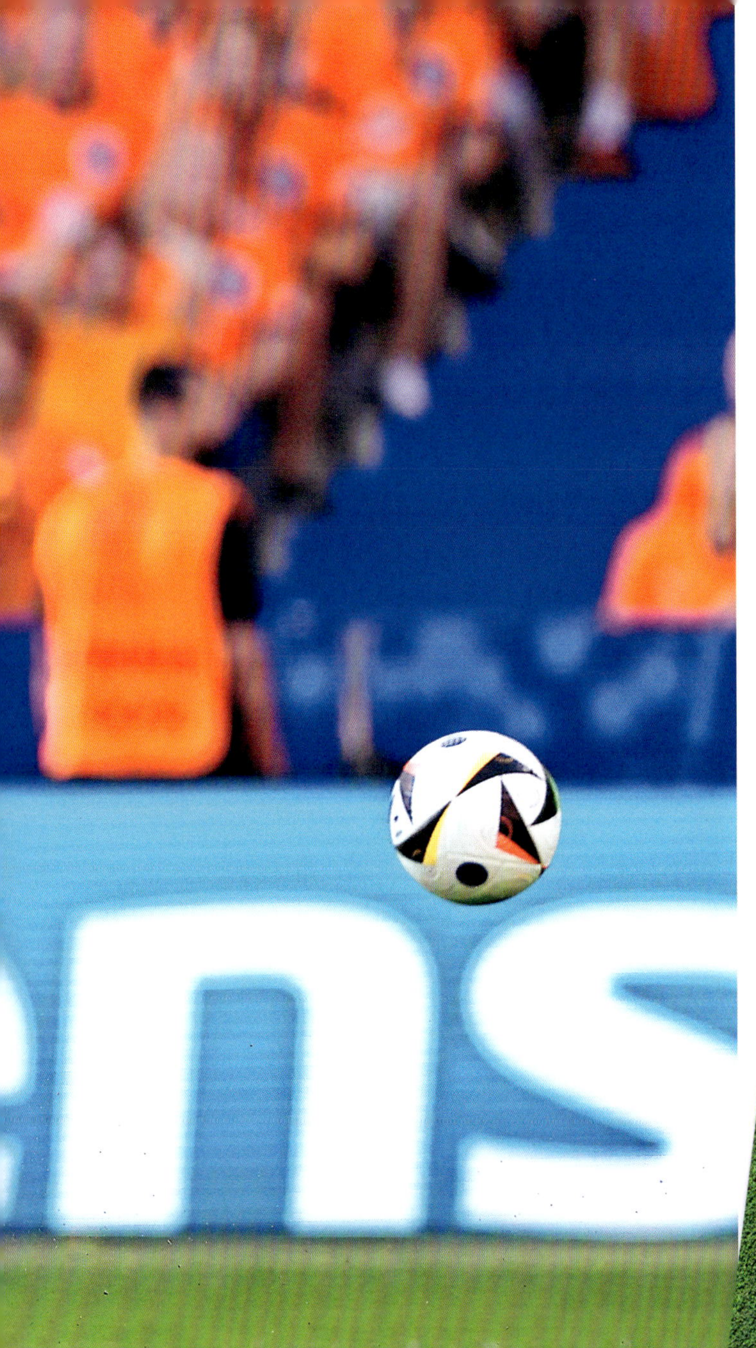

Dienstag, 25. Juni 2024, 18 Uhr, Berlin, 24° Celsius

NIEDERLANDE – ÖSTERREICH
2 : 3

Trainer: Ronald Koeman

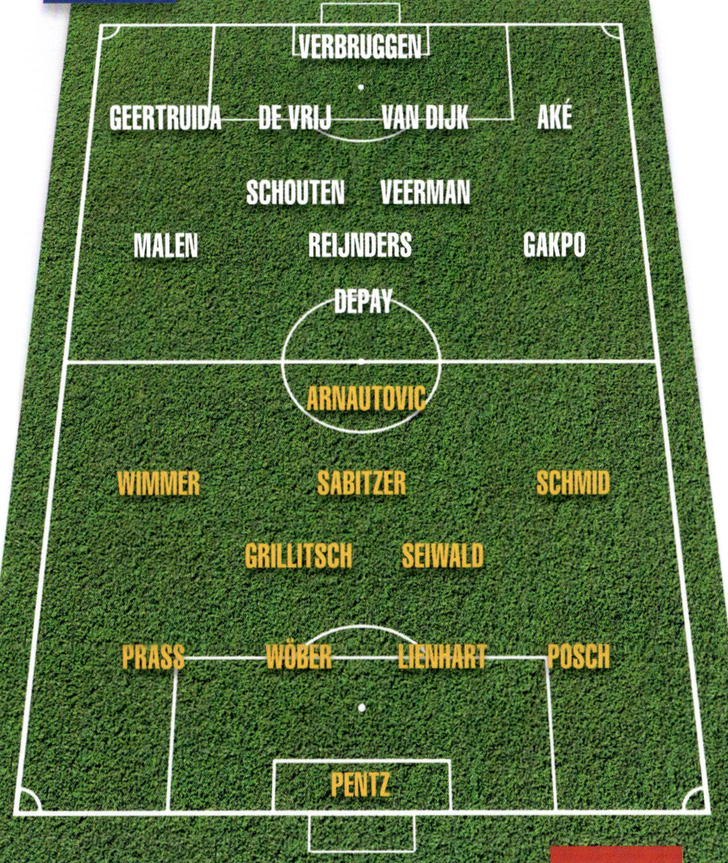

Trainer: Ralf Rangnick

Donyell Malen liegt nach seinem Eigentor zerknirscht am Boden.

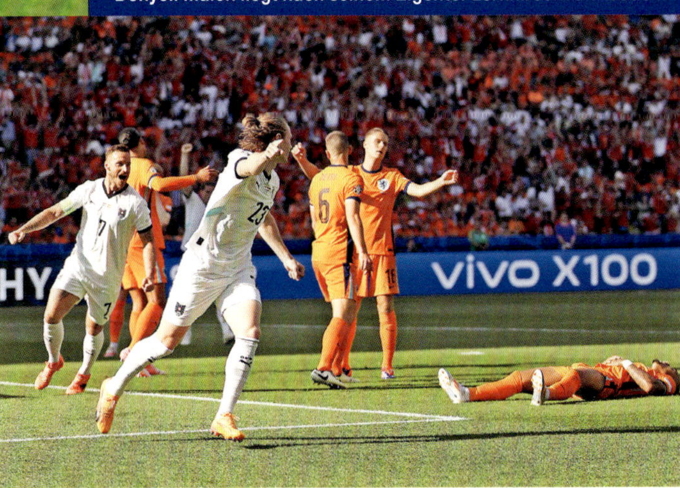

davon aber nicht beeindrucken. Der nur 1,68 Meter große Romano Schmid köpfte eine Flanke von Florian Grillitsch zur erneuten Führung ein (59.). Und auch auf das sehenswerte 2:2 (75.) durch Memphis Depay fanden sie prompt die passende Antwort. Nach Christoph Baumgartners feinem Steckpass traf Sabitzer aus spitzem Winkel zum Sieg (80.).

Eingewechselt:

Xavi für Veerman (35.)
van de Ven für Aké (65.)
Wijnaldum für Reijnders (65.)
Weghorst für Malen (72.)

Baumgartner für Wimmer (62.)
Querfeld für Lienhart (62.)
Laimer für Grillitsch (62.)
Gregoritsch für Arnautovic (78)
Weimann für Schmid (90.+2)

Tore: 0:1 Malen (Eigentor, 6.), 1:1 Gakpo (47.), 1:2 Schmid (59.), 2:2 Depay (75.), 2:3 Sabitzer (80.)

Gelbe Karten: – / Posch, Wimmer, Querfeld

Gelb-Rote Karten: –

Rote Karten: –

Schiedsrichter: Ivan Kruzliak (Slowakei)

Zuschauer: 68 363

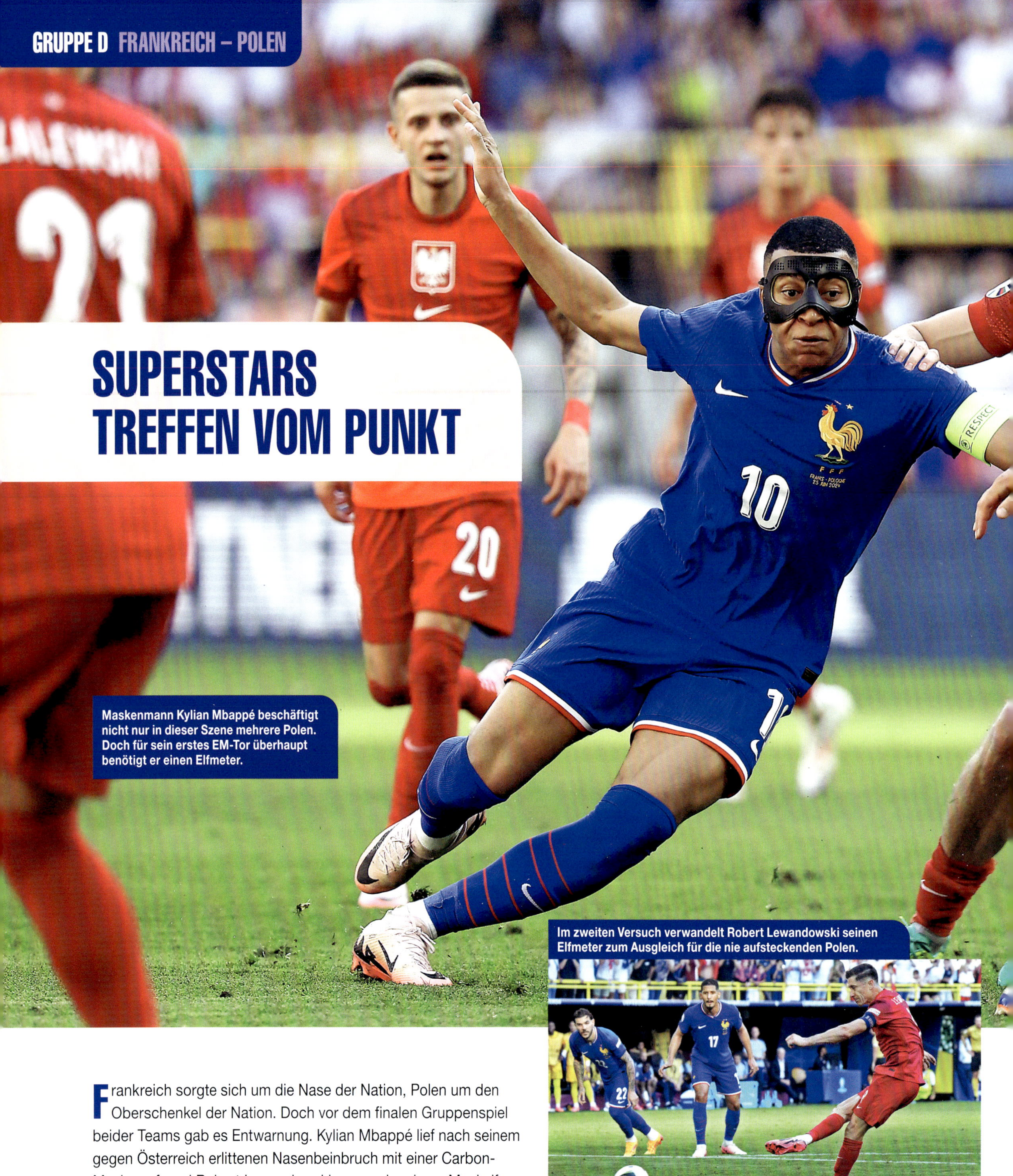

SUPERSTARS TREFFEN VOM PUNKT

Maskenmann Kylian Mbappé beschäftigt nicht nur in dieser Szene mehrere Polen. Doch für sein erstes EM-Tor überhaupt benötigt er einen Elfmeter.

Im zweiten Versuch verwandelt Robert Lewandowski seinen Elfmeter zum Ausgleich für die nie aufsteckenden Polen.

Frankreich sorgte sich um die Nase der Nation, Polen um den Oberschenkel der Nation. Doch vor dem finalen Gruppenspiel beider Teams gab es Entwarnung. Kylian Mbappé lief nach seinem gegen Österreich erlittenen Nasenbeinbruch mit einer Carbon-Maske auf, und Robert Lewandowski war nach seinem Muskelfaserriss erstmals bereit für 90 EM-Minuten. Die Franzosen begannen spielbestimmend, gegen die gut organisierten Polen mangelte es ihn aber an zündenden Ideen. Die erste Chance entstand aus einem Konter, als der Außenseiter einmal zu weit aufgerückt war. Der auffällige Ousmane Dembélé scheiterte jedoch aus kurzer Distanz am stark reagierenden Lukasz Skorupski, der für den angeschlagenen Wojciech Szczesny ins Tor der Polen gerückt war (15. Minute). Es dauerte bis kurz vor der Pause, ehe der Maskenmann erstmals gefährlich in Szene trat. Mbappé zog per Außenrist kunstvoll ab, doch Skorupski brachte noch die linke Hand an den Ball (42.). Nur drei Minuten später rettete der Torwart des FC Bologna erneut glänzend gegen den Superstar. Auf der Jagd nach seinem ersten EM-Tor verzweifelte Mbappé auch nach der Pause zunächst an Skorupski (49.), ehe er schließlich doch noch jubeln

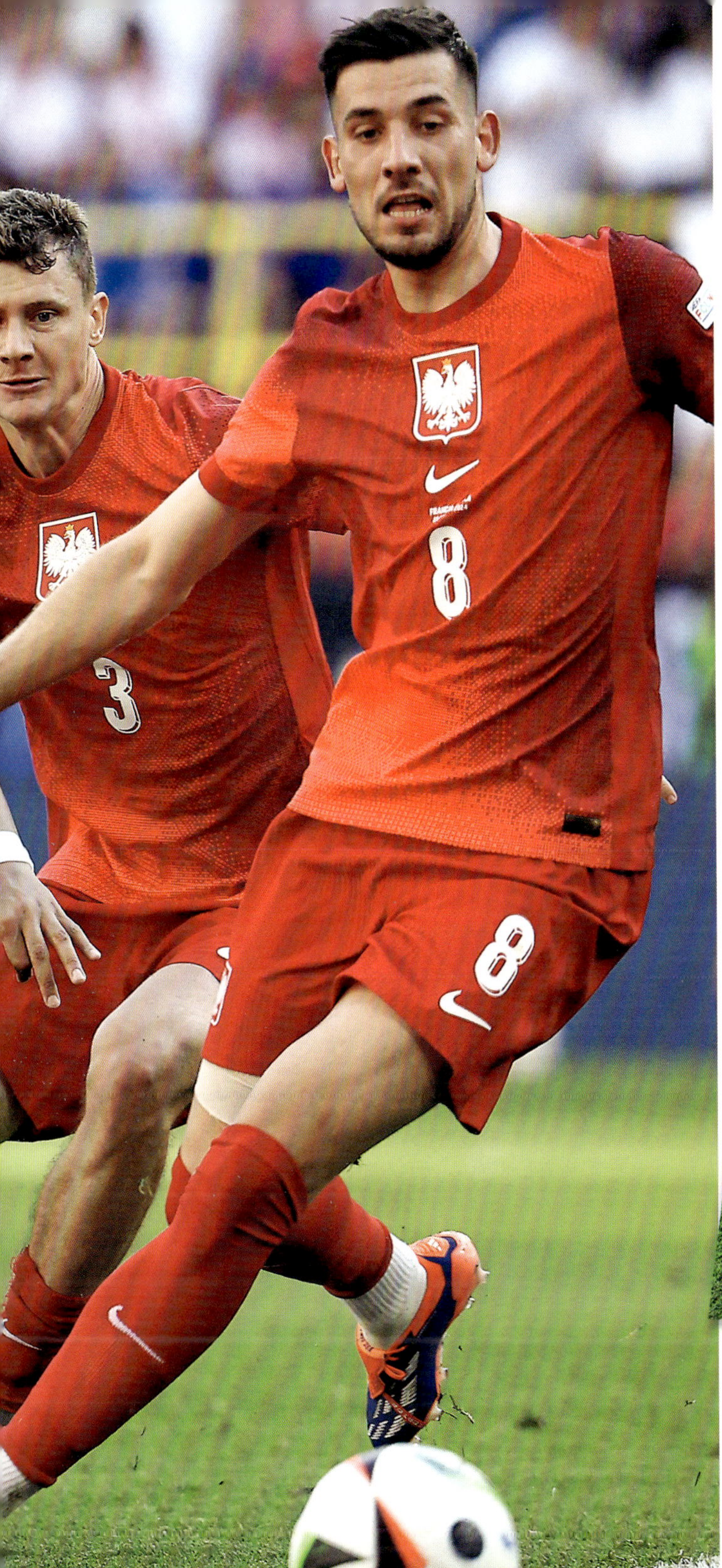

Dienstag, 25. Juni 2024, 18 Uhr, Dortmund, 28° Celsius

FRANKREICH – POLEN
1 : 1

Trainer: Didier Deschamps

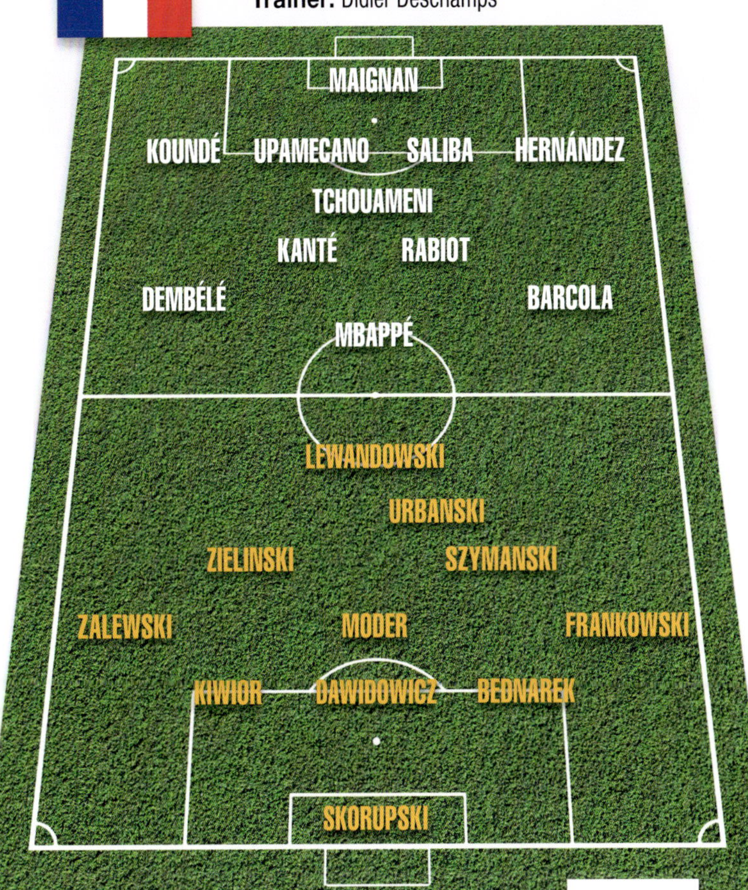

Trainer: Michal Probierz

Eingewechselt:

Griezmann für Kanté (61.)
Camavinga für Rabiot (61.)
Giroud für Barcola (61.)
Fofana für Tchouameni (81.)
Kolo Muani für Dembélé (86.)

Skoras für Zalewski (68.)
Swiderski für S. Szymanski (68.)

durfte. Nach einem Foul von Jakub Kiwior an Dembélé verwandelte Mbappé den fälligen Strafstoß souverän (56.). Nach dem Treffer schalteten die Franzosen, die sich unter Trainer Didier Deschamps einem erstaunlichen Pragmatismus verschrieben haben, in den Verwaltungsmodus. Die Polen gaben sich nicht auf und erhielten dank des VAR die Chance auf den Ausgleich. Nach einem Foul von Dayot Upamecano an Karol Swiderski liefen das Spiel und der Konter der Franzosen zunächst weiter, ehe Schiedsrichter Marco Guida unterbrach. Lewandowski nahm sich des Elfmeters an und scheiterte an Mike Maignan. Weil sich Frankreichs Torwart aber einen Tick zu früh von der Linie bewegt hatte, wurde der Strafstoß wiederholt. Den zweiten Versuch verwandelte der langjährige Bayern-Stürmer eiskalt zum Ausgleich (79.).

Tore: 1:0 Mbappé (Foulelfmeter, 56.), 1:1 Lewandowski (Foulelfmeter, 79.)

Gelbe Karten: Rabiot / Zalewski, Probierz, Dawidowicz, Swiderski

Gelb-Rote Karten: –

Rote Karten: –

Schiedsrichter: Marco Guida (Italien)

Zuschauer: 59 728

GRUPPE E

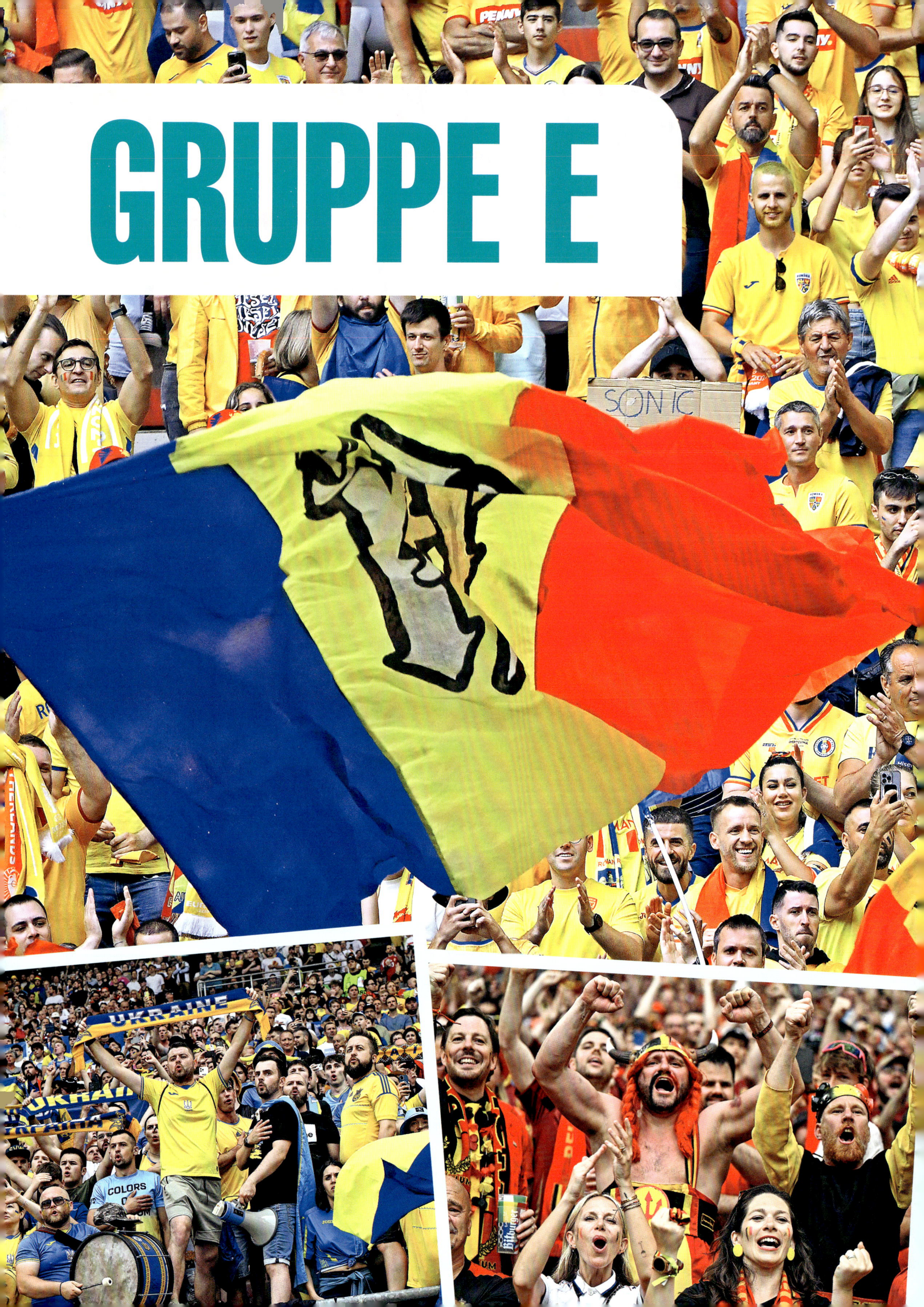

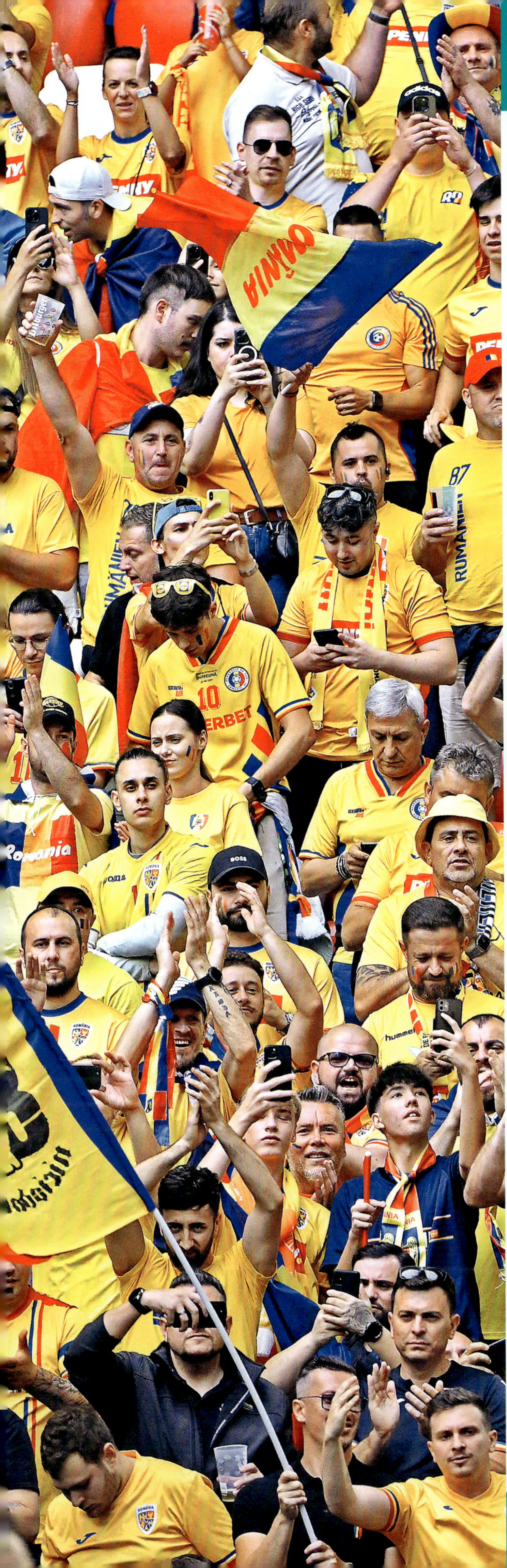

			Spiele	Tore	Punkte
1.	**Rumänien**		3	4:3	4
2.	**Belgien**		3	2:1	4
3.	**Slowakei**		3	3:3	4
4.	Ukraine		3	2:4	4

Rumänien – Ukraine	3:0 (1:0)
Belgien – Slowakei	0:1 (0:1)
Slowakei – Ukraine	1:2 (1:0)
Belgien – Rumänien	2:0 (1:0)
Slowakei – Rumänien	1:1 (1:1)
Ukraine – Belgien	0:0

Dramatik pur bot die Gruppe E. Vor dem letzten Spieltag war für alle Teams vom Gruppensieg bis zum letzten Platz noch alles möglich. Favorit Belgien bügelte den 0:1-Fehlstart gegen die Slowakei zwar mit einem überzeugenden 2:0 gegen Rumänien aus, verpasste durch ein enttäuschendes 0:0 gegen die Ukraine aber den anvisierten Gruppensieg. Dieser ging aufgrund des besten Torverhältnisses an die Rumänen, die mit einem 3:0 gegen die Ukraine glänzend ins Turnier gestartet waren und zum Abschluss ein 1:1 gegen die Slowaken erkämpften. Als Gruppenletzter schieden die Ukrainer auf tragische Weise aus, obwohl sie wie alle ihre Konkurrenten am Ende ebenfalls vier Punkte verbucht hatten.

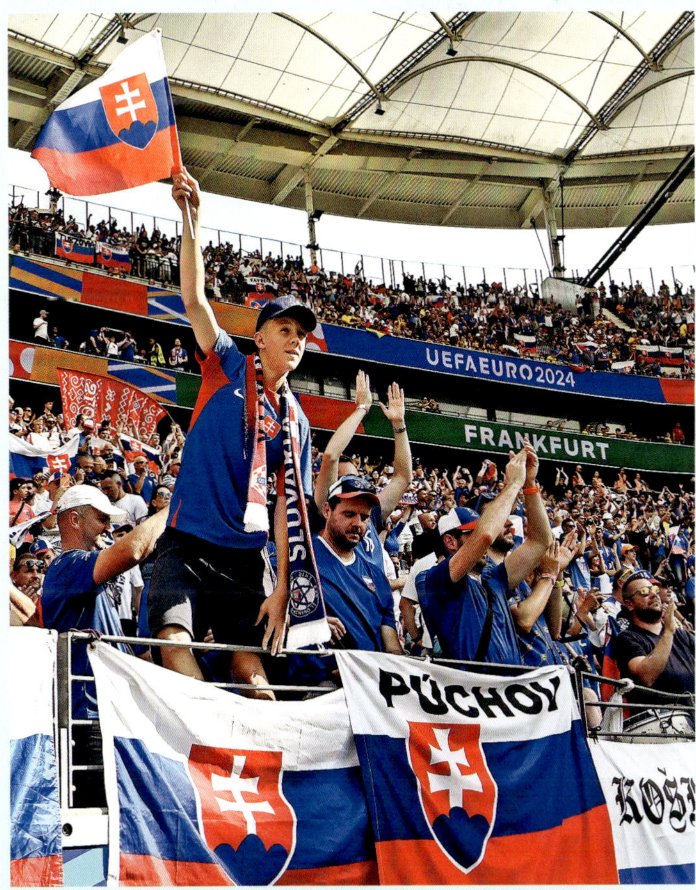

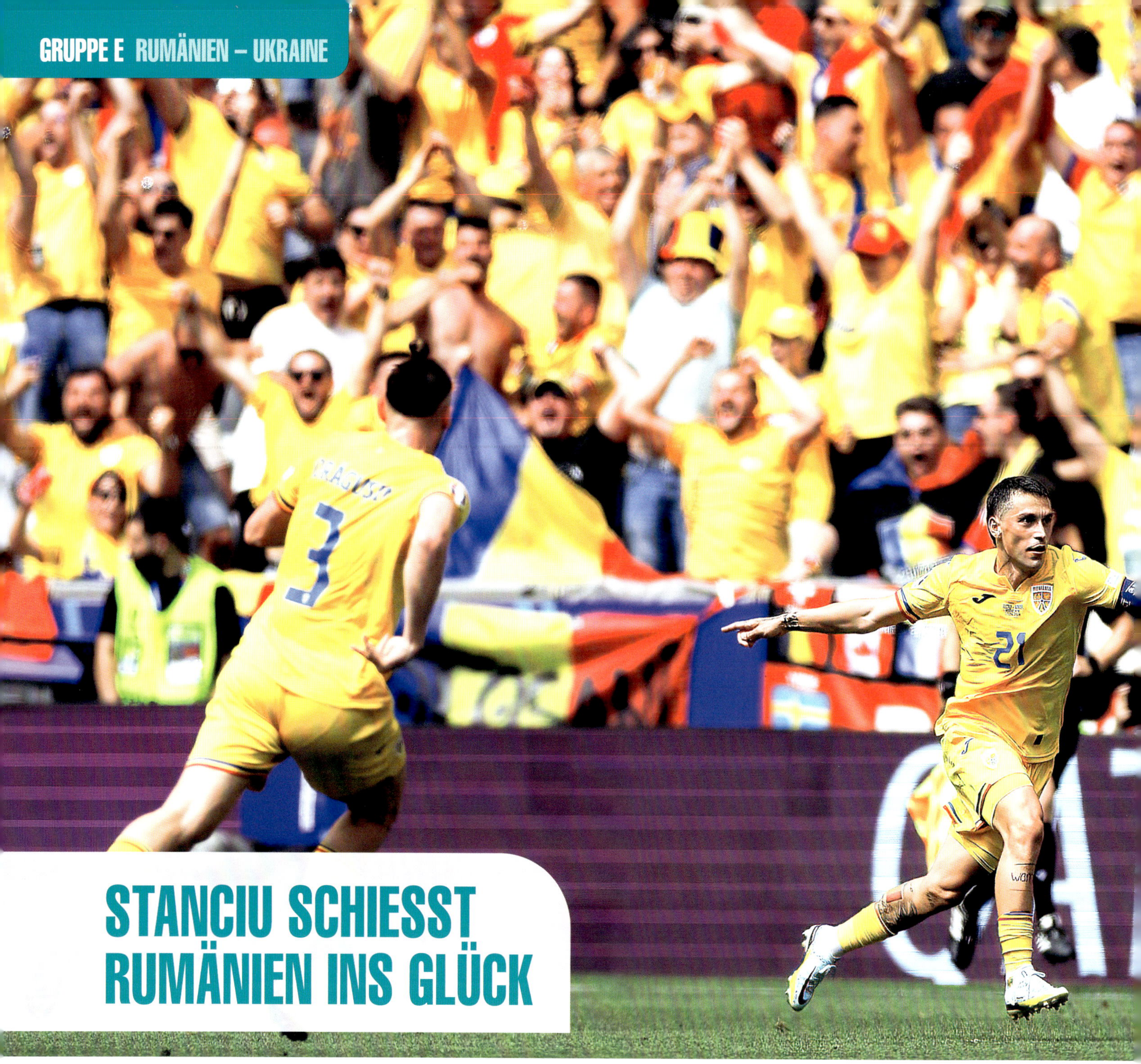

STANCIU SCHIESST RUMÄNIEN INS GLÜCK

Sie lagen sich in den Armen und konnten ihr Glück kaum fassen. 24 Jahre musste Rumänien auf einen Sieg bei einer Europameisterschaft warten. 16 Jahre lag ihr letztes EM-Tor zurück, das sie aus dem Spiel heraus erzielten. Doch an diesem Nachmittag, nach vielen entbehrungsreichen Jahren, endete die Misere mit einem Knall. Die Rumänen gewannen ihr Auftaktspiel gegen die Ukraine überraschend deutlich und stürzten ihre Fans in einen Freudentaumel.

Dabei war die Mannschaft von Trainer Eduard Iordanescu nicht gerade euphorisiert nach Deutschland gereist. Die letzten beiden Freundschaftsspiele vor der EM gegen Bulgarien und Liechtenstein endeten torlos. Doch all das spielte in der 29. Minute keine Rolle mehr. Der ukrainische Torhüter Andrij Lunin spielte den Ball unbedrängt Dennis Man vor die Füße, der sofort für seinen Kapitän Nicolae Stanciu auflegte. Der Edeltechniker nahm den Ball direkt und jagte ihn mit viel Effet in den linken oberen Torwinkel. Fast wäre Stanciu noch vor der Pause der nächste

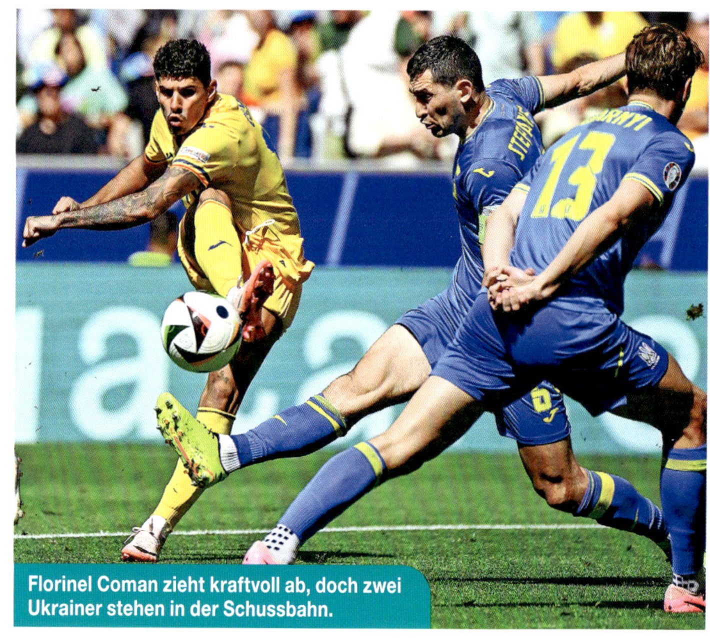

Florinel Coman zieht kraftvoll ab, doch zwei Ukrainer stehen in der Schussbahn.

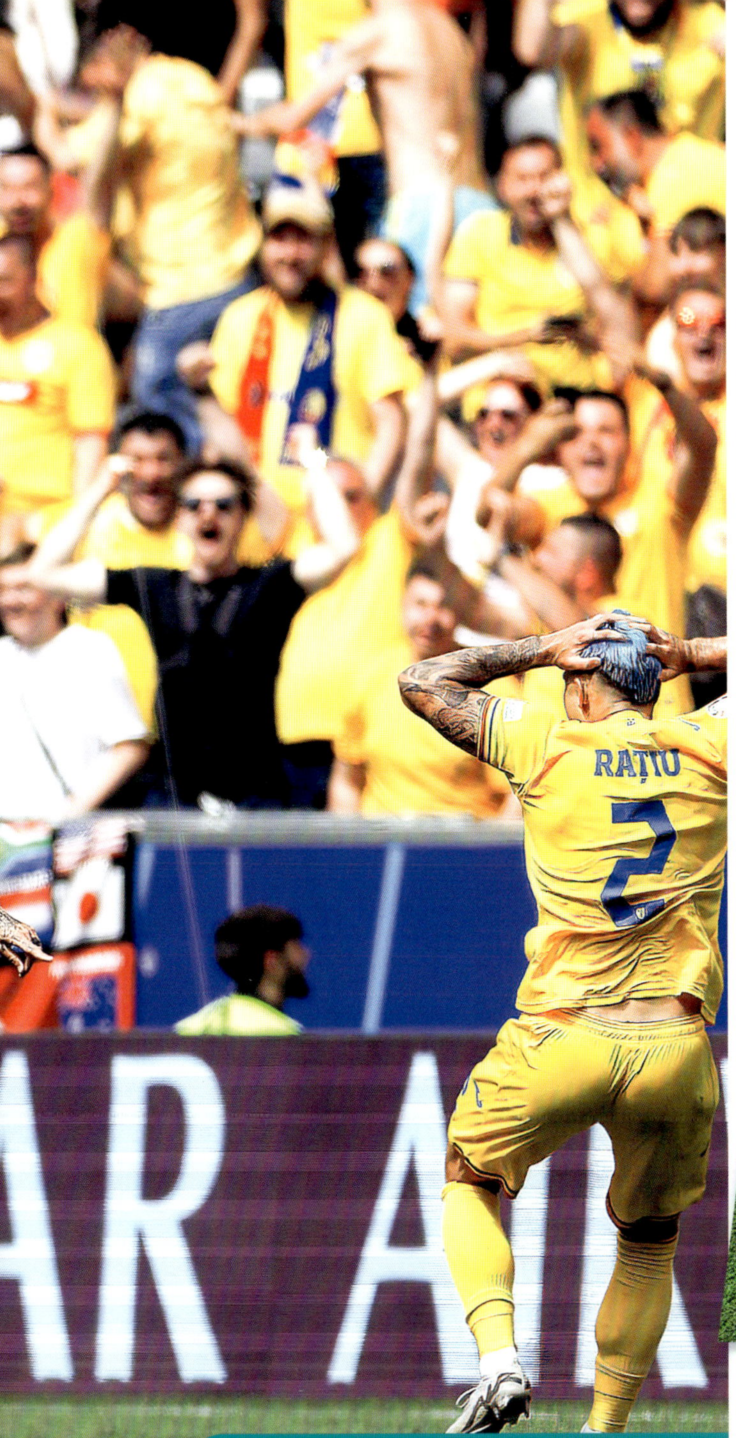

Nicolae Stanciu feiert sein Traumtor zum 1:0, Teamkollege Andrei Ratiu reagiert schier fassungslos.

Geniestreich geglückt, doch sein Eckball prallte von der Latte zurück ins Feld. Die Ukrainer, die sich beim Betreten des Platzes und bei der Nationalhymne in Landesflaggen gehüllt hatten, hinterließen in der ersten Halbzeit spielerisch den stärkeren Eindruck, fanden aber kein Durchkommen gegen die kompakte rumänische Defensive.

Die Hoffnungen der Ukrainer auf eine Wende im zweiten Durchgang zerschlugen sich schnell. Nach einem Konter zog Razvan Marin aus der Distanz ab und profitierte von einem Patzer Lunins, der den Ball unter seinem Arm durchrutschen ließ – 2:0 (53. Minute). Die Ukraine wirkte nun angezählt und fing sich nur vier Minuten später den nächsten Gegentreffer. Nach einer kurz ausgeführten Ecke spazierte Man unbedrängt in den Strafraum und bediente Denis Dragus, der nur noch einschieben musste. Selbst das Ehrentor blieb den tapferen Ukrainern verwehrt. Ein Lupfer von Roman Yaremchuk landete in der Nachspielzeit an der Latte.

Montag, 17. Juni 2024, 15 Uhr, München, 25° Celsius

RUMÄNIEN – UKRAINE
3 : 0

Trainer: Eduard Iordanescu

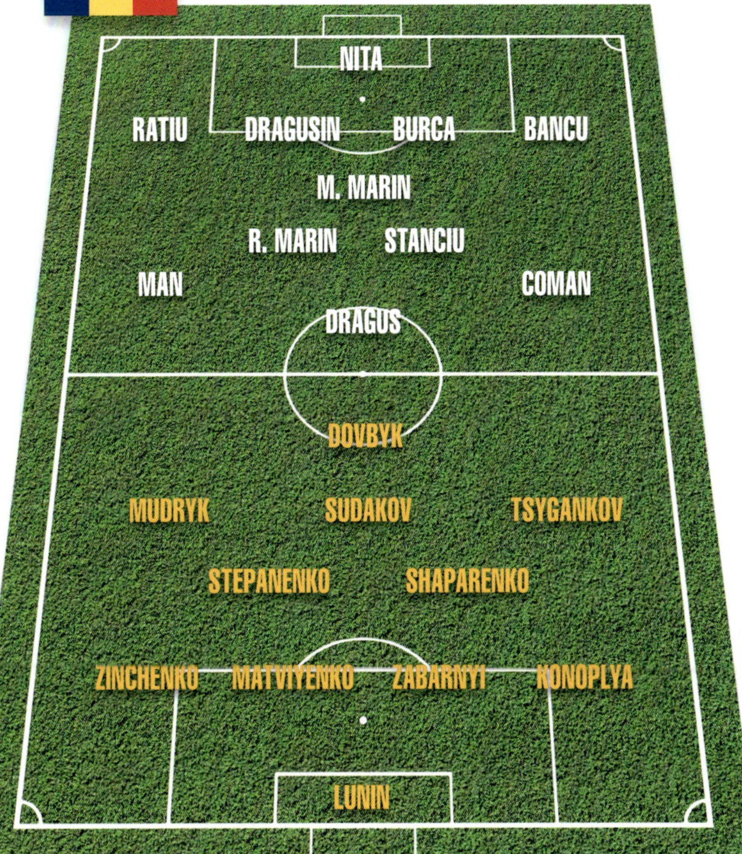

Trainer: Serhij Rebrov

Eingewechselt:

Rumänien:
Hagi für Man (62.)
Mihaila für Coman (62.)
Rus für M. Marin (75.)
Puscas für Dragus (75.)
Racovitan für Stanciu (87.)

Ukraine:
Brazhko für Stepanenko (62.)
Yarmolenko für Tsygankov (62.)
Yaremchuk für Shaparenko (62.)
Tymchyk für Konoplya (72.)
Malinovskyi für Sudakov (83.)

Tore: 1:0 Stanciu (29.), 2:0 R. Marin (53.), 3:0 Dragus (57.)

Gelbe Karten: R. Marin / Konoplya

Gelb-Rote Karten: –

Rote Karten: –

Schiedsrichter: Glenn Nyberg (Schweden)

Zuschauer: 61 591

LUKAKU AVANCIERT ZUM PECHVOGEL

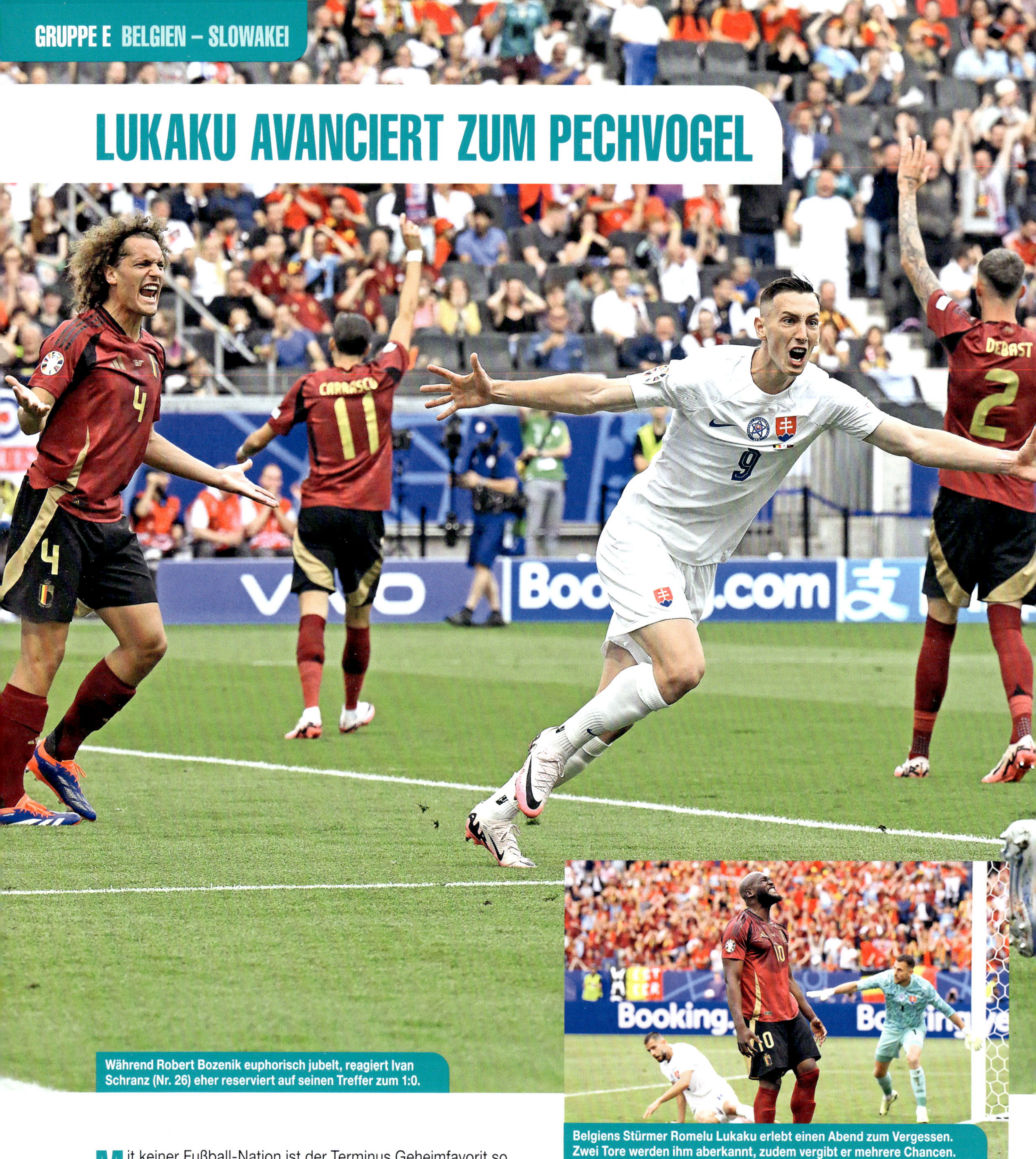

Während Robert Bozenik euphorisch jubelt, reagiert Ivan Schranz (Nr. 26) eher reserviert auf seinen Treffer zum 1:0.

Belgiens Stürmer Romelu Lukaku erlebt einen Abend zum Vergessen. Zwei Tore werden ihm aberkannt, zudem vergibt er mehrere Chancen.

Mit keiner Fußball-Nation ist der Terminus Geheimfavorit so sehr verknüpft wie mit Belgien. Bis auf einen dritten Platz bei der WM 2018 kann die Goldene Generation der Belgier jedoch nicht viel vorweisen. Nach der enttäuschenden WM 2022, die für die Roten Teufel bereits in der Vorrunde endete, war ein Umbruch unumgänglich. Abwehrchef Toby Alderweireld und Mittelfeldstar Eden Hazard traten zurück, und Trainer Roberto Martinez musste für Domenico Tedesco weichen. Die Auftritte in der Qualifikation gaben zu Hoffnung Anlass, doch bei ihrem EM-Auftaktspiel erinnerten die Belgier wieder fatal an jene Mannschaft, die in Katar nur einen einzigen Treffer bewerkstelligte. Zum Unglücksraben mutierte dabei erneut Romelu Lukaku. Schon in der dritten Minute scheiterte er völlig freistehend am slowakischen Torhüter Martin Dubravka, in der 41. Minute vergab er aus bester Position kläglich. Die Slowakei verteidigte leidenschaftlich und lauerte auf Fehler des Favoriten. Einen davon nutzte Ivan Schranz bereits in der siebten Minute zum 1:0. Nach einem schlimmen Fehlpass von Jeremy Doku scheiterte Juraj Kucka noch am stark reagierenden Koen Casteels im belgischen Tor, doch Schranz stand goldrichtig und verwertete den Abpraller aus spitzem Winkel. Die Belgier

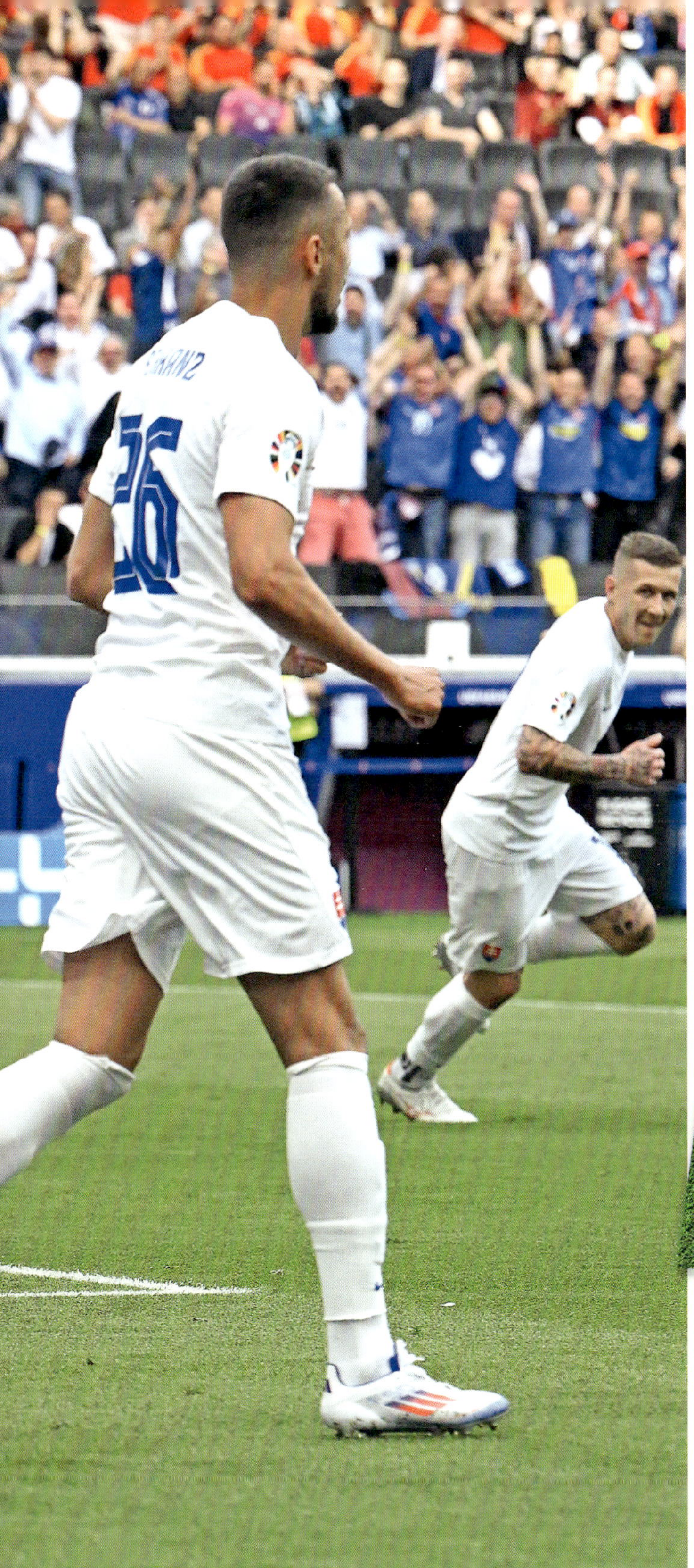

Montag, 17. Juni 2024, 18 Uhr, Frankfurt, 22° Celsius

BELGIEN – SLOWAKEI
0 : 1

Trainer: Domenico Tedesco

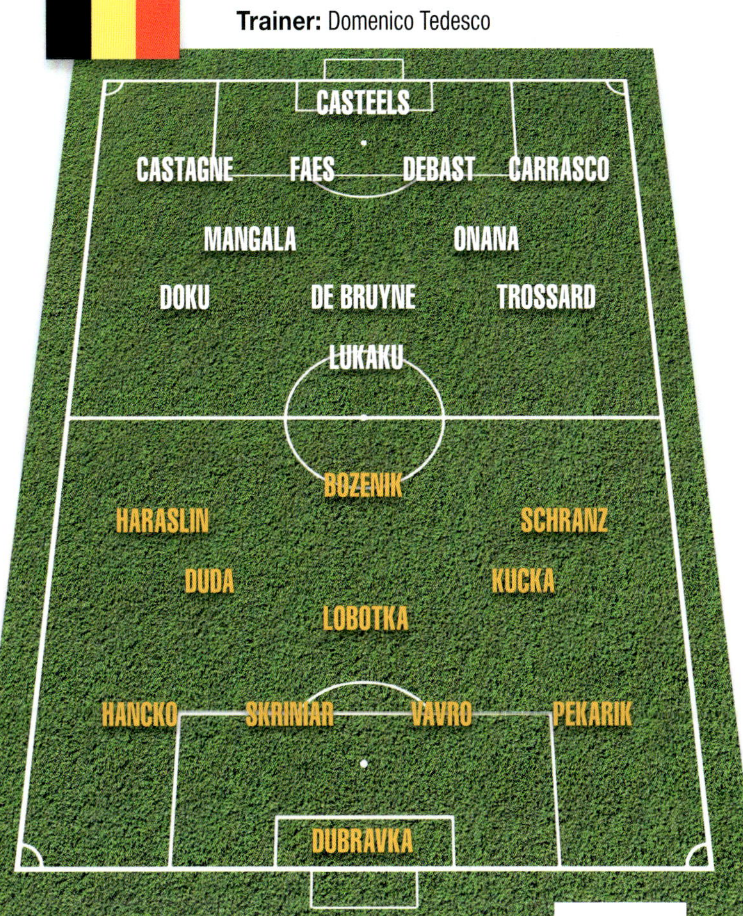

Trainer: Francesco Calzona

Eingewechselt:

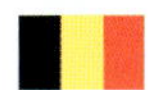

Bakayoko für Mangala (58.)
Tielemans für Trossard (74.)
Lukebakio für Carrasco (84.)
Openda für Doku (84.)

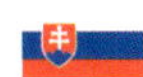

Strelec für Bozenik (70.)
Suslov für Haraslin (70.)
Duris für Schranz (81.)
Obert für Duda (90. +4)

mühten sich danach, entfalteten aber zu wenig Esprit. Erst nach der Pause nahm der Druck der Roten Teufel merklich zu. Lukaku entwickelte sich dabei endgültig zur tragischen Figur. Zweimal jubelte der Stürmer von AS Rom über einen vermeintlichen Treffer, zweimal schaltete sich der Videoschiedsrichter ein und verdarb ihm die Tour. In der 56. Minute lag eine knappe Abseitsstellung vor, in der 86. Minute wurde ein Handspiel von Vorbereiter Lois Openda geahndet, was zumindest strittig war. Letztlich hatten sich die Belgier die Niederlage aber selbst zuzuschreiben, denn auch der eingewechselte Johan Bakayoko ließ eine Riesenchance ungenutzt (63.).

Tor: 0:1 Schranz (7.)

Gelbe Karten: Mangala, Tielemans, Lukebakio / Schranz

Gelb-Rote Karten: –

Rote Karten: –

Schiedsrichter: Halil Umut Meler (Türkei)

Zuschauer: 45 181

YAREMCHUK BELOHNT STARKE UKRAINE

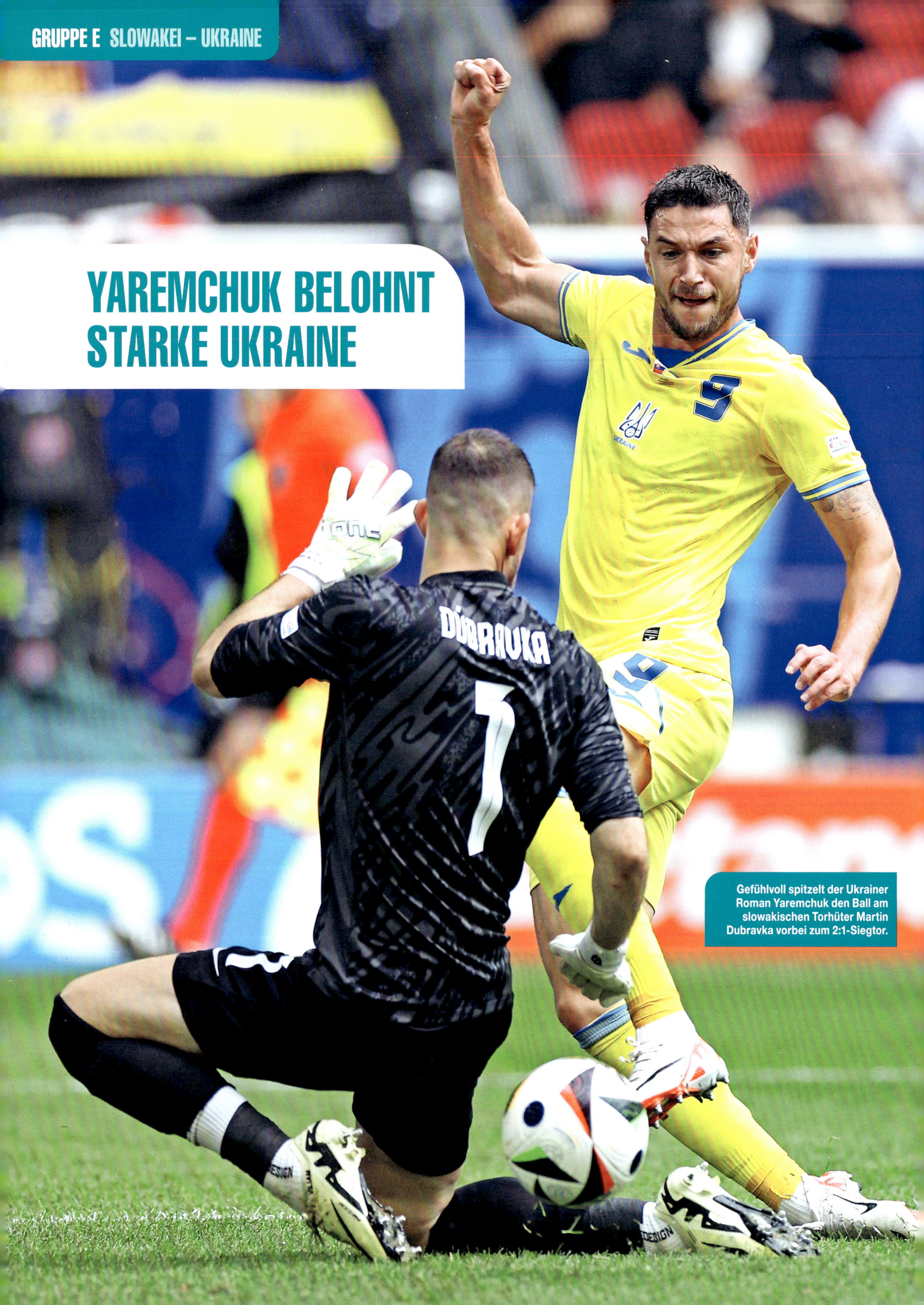

Gefühlvoll spitzelt der Ukrainer Roman Yaremchuk den Ball am slowakischen Torhüter Martin Dubravka vorbei zum 2:1-Siegtor.

Es gibt Wichtigeres als Fußball. Niemand weiß das besser als die ukrainischen Spieler, deren Gedanken immer wieder um den Krieg in ihrem Heimatland kreisen. „Es ist schwer für uns, sich zu motivieren. Das ist wie ein schlimmer Albtraum, den wir vergessen müssen“ gestand Linksverteidiger Oleksandr Zinchenko vor dem Duell gegen die Slowakei im Gespräch mit Journalisten in Düsseldorf. Die Hoffnung, mit starken Resultaten bei dieser Europameisterschaft ein Fanal der Hoffnung in die Heimat senden zu können, hatte sich für die Ukrainer im Auftaktspiel nicht erfüllt. Nach dem ernüchternden 0:3 gegen Rumänien misslang ihnen auch im zweiten Spiel die Anfangsphase. Die Slowaken, die mit einem 1:0-Coup gegen Belgien viel Selbstbewusstsein getankt hatten, agierten zunächst deutlich griffiger. Insbesondere Lukas Haraslin auf der linken Seite narrte die Ukrainer ein ums andere Mal und bereitete auch den verdienten Führungstreffer vor. Seine elegante Hereingabe verwandelte Ivan Schranz per Kopf (17. Minute). Anatoliy Trubin, der für den im ersten Spiel unsicheren Andrij Lunin ins Tor gerückt war, hatte keine Abwehrchance. Der Rückstand diente als Weckruf für die Blau-Gelben, die fortan Tempo und Intensität signifikant nach oben schraubten. Die begabte Offensivreihe um Top-Star Mykhaylo Mudryk vom FC Chelsea und Artem Dovbyk, der in der vergangenen Saison im Dress des FC Girona zum Torschützenkönig der spanischen Primera Divison avanciert war, kombinierte sich nun immer wieder in den gegnerischen Sechzehner und kam zu gefährlichen Abschlüssen. Die beste Chance vergab Oleksandr Tymchyk, der nur den linken Pfosten traf (34.). Kurz nach der Pause belohnten sich die Ukrainer endlich für ihre Bemühungen. Nach punktgenauem Zuspiel von Zinchenko vollendete Mykola Shaparenko überlegt zum Ausgleich (54.). Der auffällige Mittelfeldspieler hatte auch entscheidenden Anteil am Siegtor. Seinen feinen Pass verarbeitete Roman Yaremchuk technisch gekonnt und traf zum umjubelten 2:1 (80.).

Freitag, 21. Juni 2024, 15 Uhr, Düsseldorf, 20° Celsius

SLOWAKEI – UKRAINE
1 : 2

Trainer: Francesco Calzona

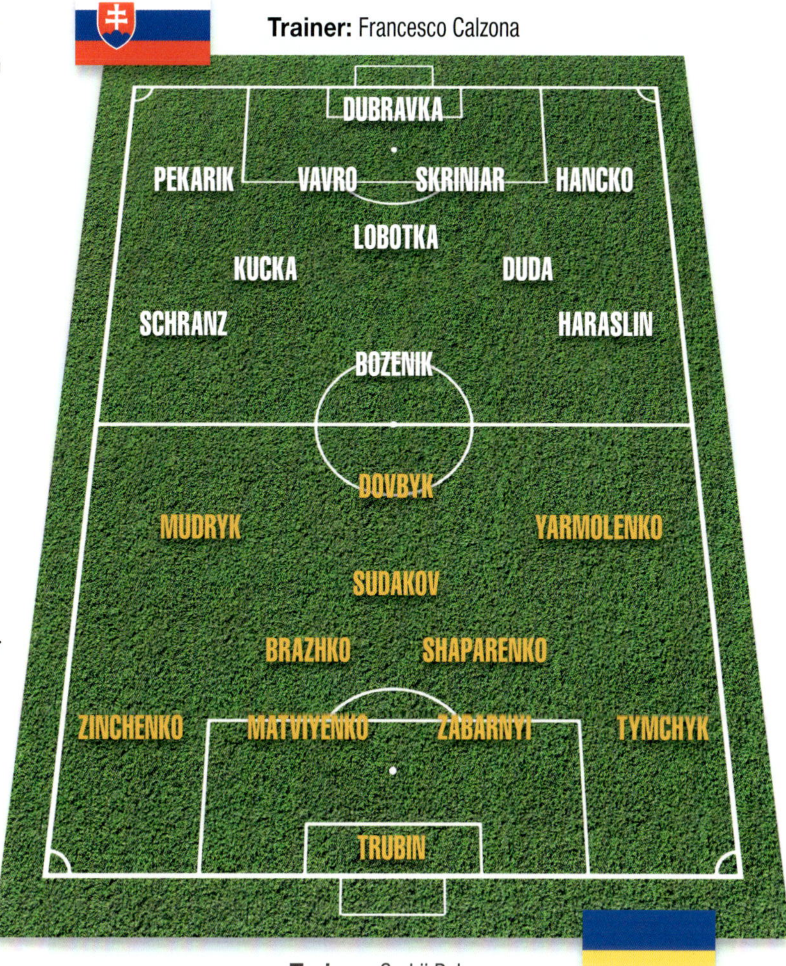

Trainer: Serhij Rebrov

Eingewechselt:

Slowakei	Ukraine
Benes für Duda (60.)	Yaremchuk für Dovbyk (67.)
Strelec für Bozenik (60.)	Zubkov für Yarmolenko (67.)
Obert für Hancko (67.)	Malinovskyi für Mudryk (85.)
Suslov für Haraslin (67.)	Sydorchuk für Brazhko (85.)
Sauer für Schranz (86.)	Talovierov für Shaparenko (90.+2)

Volodymyr Brazhko kommt hier dem slowakischen Torschützen Ivan Schranz in die Quere.

Tore: 1:0 Schranz (17.), 1:1 Shaparenko (54.), 1:2 Yaremchuk (80.)

Gelbe Karten: – / Yaremchuk

Gelb-Rote Karten: –

Rote Karten: –

Schiedsrichter: Michael Oliver (England)

Zuschauer: 43 910

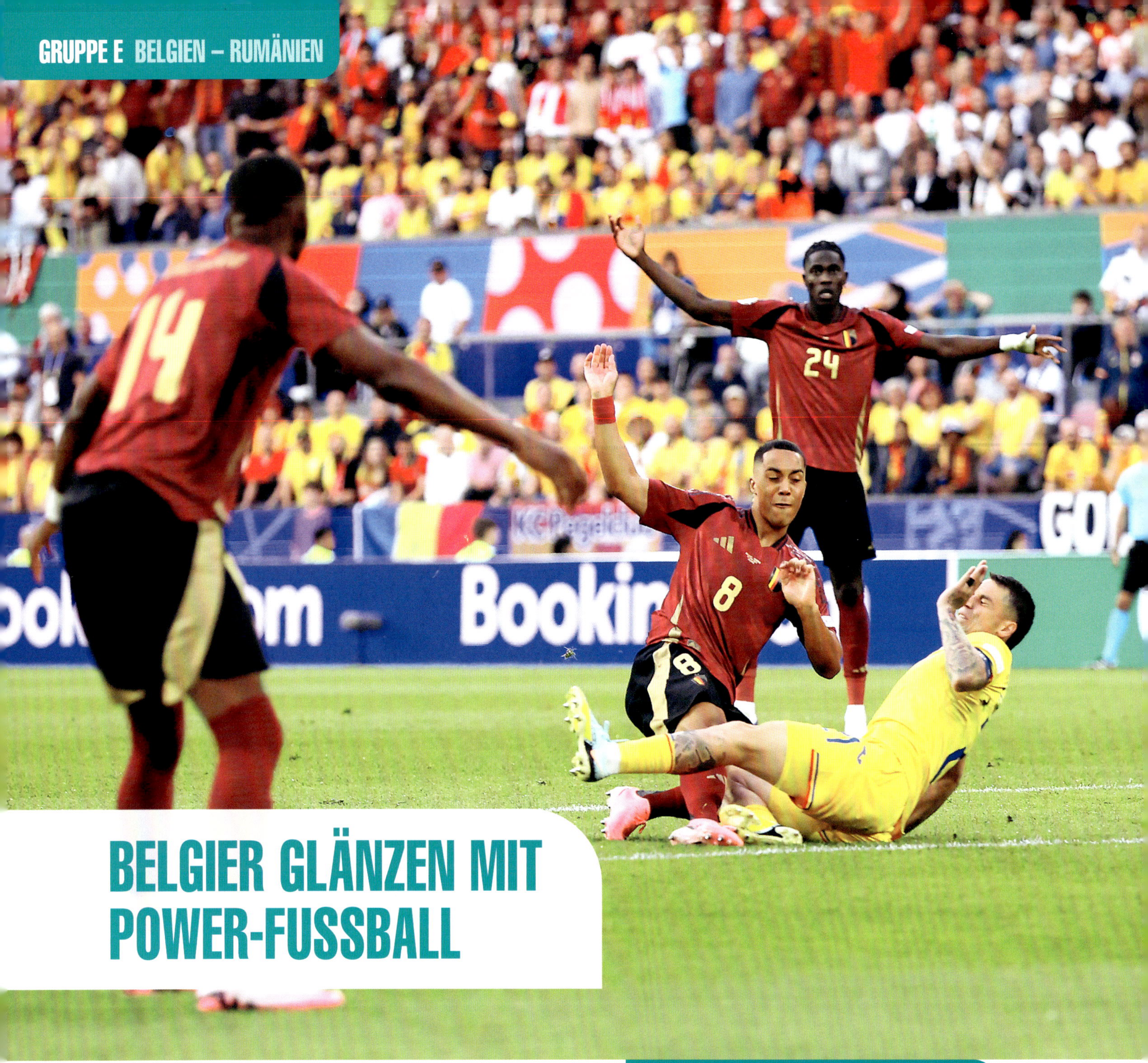

BELGIER GLÄNZEN MIT POWER-FUSSBALL

Nach der desaströsen WM in Katar hatte Domenico Tedesco den Belgiern den Glauben an die eigene Stärke zurückgebracht. Seit seiner Amtsübernahme im März 2023 blieb der deutsche Trainer in 15 Partien unbesiegt. Doch just zum EM-Auftakt riss diese formidable Serie, und sofort krochen die Zweifel zurück. Sind die Belgier mental zu labil für große Turniere? Nach dem ernüchternden 0:1 gegen die Slowakei durfte man deshalb sehr gespannt sein, wie sich Kevin De Bruyne und Co. im zweiten Spiel gegen Rumänien präsentieren würden. 90 hochklassige und äußerst intensive Spielminuten später stand fest: Mit Belgien ist wieder zu rechnen. Den Druck, der auf ihnen lastete, wandelten die Belgier in Energie um. Schon nach 75 Sekunden gingen sie in Führung. Der Treffer offenbarte die wilde Entschlossenheit des Favoriten. Mit einer resoluten Grätsche eroberte Youri Tielemans den Ball und schaltete sofort um. Über Tempodribbler Jeremy Doku und Wandstürmer Romelu Lukaku landete der Ball wieder bei Tielemans, der von der Strafraumgrenze abzog und

Dreh- und Angelpunkt bei den Belgiern: Kevin De Bruyne lässt sich auch in dieser Szene nicht stoppen.

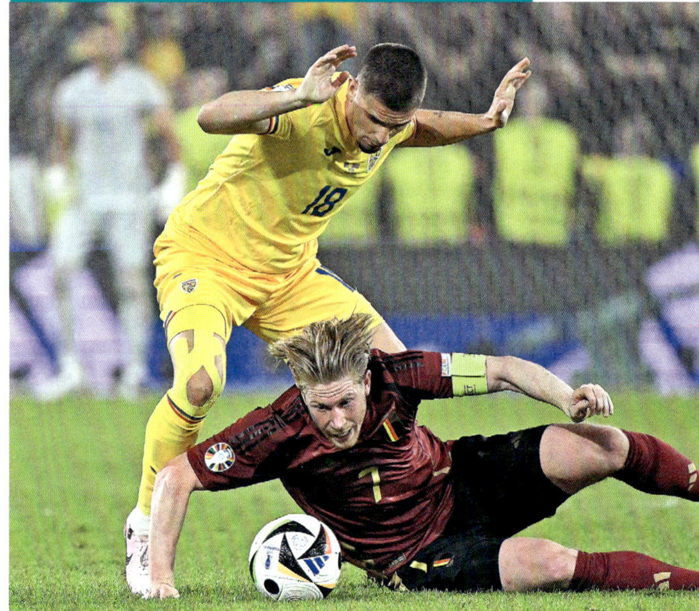

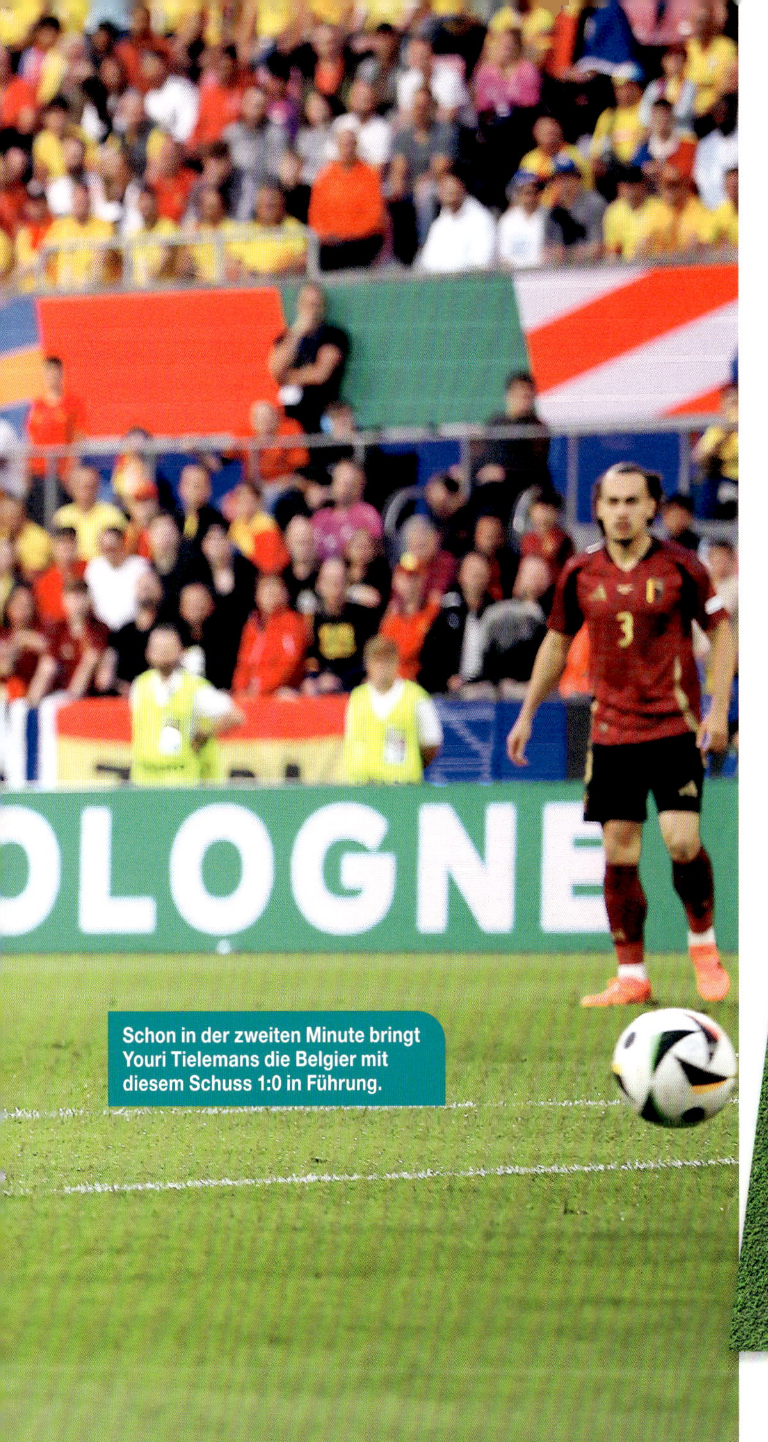

Schon in der zweiten Minute bringt Youri Tielemans die Belgier mit diesem Schuss 1:0 in Führung.

Samstag, 22. Juni 2024, 21 Uhr, Köln, 17° Celsius

BELGIEN – RUMÄNIEN
2 : 0

Trainer: Domenico Tedesco

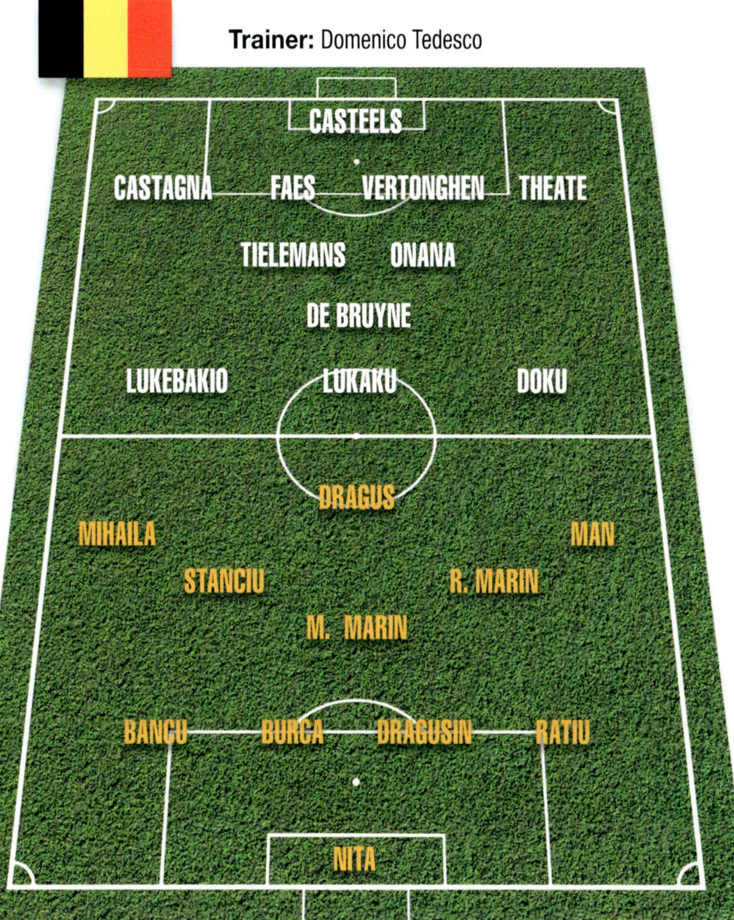

Trainer: Eduard Iordanescu

Eingewechselt:

Belgien	Rumänien
Trossard für Lukebakio (56.)	Olaru für M. Marin (68.)
Mangala für Tielemans (72.)	Hagi für Mihaila (68.)
Carrasco für Doku (72.)	Alibec für Dragus (81.)
Debast für Theate (77.)	Sorescu für Ratiu (90.)

Rumäniens Torhüter Florin Nita keine Abwehrchance ließ. Es war der Startschuss zu einer packenden ersten Halbzeit. Radu Dragusin scheiterte auf der Gegenseite per Kopfball an Belgiens Torwart Koen Casteels (5. Minute), doch in der Folge dominierten die Belgier mit ihrem halsbrecherischen Tempo in der Offensive. Vor allem über die Außen – links Doku und rechts Dodi Lukebakio – rollte Angriffswelle um Angriffswelle auf das rumänische Tor zu. Nita rettete gegen Lukaku (14.), Lukebakio (18.) und Doku (31.). Die Rumänen verloren trotz des belgischen Drucks aber nicht den Kopf und hatten nach einem Konter durch Denis Dragus sogar den Ausgleich auf dem Fuß (39.). Nach der Pause gelang es den Rumänen besser, sich aus der Umklammerung der Belgier zu befreien. Glück hatten sie, dass Lukaku beim vermeintlichen 2:0 (64.) hauchzart im Abseits stand. So hoffte Rumänien weiter – bis ein Abschlag von Casteels zum überragenden De Bruyne durchrutschte, der zum 2:0-Endstand traf (80.).

Tore: 1:0 Tielemans (2.), 2:0 De Bruyne (80.)

Gelbe Karten: Lukebakio / Bancu, M. Marin

Gelb-Rote Karten: –

Rote Karten: –

Schiedsrichter: Szymon Marciniak (Polen)

Zuschauer: 42 535

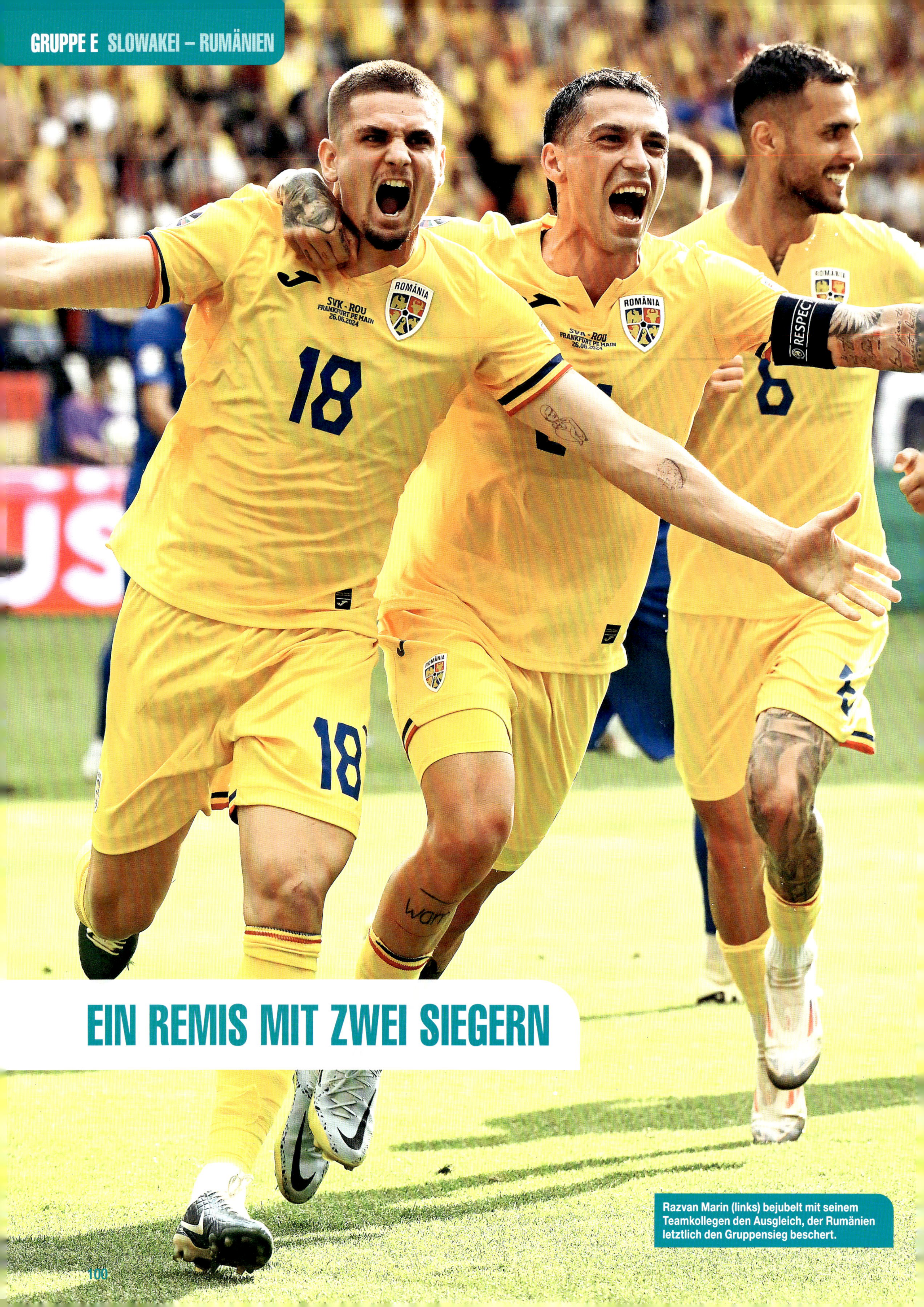

EIN REMIS MIT ZWEI SIEGERN

Razvan Marin (links) bejubelt mit seinem Teamkollegen den Ausgleich, der Rumänien letztlich den Gruppensieg beschert.

Wie eine dunkle Wolke schwebte die WM 1982 über diesem Spiel. Damals bezwang Deutschland in seinem letzten Gruppenspiel Österreich mit 1:0. Das Resultat garantierte beiden Teams das Weiterkommen, sodass nach dem frühen Führungstor durch Horst Hrubesch der Spielfluss immer mehr erlahmte. Die zweite Halbzeit bestand vor allem aus Ballgeschiebe und Rückpässen. Die Partie ging als Schande von Gijon in die Fußballgeschichte ein. 42 Jahre später fanden sich die Slowakei und Rumänien in einer ähnlichen Ausgangslage wieder. Beiden Teams genügte ein Remis fürs Weiterkommen. Alle Befürchtungen lösten sich jedoch schnell in Luft auf. Nach dem Anpfiff suchten die Slowaken direkt den Vorwärtsgang und sorgten für Gefahr im rumänischen Strafraum. Auch die Rumänen hielten nichts von Abtasten. Nach feinem Doppelpass zwang der aufgerückte Verteidiger Andrei Ratiu den slowakischen Schlussmann Martin Dubravka zu einer starken Rettungstat (11. Minute). In der Folge übernahmen die Slowaken zunehmend die Kontrolle und belohnten sich nach einer feinen Ballstafette mit dem 1:0. Der ehemalige Bundesliga-Spieler Ondrej Duda verwertete eine Flanke von Juraj Kucka sehenswert per Kopf (24.). Die Rumänen wirkten angeschlagen, doch dann setzte Ianis Hagi, der Sohn von Rumäniens Fußballlegende Gheorghe, zum Dribbling an. Gegenspieler David Hancko wusste sich nur mit einem Foul zu helfen. Nach VAR-Prüfung entschied der deutsche Schiedsrichter Daniel Siebert auf Elfmeter. Razvan Marin trat an und jagte den Ball links oben in den Knick (37.). In der 61. Minute kam Marin dem Doppelpack sehr nahe, ehe David Strelec Rumäniens Torhüter Florin Nita zu einer Glanztat zwang (64.). Beide Teams wollten den zweiten Treffer, doch dann stahl den 22 Spielern auf dem Rasen ein Gewitter die Show. Es schüttete heftig – und schon bald bildeten sich Pfützen auf dem Rasen. Die schwierigen Platzverhältnisse erschwerten konstruktive Angriffe, sodass es beim 1:1 blieb.

Mittwoch, 26. Juni 2024, 18 Uhr, Frankfurt, 26° Celsius

SLOWAKEI – RUMÄNIEN

1 : 1

Trainer: Francesco Calzona

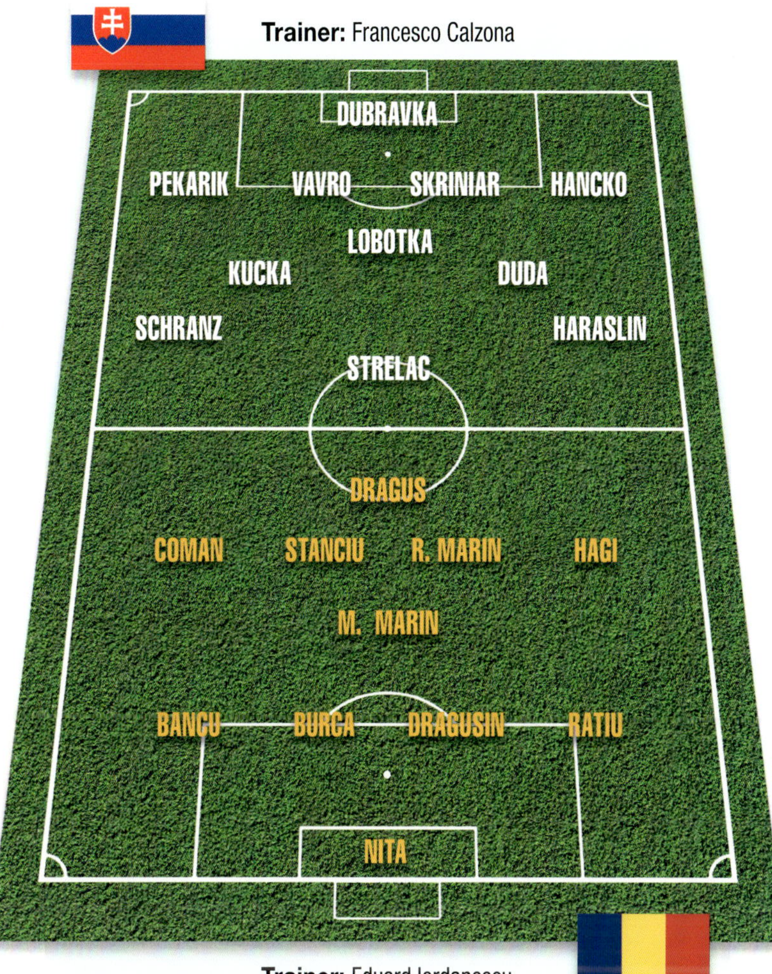

Trainer: Eduard Iordanescu

Eingewechselt:

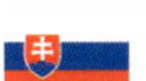

Bozenik für Strelec (70.)
Suslov für Haraslin (70.)
Duris für Schranz (78.)
Bero für Duda (90. +2)
Gyömber für Pekarik (90. +2)

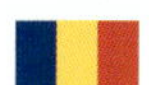

Sorescu für Coman (58.)
Man für Hagi (66.)
Puscas für Dragus (66.)
Rus für R. Marin (86.)

Tore: 1:0 Duda (24.), 1:1 R. Marin (Foulelfmeter, 37.)

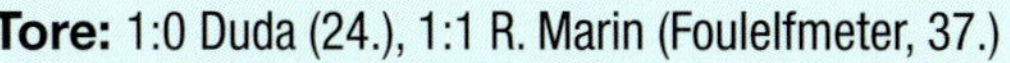

Gelbe Karten: Duda / Burca, Bancu, Iordanescu, Puscas

Gelb-Rote Karten: –

Rote Karten: –

Schiedsrichter: Daniel Siebert (Berlin)

Zuschauer: 45 033

Auf durchweichtem Boden bemüht sich der Slowake Ondrej Duda (rechts) um Spielkontrolle.

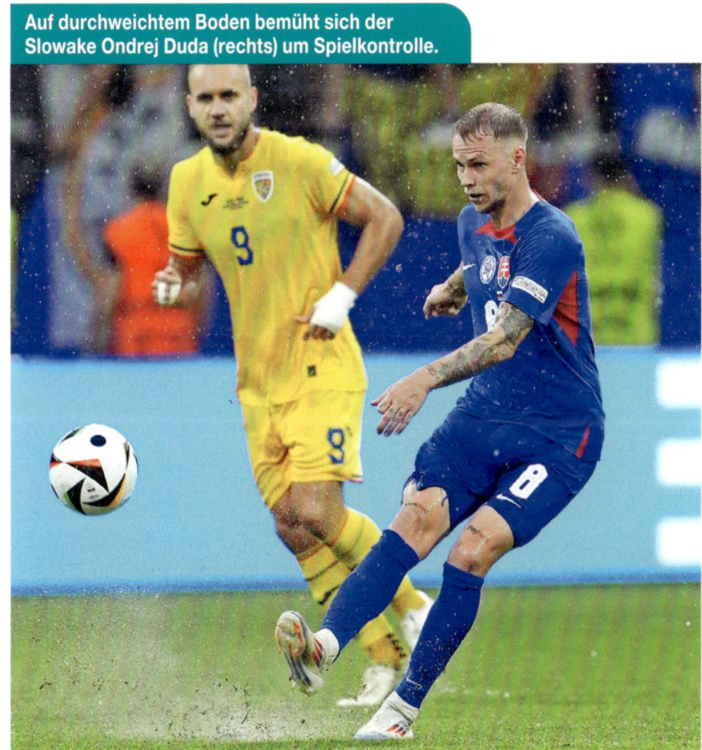

BELGIEN ZITTERT SICH INS ACHTELFINALE

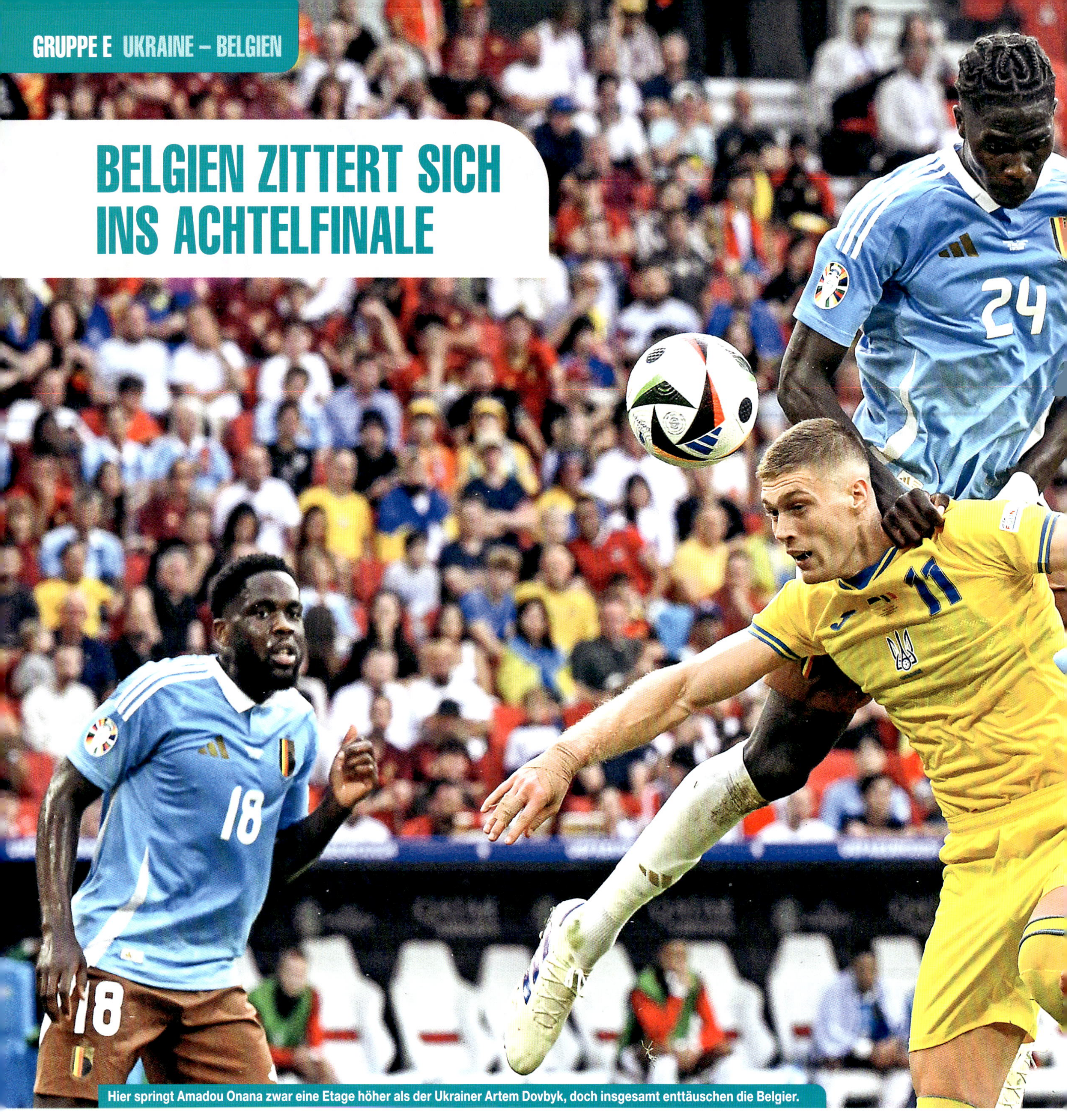

Hier springt Amadou Onana zwar eine Etage höher als der Ukrainer Artem Dovbyk, doch insgesamt enttäuschen die Belgier.

Ein letztes Mal trat Georgiy Sudakov an. Der ukrainische Mittelfeldspieler ließ drei Belgier stehen, drang in den Strafraum ein und zog aus zehn Metern ab. Es war, als würde die Zeit stillstehen. Ein Tor hätte den Ukrainern den Gruppensieg und Belgien ein peinliches Vorrundenaus beschert. Doch Sudakovs Schuss fehlte die Wucht, Belgiens Torhüter Koen Casteels packte sicher zu. Kurze Zeit später pfiff Schiedsrichter Anthony Taylor ab. Die ukrainischen Spieler sanken zu Boden. Obwohl sie dem Favoriten ein Unentschieden abgetrotzt und in der Gruppenphase vier Punkte gesammelt hatten, schieden sie als Tabellenletzter aus. Das hat es in der EM-Geschichte noch nie gegeben. Während die Ukrainer trauerten, wussten die Belgier nicht so recht, was sie von diesem Spiel halten sollten. Zwar zogen sie den Kopf aus der Schlinge und qualifizierten sich fürs Achtelfinale. Sie wussten aber auch, dass ihnen als Tabellenzweiter nun schon in der ersten K.-o.-Runde ein Duell mit den favorisierten Franzosen bevorstehen würde. Die Chance auf den Gruppensieg verspielten Kevin De Bruyne und Co. mit einer uninspirierten Vorstellung. Die Angst vor dem Verlieren schien deutlich größer zu sein als die Lust aufs Gewinnen. Im Vergleich zum furiosen 2:0 gegen Rumänien agierten die Belgier betont zurückhaltend. Gefährlich wurde es in der ersten Halbzeit nur in der siebten Minute, als Romelu Lukaku nach feinem Steckpass von De Bruyne aus aussichtsreicher Position kläglich abschloss. Die Ukrainer

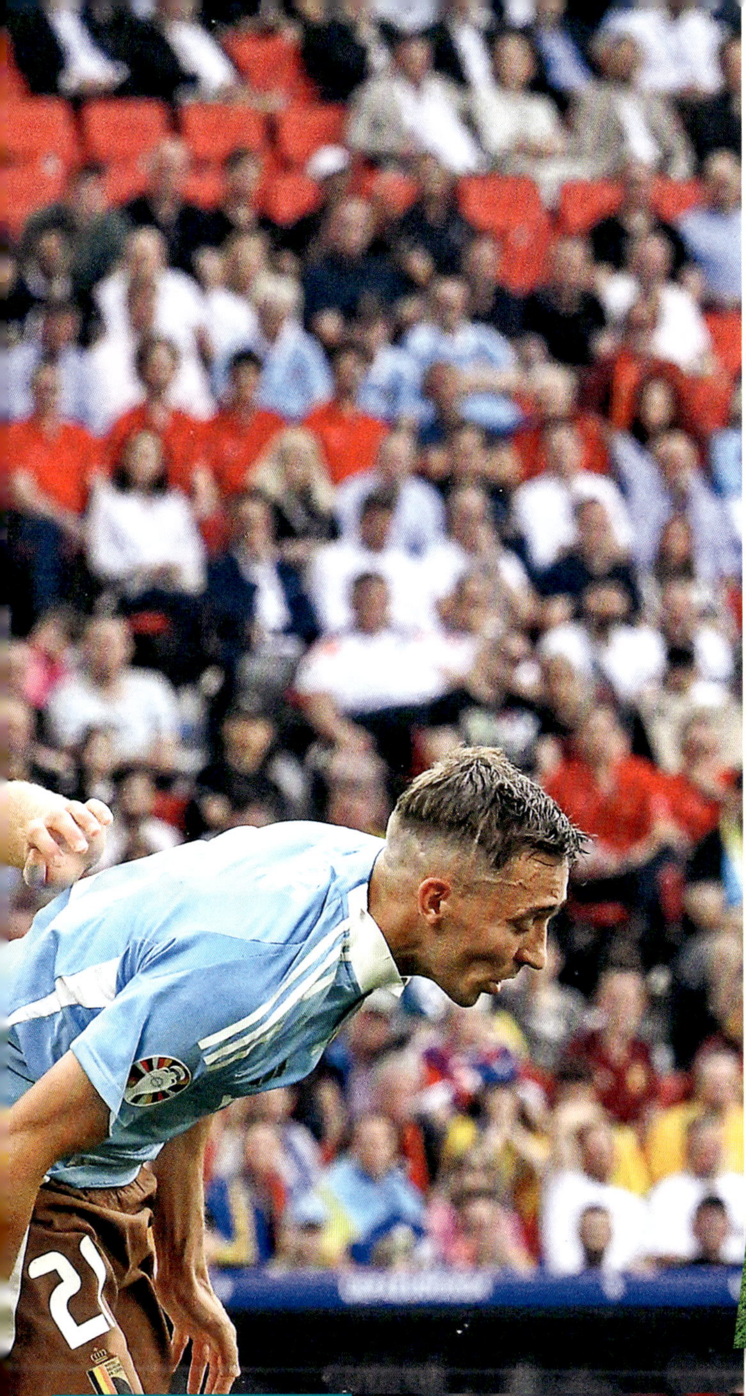

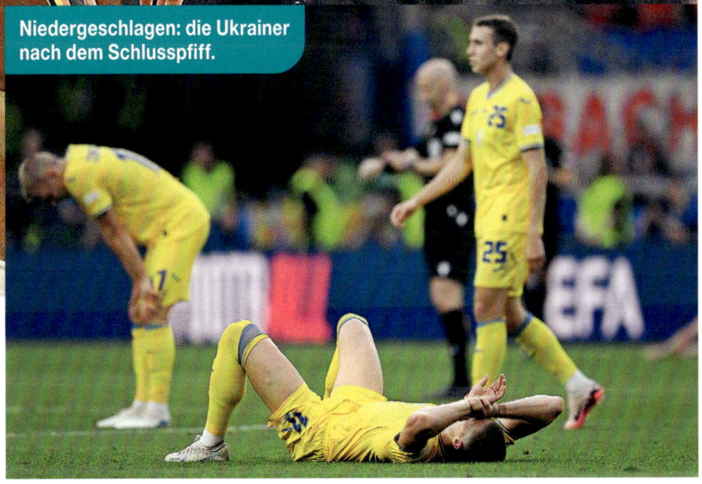

Niedergeschlagen: die Ukrainer nach dem Schlusspfiff.

verlegten sich lange aufs Verteidigen und entnervten so die einfallslosen Belgier. In der Schlussphase musste Trainer Serhij Rebrov angesichts des Zwischenstands im Parallelspiel reagieren und wechselte offensiv. Belgien wackelte nun bedenklich, doch Casteels war bei einer raffinierten Ecke von Ruslan Malinovskyi (83. Minute) ebenso zur Stelle wie beim Schuss von Sudakov. Zudem traf der glücklose Stürmer Artem Dovbyk nur das Außennetz (80.).

Mittwoch, 26. Juni 2024, 18 Uhr, Stuttgart, 21° Celsius

UKRAINE – BELGIEN
0 : 0

Trainer: Serhiy Rebrov

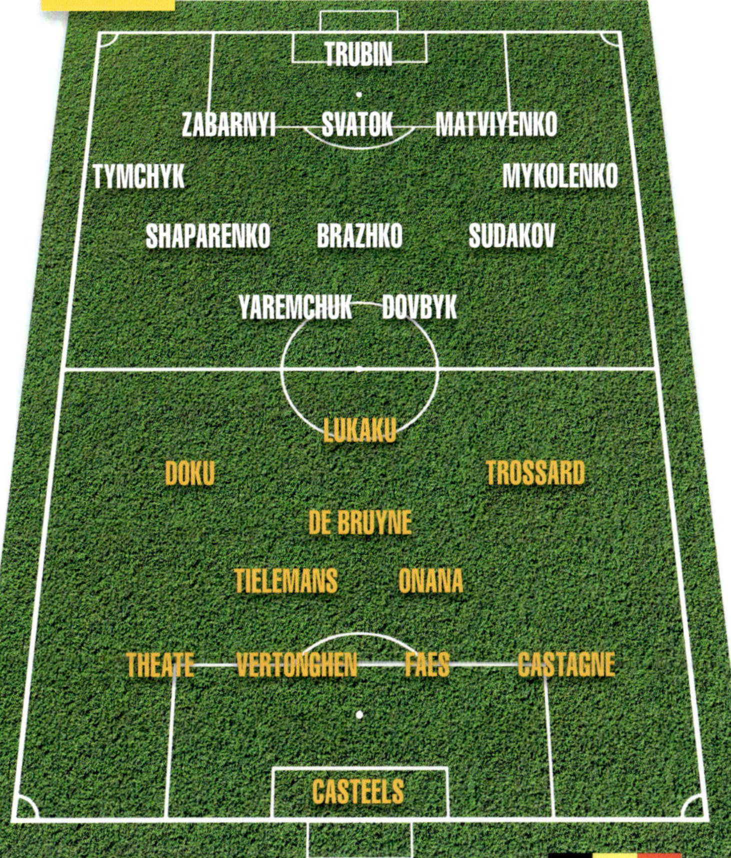

Trainer: Domenico Tedesco

Eingewechselt:

Ukraine	Belgien
Zinchenko für Mykolenko (58.)	Mangala für Tielemans (62.)
Stepanenko für Brazhko (70.)	Carrasco für Trossard (62.)
Malinovskyi für Yaremchuk (70.)	Bakayoko für Doku (77.)
Vanat für Shaparenko (70.)	Openda für Lukaku (90.)
Yarmolenko für Svatok (81.)	

Tore: –

Gelbe Karte: Dovbyk / Faes

Gelb-Rote Karten: –

Rote Karten: –

Schiedsrichter: Anthony Taylor (England)

Zuschauer: 54 000

GRUPPE F

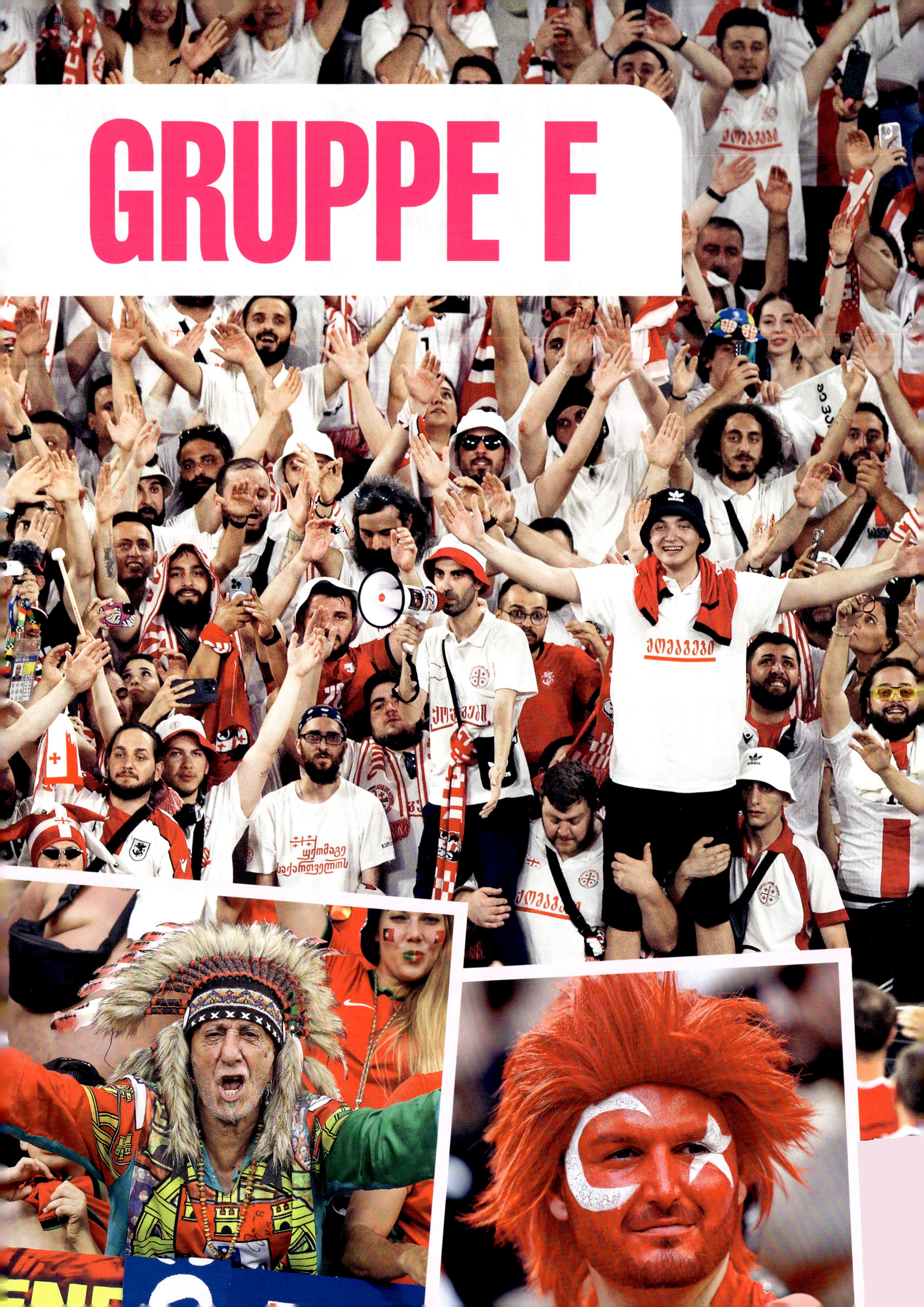

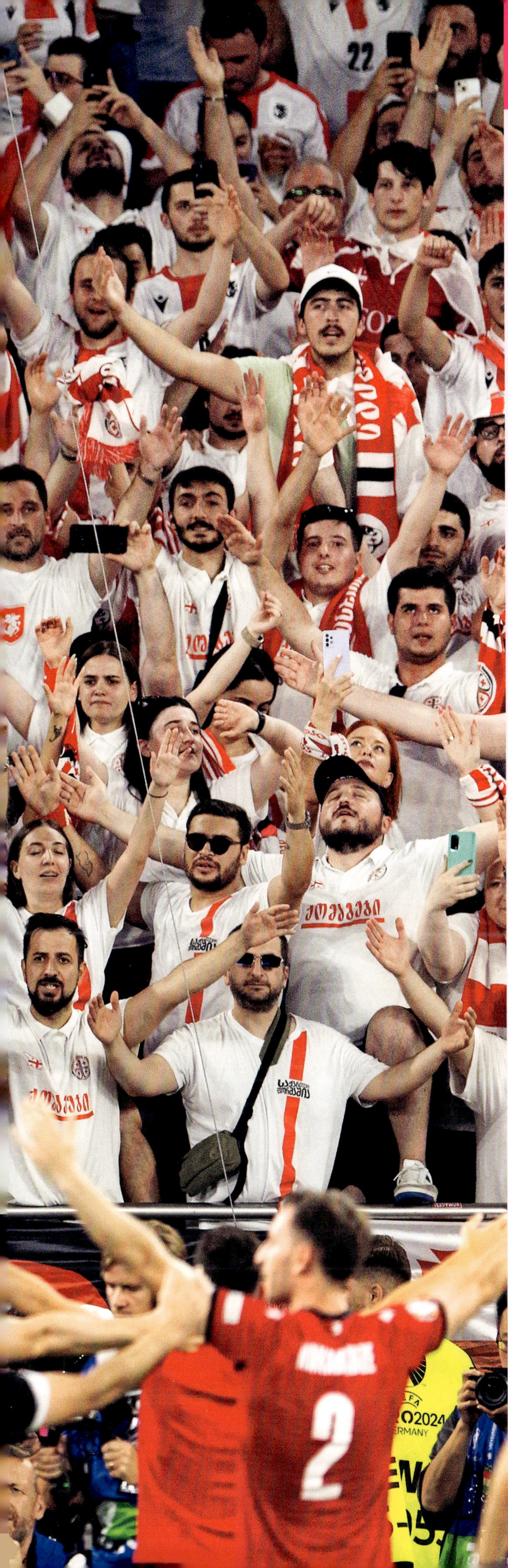

		Spiele	Tore	Punkte
1.	**Portugal**	3	5:3	6
2.	**Türkei**	3	5:5	6
3.	**Georgien**	3	4:4	4
4.	Tschechien	3	3:5	1

Türkei – Georgien	3:1 (1:1)
Portugal – Tschechien	2:1 (0:0)
Georgien – Tschechien	1:1 (1:0)
Türkei – Portugal	0:3 (0:2)
Georgien – Portugal	2:0 (1:0)
Tschechien – Türkei	1:2 (0:1)

Durch Siege gegen Tschechien (2:1) und die Türkei (3:0) machten die favorisierten Portugiesen bereits nach dem zweiten. Spieltag den Gruppensieg und Einzug ins Achtelfinale perfekt. Auch der zweite Platz der Türkei kam nicht unerwartet. Eine der positiven Überraschungen der Vorrunde war EM-Debütant Georgien, der erst zweieinhalb Monate vor Turnierbeginn in den Playoffs gegen Luxemburg und Griechenland das Ticket nach Deutschland gelöst hatte. Durch einen 2:0-Sieg am letzten Spieltag gegen Portugal zog der Außenseiter als einer der vier besten Gruppendritten ins Achtelfinale ein. In Georges Mikautadze stellten die Georgier nach der Vorrunde sogar den besten EM-Torschützen (drei Treffer). Vom Pech verfolgt war in allen drei Gruppenspielen das tschechische Team, für das nur ein Punkt und der vierte Platz heraussprangen.

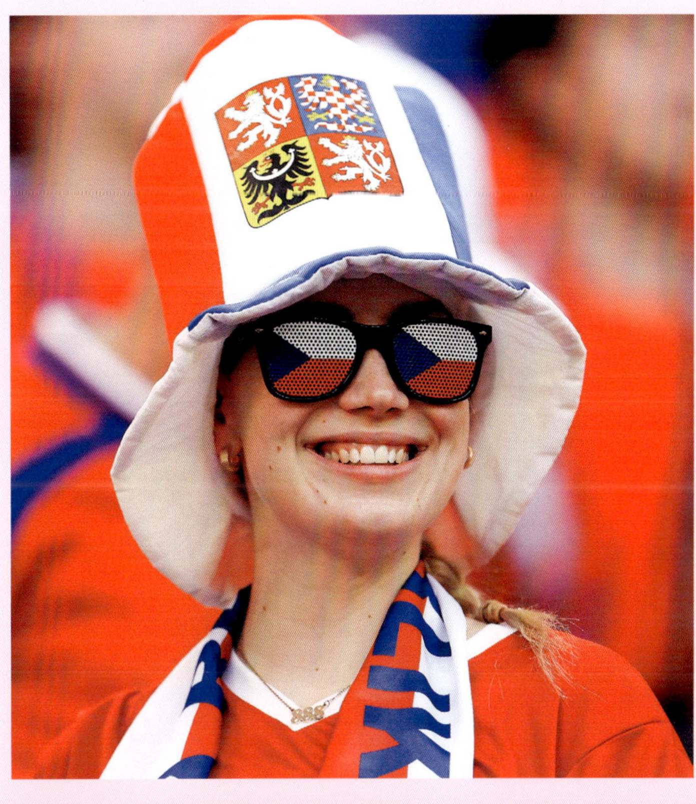

SPEKTAKEL MIT TRAUMTOREN

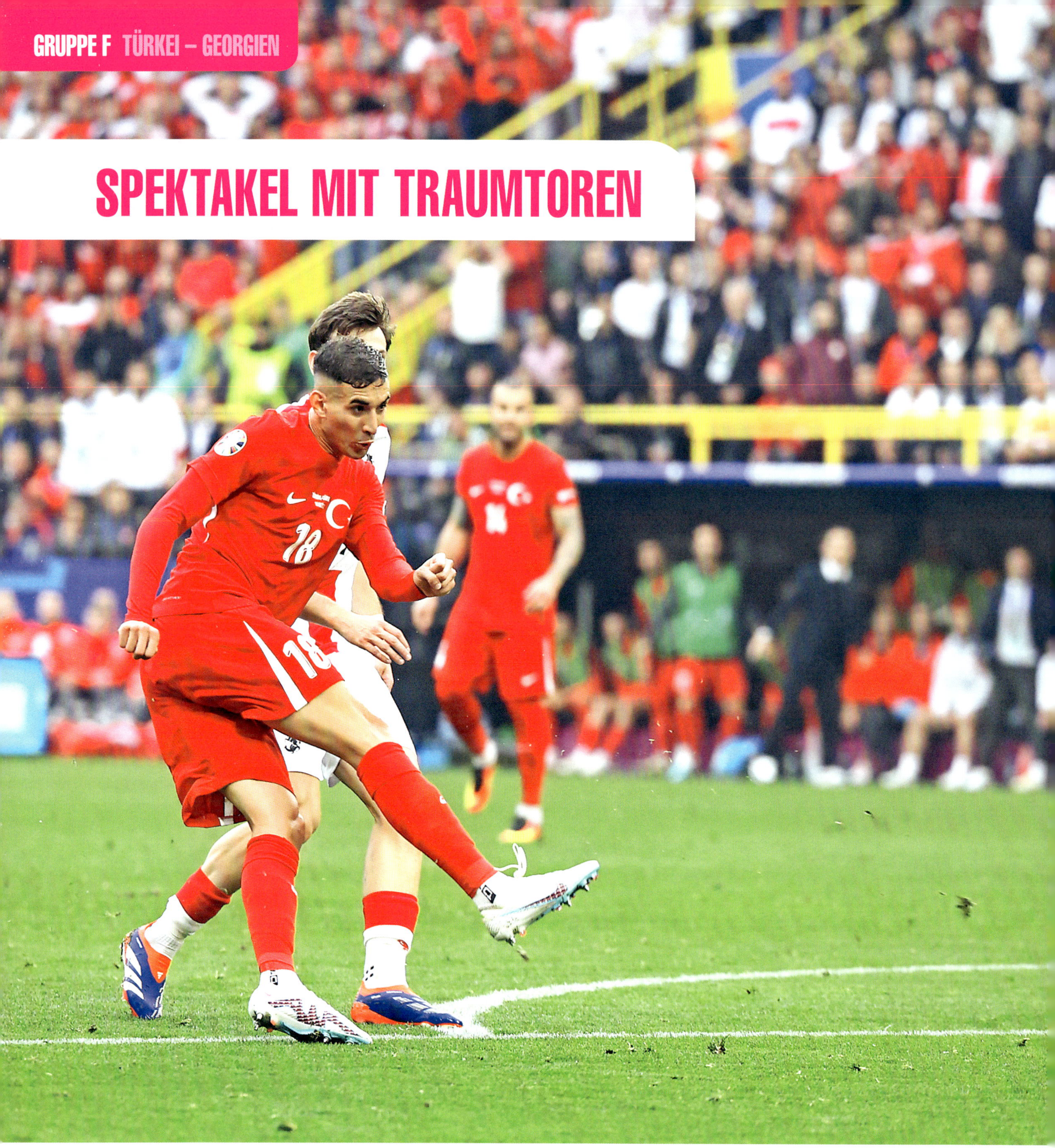

Vor dem Spiel gingen sintflutartige Regenfälle über Dortmund nieder. Aus Sicherheitsgründen wurden die Fanzone am Friedensplatz und die Public-Viewing-Area am Westfalenpark geschlossen. Die zahlreich angereisten türkischen und georgischen Fans ließen sich davon die Laune aber nicht verderben. Im Gegenteil: Auf den Stadionrängen versprühten sie – abgesehen von ein paar sich prügelnder Chaoten – viel Leidenschaft. Und auf dem Rasen passten sich die Spieler der berauschenden Atmosphäre an. Das Auftaktspiel in Gruppe E war eines der besten der EM. Beide Teams lieferten sich ein Offensivspektakel vom Feinsten, es gab Chancen hüben wie drüben. Die favorisierten Türken hatten zunächst mehr vom Spiel und gingen in der 25. Minute durch einen spektakulären Volleyschuss von Mert Müldür aus 16 Metern verdient in Führung. Zwei Minuten später wurde dem Treffer von Kenan Yildiz nach VAR-Prüfung wegen Abseits die Anerkennung verweigert. In der 32. Minute nutzte Georges Mikautadze einen Stellungsfehler der türkischen Abwehr und glich völlig freistehend aus sieben Metern aus. Von da an waren auch die Georgier im Spiel. Mikautadze hätte den EM-Debütanten beinahe noch vor der Pause in Führung gebracht.

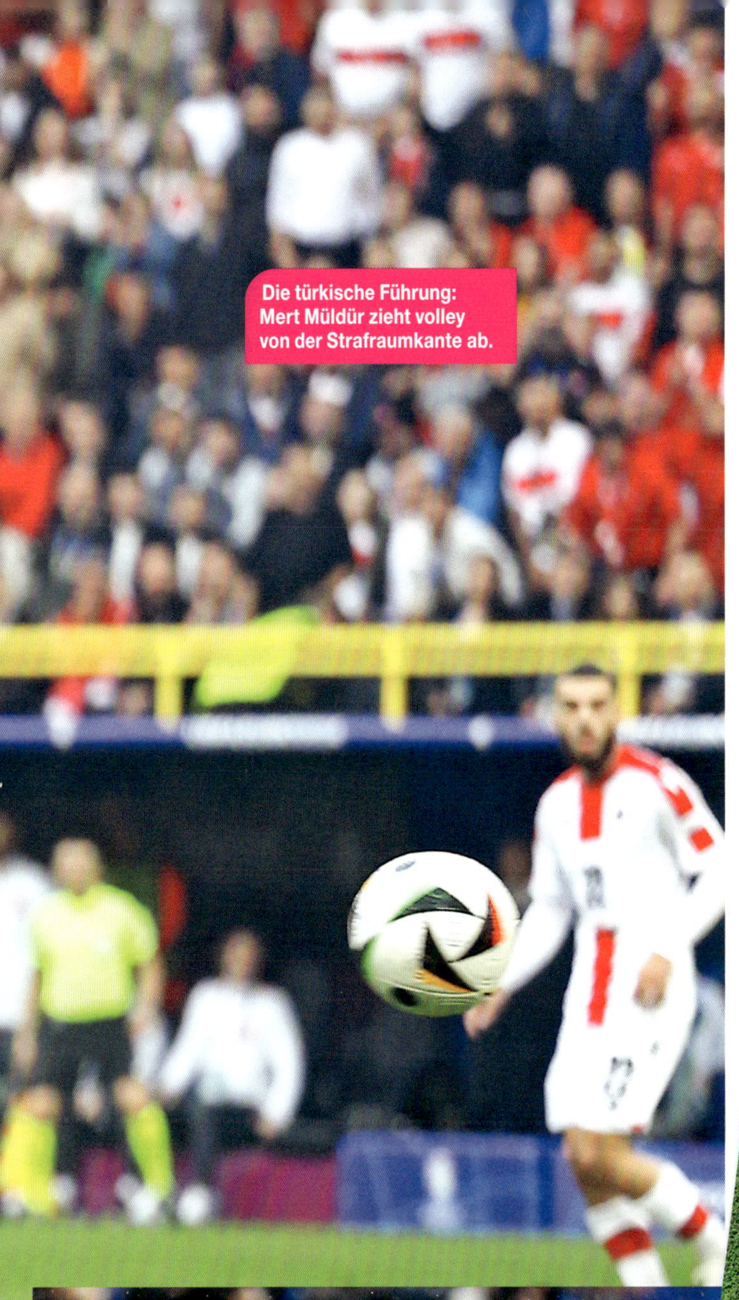

Die türkische Führung: Mert Müldür zieht volley von der Strafraumkante ab.

Jungstar Arda Güler feiert seinen Treffer zum 2:1.

Nach Seitenwechsel ging das Spektakel weiter. Genauso sehenswert wie Müldürs Führungstreffer war das zweite türkische Tor durch Arda Güler. Nach einem Ballgewinn in der gegnerischen Hälfte nahm das 19 Jahre alte Ausnahmetalent von Real Madrid aus 20 Metern Maß und direkt im linken oberen Torwinkel schlug der Ball ein. Danach drängten die Georgier auf den erneuten Ausgleich, Giorgi Kochorashvili traf die Latte. In der Nachspielzeit sorgte Kerem Aktürkoglu mit einem „Empty Net Goal" in Eishockeymanier – Torhüter Giorgi Mamardashvili war längst zum Angreifer geworden – für den Schlusspunkt.

Dienstag, 18. Juni 2024, 18 Uhr, Dortmund, 15° Celsius

TÜRKEI – GEORGIEN
3 : 1

Trainer: Vincenzo Montella

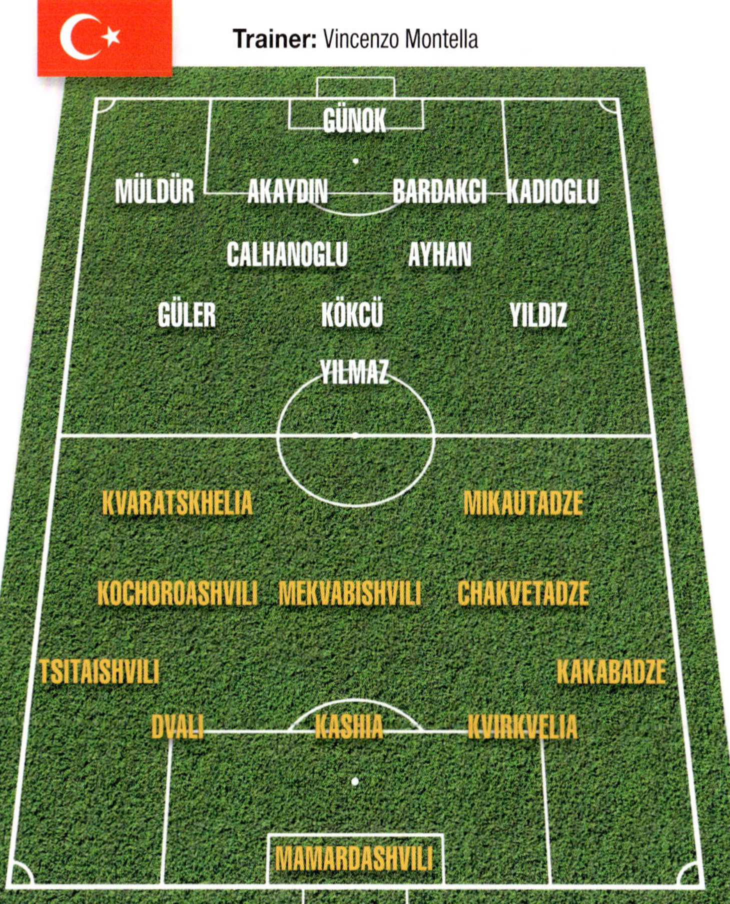

Trainer: Willy Sagnol

Eingewechselt:

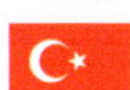	
Yazici für Güler (79.)	Davitashvili für Chakvetadze (74.)
Demiral für Ayhan (79.)	Lochoshvili für Tsitaishvili (74.)
Aktürkoglu für Yildiz (85.)	Zivzivadze für Kvirkvelia (85.)
Celik für Müldür (85.)	Altunashvili für Mekvabishvili (89.)
Özcan für Calhanoglu (90. +1)	

Tore: 1:0 Müldür (25.), 1:1 Mikautadze (32.), 2:1 Güler (65.), 3:1 Aktürkoglu (90. +7)

Gelbe Karten: Bardakci, Calhanoglu / Kvirkvelia

Gelb-Rote Karten: –

Rote Karten: –

Schiedsrichter: Facundo Tello (Argentinien)

Zuschauer: 59127

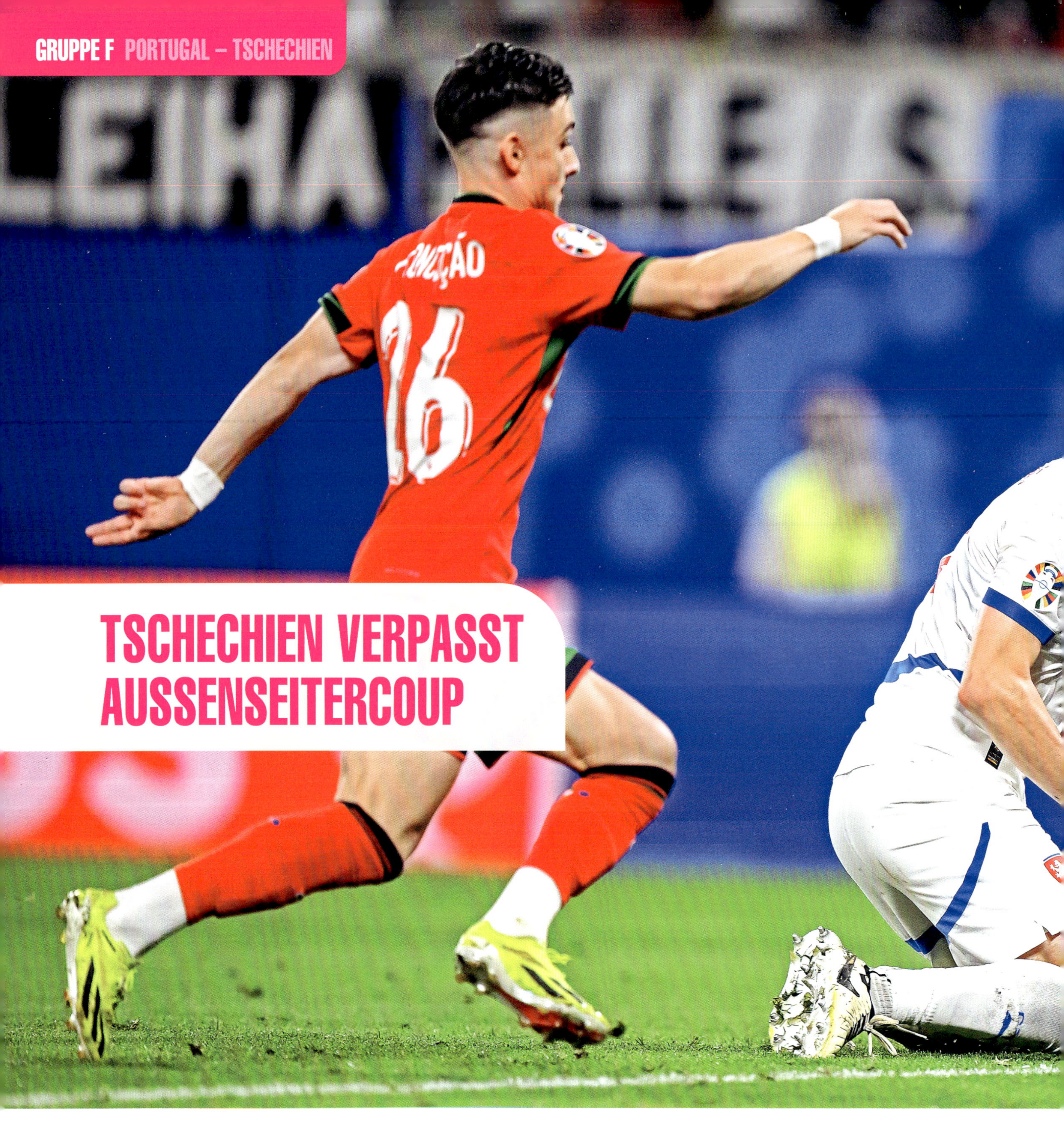

TSCHECHIEN VERPASST AUSSENSEITERCOUP

Durch zwei kapitale Abwehrfehler in den turbulenten letzten 30 Spielminuten brachten sich die Tschechen selbst um einen Außenseitercoup gegen favorisierte Portugiesen. In der 69. Minute wehrte der bis dahin starke Torhüter Jindrich Stanek einen Kopfball von Nuno Mendes direkt auf die Beine seines vor ihm stehenden Teamkollegen Robin Hranac ab – von diesen flog er zum 1:1 über die Linie. Dem Siegtreffer der Portugiesen in der zweiten Minute der Nachspielzeit ging eine Slapstickeinlage von „Pechvogel" Hranac voraus. Auf dem vom Dauerregen glitschigen Rasen rutschte der Innenverteidiger bei einem Klärungsversuch an der Fünfmeterraummarkierung weg – der erst 120 Sekunden vorher eingewechselte Francisco Conceicao stand goldrichtig und staubte mit seinem ersten Ballkontakt aus kurzer Distanz zum 2:1 ab. „Es ist sehr schade, dass wir unser Werk nicht vollendet haben", sagte hinterher Tschechiens Trainer Ivan Hasek. In der 62. Minute war sein Team bei einem seiner wenigen Angriffe durch einen angeschnittenen Rechtsschuss von Lukas Provod aus 19 Metern in Führung gegangen.

Der Auftaktsieg der Portugiesen mag zwar glücklich zustande gekommen sein (vor dem tschechischen Missgeschick beim 1:2 blieb noch dazu ein klares Foul von Nelson Semedo an David Doudera ungeahndet). Er war aber vollauf verdient angesichts deutlicher Vorteile beim Ballbesitz (73:27 Prozent), bei den Torschüssen (19:5) und bei den Ecken (13:0). Einem weiteren

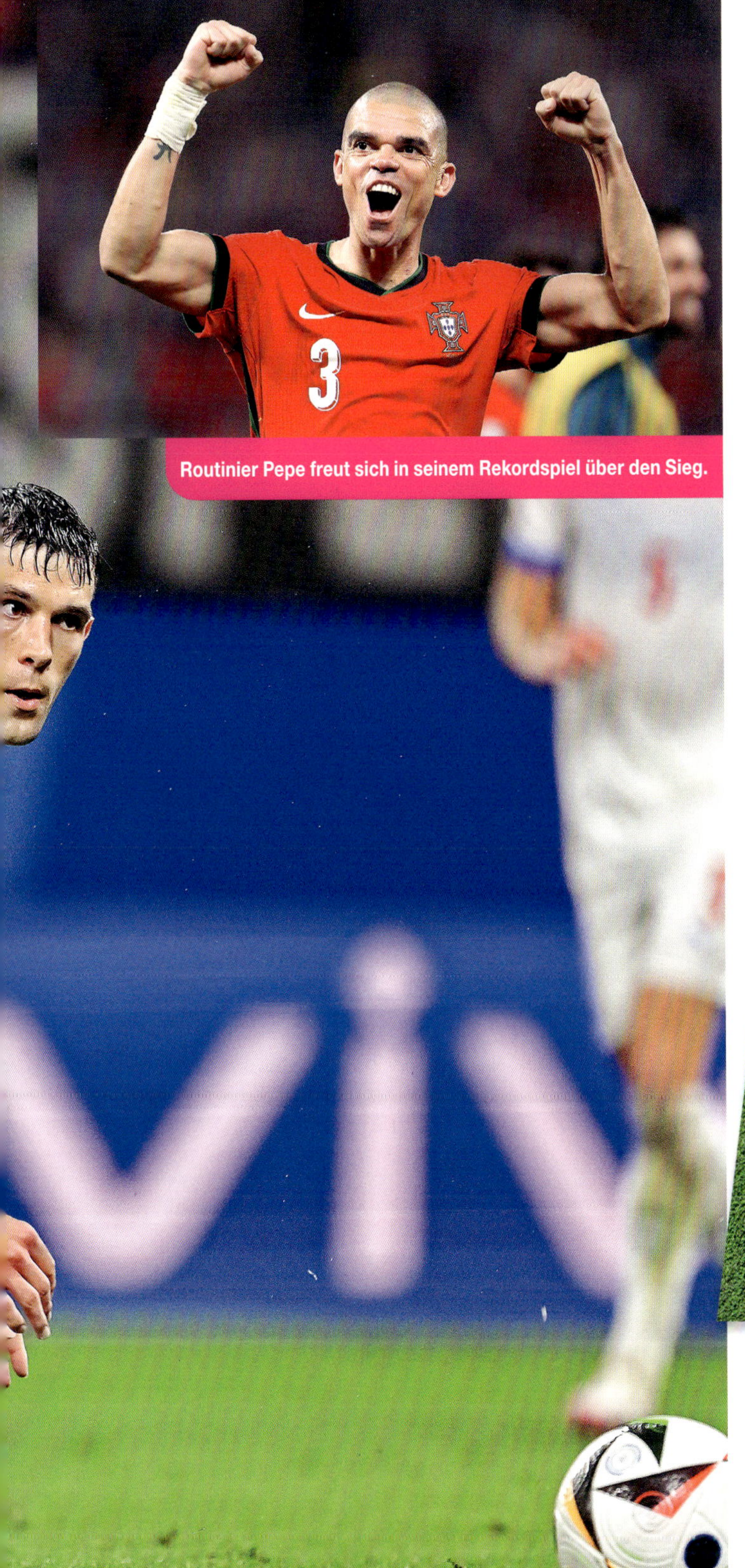

Routinier Pepe freut sich in seinem Rekordspiel über den Sieg.

Portugals Siegtreffer: Robin Hranac rutscht aus, Francisco Conceicao schiebt ein.

Dienstag, 18. Juni 2024, 21 Uhr, Leipzig, 19° Celsius

PORTUGAL – TSCHECHIEN
2 : 1

Trainer: Roberto Martinez

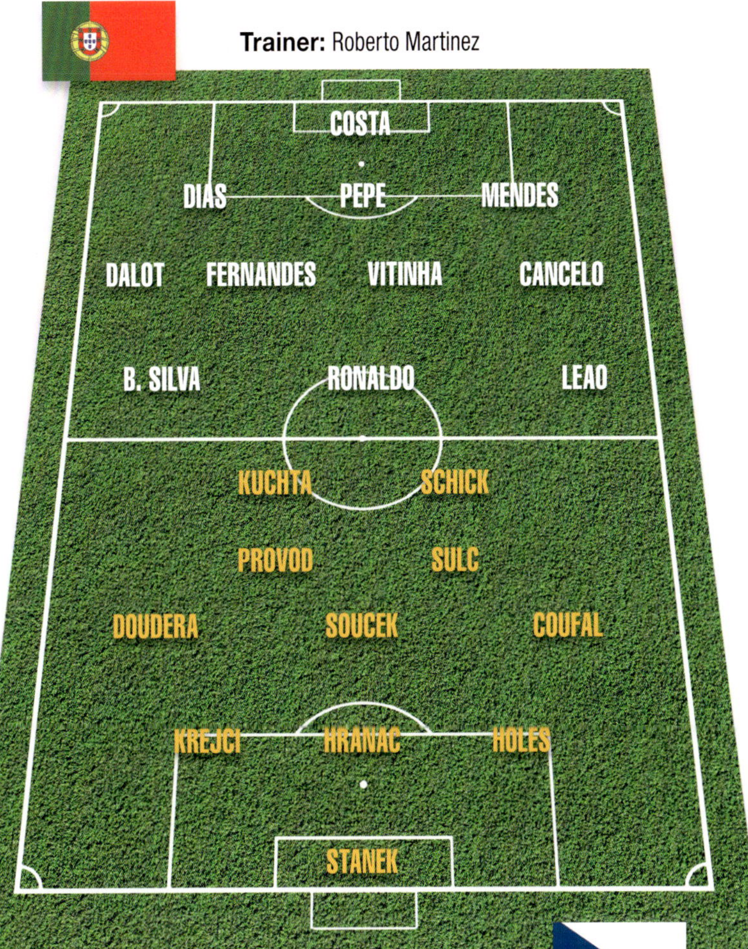

Trainer: Ivan Hasek

Eingewechselt:

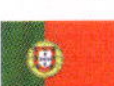

Jota für Leao (63.)
Inacio für Dalot (63.)
Conceicao für Vitinha (90.)
Semedo für Cancelo (90.)
Neto für Mendes (90.)

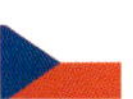

Lingr für Kuchta (60.)
Chytil für Schick (60.)
Barak für Provod (79.)
Sevcik für Sulc (79.)
Chory für Holes (90. +3)

Treffer durch Diogo Jota in der 87. Minute blieb nach VAR-Prüfung die Anerkennung verwehrt: Vorlagengeber Cristiano Ronaldo hatte im Abseits gestanden.
Die Portugiesen konnten sich nach dem Spiel nicht nur über drei Punkte freuen, sondern auch über zwei Rekorde: 20 Jahre nach seinem Europameisterschaftsdebüt 2004 führte Cristiano Ronaldo das Team als Kapitän aufs Feld und wurde damit zum ersten Spieler überhaupt mit sechs EM-Teilnahmen.
Sein Kollege Pepe löste mit 41 Jahren und 113 Tagen den Ungarn Gabor Kiraly als ältesten Spieler der EM-Historie ab (bei der EM 2016 war der frühere Bundesligatorhüter von Hertha BSC 40 Jahre und 86 Tage alt).

Tore: 0:1 Provod (62.), 1:1 Hranac (Eigentor, 69.), 2:1 Conceicao (90. +2)

Gelbe Karten: Leao, Conceicao / Schick

Gelb-Rote Karten: –

Rote Karten: –

Schiedsrichter: Marco Guida (Italien)

Zuschauer: 38 421

TSCHECHIEN ZWISCHEN GLÜCK UND PECH

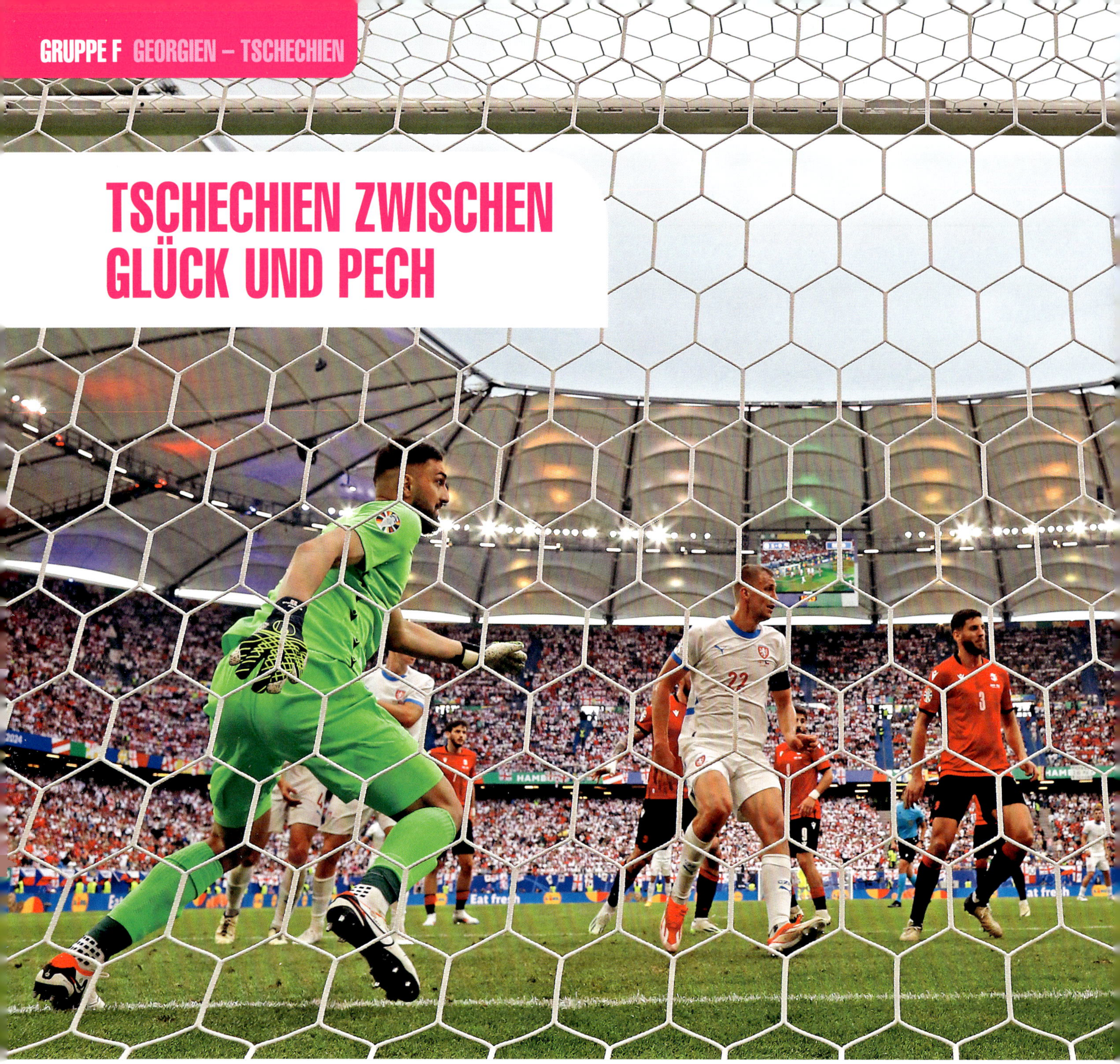

Sie waren im Hamburger Volksparkstadion das drückend überlegene Team: 26:5 Torschüsse, 62:38 Prozent Ballbesitz, 11:5 Ecken. Und dennoch mussten die Tschechen nach Schlusspfiff froh über das Remis gegen EM-Debütant Georgien sein. In der letzten Aktion des Spiels tauchte der Georgier Saba Lobjanidze nach einem Konter völlig freistehend vor dem tschechischen Torhüter Jindrich Stanek auf, zeigte jedoch Nerven und drosch den Ball über das Gehäuse. Für beide Teams war das 1:1 der erste Punktgewinn im Turnier, für die Georgier war es sogar der erste ihrer EM-Historie.

„Das Spiel war für die Fans spektakulär. Wir haben es dominiert, aber es nicht geschafft, ein zweites Tor zu erzielen", resümierte Tschechiens Trainer Ivan Hasek. Bedingungslos rannte seine Mannschaft an, hatte Chancen zuhauf, doch immer wieder fand sie in Georgiens Torhüter Giorgi Mamardashvili – hinterher zum Spieler des Spiels gewählt – ihren Meister. In der 23. Minute

Überragender Spieler auf dem Platz: Georgiens Torhüter Giorgi Mamardashvili klärt in dieser Szene sogar mit dem Kinn.

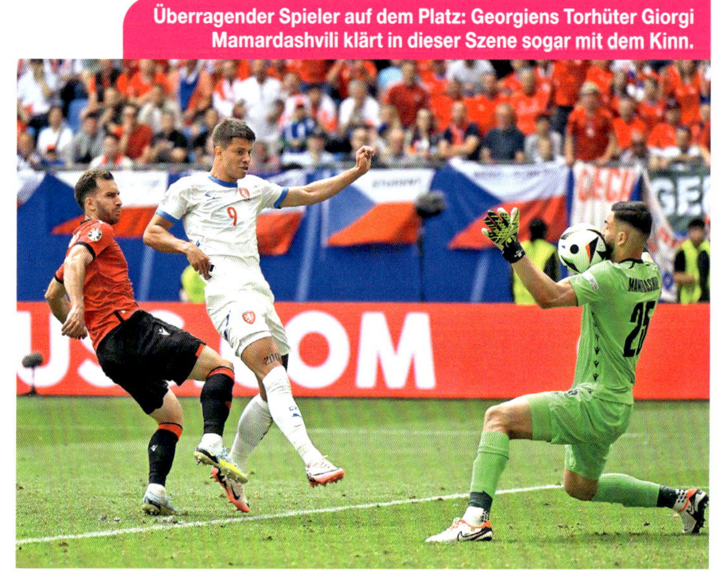

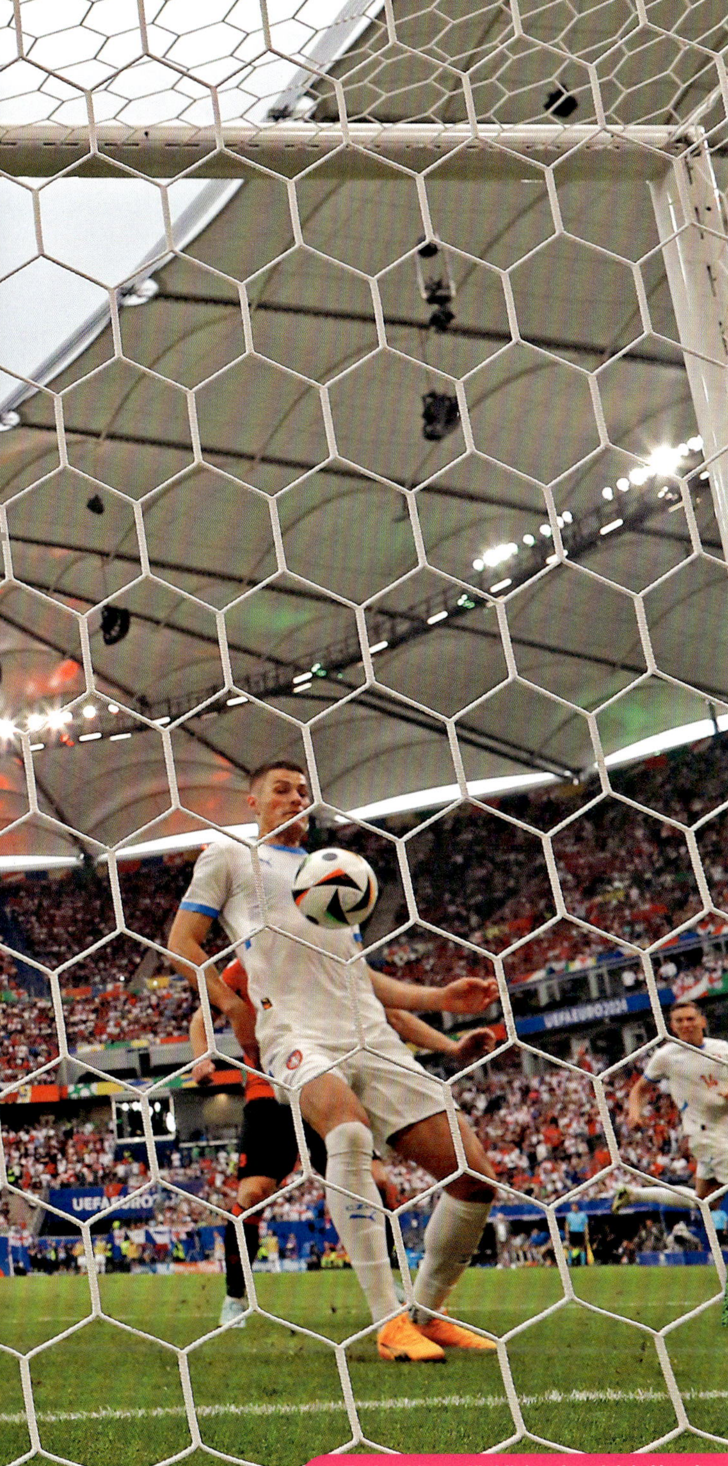
Tschechiens glücklicher Ausgleich: Von der Brust Patrik Schicks' prallt der Ball ins Tor.

Samstag, 22. Juni 2024, 15 Uhr, Hamburg, 20° Celsius

GEORGIEN – TSCHECHIEN
1 : 1

Trainer: Willy Sagnol

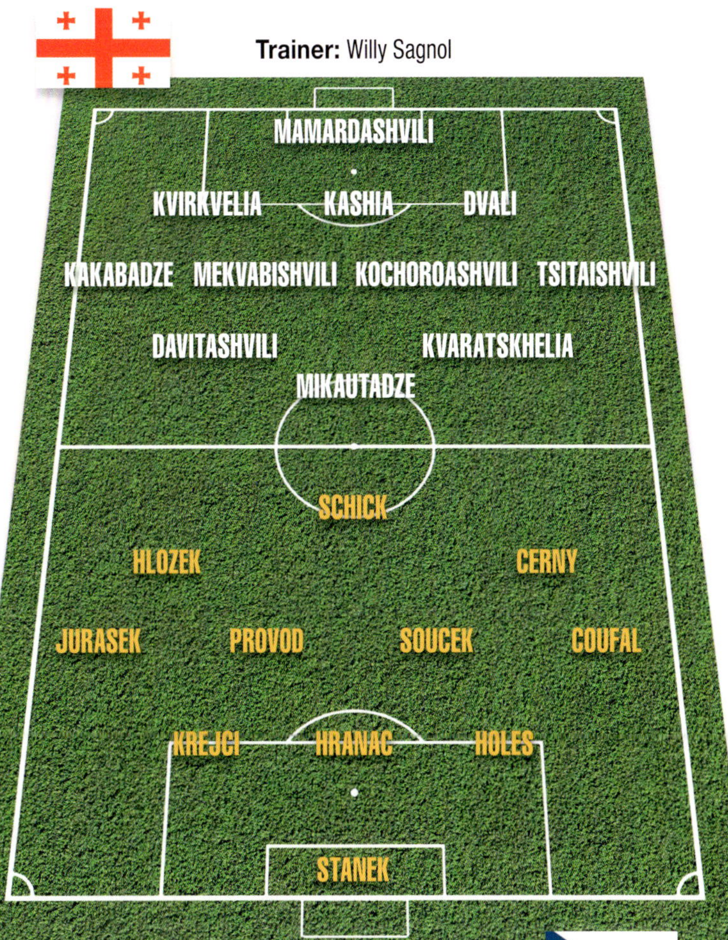

Trainer: Ivan Hasek

Eingewechselt:

Georgien	Tschechien
Chakvetadze für Davitashvili (62.)	M. Jurasek für Cerny (55.)
Lochoshvili für Tsitaishvili (62.)	Lingr für Hlozek (55.)
Lobjanidze für Kvaratskhelia (82.)	Chytil für Schick (68.)
Gvelesiani für Kvirkvelia (82.)	Barak für Provod (81.)
Kvilitaia für Mikautadze (88.)	Sevcik für D. Jurasek (81.)

Tore: 1:0 Mikautadze (Elfmeter, 45. +4), 1:1 Schick (59.)

Gelbe Karten: Kashia, Gvelesiani, Mekvabishvili, Kochorashvili / Coufal, Provod, D. Jurasek, Holes, Soucek

Gelb-Rote Karten: –

Rote Karten: –

Schiedsrichter: Daniel Siebert (Berlin)

Zuschauer: 46 524

wurde der vermeintliche Führungstreffer durch Adam Hlozek nach Eingreifen des VAR annulliert: Der Leverkusener Meisterspieler hatte den Ball mit der Hand über die Linie gedrückt. Beim Ausgleichstreffer durch Hlozeks Vereinskollegen Patrik Schick in der 59. Minute hatten die Tschechen wiederum das Glück des Tüchtigen: Ondrej Lingr köpfte nach einem Eckball an den linken Pfosten, von dort prallte der Ball auf die Brust des Leverkuseners und von dieser ins Tor.
In der Nachspielzeit der ersten Halbzeit hatte Georges Mikautadze den Außenseiter durch einen Handelfmeter, seinem zweiten Treffer des Turniers, in Führung gebracht. Dabei hatte sich der VAR wieder zum Nachteil der Tschechen gemeldet: Robin Hranac hatte nach einer hohen Flanke den Ball mit der Hand berührt. Der Verteidiger von Viktoria Pilsen war schon im ersten Turnierspiel mit einem Eigentor und einer Slapstickeinlage vor dem portugiesischen Siegtreffer der „Pechvogel“ gewesen.

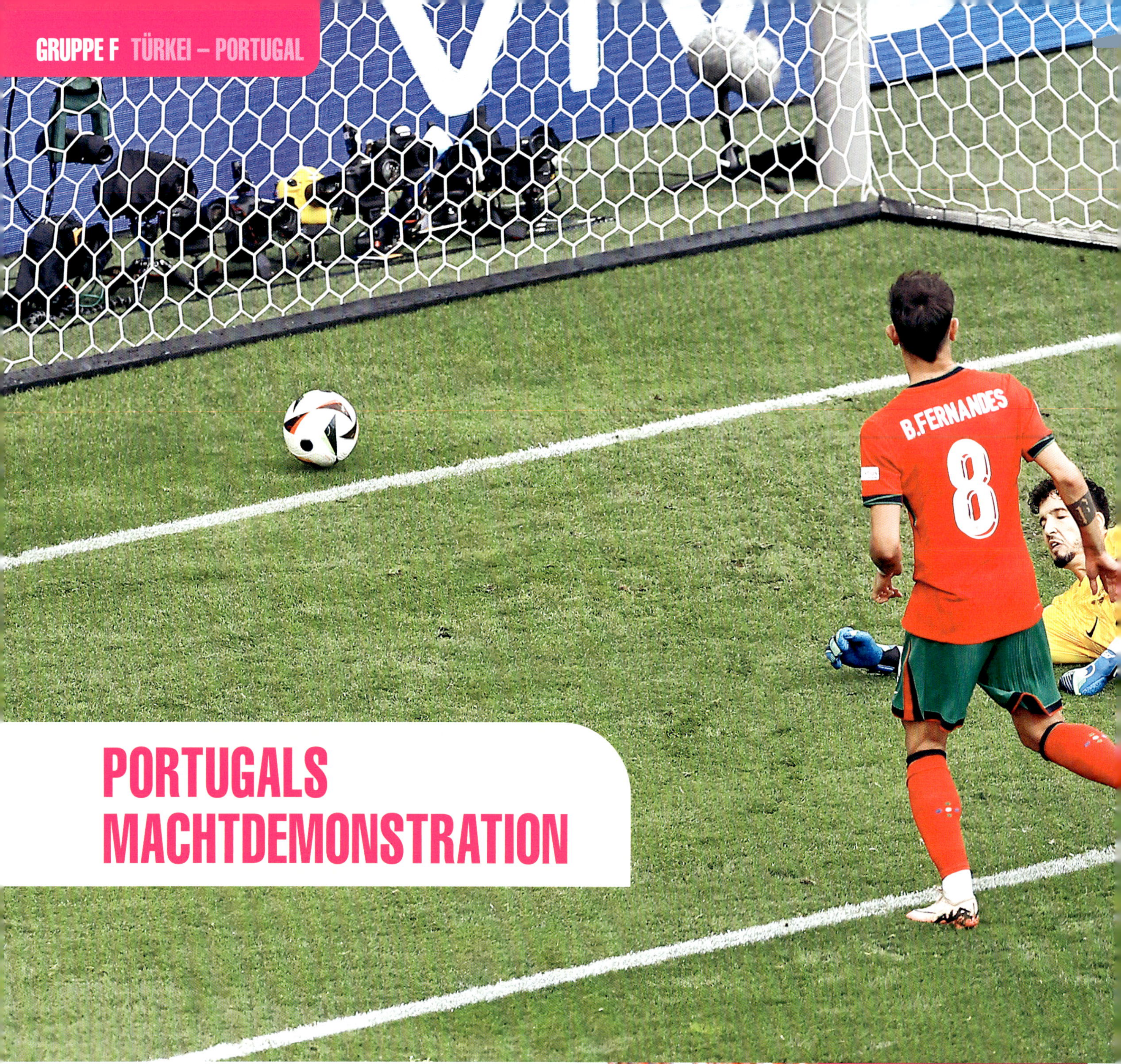

PORTUGALS MACHTDEMONSTRATION

Fröhlich pilgerten rund 40 000 Türken per Fanmarsch aus der Dortmunder Innenstadt zum Stadion. Ernüchtert zogen sie nach dem Abpfiff von dannen. Dazwischen lag eine 90-minütige Lehrstunde der Portugiesen. Im Duell der zum Auftakt erfolgreichen Teams sicherte sich der Europameister von 2016 durch ein souveränes 3:0 vorzeitig den Gruppensieg. Nach einer ausgeglichenen Anfangsphase rissen Cristiano Ronaldo und seine Kollegen die Partie an sich: In der 21. Minute sorgte Bernardo Silva nach einer noch abgefälschten Flanke von Nuno Mendes mit einem stammen Schuss aus zehn Metern für die Führung. Der zweite Treffer nur sieben Minuten später war ein Geschenk der Türken: Innenverteidiger Samet Akaydin wollte von der Strafraummarkierung zu Torhüter Altay Bayindir zurückpassen – an diesem vorbei trudelte der Ball ins Tor. Den Endstand markierte in der 56. Minute Bruno Fernandes, der nach feinem Querpass von Cristiano Ronaldo nur noch einzuschieben brauchte.

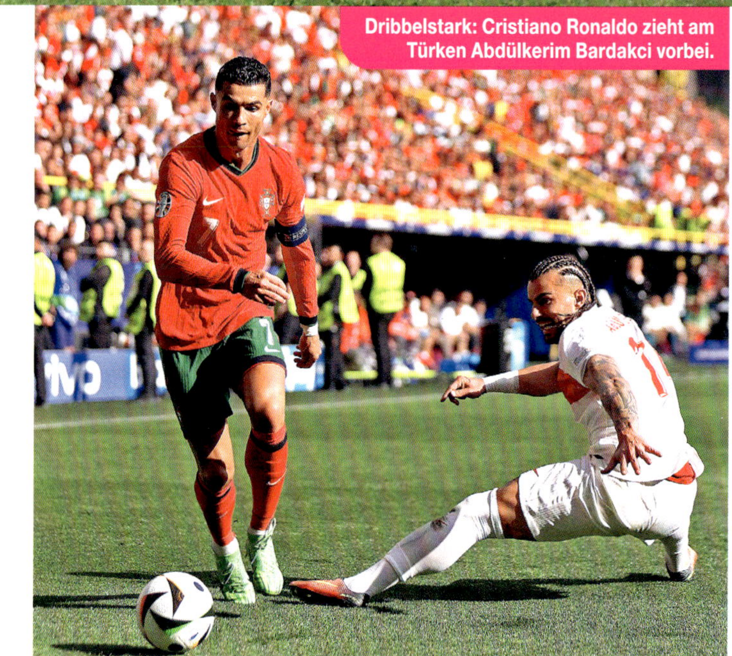

Dribbelstark: Cristiano Ronaldo zieht am Türken Abdülkerim Bardakci vorbei.

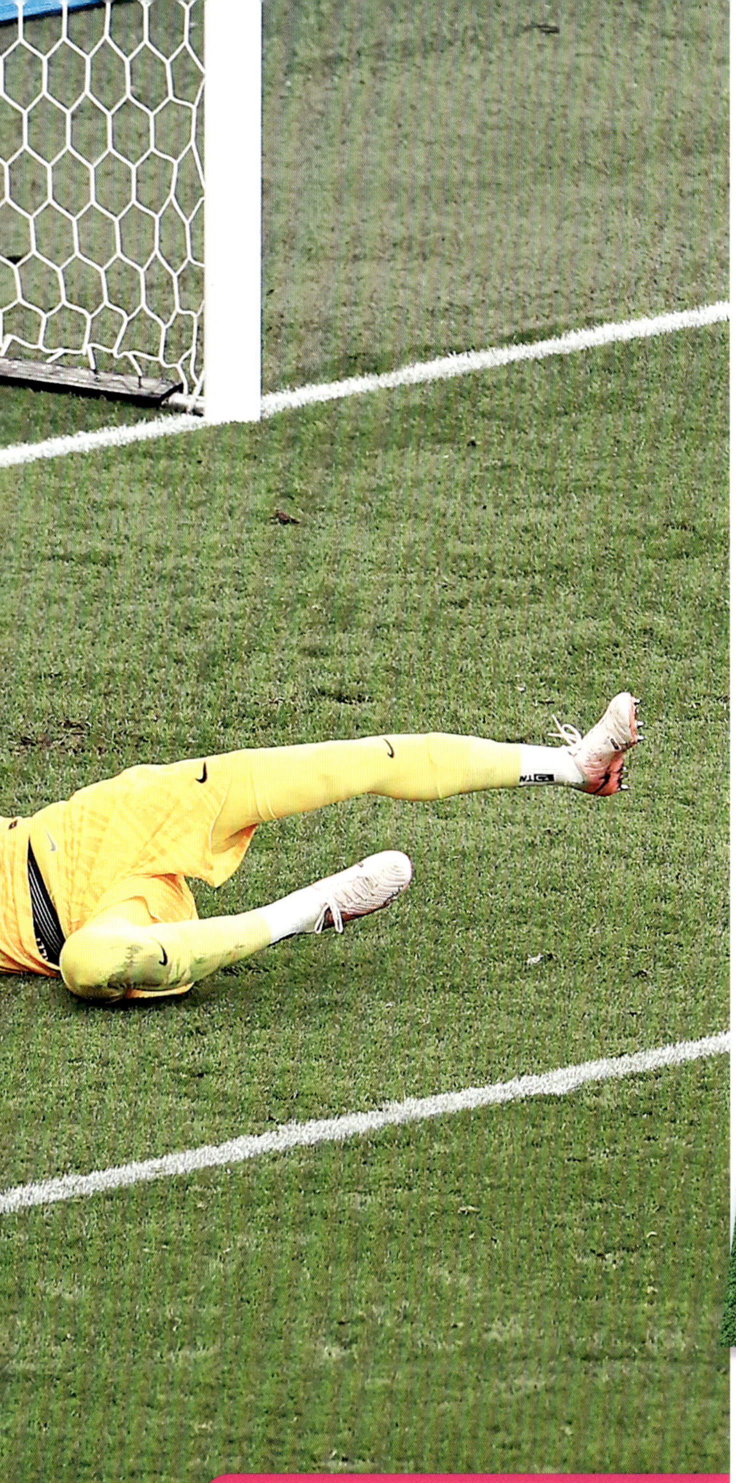

Das 3:0: Bruno Fernandes braucht nach feinem Querpass von Cristiano Ronaldo nur noch einzuschieben.

Samstag, 22. Juni 2024, 18 Uhr, Dortmund, 20° Celsius

TÜRKEI – PORTUGAL
0 : 3

Trainer: Vincenzo Montella

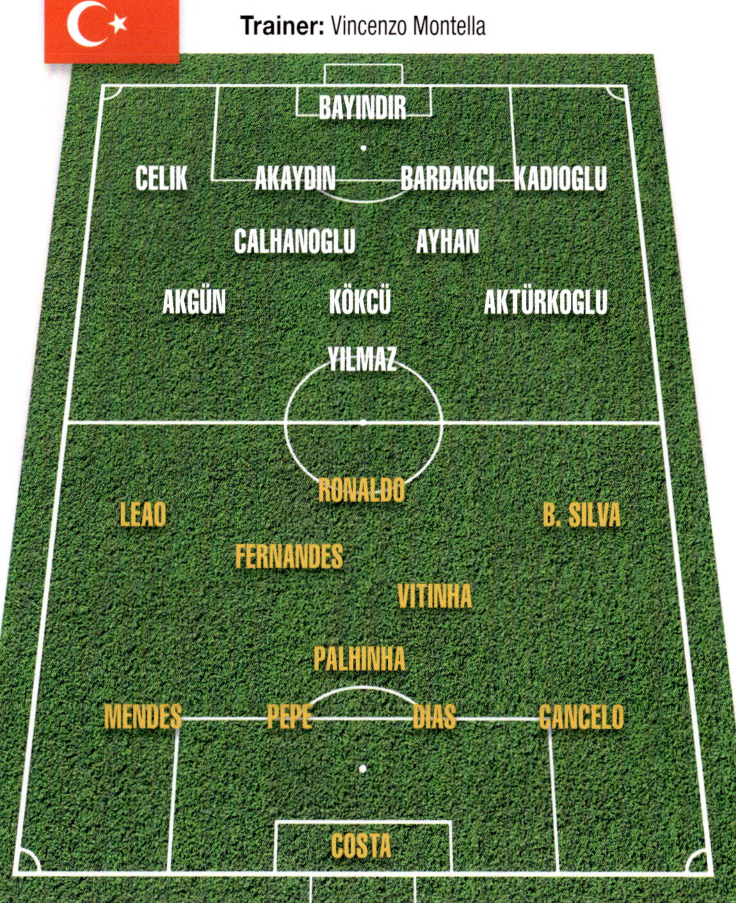

Trainer: Roberto Martinez

Eingewechselt:

Türkei	Portugal
Yazici für Kökcü (46.)	Neto für Leao (46.)
Yildiz für Aktürkoglu (58.)	R. Neves für Palhinha (46.)
Yüksek für Ayhan (58.)	Semedo für Cancelo (68.)
Güler für Akgün (70.)	A. Silva für Pepe (83.)
Demiral für Akaydin (75.)	J. Neves für Vitinha (89.)

Tore: 0:1 B. Silva (21.), 0:2 Akaydin (Eigentor, 28.), 0:3 Fernandes (56.)

Gelbe Karten: Bardakci, Akaydin, Celik / Leao, Palhinha

Gelb-Rote Karten: –

Rote Karten: –

Schiedsrichter: Felix Zwayer (Berlin)

Zuschauer: 61 047

Portugals Trainer Roberto Martinez freute sich neben den Toren vor allem über die Abwehrleistung seines Teams: „Wir waren defensiv fokussiert. Dass wir die Null gehalten haben, war sehr wichtig.“ Kein Verständnis brachte er für mehrere Flitzer auf, die in der Schlussphase auf das Spielfeld rannten, um ein Selfie mit Cristiano Ronaldo zu ergattern: „Das sollte nicht passieren, das ist nicht der richtige Weg.“

Passende Worte dürfte Martinez auch für seinen Schützling Rafael Leao gefunden haben. Wie schon im ersten Spiel gegen Tschechien kassierte der Offensivspieler eine Gelbe Karte wegen einer Schwalbe und war damit für das letzte Gruppenspiel gesperrt. Türkei-Trainer Vincenzo Montella musste sich hinterher vor den Medien rechtfertigen, dass er in der Startelf auf den nach dem ersten Spiel gefeierten Jungstar Arda Güler verzichtet hatte: „Er war nicht fit genug und hätte nicht länger als 30 Minuten ohne größeres Verletzungsrisiko spielen können.“

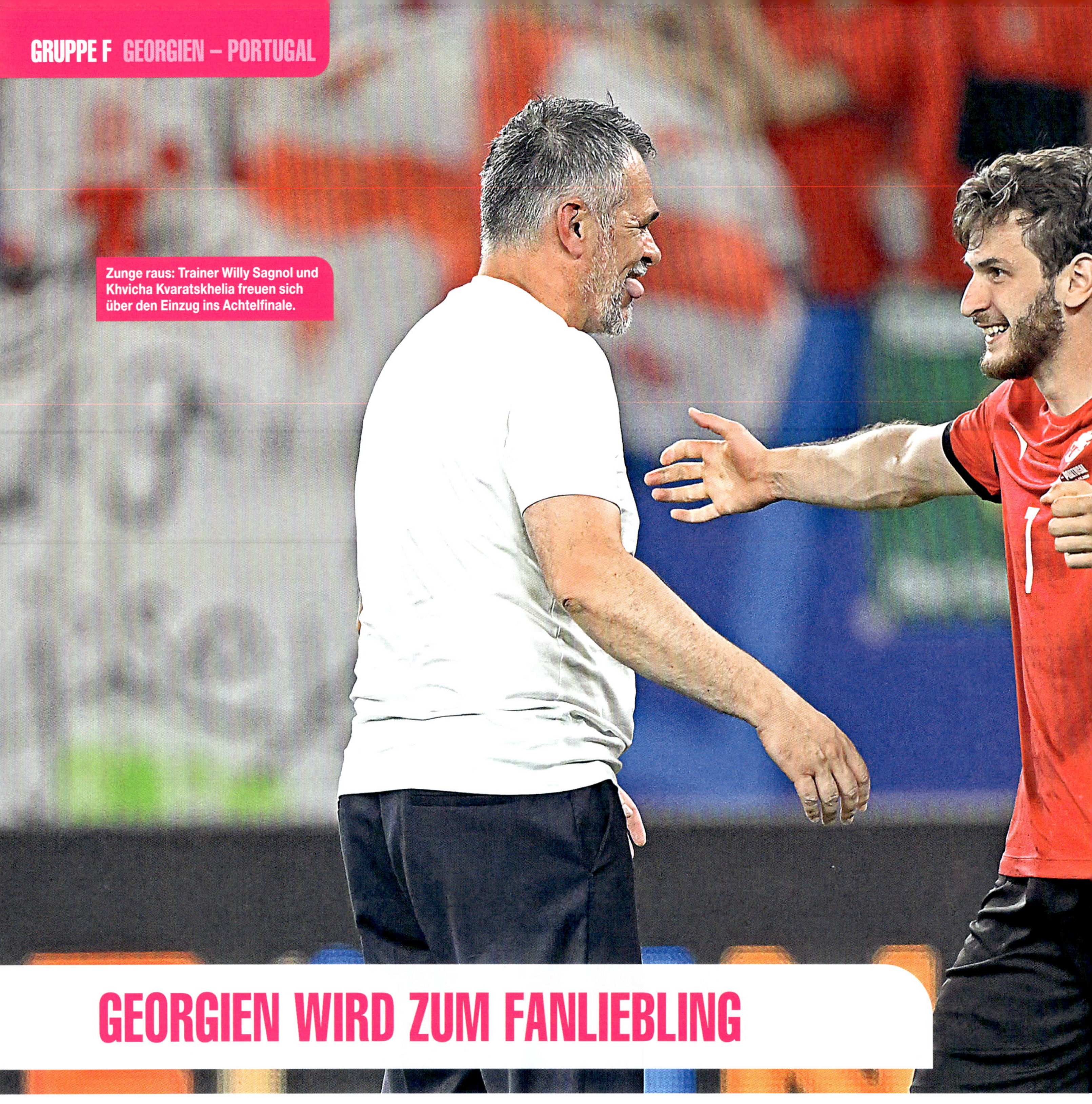

Zunge raus: Trainer Willy Sagnol und Khvicha Kvaratskhelia freuen sich über den Einzug ins Achtelfinale.

GEORGIEN WIRD ZUM FANLIEBLING

Schon nach dem ersten Spiel wurden die Georgier trotz der 1:3-Niederlage gegen die Türkei für ihre leidenschaftliche Vorstellung gefeiert. Mit dem 2:0-Sieg im abschließenden Gruppenspiel gegen Portugal eroberten die EM-Debütanten dann endgültig die Herzen der neutralen Fans. Als einer der vier besten Gruppendritten zogen sie ins Achtelfinale ein. Deutschland erreichten emotionale Bilder aus der nicht einmal vier Millionen Einwohner zählenden Schwarzmeerrepublik im Südkaukasus, auf denen die Menschen ihre Nationalmannschaft bis tief in die Nacht feierten. Freilich spielte den Georgiern die Ausgangsposition in die Karten. Der Gruppensieg der Portugiesen stand bereits fest, Trainer Roberto Martinez änderte seine Startelf gegenüber dem vorangegangenen 3:0 gegen die Türkei auf gleich acht Positionen. Entsprechend groß war zu Beginn die Unordnung. Georges Mikautadze schnappte sich einen Fehlpass im Mittelfeld, bediente seinen Sturmkollegen Khvicha Kvaratskhelia und der schloss bereits nach 91 Sekunden mit dem 1:0 ab. Danach bestimmten die Portugiesen das Geschehen: 72:28 Prozent Ballbesitz, 11:1 Ecken und 22:7 Torschüsse standen am Ende für den Europameister von 2016 zu Buche. Georgiens Torhüter Giorgi Mamardashvili strahlte viel Sicherheit auf seine Vorderleute aus, entschärfte unter anderem einen Freistoßhammer von Cristiano Ronaldo und hielt am Ende die Null. In der 57. Minute sorgte Georges Mikautadze mit einem Foulelfmeter – Antonio Silva hatte Luka Lochoshvili umgetreten – für den Endstand. Bereits sein dritter Turniertreffer, der zweite vom Elfmeterpunkt. Georgiens Trainer, der frühere FC-Bayern-München-Profi Willy Sagnol, gab hinterher einen Einblick in sein Erfolgsrezept: „Ich habe meinen

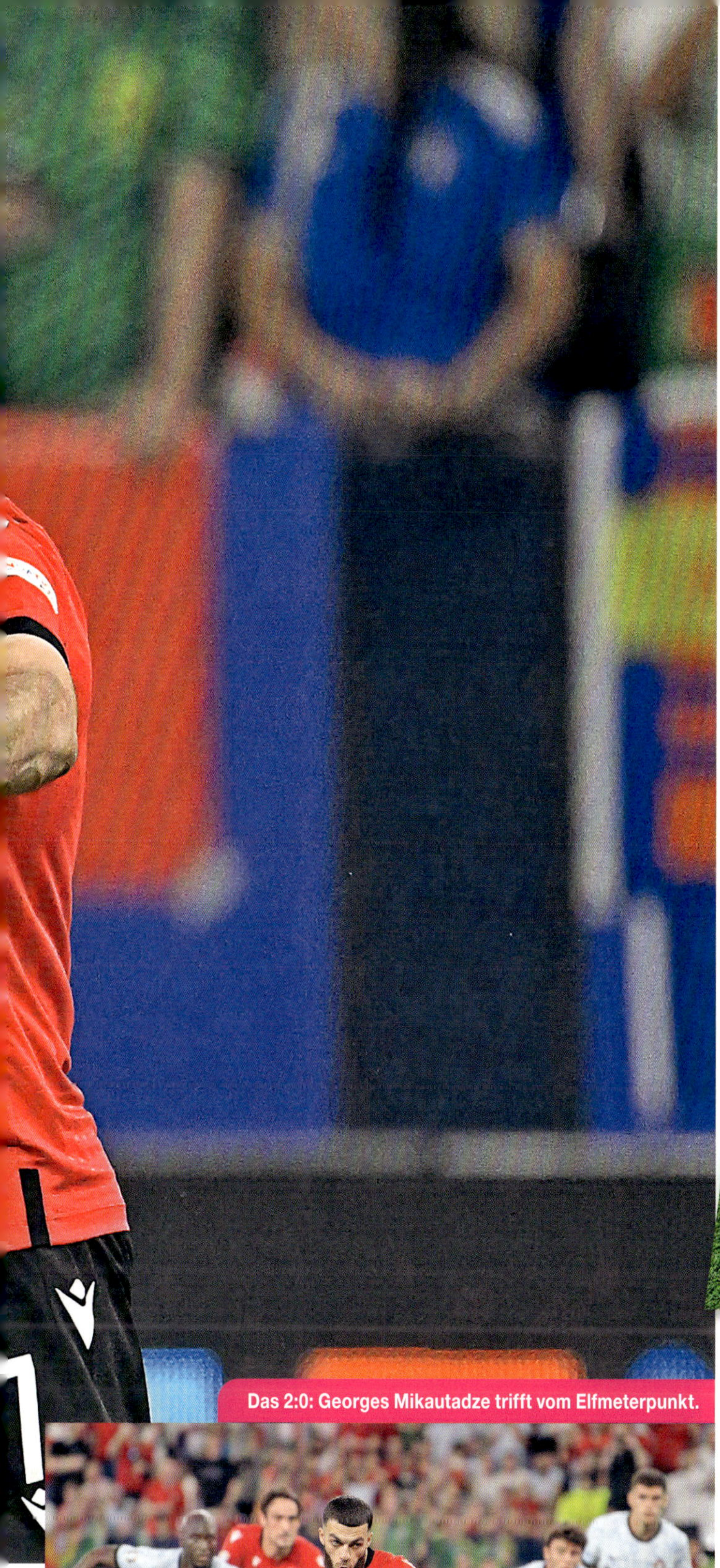

Das 2:0: Georges Mikautadze trifft vom Elfmeterpunkt.

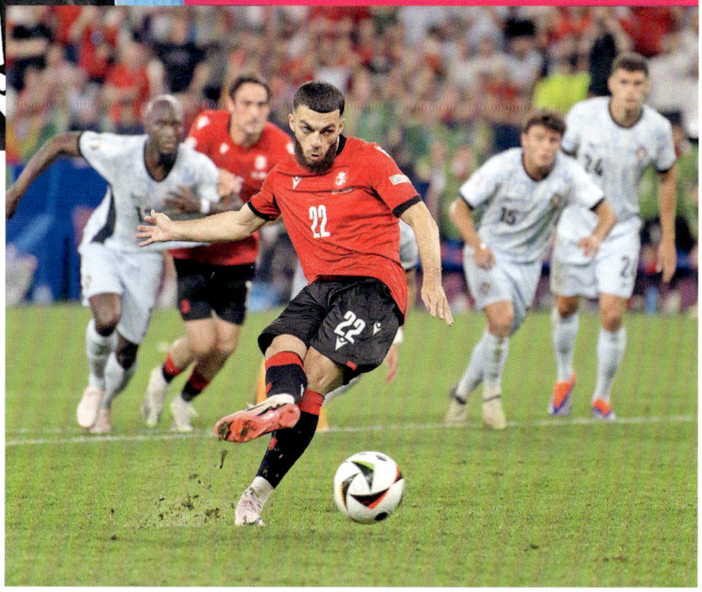

Spielern vor der Partie gesagt, dass sie so spielen sollen, wie damals, als sie 16 oder 17 Jahre alt waren: befreit, ohne irgendwelche Ängste. Und das haben sie brillant getan."

Mittwoch, 26. Juni 2024, 21 Uhr, Gelsenkirchen, 22° Celsius

GEORGIEN – PORTUGAL
2 : 0

Trainer: Willy Sagnol

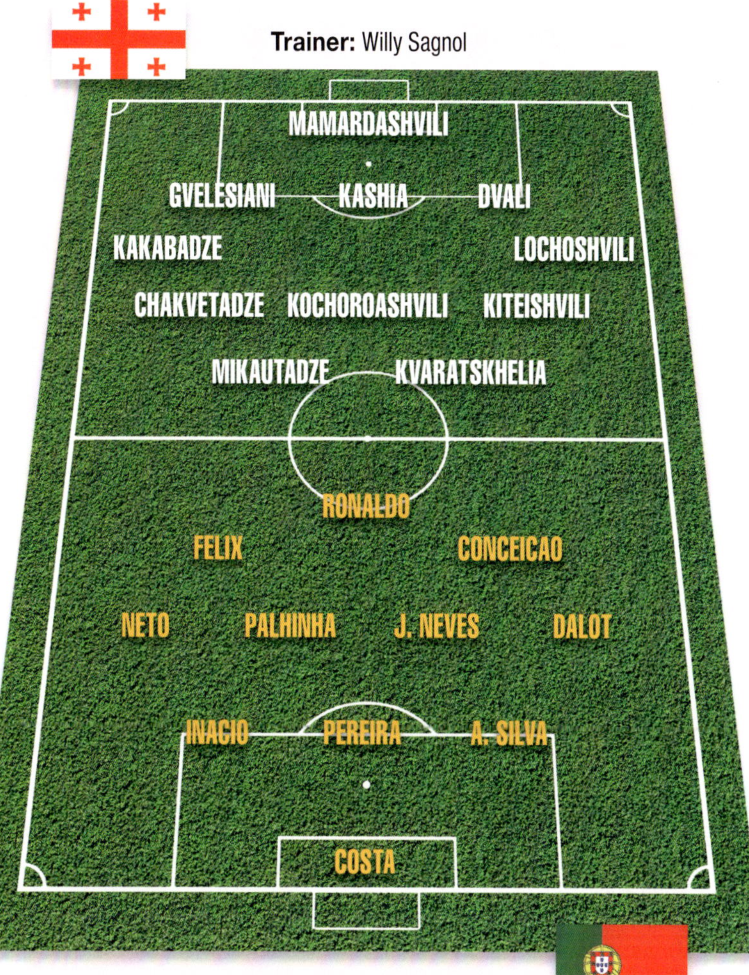

Trainer: Roberto Martinez

Eingewechselt:

Tsitaishvili für Lochoshvili (63.)
Kvirkvelia für Gvelesiani (76.)
Mekvabishvili für Chakvetadze (81.)
Davitashvili für Kvaratskhelia (81.)

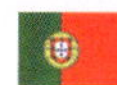

R. Neves für Palhinha (46.)
Ramos für Ronaldo (66.)
Semedo für A. Silva (66.)
Jota für Neto (75.)
Nunes für J. Neves (75.)

Tore: 1:0 Kvaratskhelia (2.), 2:0 Mikautadze (Foulelfmeter, 57.)

Gelbe Karte: Mekvabishvili / Ronaldo, Neto, R. Neves

Gelb-Rote Karten: –

Rote Karten: –

Schiedsrichter: Sandro Schärer (Schweiz)

Zuschauer: 49 616

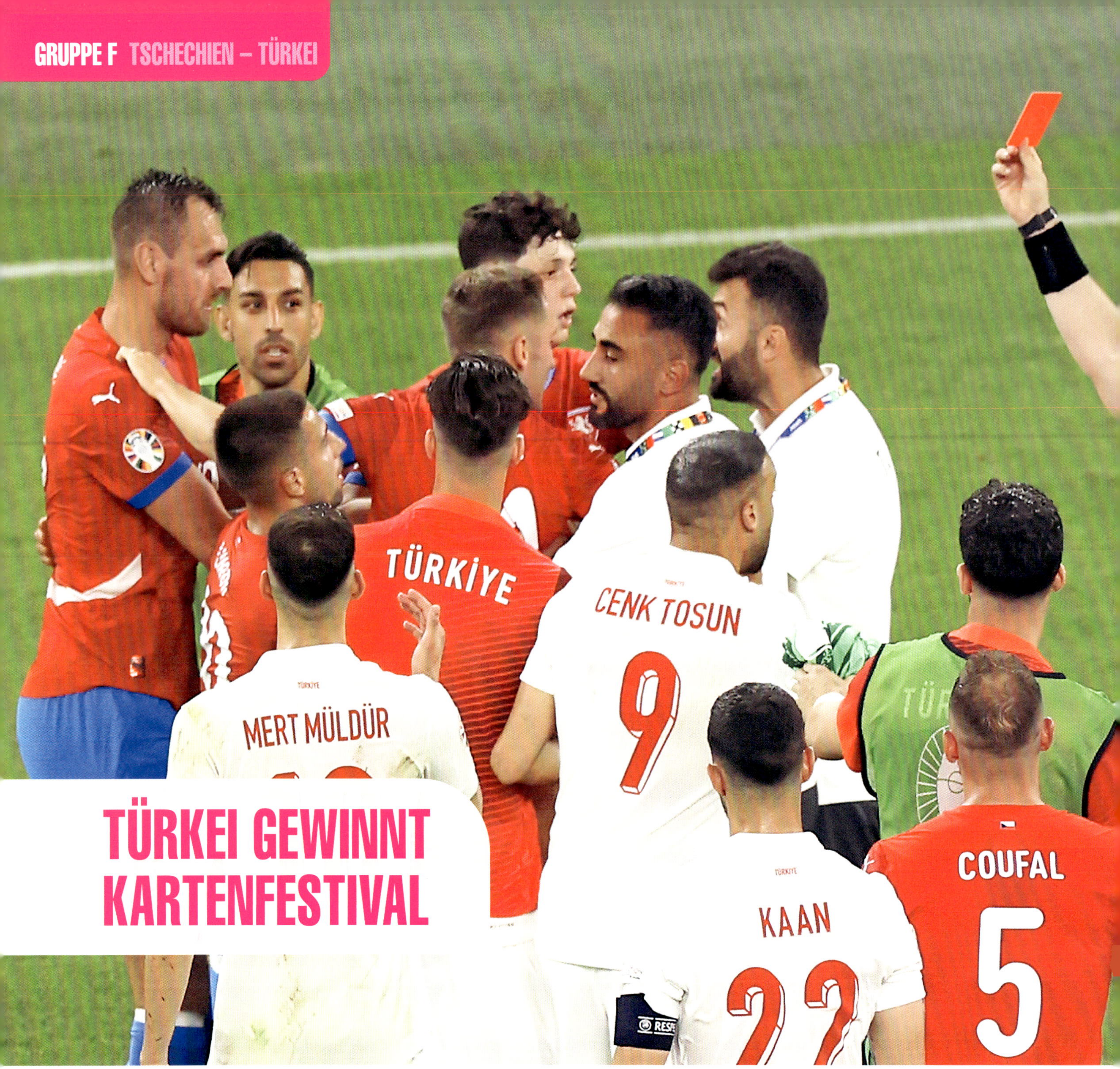

TÜRKEI GEWINNT KARTENFESTIVAL

Den Tschechen klebte bei dieser EM das Pech an den Fersen. Im ersten Spiel fabrizierten sie ein Eigentor und einen kapitalen Bock vor Portugals Siegtreffer. Im zweiten gegen Georgien kassierten sie einen Handelfmeter in der Nachspielzeit der ersten Hälfte. Und in der abschließenden Partie gegen die Türkei holten sie sich in der 20. Minute den frühesten Platzverweis der EM-Geschichte ab. Mittelfeldspieler Antonin Barak, nach einem Trikotzupfer schon mit Gelb belastet, „stempelte" unabsichtlich Salih Özcan, und Schiedsrichter Istvan Kovacs zückte Gelb-Rot. Es war der Beginn eines historischen Kartenfestivals, der rumänische Unparteiische verlor phasenweise die Kontrolle über das Geschehen auf dem Platz. 17 Gelbe, eine Gelb-Rote und eine Rote – so viele Karten hatte es nie zuvor in einem EM-Spiel gegeben. Vier davon gegen lautstark protestierende Spieler auf der Ersatzbank und drei nach einem Tumult kurz vor dem Schlusspfiff.

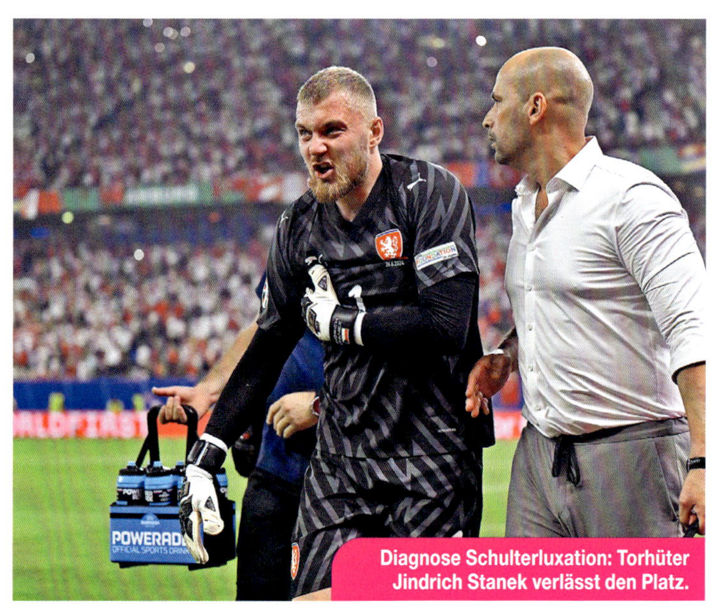
Diagnose Schulterluxation: Torhüter Jindrich Stanek verlässt den Platz.

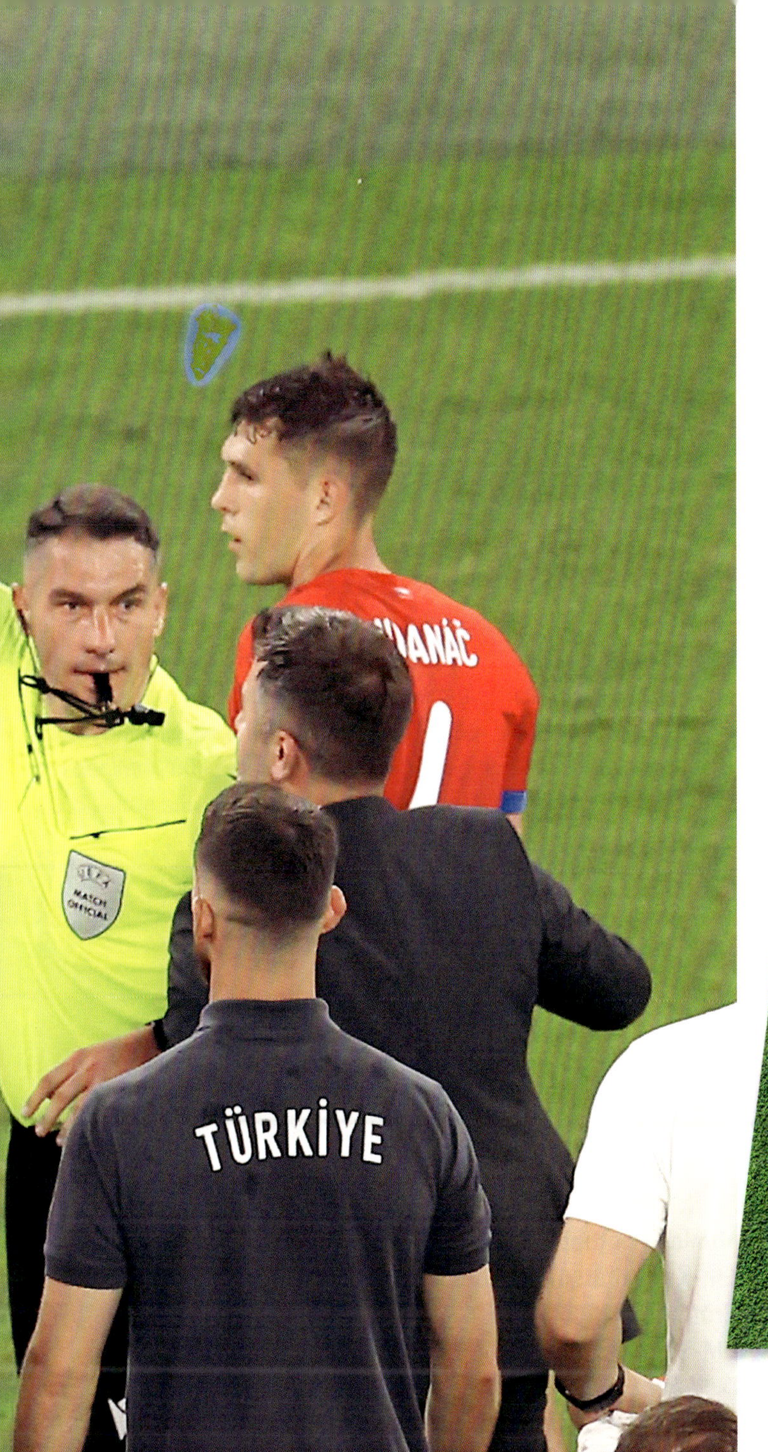

Tumult kurz vor dem Schlusspfiff: Schiedsrichter Istvan Kovacs zückt gegen den Tschechen Tomas Chory die Rote Karte.

Nach nur einem Punkt aus den ersten zwei Spielen standen die Tschechen unter Siegzwang. Aufopferungsvoll kämpften sie über 70 Minuten lang in Unterzahl, in der Nachspielzeit mussten sie jedoch den K. o. hinnehmen. Cenk Tosun schloss einen Konter der Türken, denen schon der eine Punkt zum Weiterkommen gereicht hätte, mit dem 2:1 ab. Vom Pech verfolgt waren die Tschechen auch beim ersten Gegentor durch Hakan Calhanoglu. Torhüter Jindrich Stanek hatte sich wenige Momente zuvor bei einer Rettungstat die rechte Schulter ausgekugelt und nur mühevoll wieder aufrappeln können (vom Schmerz gezeichnet wurde er danach ausgewechselt). Seine beste Szene des Abends hatte Schiedsrichter Kovacs beim Ausgleich durch Tomas Soucek in der 66. Minute, der den Ball aus einem Getümmel im Strafraum über die Linie befördert hatte. Die Türken monierten, dass ihr Torhüter Mert Günok dabei behindert worden wäre. Kovacs erkannte den Treffer nach Rücksprache mit dem VAR zurecht an.

Mittwoch, 26. Juni 2024, 21 Uhr, Hamburg, 22° Celsius

TSCHECHIEN – TÜRKEI

1 : 2

Trainer: Ivan Hasek

STANEK

HOLES – HRANAC – KREJCI

COUFAL – SOUCEK – PROVOD – JURASEK

BARAK – HLOZEK

CHYTIL

YILMAZ

YILDIZ – CALHANOGLU – GÜLER

YÜKSEK – ÖZCAN

KADIOGLU – DEMIRAL – AKAYDIN – MÜLDÜR

GÜNOK

Trainer: Vincenzo Montella

Eingewechselt:

Tschechien	Türkei
Kovar für Stanek (55.)	Ayhan für Özcan (46.)
Chory für Hlozek (55.)	Okay für Yüksek (63.)
Kuchta für Chytil (55.)	Tosun für Güler (75.)
Lingr für Provod (75.)	Aktürkoglu für Yildiz (75.)
M. Jurasek für D. Jurasek (81.)	Kökcü für Calhanoglu (87.)

Tore: 0:1 Calhanoglu (52.), 1:1 Soucek (66.), 1:2 Tosun (90. +4)

Gelbe Karten: Barak, Schick, Jaros, Cerv, Krejci, Soucek / Özcan, Yildiz, Yüksek, Günok, Calhanoglu, Cakir, Müldür, Akaydin, Ayhan, Kökcü, Güler

Gelb-Rote Karten: Barak (20.) / –

Rote Karten: Chory (90. +8) / –

Schiedsrichter: Istvan Kovacs (Rumänien)

Zuschauer: 47 683

KÖLN

Cologne Stadium
EM-Kapazität: 47 000 Zuschauer
Eröffnung: 2004
EM-Spiele: 5

Das Rheinenergiestadion ist bereits das dritte Stadion an gleicher Stelle. Zuvor standen hier die 1923 erbaute Hauptkampfbahn Müngersdorf und das 1975 eröffnete Müngersdorfer Stadion, in dem 61 000 Zuschauer – damals ein Novum – verteilt auf einem überdachten Unter- und einem Oberrang Platz fanden. 1988 wurden hier zwei EM-Spiele ausgetragen. 2002 und 2003 wurde das Stadion abgerissen und bei laufendem Spielbetrieb das neue errichtet. Architektonische Besonderheiten sind die vier 60 Meter hohen Leuchtpylone, die das Stadiondach tragen, sowie der Zugangsbereich mit den zwei denkmalgeschützten Backsteingebäuden auf der Nordseite. Bei der WM 2006 fanden hier fünf Spiele statt. Hauptmieter der Stadien ist seit den 1950er-Jahren der 1. FC Köln.

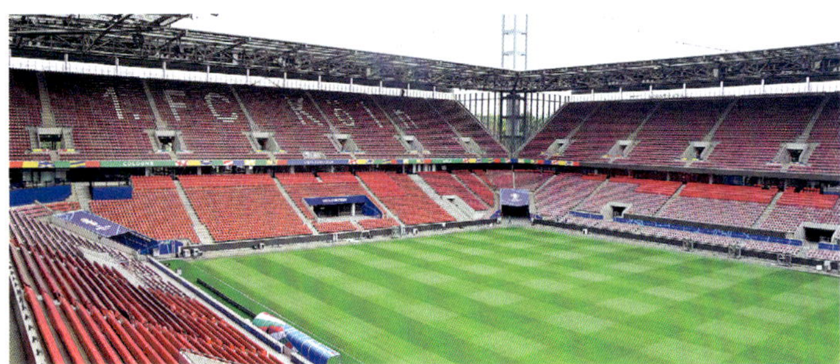

FRANKFURT

Frankfurt Arena
EM-Kapazität: 46 000 Zuschauer
Eröffnung: 2005
EM-Spiele: 4

Bei der Auswahl der EM-Spielorte setzte sich die Heimat von Eintracht Frankfurt nur knapp gegen Bremen, Mönchengladbach, Nürnberg und Hannover durch. Dem Trend im deutschen Stadionbau anlässlich der WM 2006 folgend, wurde an der Stelle des 1925 eröffneten Waldstadions bei laufendem Bundesligaspielbetrieb eine kompakte Fußballarena ohne Leichtathletikanlage erbaut.
Im Waldstadion wurden bei der WM 1974 fünf Spiele ausgetragen, darunter das Eröffnungsspiel, bei der EM 1988 zwei Partien. Besonderheit des Neubaus – bis 2020 Commerzbank-Arena, seither Deutsche Bank Park – ist das Membranzeltdach, das in 20 Minuten geschlossen und in dem über dem Spielfeld hängenden Videowürfel zusammengefaltet werden kann. 2006 fanden hier fünf WM-Spiele statt.

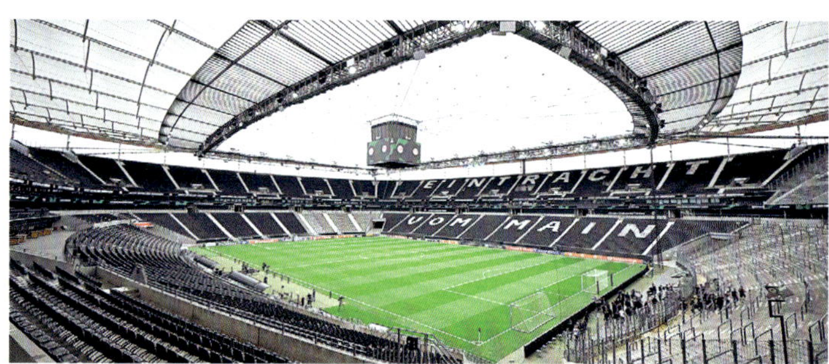

GELSENKIRCHEN

Arena Auf Schalke
EM-Kapazität: 50 000 Zuschauer
Eröffnung: 2001
EM-Spiele: 4

Bei ihrer Eröffnung 2001 setzte die Heimat des FC Schalke 04 architektonische Maßstäbe. Durch das mobile Dach lässt sich das Stadion innerhalb von 30 Minuten in eine geschlossene Halle verwandeln. Der Videowürfel war der erste in der Bundesliga direkt über dem Spielfeld. Und der komplette Rasen lässt sich innerhalb von knapp vier Stunden durch eine Hydraulikkonstruktion aus dem Stadion auf eine Freifläche vor der Südtribüne hinausschieben. Andere Veranstaltungen in der Arena finden dann auf Betonuntergrund statt. Die Arena steht knapp 500 Meter südlich des mittlerweile zum größten Teil abgerissenen Parkstadions, in dem fünf Spiele der WM 1974 und zwei der EM 1988 ausgetragen wurden. Bei der WM 2006 war die Arena Spielort von fünf Partien.

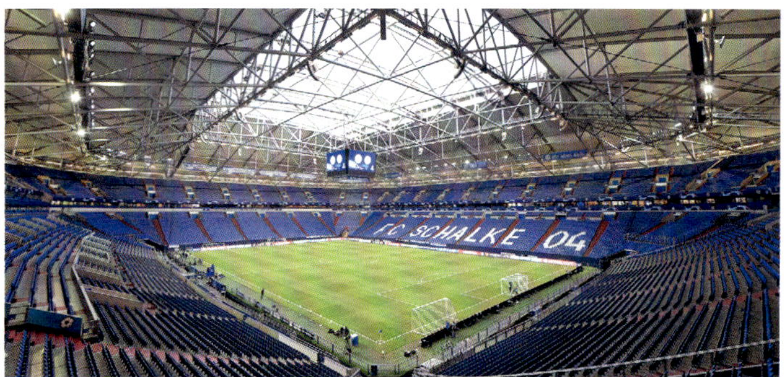

LEIPZIG

Leipzig Stadium
EM-Kapazität: 42 000 Zuschauer
Eröffnung: 2004
EM-Spiele: 4

Das kleinste der zehn EM-Stadien entstand zwischen 2000 und 2004 an der Stelle des früheren Zentralstadions – genauer: inmitten des früheren Zentralstadions. Von der 1956 eröffneten Sportstätte mit Fußballfeld und Leichtathletiklaufbahn, die bis zu 100 000 Zuschauer fasste, blieben das historische Hauptgebäude und der Tribünenwall erhalten, in den das neue, reine Fußballstadion eingebettet wurde. Architektonische Besonderheiten sind das geschwungene Trapezdach mit den zwei 200 Meter langen Bogenbindern, die das Dach in Längsrichtung überspannen, und die Verbindungsbrücken zwischen dem begrünten früheren Tribünenwall und der neuen Arena. Bei der WM 2006 war sie Schauplatz von fünf Partien. RB Leipzig bezog das Stadion 2010 und kaufte es 2016.

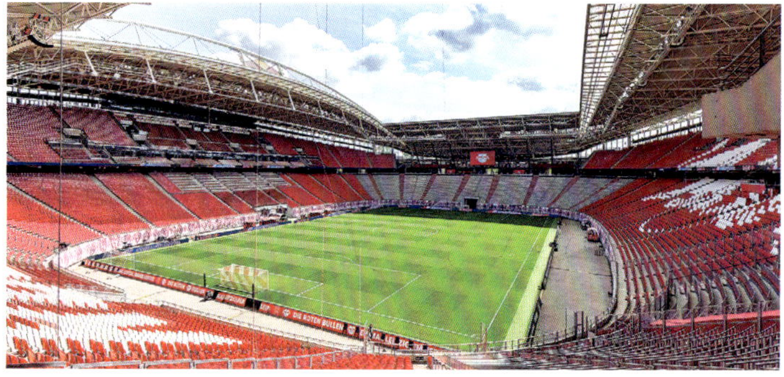

DIE 24 EM-TEILNEHMER

Insgesamt 612 Spieler in 24 Teams kämpften in Deutschland um den EM-Titel. Die englische Premier League stellte mit 96 Profis die meisten Teilnehmer, dahinter folgten die italienische Serie A (90) und die deutsche Bundesliga (76). Die Klubs mit den meisten EM-Spielern waren Manchester City und Inter Mailand (jeweils 13). Der FC Bayern München und RB Leipzig brachten es jeweils auf elf. Wenig überraschend stellten die Nationalmannschaften aus England (24 von 26) und Italien (23 von 26) auch die meisten Spieler, die in der heimischen Liga unter Vertrag stehen. Ausschließlich Legionäre boten Dänemark und Albanien auf.

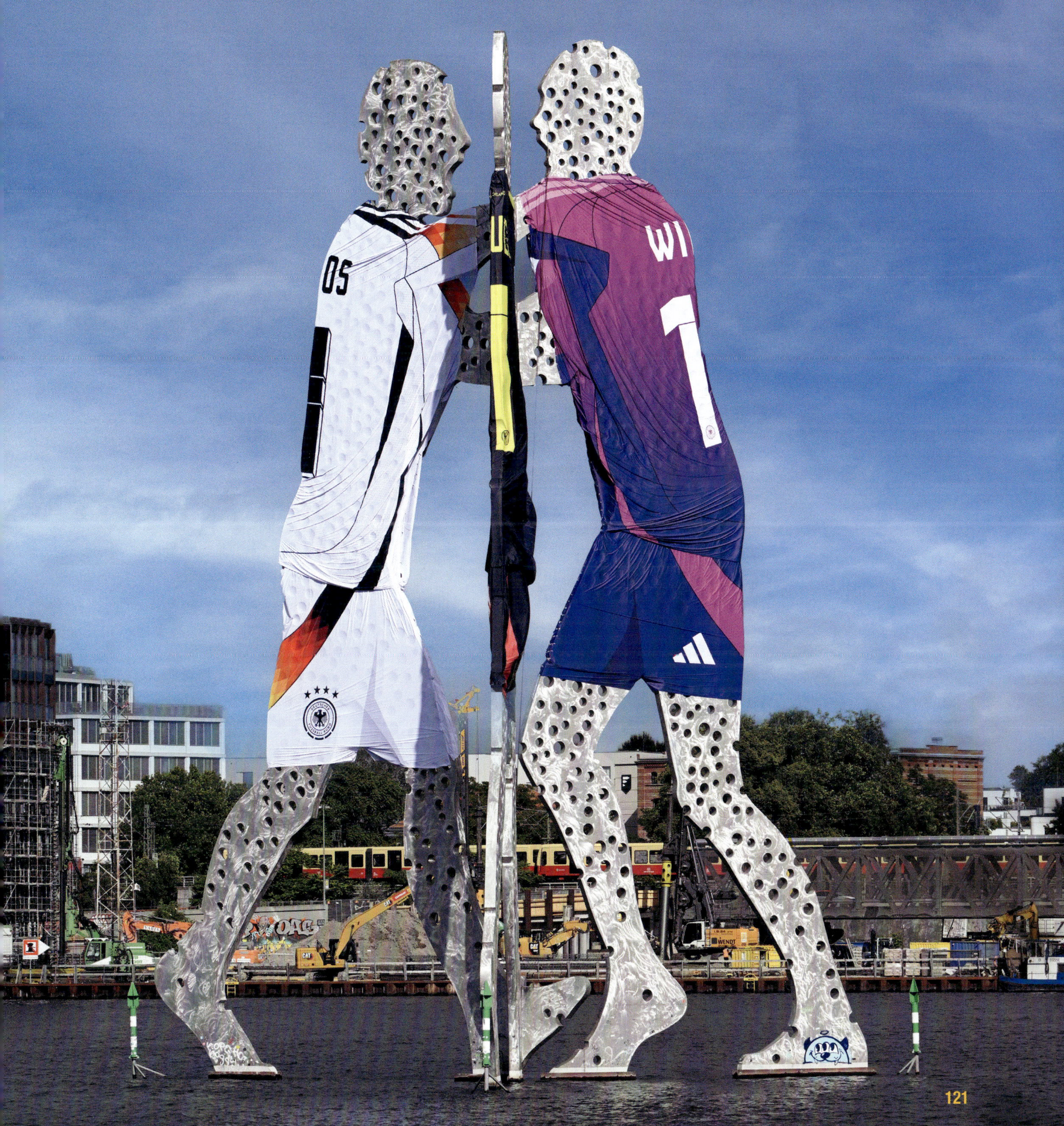

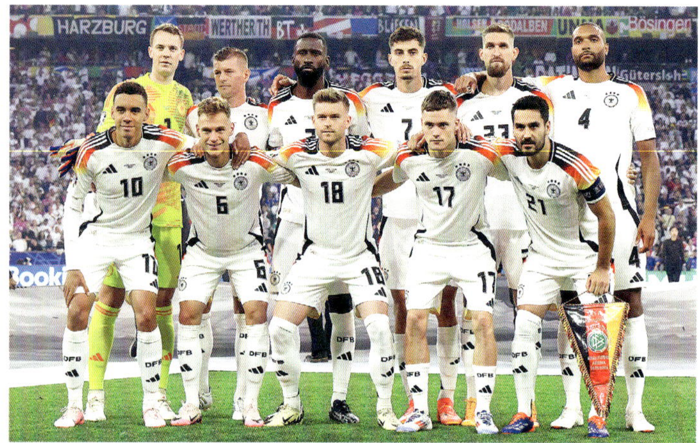

DEUTSCHLAND

TOR: Manuel Neuer (FC Bayern München), Marc-André ter Stegen (FC Barcelona), Oliver Baumann (TSG Hoffenheim)

ABWEHR: Waldemar Anton (VfB Stuttgart), Benjamin Henrichs (RB Leipzig), Joshua Kimmich (FC Bayern München), Robin Koch (Eintracht Frankfurt), Maximilian Mittelstädt (VfB Stuttgart), David Raum (RB Leipzig), Antonio Rüdiger (Real Madrid), Nico Schlotterbeck (Borussia Dortmund), Jonathan Tah (Bayer Leverkusen)

MITTELFELD: Robert Andrich (Bayer Leverkusen), Chris Führich (VfB Stuttgart), Pascal Groß (Brighton & Hove Albion), Ilkay Gündogan (FC Barcelona), Toni Kroos (Real Madrid), Jamal Musiala (FC Bayern München), Emre Can (Borussia Dortmund), Thomas Müller (FC Bayern München), Florian Wirtz (Bayer Leverkusen), Leroy Sané (FC Bayern München)

ANGRIFF: Maximilian Beier (TSG Hoffenheim), Niclas Füllkrug (Borussia Dortmund), Kai Havertz (FC Arsenal), Deniz Undav (VfB Stuttgart)

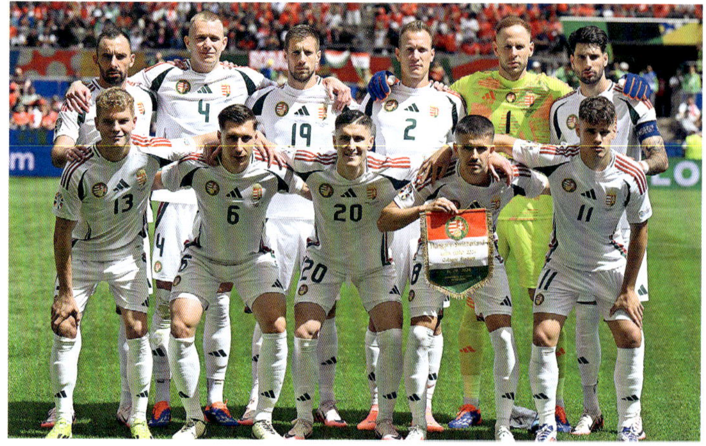

UNGARN

TOR: Denes Dibusz (Ferencvarosi TC), Peter Gulacsi (RB Leipzig), Peter Szappanos (Paksi FC)

ABWEHR: Botond Balogh (Parma Calcio), Endre Botka (Ferencvarosi TC), Marton Dardai (Hertha BSC), Attila Fiola (Fehervar FC), Adam Lang (Omonia Nikosia), Willi Orban (RB Leipzig), Attila Szalai (SC Freiburg)

MITTELFELD: Bendeguz Bolla (Servette Genf), Mihaly Kata (MTK Budapest), Milos Kerkez (AFC Bournemouth), Laszlo Kleinheisler (Hajduk Split), Adam Nagy (Spezia Calcio), Zsolt Nagy (Puskás Akadémia FC), Loic Nego (Le Havre AC), Andras Schäfer (Union Berlin), Callum Styles (Sunderland AFC), Roland Sallai (SC Freiburg), Adam Szoboszlai (FC Liverpool)

ANGRIFF: Martin Adam (Ulszan Hyundai), Kevin Csoboth (Ujpest FC), Daniel Gazdag (Philadelphia Union), Krisztofer Horvath (Kecskemeti TE), Barnabas Varga (Ferencvarosi TC)

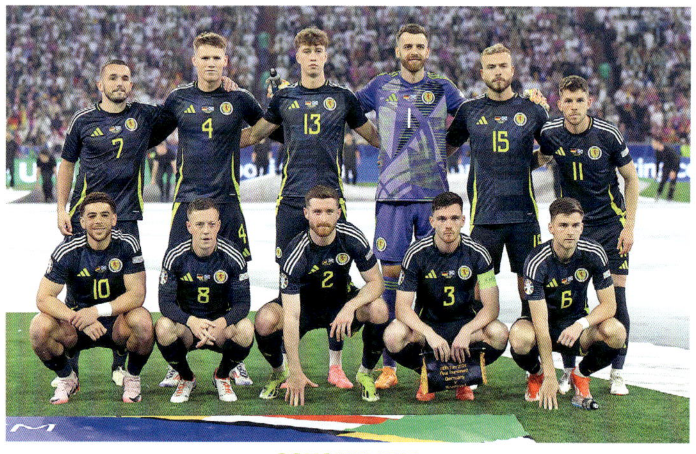

SCHOTTLAND

TOR: Angus Gunn (Norwich City), Liam Kelly (FC Motherwell), Zander Clark (Heart of Midlothian FC)

ABWEHR: Liam Cooper (Leeds United), Grant Hanley (Norwich City), Jack Hendry (Al-Ettifaq), Ross McCrorie (Bristol City), Scott McKenna (FC Kopenhagen), Ryan Porteous (FC Watford), Anthony Ralston (Celtic Glasgow), Andy Robertson (FC Liverpool), Greg Taylor (Celtic Glasgow), Kieran Tierney (Real Sociedad San Sebastian)

MITTELFELD: Stuart Armstrong (FC Southampton), Ryan Christie (AFC Bournemouth), Billy Gilmour (Brighton & Hove Albion), Ryan Jack (Glasgow Rangers), Kenny McLean (Norwich City), John McGinn (Aston Villa), Callum McGregor (Celtic Glasgow), Scott McTominay (Manchester United)

ANGRIFF: Che Adams (FC Southampton), James Forrest (Celtic Glasgow), Lawrence Shankland (Heart of Midlothian FC), Lewis Morgan (New York Red Bulls), Tommy Conway (Bristol City)

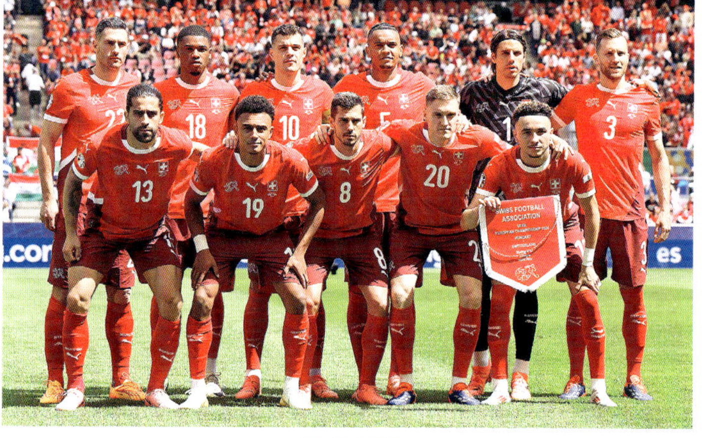

SCHWEIZ

TOR: Gregor Kobel (Borussia Dortmund), Yann Sommer (Inter Mailand), Yvon Mvogo (FC Lorient)

ABWEHR: Manuel Akanji (Manchester City), Nico Elvedi (Borussia Mönchengladbach), Ricardo Rodriguez (FC Turin), Fabian Schär (Newcastle United), Leonidas Stergiou (VfB Stuttgart), Silvan Widmer (FSV Mainz 05), Cedric Zesiger (VfL Wolfsburg)

MITTELFELD: Michel Aebischer (FC Bologna), Kwadwo Duah (Ludogorez Rasgrad), Remo Freuler (FC Bologna), Ardon Jashari (FC Luzern), Fabian Rieder (Stade Rennes), Xherdan Shaqiri (Chicago Fire), Vincent Sierro (FC Toulouse), Renato Steffen (FC Lugano), Granit Xhaka (Bayer Leverkusen), Denis Zakaria (AS Monaco)

ANGRIFF: Zeki Amdouni (FC Burnley), Dan Ndoye (FC Bologna), Noah Okafor (AC Mailand), Ruben Vargas (FC Augsburg), Steven Zuber (AEK Athen), Breel Embolo (AS Monaco)

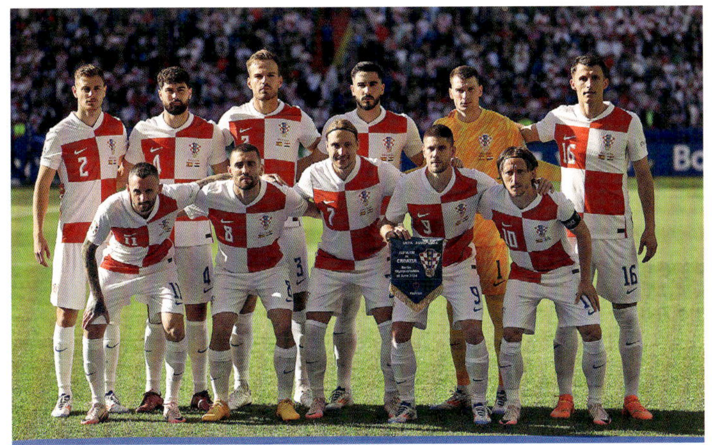

KROATIEN

TOR: Dominik Livakovic (Fenerbahce Istanbul), Ivica Ivusic (Pafos FC), Nedilkjko Labrovic (HNK Rijeka)
ABWEHR: Domagoj Vida (AEK Athen), Josip Juranovic (Union Berlin), Josko Gvardiol (Manchester City), Borna Sosa (Ajax Amsterdam), Josip Stanisic (Bayer Leverkusen), Josip Sutalo (Ajax Amsterdam), Martin Erlic (Sassuolo Calcio), Marin Pongracic (US Lecce)
MITTELFELD: Luka Modric (Real Madrid), Mateo Kovacic (Manchester City), Marcelo Brozovic (Al-Nassr), Mario Pasalic (Atalanta Bergamo), Nikola Vlasic (FC Turin), Lovro Majer (VfL Wolfsburg), Luka Ivanusec (Feyenoord Rotterdam), Luka Sucic (RB Salzburg), Martin Baturina (Dinamo Zagreb), Ivan Perisic (Hajduk Split)
ANGRIFF: Andrej Kramaric (TSG Hoffenheim), Bruno Petkovic (Dinamo Zagreb), Marko Pjaca (HNK Rijeka), Ante Budimir (CA Osasuna), Marco Pasalic (HNK Rijeka)

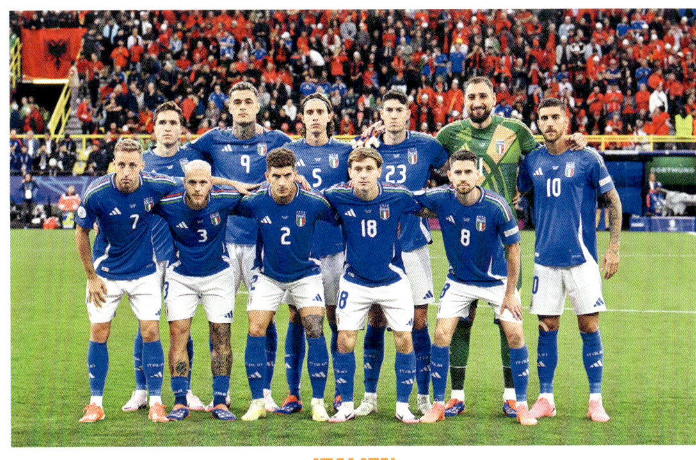

ITALIEN

TOR: Gianluigi Donnarumma (Paris Saint-Germain), Alex Meret (SSC Neapel), Guglielmo Vicario (Tottenham Hotspur)
ABWEHR: Raoul Bellanova (FC Turin), Riccardo Calafiori (FC Bologna), Alessandro Bastoni (Inter Mailand), Alessandro Buongiorno (FC Turin), Matteo Darmian (Inter Mailand), Andrea Cambiaso (Juventus Turin), Federico Dimarco (Inter Mailand), Giovanni Di Lorenzo (SSC Neapel), Gianluca Mancini (AS Rom), Federico Gatti (Juventus Turin)
MITTELFELD: Nicolo Barella (Inter Mailand), Nicolo Fagioli (Juventus Turin), Davide Frattesi (Inter Mailand), Lorenzo Pellegrini (AS Rom), Michael Folorunsho (Hellas Verona), Bryan Cristante (AS Rom), Jorginho (FC Arsenal)
ANGRIFF: Federico Chiesa (Juventus Turin), Stephan El Shaarawy (AS Rom), Giacomo Raspadori (SSC Neapel), Mateo Retegui (FC Genua), Gianluca Scamacca (Atalanta Bergamo), Mattia Zaccagni (Lazio Rom)

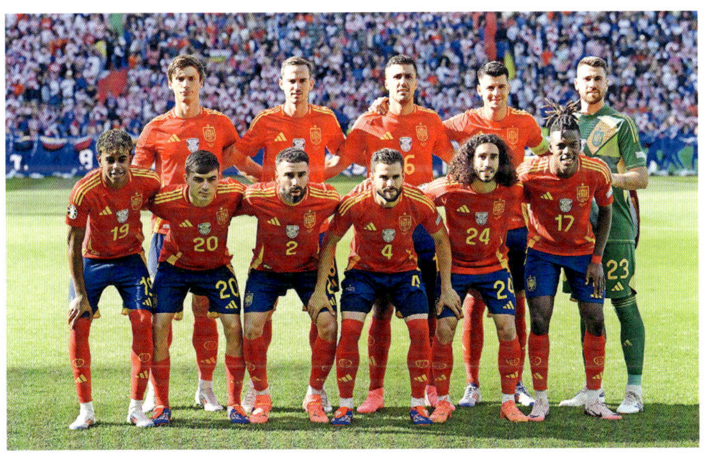

SPANIEN

TOR: Unai Simon (Athletic Bilbao), David Raya (FC Arsenal), Alex Remiro (Real Sociedad San Sebastián)
ABWEHR: Robin Le Normand (Real Sociedad San Sebastián), Aymeric Laporte (Al-Nassr), Dani Cavarjal (Real Madrid), Dani Vivian (Athletic Bilbao), Alejandro Grimaldo (Bayer Leverkusen), Jesus Navas (FC Sevilla), Marc Cucurella (FC Chelsea), Nacho Fernandez (Real Madrid)
MITTELFELD: Rodri (Manchester City), Martin Zubimendi (Real Sociedad San Sebastián), Pedri (FC Barcelona), Fabian Ruiz (Paris Saint-Germain), Alex Baena (FC Villarreal), Mikel Merino (Real Sociedad San Sebastián), Fermin Lopez (FC Barcelona), Dani Olmo (RB Leipzig)
ANGRIFF: Lamine Yamal (FC Barcelona), Alvaro Morata (Atlético Madrid), Joselu (Real Madrid), Nico Williams (Athletic Bilbao), Ferran Torres (FC Barcelona), Ayoze Perez (Real Betis Sevilla), Mikel Oyarzabal (Real Sociedad San Sebastián)

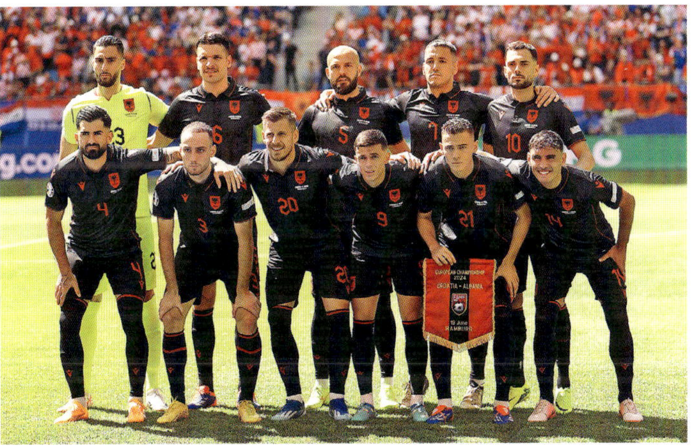

ALBANIEN

TOR: Etrit Berisha (FC Empoli), Elhan Kastrati (AS Citadella), Simon Simoni (Eintracht Frankfurt), Thomas Strakosha (FC Brentford)
ABWEHR: Naser Aliji (FC Voluntari), Arlind Ajeti (CFR Cluj), Ivan Balliu (Rayo Vallecano), Berat Djimsiti (Atalanta Bergamo), Elseid Hysaj (Lazio Rom), Adrian Ismajli (FC Empoli), Marash Kumbulla (US Sassuolo), Enea Mihaj (FC Famalicao), Mario Mitaj (Lokomotiv Moskau)
MITTELFELD: Amir Abrashi (Grasshoppers Zürich), Kristjan Asslani (Inter Mailand), Nedim Bajrami (US Sassuolo), Medon Berisha (US Lecce), Klaus Gjasula (SV Darmstadt 98), Qazim Laci (Sparta Prag), Ernest Muci (Besiktas Istanbul), Ylber Ramadani (US Lecce)
ANGRIFF: Jasir Asani (Gwangju FC), Armando Broja (FC Fulham), Mirlind Daku (Rubin Kazan), Arber Hoxha (Dinamo Zagreb), Rey Manaj (Sivasspor), Taulant Seferi (Vorskla Poltava)

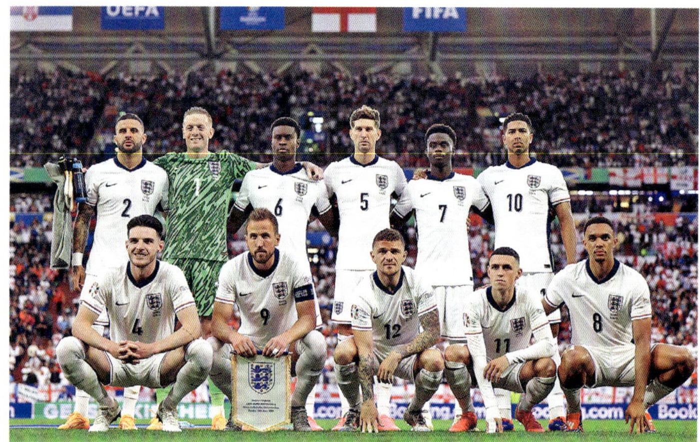

ENGLAND

TOR: Dean Henderson (Crystal Palace), Jordan Pickford (FC Everton), Aaron Ramsdale (FC Arsenal)

ABWEHR: Lewis Dunk (Brighton & Hove Albion), Joe Gomez (FC Liverpool), Marc Guehi (Crystal Palace), Ezri Konsa (Aston Villa), Luke Shaw (Manchester United), John Stones (Manchester City), Kieran Trippier (Newcastle United), Kyle Walker (Manchester City)

MITTELFELD: Trent Alexander-Arnold (FC Liverpool), Conor Gallagher (FC Chelsea), Kobbie Mainoo (Manchester United), Jude Bellingham (Real Madrid), Declan Rice (FC Arsenal), Adam Wharton (Crystal Palace)

ANGRIFF: Jarrod Bowen (West Ham United), Eberechi Eze (Crystal Palace), Phil Foden (Manchester City), Anthony Gordon (Newcastle United), Harry Kane (FC Bayern München), Cole Palmer (FC Chelsea), Bukayo Saka (FC Arsenal), Ivan Toney (FC Brentford), Ollie Watkins (Aston Villa)

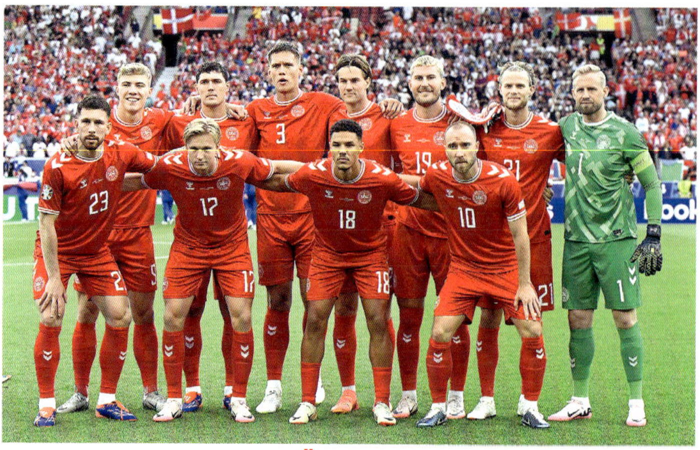

DÄNEMARK

TOR: Kasper Schmeichel (RSC Anderlecht), Frederik Rönnow (Union Berlin), Mads Hermansen (Leicester City)

ABWEHR: Andreas Christensen (FC Barcelona), Simon Kjaer (AC Mailand), Joachim Andersen (Crystal Palace), Jannik Vestergaard (Leicester City), Victor Nelsson (Galatasaray Istanbul), Alexander Bah (Benfica Lissabon), Joakim Maehle (VfL Wolfsburg), Rasmus Kristensen (AS Rom), Victor Kristiansen (FC Bologna)

MITTELFELD: Christian Eriksen (Manchester United), Christian Norgaard (FC Brentford), Thomas Delaney (RSC Anderlecht), Pierre-Emil Hojbjerg (Tottenham Hotspur), Mikkel Damsgaard (FC Brentford), Morten Hjulmand (Sporting Lissabon), Mathias Jensen (FC Brentford)

ANGRIFF: Jacob Bruun Larsen (FC Burnley), Andreas Skov Olsen (FC Brügge), Anders Dreyer (RSC Anderlecht), Rasmus Hojlund (Manchester United), Kasper Dolberg (RSC Anderlecht), Jonas Wind (VfL Wolfsburg), Yussuf Poulsen (RB Leipzig)

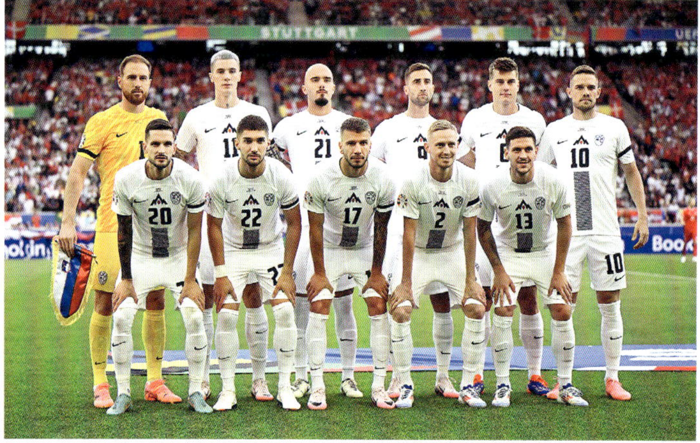

SLOWENIEN

TOR: Jan Oblak (Atlético Madrid), Vid Belec (Apoel Nikosia), Igor Vekic (Vejle Boldklub)

ABWEHR: Jaka Bijol (Udinese Calcio), David Brekalo (Orlando City SC), Vanja Druksic (FK Sochi), Miha Blazic (Lech Posen), Jure Balkovec (Alanyaspor), Erk Janza (Gornik Zabrze), Petar Stojanovic (Sampdoria Genua), Zan Karnicnik (NK Celje)

MITTELFELD: Jan Gorenc Stankovic (Sturm Graz), Sandi Lovric (Udinese Calcio), Adam Gnezda Cerin (Panathinaikos Athen), Timi Max Elsnik (Olimpija Ljubljana), Jasmin Kurtic (FC Südtirol), Tomi Horvat (Sturm Graz), Benjamin Verbic (Panathinaikos Athen), Adrian Zeljkovic (Spartak Trnava), Nino Zugelj (FK Bodö/Glimt)

ANGRIFF: Benjamin Sesko (RB Leipzig), Andraz Sporar (Panathinaikos Athen), Zan Celar (FC Lugano), Jan Mlakar (Pisa SC), Zan Vipotnik (Girondins Bordeaux), Josip Ilicic (NK Maribor)

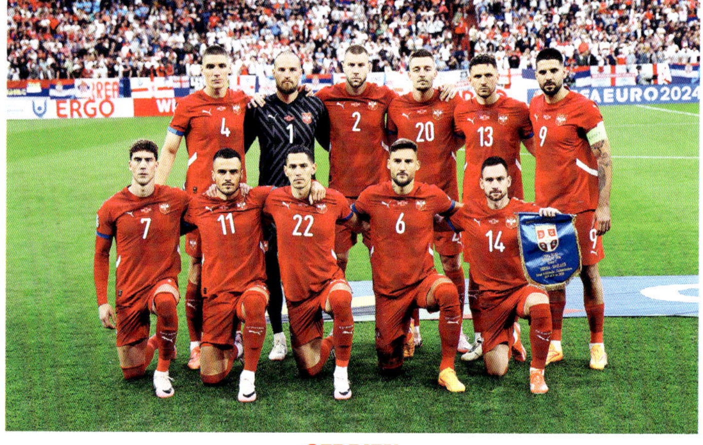

SERBIEN

TOR: Vanja Milinkovic-Savic (FC Turin), Predrag Rajkovic (RCD Mallorca), Djordje Petrovic (FC Chelsea)

ABWEHR: Strahinja Pavlovic (Red Bull Salzburg), Nikola Milenkovic (AC Florenz), Milos Veljkovic (Werder Bremen), Srdjan Babic (Spartak Moskau), Uros Spacjic (Roter Stern Belgrad), Nemanja Stojic (TSC Backa Topola)

MITTELFELD: Sasa Lukic (FC Fulham), Nemanja Gudelj (FC Sevilla), Nemanja Maksimovic (FC Getafe), Ivan Ilic (FC Turin), Srdjan Mijailovic (Roter Stern Belgrad), Sergej Milinkovic-Savic (Al-Hilal), Dusan Tadic (Fenerbahce Istanbul), Lazar Samardzic (Udinese Calcio), Veljko Birmancevic (Sparta Prag), Filip Kostic (Juventus Turin), Filip Mladenovic (Panathinaikos Athen), Andrija Zivkovic (Paok Saloniki), Mijat Gacinovic (AEK Athen)

ANGRIFF: Aleksandar Mitrovic (Al-Hilal), Dusan Vlahovic (Juventus Turin), Luka Jovic (AC Mailand), Petar Ratkov (Red Bull Salzburg)

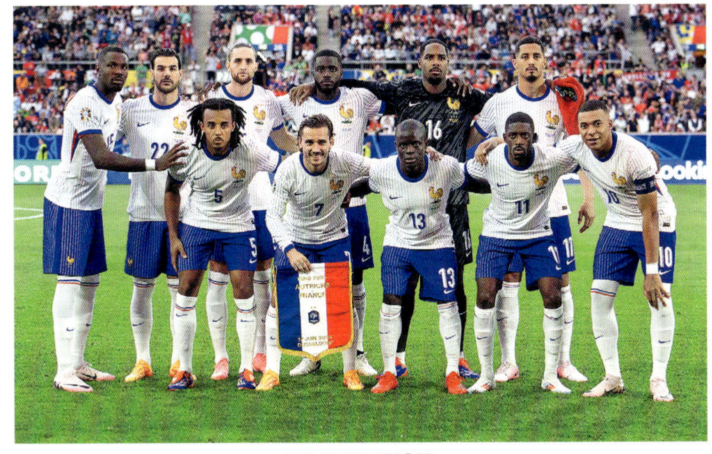

FRANKREICH

TOR: Alphonse Areola (West Ham United), Mike Maignan (AC Mailand), Brice Samba (RC Lens)

ABWEHR: Jonathan Clauss (Olympique Marseille), Theo Hernández (AC Mailand), Ibrahima Konaté (FC Liverpool), Jules Koundé (FC Barcelona), Benjamin Pavard (Inter Mailand), William Saliba (FC Arsenal), Dayot Upamecano (FC Bayern München), Ferland Mendy (Real Madrid)

MITTELFELD: Eduardo Camavinga (Real Madrid), Youssouf Fofana (AS Monaco), Adrien Rabiot (Juventus Turin), Aurelien Tchouameni (Real Madrid), Warren Zaire-Emery (Paris Saint-Germain), Kingsley Coman (FC Bayern München), N'Golo Kanté (Al-Ittihad)

ANGRIFF: Ousmane Dembélé (Paris Saint-Germain), Olivier Giroud (AC Mailand), Antoine Griezmann (Atlético Madrid), Ranal Kolo Muani (Paris Saint-Germain), Kylian Mbappé (Paris Saint-Germain), Marcus Thuram (Inter Mailand), Bradley Barcola (Paris Saint-Germain)

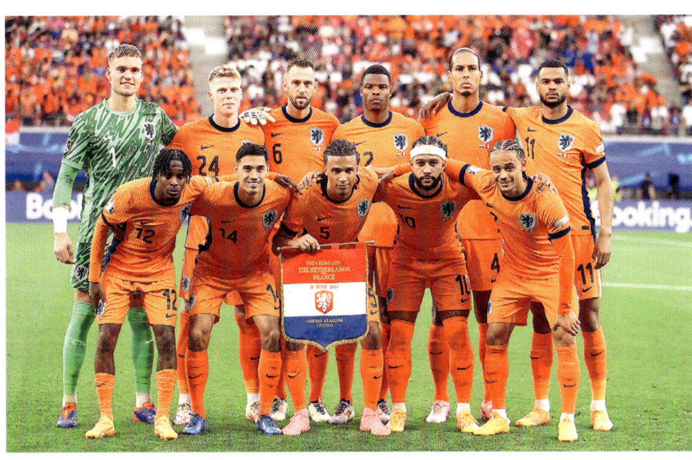

NIEDERLANDE

TOR: Bart Verbruggen (Brighton & Hove Albion), Justin Bijlow (Feyenoord Rotterdam), Mark Flekken (FC Brentford)

ABWEHR: Virgil van Dijk (FC Liverpool), Stefan de Vrij (Inter Mailand), Daley Blind (FC Girona), Nathan Aké (Manchester City), Lusharel Geertruida (Feyenoord Rotterdam), Denzel Dumfries (Inter Mailand), Jeremie Frimpong (Bayer Leverkusen), Matthijs de Ligt (FC Bayern München), Ian Maatsen (Borussia Dortmund), Micky van de Ven (Tottenham Hotspur)

MITTELFELD: Jerdy Schouten (PSV Eindhoven), Tijani Reijnders (AC Mailand), Ryan Gravenberch (FC Liverpool), Georginio Wijnaldum (Al-Ettifaq), Joey Veerman (PSV Eindhoven)

ANGRIFF: Xavi Simons (RB Leipzig), Donyell Malen (Borussia Dortmund), Cody Gakpo (FC Liverpool), Wout Weghorst (TSG Hoffenheim), Memphis Depay (Atlético Madrid), Steven Bergwijn (Ajax Amsterdam), Brian Brobbey (Ajax Amsterdam), Joshua Zirkzee (FC Bologna)

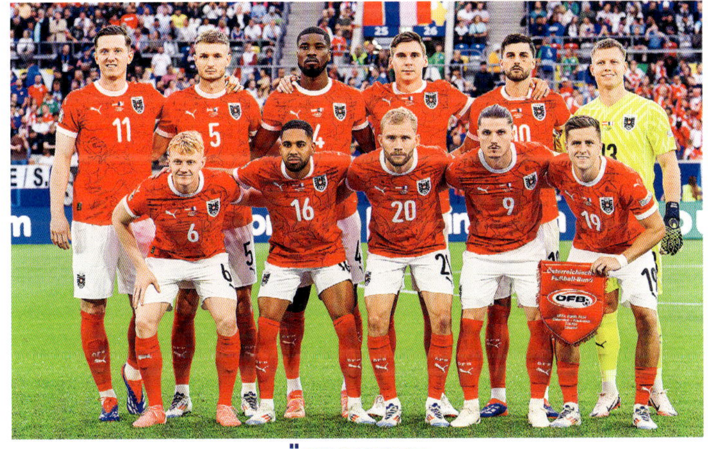

ÖSTERREICH

TOR: Niklas Hedl (Rapid Wien), Heinz Lindner (Royale Union Saint-Gilloise), Patrick Pentz (Bröndby Kopenhagen)

ABWEHR: Flavius Daniliuc (Red Bull Salzburg), Kevin Danso (RC Lens), Philipp Lienhart (SC Freiburg), Phillipp Mwene (FSV Mainz 05), Stefan Posch (FC Bologna), Leopold Querfeld (Rapid Wien), Gernot Trauner (Feyenoord Rotterdam), Maximilian Wöber (Borussia Mönchengladbach)

MITTELFELD: Christoph Baumgartner (RB Leipzig), Florian Grillitsch (TSG Hoffenheim), Marco Grüll (Rapid Wien), Florian Kainz (1. FC Köln), Konrad Laimer (FC Bayern München), Alexander Prass (Sturm Graz), Marcel Sabitzer (Borussia Dortmund), Romano Schmid (Werder Bremen), Matthias Seidl (Rapid Wien), Nicolas Seiwald (RB Leipzig), Patrick Wimmer (VfL Wolfsburg)

ANGRIFF: Marko Arnautovic (Inter Mailand), Maximilian Entrup (TSV Hartberg), Michael Gregoritsch (SC Freiburg), Andreas Weimann (West Bromwich Albion)

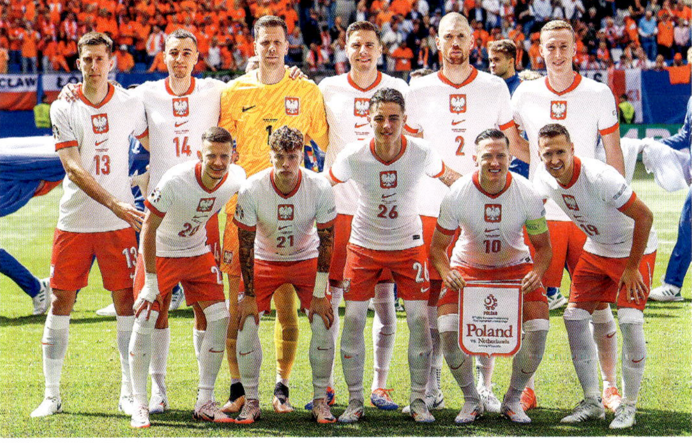

POLEN

TOR: Wojciech Szczesny (Juventus Turin), Marcin Bulka (OGC Nizza), Lukasz Skorupski (FC Bologna)

ABWEHR: Jan Bednarek (FC Southampton), Bartosz Bereszynski (FC Empoli), Pawel Bochniewicz (SC Heerenveen), Pawel Dawidowicz (Hellas Verona), Jakub Kiwior (FC Arsenal), Timoteusz Puchacz (1. FC Kaiserslautern), Bartosz Salamon (Lech Posen), Sebastian Walukiewicz (FC Empoli)

MITTELFELD: Przemyslaw Frankowski (RC Lens), Kamil Grosicki (Pogon Stettin), Jakub Moder (Brighton & Hove Albion), Jakub Piotrowski (Ludogorets Rasgrad), Taras Romanczuk (Jagiellonia Bialoystok), Bartosz Slisz (Atlanta United), Damian Szymanski (AEK Athen), Sebastian Szymanski (Fenerbahce Istanbul), Michal Skoras (FC Brügge), Kacper Urbanski (FC Bologna), Nicola Zalewski (AS Rom), Piotr Zielinski (SSC Neapel)

ANGRIFF: Adam Buksa (Antalyaspor), Robert Lewandowski (FC Barcelona), Krzysztof Piatek (Istanbul Basaksehir), Karol Swiderski (Hellas Verona)

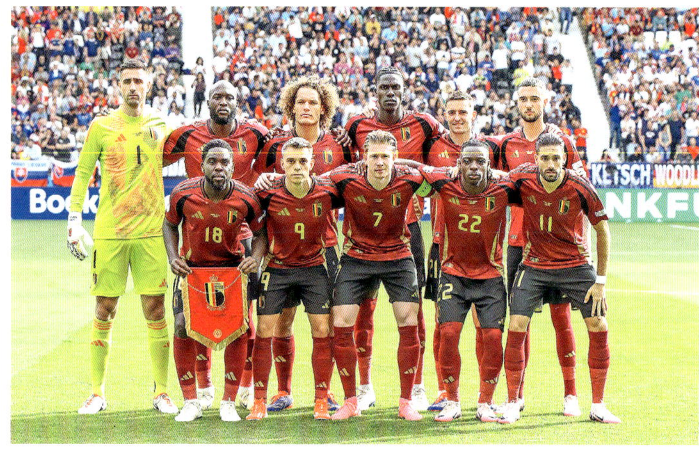

BELGIEN

TOR: Koen Casteels (VfL Wolfsburg), Thomas Kaminski (Luton Town), Matz Sels (Nottingham Forest)

ABWEHR: Thomas Meunier (Trabzonspor), Timothy Castagne (FC Fulham), Zeno Debast (RSC Anderlecht), Wout Faes (Leicester City), Arthur Theate (Stade Rennes), Jan Vertonghen (RSC Anderlecht), Maxim De Cuyper (FC Brügge)

MITTELFELD: Kevin De Bruyne (Manchester City), Yannick Carrasco (Al-Shabab), Charles De Ketelaere (Atalanta Bergamo), Orel Mangala (Olympique Lyon), Youri Tielemans (Aston Villa), Amadou Onana (FC Everton), Aster Vranckx (VfL Wolfsburg), Arthur Vermeeren (Atlético Madrid)

ANGRIFF: Leandro Trossard (FC Arsenal), Johan Bakayoko (PSV Eindhoven), Romelu Lukaku (AS Rom), Lois Openda (RB Leipzig), Jeremy Doku (Manchester City), Dodi Lukebakio (FC Sevilla)

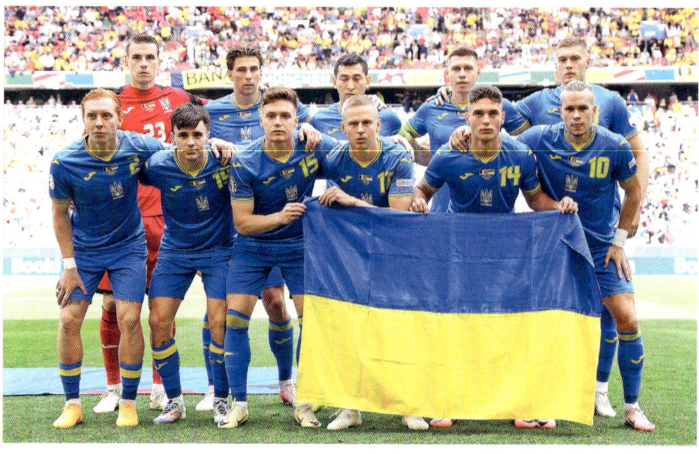

UKRAINE

TOR: Andrij Lunin (Real Madrid), Anatolij Trubin (Benfica Lissabon), Heorhiy Bushchan (Dynamo Kiew)

ABWEHR: Yukhym Konoplia (Schachtjor Donezk), Oleksandr Tymchyk (Dynamo Kiew), Valeriy Bondar (Schachtjor Donezk), Vitaly Mykolenko (FC Everton), Mykola Matvienko (Schachtjor Donezk), Maksym Taloverov (Linzer ASK), Illia Zabarnyi (AFC Bournemouth), Oleksandr Svatok (FK Dnipro), Bogdan Mykhaylichenko (Polissya Schytomyr)

MITTELFELD: Taras Stepanenko (Schachtjor Donezk), Andriy Yarmolenko (Dynamo Kiew), Oleksandr Zubkov (Schachtjor Donezk), Volodymyr Brazhko (Dynamo Kiew), Heorhiy Sudakov (Schachtjor Donezk), Mykola Shaparenko (Dynamo Kiew), Serhij Sydorchuk (KVC Westerlo), Ruslan Malinovskyi (CFC Genua), Mykhailo Mudryk (FC Chelsea), Viktor Tsyhankov (FC Girona), Oleksandr Zinchenko (FC Arsenal)

ANGRIFF: Artem Dovbyk (FC Girona), Roman Yaremchuk (FC Valencia), Vladyslav Vanat (Dynamo Kiew)

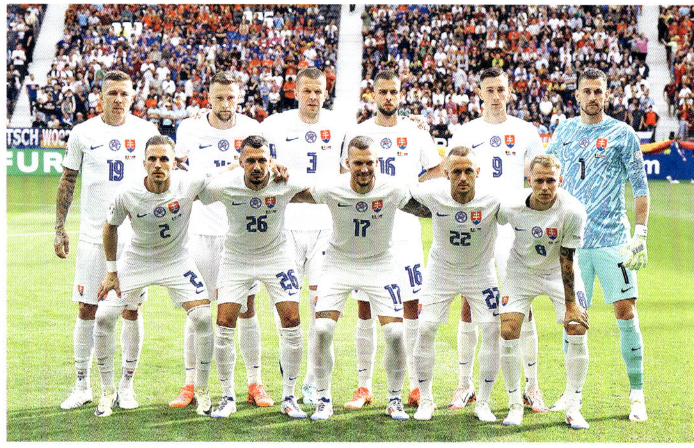

SLOWAKEI

TOR: Martin Dubravka (Newcastle United), Marek Rodak (FC Fulham), Henrich Rovas (New England Revolution)

ABWEHR: Peter Pekarik (Hertha BSC), Milan Skriniar (Paris Saint-Germain), Norbert Gymber (US Salernitana), David Hancko (Feyenoord Rotterdam), Denis Vavro (FC Kopenhagen), Vernon De Marco (Hatta Club), Adam Obert (Cagliari Calcio), Sebastian Kosa (Spartak Trnava)

MITTELFELD: Juraj Kucka (Slovan Bratislava), Ondrej Duda (Hellas Verona), Patrik Hrosovsky (KRC Genk), Stanislav Lobotka (SSC Neapel), Matus Bero (VfL Bochum), Laszlo Benes (Hamburger SV), Tomas Rigo (Banik Ostrava)

ANGRIFF: Robert Bozenik (Boavista Porto), Lukas Haraslin (Sparta Prag), Tomas Suslov (Hellas Verona), Ivan Schranz (Slavia Prag), David Strelec (Slovan Bratislava), David Duris (Ascoli Calcio), Lubomir Tupta (Slovan Liberec), Leo Sauer (Feyenoord Rotterdam)

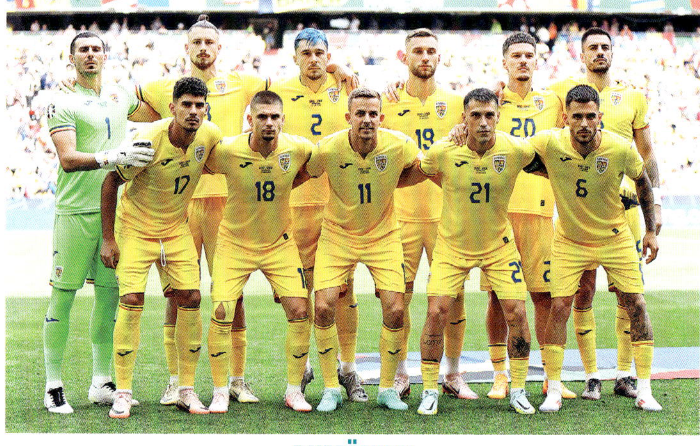

RUMÄNIEN

TOR: Florin Nita (Gaziantep), Horatiu Moldovan (Atlético Madrid), Stefan Tarnovanu (FCSB Bukarest), Razvan Sava (CFR Cluj)

ABWEHR: Nicusor Bancu (Universitatea Craiova), Andrei Burca (Al-Okhdood), Ionut Nedelcearu (FC Palermo), Adrian Rus (Pafos FC), Andrei Ratiu (Rayo Vallecano), Radu Dragusin (Tottenham Hotspur), Vasile Mogos (CFR Cluj), Bogdan Racovitan (Rakow Czestochowa)

MITTELFELD: Nicolae Stanciu (Damac FC), Razvan Marin (FC Empoli), Alexandru Cicaldau (Konyaspor), Ianis Hagi (Deportivo Alaves), Dennis Man (Parma Calcio), Marius Marin (Pisa Sporting Club), Valentin Mihaila (Parma Calcio), Darius Olaru (FCSB Bukarest), Deian Sorescu (Gaziantep), Florinel Coman (Steaua Bukarest), Adrian Sut (FCSB Bukarest)

ANGRIFF: George Puscas (SSC Bari), Denis Alibec (Muaither SC), Denis Dragus (Gaziantep), Daniel Birligea (CFR Cluj)

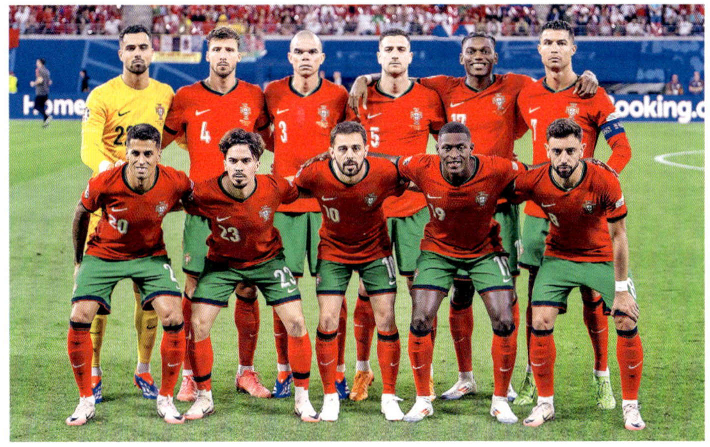

PORTUGAL

TOR: Diogo Costa (FC Porto), Jose Sá (Wolverhampton Wanderers), Rui Patricio (AS Rom)

ABWEHR: Antonio Silva (Benfica Lissabon), Danilo Pereira (Paris Saint-Germain), Diogo Dalot (Manchester United), Goncalo Inacio (Sporting Lissabon), Joao Cancelo (FC Barcelona), Nelson Semedo (Wolverhampton Wanderers), Nuno Mendes (Paris Saint-Germain), Pepe (FC Porto), Ruben Dias (Manchester City)

MITTELFELD: Bruno Fernandes (Manchester United), Joao Neves (Benfica Lissabon), Joao Palhinha (FC Fulham), Matheus Nunes (Manchester City), Ruben Neves (Al-Hilal), Vitinha (Paris Saint-Germain), Bernardo Silva (Manchester City)

ANGRIFF: Cristiano Ronaldo (Al-Nassr), Diogo Jota (FC Liverpool), Francisco Conceicao (FC Porto), Goncalo Ramos (Paris Saint-Germain), Joao Felix (FC Barcelona), Pedro Neto (Wolverhampton Wanderers), Rafael Leao (AC Mailand)

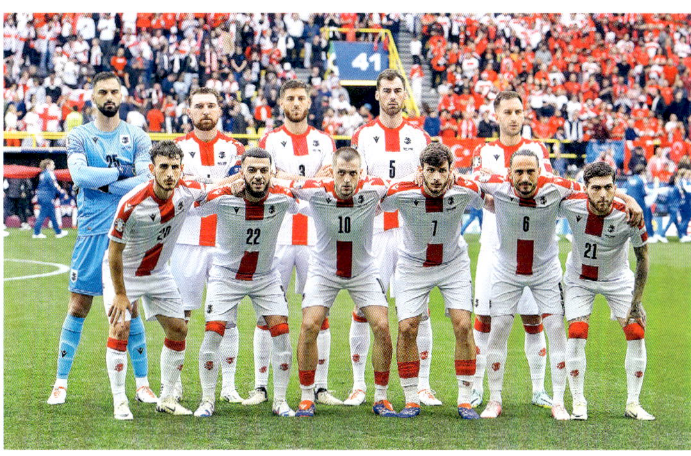

GEORGIEN

TOR: Giorgi Mamardashvili (FC Valencia), Luka Gugeshashvili (Qarabag Agdam), Giori Loria (Dinamo Tiflis)

ABWEHR: Luka Lochoshvili (US Cremonese), Lasha Dvali (Apoel Nikosia), Solomon Kvirkvelia (Al-Okhdood Club), Giorgi Gvelesiani (Persepolis FC), Guram Kashia (Slovian Bratislava), Jemal Tabidze (Panetolikos GFS); Giorgi Gocholeishvili (Schachtjor Donezk), Otar Kakabadze (KS Cracovia)

MITTELFELD: Sandro Altunashvili (Wolfsberger AC), Anzor Mekvabishvili (CS Universitatea Craiova), Jaba Kankava (Slovan Bratislava), Giorgi Kochorashvili (UD Levante), Otar Kiteishvili (Sturm Graz), Giorgi Chakvetadze (FC Watford), Saba Lobjanidze (Atlanta United FC), Georgiy Tsitaishvili (Dinamo Batumi)

ANGRIFF: Kvisha Kvaratskhelia (SSC Neapel), Zuriko Davitashvili (Girondins Bordeaux), Levan Shengelia (Panetolikos GFS), Georges Mikautadze (FC Metz), Giorgi Kvilitaia (Apoel Nikosia), Budu Zivzivadze (Karlsruher SC)

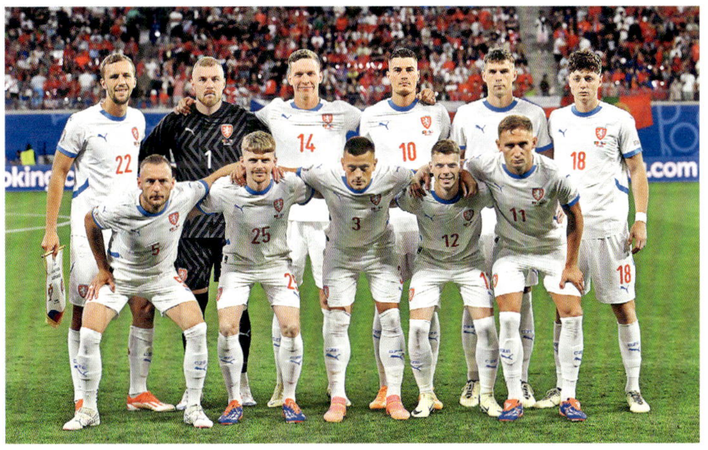

TSCHECHIEN

TOR: Vitezslav Jaros (Sturm Graz), Matej Kovar (Bayer Leverkusen), Jindrich Stanek (Slavia Prag)

ABWEHR: Vladimir Coufal (West Ham United), David Doudera (Slavia Prag), Robin Hranac (Viktoria Pilsen), Tomas Holes (Slavia Prag), Ladislav Krejci (Sparta Prag), David Jurasek (TSG Hoffenheim), Tomas Vlcek (Slavia Prag), Martin Vitik (Sparta Prag), David Zima (Slavia Prag)

MITTELFELD: Antonin Barak (AC Florenz), Vaclav Cerny (VfL Wolfsburg), Lukas Cerv (Viktoria Pilsen), Matej Jurasek (Slavia Prag), Ondrej Lingr (Feyenoord Rotterdam), Lukas Provod (Slavia Prag), Tomas Soucek (West Ham United), Pavel Sulc (Viktoria Pilsen)

ANGRIFF: Adam Hlozek (Bayer Leverkusen), Tomas Chory (Viktoria Pilsen), Mojmir Chytil (Slavia Prag), Jan Kuchta (Sparta Prag), Patrik Schick (Bayer Leverkusen)

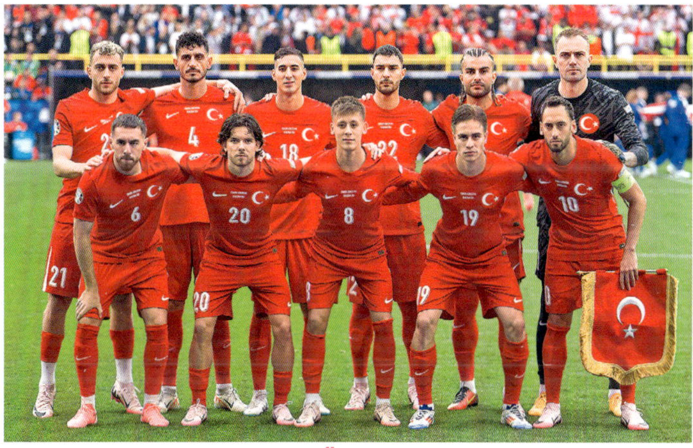

TÜRKEI

TOR: Mert Günok (Besiktas Istanbul), Ugurcan Cakir (Trabzonspor), Altay Bayindir (Manchester United)

ABWEHR: Zeki Celik (AS Rom), Merih Demiral (Al-Ahli), Mert Müldür (Fenerbahce Istanbul), Ferdi Kadioglu (Fenerbahce Istanbul), Abdülkerim Bardakci (Galatasaray Istanbul), Samet Akaydin (Panathinaikos Athen), Ahmetcan Kaplan (Ajax Amsterdam)

MITTELFELD: Hakan Calhanoglu (Inter Mailand), Kaan Ayhan (Galatasaray Istanbul), Okay Yokuslu (West Bromwich Albion), Orkan Kökcü (Benfica Lissabon), Salih Özcan (Borussia Dortmund), Ismail Yüksek (Fenerbahce Istanbul), Arda Güler (Real Madrid)

ANGRIFF: Cenk Tosun (Besiktas Istanbul), Yusuf Yazici (OSC Lille), Irfan Kahveci (Fenerbahce Istanbul), Kerem Aktürkoglu (Galatasaray Istanbul), Baris Alper Yilmaz (Galatasaray Istanbul), Yunus Akgün (Leicester City), Kenan Yildiz (Juventus Turin), Bertug Yildirim (Stade Rennes), Semih Kilicsoy (Besiktas Istanbul)

Schweiz – Italien	2:0 (1:0)
Deutschland – Dänemark	2:0 (0:0)
England – Slowakei	2:1 n.V. (1:1, 0:1)
Spanien – Georgien	4:1 (1:1)
Frankreich – Belgien	1:0 (0:0)
Portugal – Slowenien	3:0 n.E. (0:0)
Rumänien – Niederlande	0:3 (0:1)
Österreich – Türkei	1:2 (0:1)

Titelverteidiger Italien setzte seine enttäuschenden Leistungen aus den Gruppenspielen fort und schied gleich zu Beginn der K.-o.-Phase nach einem kläglichen Auftritt gegen selbstbewusste Schweizer aus. Auch England, der Finalist von 2021, konnte wieder nicht überzeugen, kam aber gegen die Slowakei mit einem 2:1 nach Verlängerung gerade noch mit einem blauen Auge davon. Portugal benötigte gegen Außenseiter Slowenien sogar das Elfmeterschießen, auch Frankreich mühte sich mit einem glanzlosen 1:0-Arbeitssieg gegen Belgien in die Runde der letzten acht. Überzeugen konnte hingegen die Niederlande durch einen deutlichen 3:0-Sieg gegen Rumänien. Gastgeber Deutschland rang Dänemark 2:0 nieder und Spanien bestätigte mit einem souveränen 4:1 gegen Georgien seine Rolle als Titelfavorit. Nach den vorangegangenen Eindrücken unerwartet kam im letzten Achtelfinale der 2:1-Sieg der Türkei gegen Österreich.

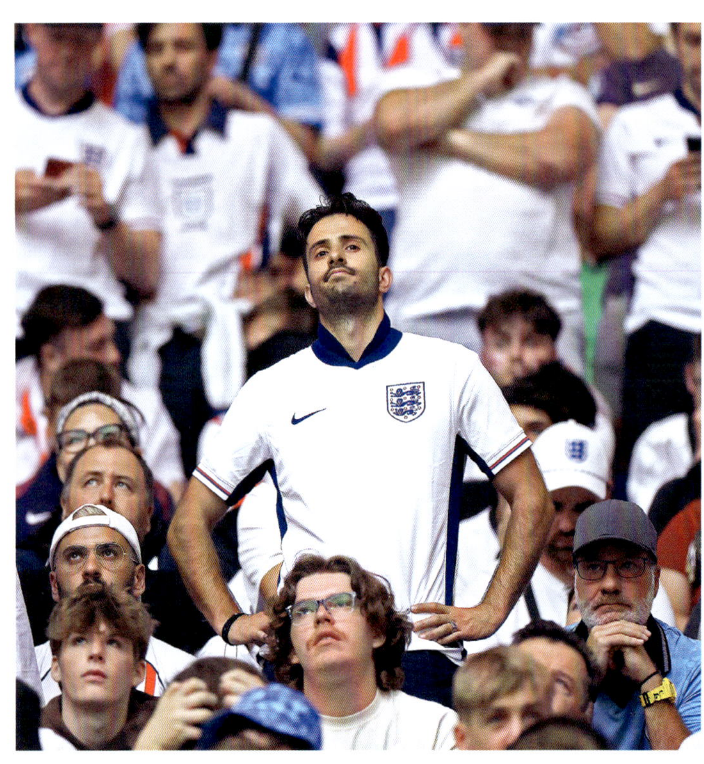

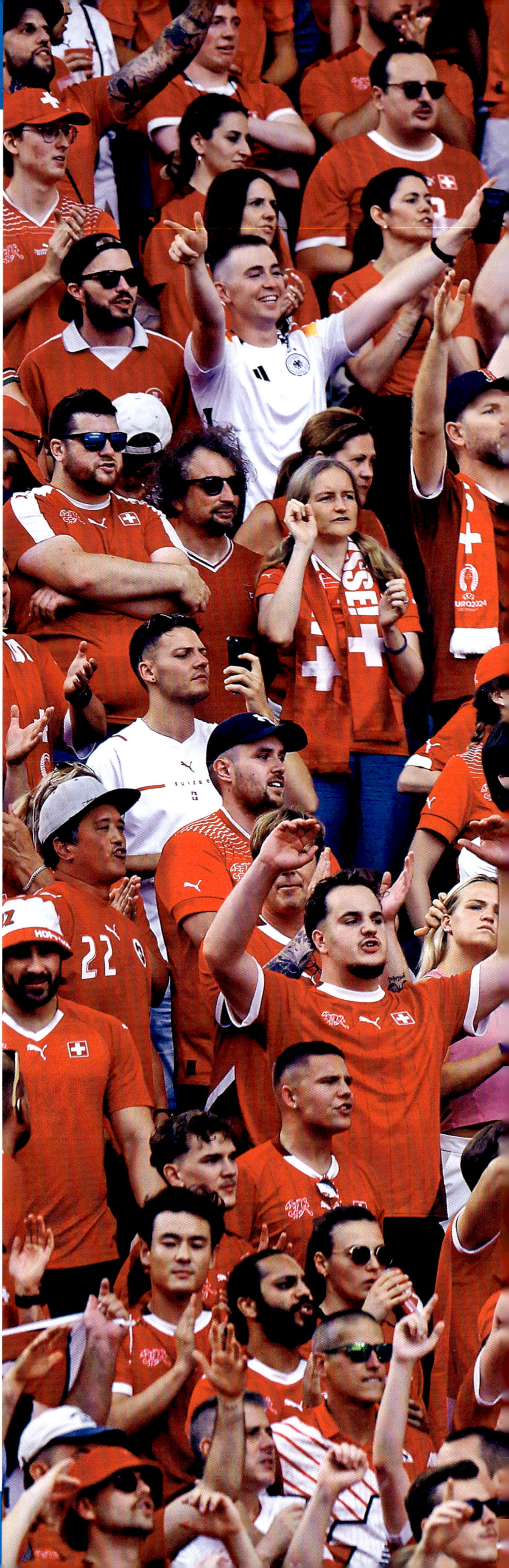

ACHTELFINALE

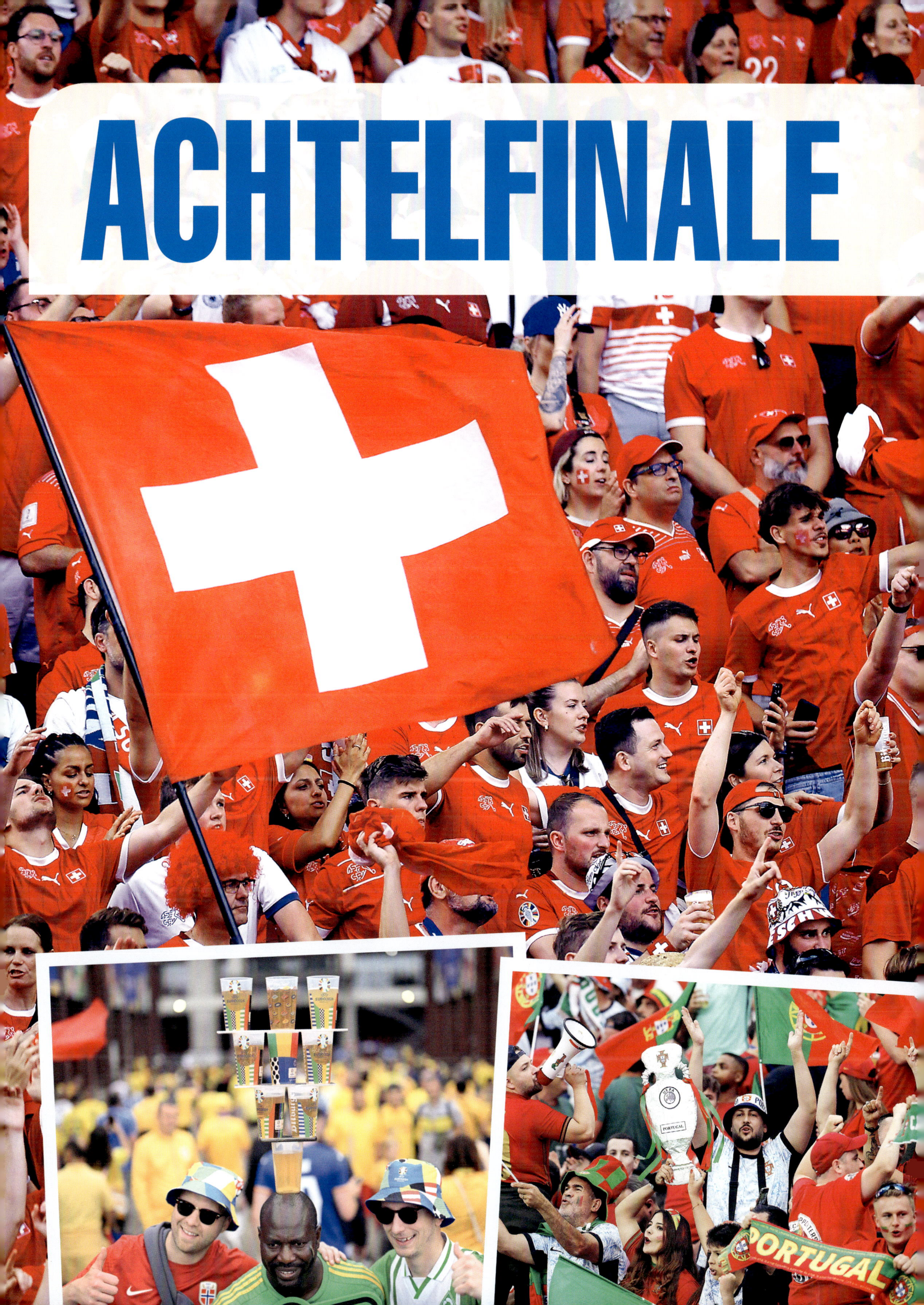

Samstag, 29. Juni 2024, 18 Uhr, Berlin, 26° Celsius

SCHWEIZ – ITALIEN
2 : 0

Trainer: Murat Yakin

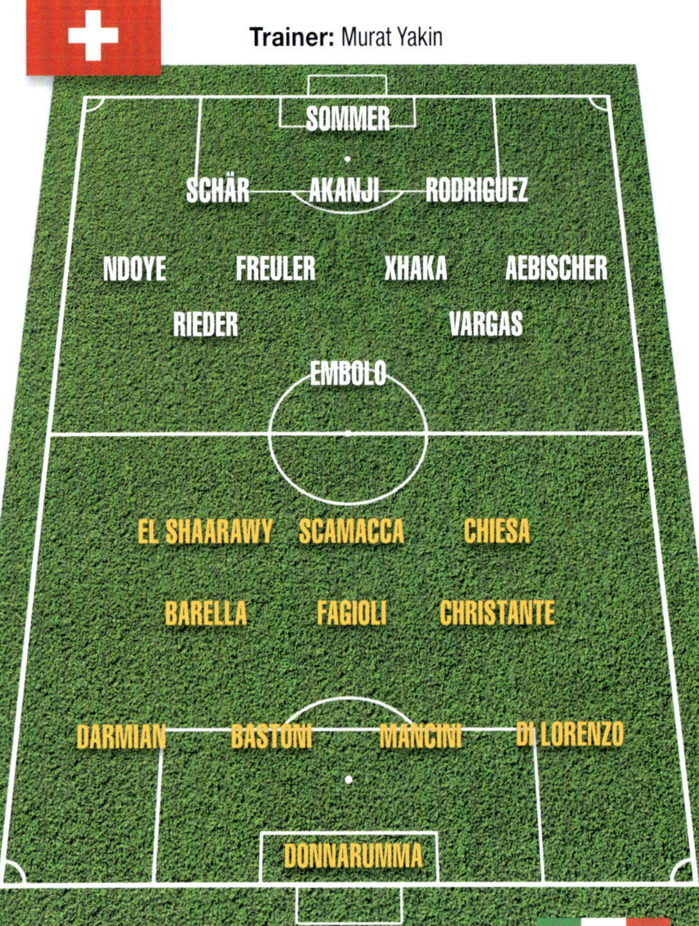

Trainer: Luciano Spalletti

Eingewechselt:

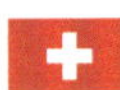

Zuber für Vargas (71.)	Zaccagni für El Shaarawy (46.)
Stergiou für Rieder (71.)	Retegui für Barella (64.)
Sierro für Ndoye (77.)	Pellegrini für Cristante (75.)
Duah für Embolo (77.)	Cambiaso für Darmian (75.)
Steffen für Aebischer (90. +2)	Frattesi für Fagioli (86.)

Tore: 1:0 Freuler (37.), 2:0 Vargas (46.)

Gelbe Karten: – / Barella, El Shaarawy, Mancini

Gelb-Rote Karten: –

Rote Karten: –

Schiedsrichter: Szymon Marciniak (Polen)

Zuschauer: 68 172

Konsterniert schleichen die Italiener Giovanni Di Lorenzo (links) und Mateo Retegui vom Platz.

Mit einem erschreckend lethargischen Auftritt hat sich Titelverteidiger Italien aus dem Turnier verabschiedet. Beim 0:2 gegen die flott und unbeschwert aufspielenden Schweizer waren die „Azzurri" ohne den Hauch einer Chance. Die Rückkehr ins Berliner Olympiastadion, in dem sie 2006 den WM-Titel gewonnen hatten, geriet zum Fiasko. Bereits in der Gruppenphase hatte die Mannschaft von Trainer Luciano Spalletti nicht überzeugen können, erst durch ein Tor in der Nachspielzeit des letzten Gruppenspiels gegen Kroatien gelang ihr die Qualifikation fürs Achtelfinale. Und auch da wurde es nicht besser.

RÜCKKEHR GERÄT ZUM FIASKO

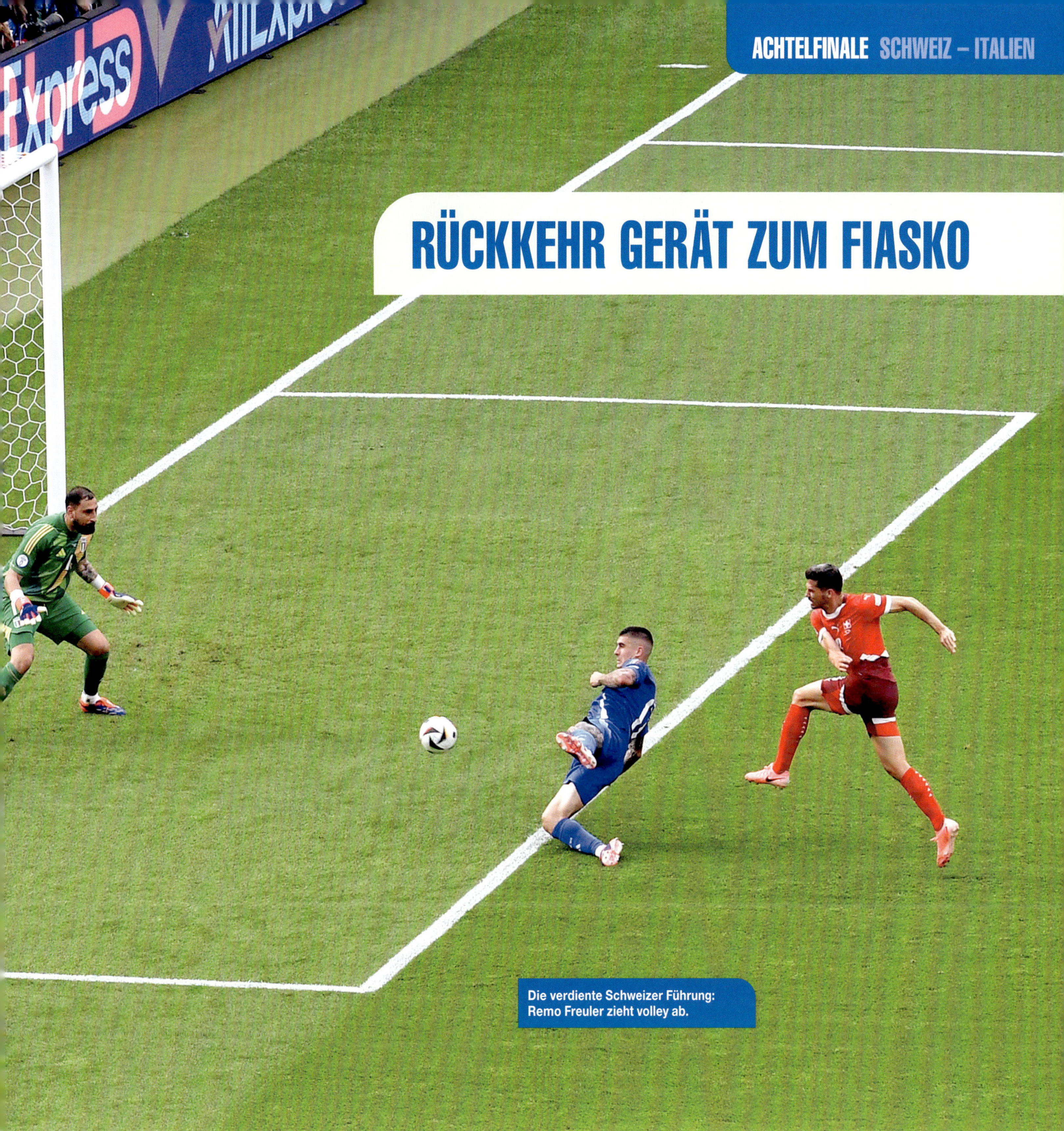

Die verdiente Schweizer Führung: Remo Freuler zieht volley ab.

Die Zuschauer im Stadion und an den TV-Geräten glaubten ihren Augen kaum, wie uninspiriert und leblos der Titelverteidiger zu Werke ging, dem in Riccardo Calafiori (gelbgesperrt) und Federico Dimarco (verletzt) zwei Stammspieler fehlten.
Die Schweizer waren von Beginn an das überlegene Team. Folgerichtig fiel die 1:0-Führung in der 37. Minute. Nachdem Italiens Bester, Torhüter Gianluigi Donnarumma, eine Viertelstunde zuvor noch mit einer Glanzparade gegen den freistehenden Breel Embolo hatte retten können, war er gegen den Volleyschuss von Remo Freuler aus kurzer Distanz machtlos – technisch versiert hatte der Mittelfeldmann eine Hereingabe von Ruben Vargas angenommen und mit dem zweiten Ballkontakt ins Tor befördert. Vorlagengeber Vargas sorgte nur 28 Sekunden nach Anpfiff der zweiten Halbzeit mit dem zweiten Traumtor, einem Schlenzer aus 15 Metern ins rechte obere Toreck, für die frühe Entscheidung. Die Eidgenossen zogen sich danach zurück, die Italiener hatten mehr Ballbesitz. Dass sie dem Spiel aber noch einmal eine Wende geben könnten, glaubte niemand mehr.
Bezeichnend: Ihre größte Chance hatte dann auch ein Schweizer. Fabian Schär köpfte den Ball unbedrängt aus zwölf Metern in hohem Bogen an den eigenen Torpfosten – Torhüter Yann Sommer wäre machtlos gewesen.

Samstag, 29. Juni 2024, 21 Uhr, Dortmund, 18° Celsius

DEUTSCHLAND – DÄNEMARK
2 : 0

Trainer: Julian Nagelsmann

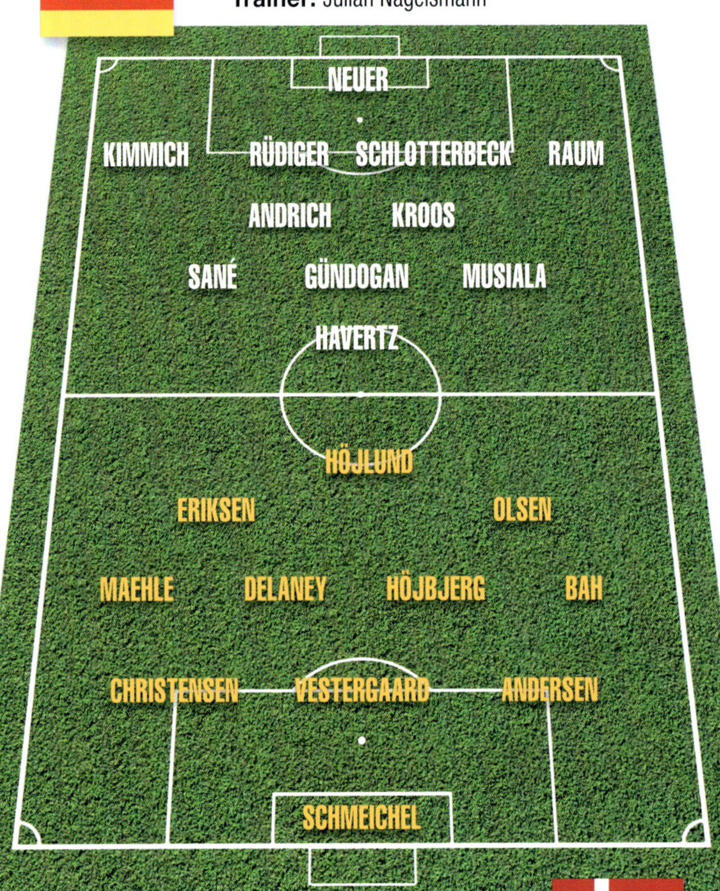

Trainer: Kasper Hjulmand

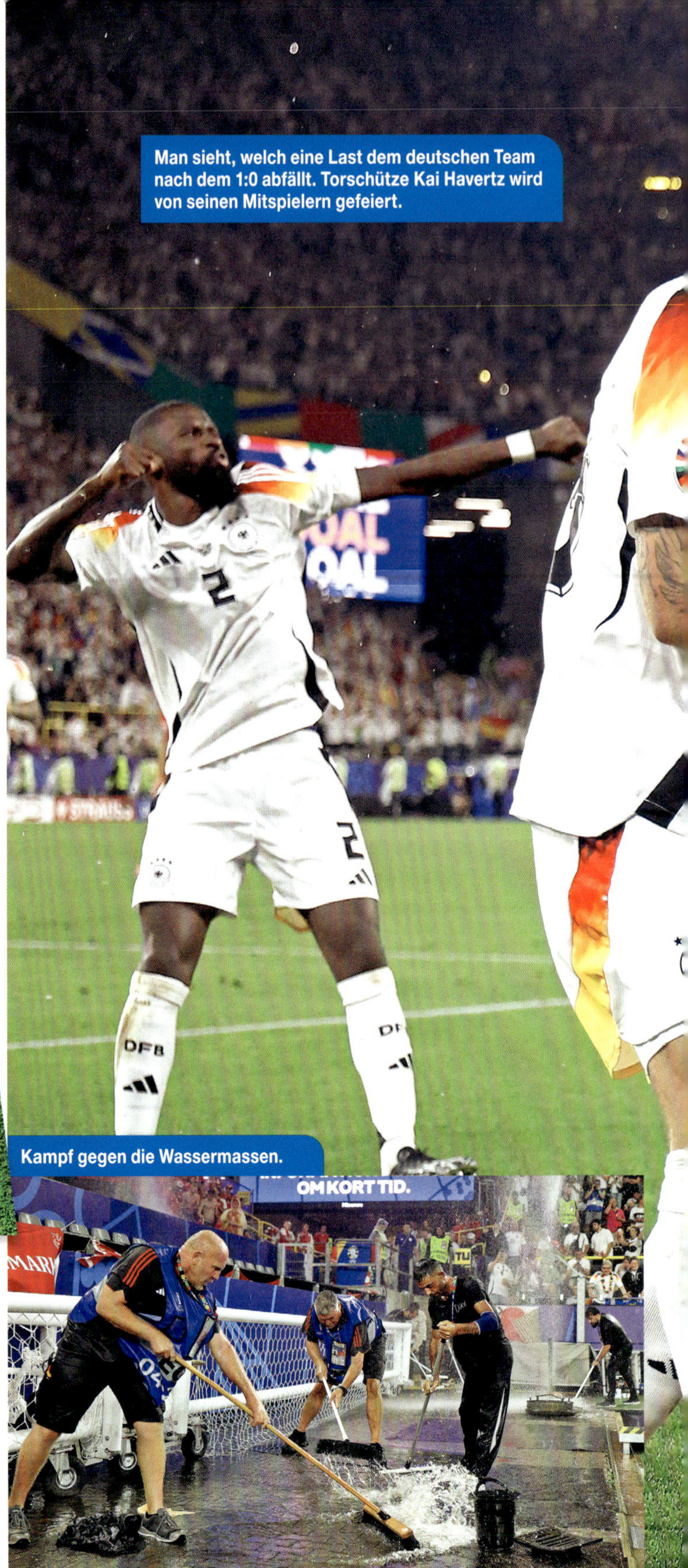

Man sieht, welch eine Last dem deutschen Team nach dem 1:0 abfällt. Torschütze Kai Havertz wird von seinen Mitspielern gefeiert.

Kampf gegen die Wassermassen.

Eingewechselt:

Deutschland	Dänemark
Can für Andrich (64.)	Nörgaard für Delaney (69.)
Füllkrug für Gündogan (64.)	Poulsen für Skov Olsen (69.)
Henrichs für Raum (81.)	Wind für Höjlund (81.)
Wirtz für Musiala (81.)	Bruun Larsen für Christensen (81.)
Anton für Sané (88.)	Kristiansen für Bah (81.)

Tore: 1:0 Havertz (Handelfmeter, 53.), 2:0 Musiala (68.)

Gelbe Karten: Nagelsmann / Hjulmand, Andersen, Maehle

Gelb-Rote Karten: –

Rote Karten: –

Schiedsrichter: Michael Oliver (England)

Zuschauer: 61 047

Joachim Andersen verstand die Welt nicht mehr. Sein Gesichtsausdruck changierte zwischen Entsetzen und bitterem Sarkasmus. Nur vier Minuten benötigte der dänische Abwehrspieler an diesem Abend für seine Metamorphose vom Helden zum Unglücksraben. In der 48. Minute bejubelte er überschwänglich sein erstes Länderspieltor und die Führung seiner Mannschaft gegen den EM-Gastgeber. Die Freude wurde ihm aber rasch genommen. In der Entstehung des Treffers stand Teamkollege Thomas Delaney mit seiner Fußspitze im Abseits. Das Spiel ging weiter, über die linke Seite griff die deutsche Mannschaft an. Eine Hereingabe von Jamal Musiala bekamen die Dänen nicht geklärt.

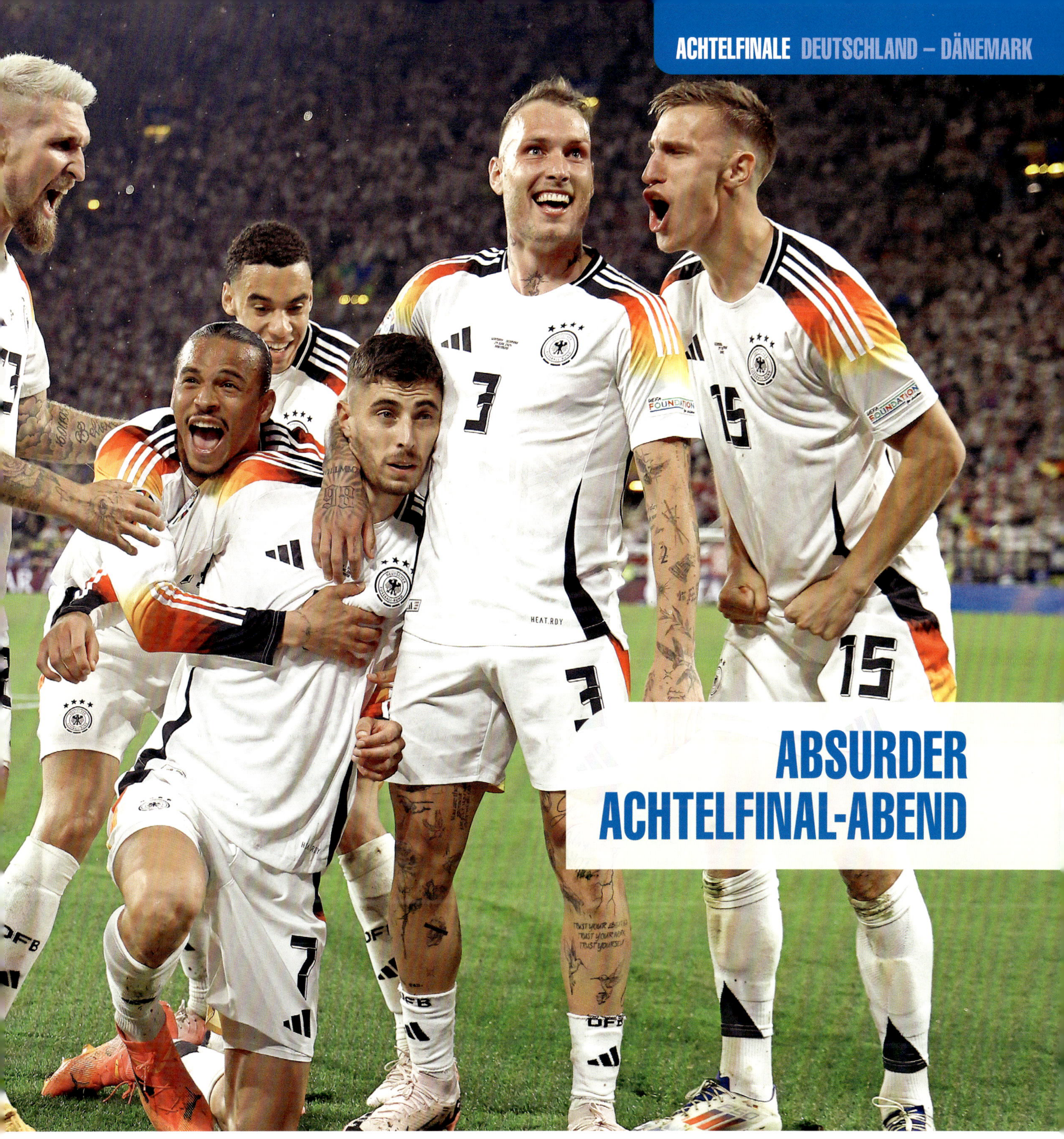

ABSURDER ACHTELFINAL-ABEND

David Raum brachte den Ball noch einmal in den Strafraum. Die Flanke geriet zwar zu lang, doch sofort schaltete sich der VAR ein. Schiedsrichter Michael Oliver sah sich die Szene selbst an und konnte auf dem Bildschirm erkennen, dass ausgerechnet Andersen den Ball minimal mit der abgespreizten Hand berührt hatte. Es gab Elfmeter für Deutschland. Diese vier Minuten brachten zwar zwei regelkonforme Entscheidungen hervor, gerecht fühlten sie sich allerdings nicht an. Kai Havertz war es egal – er versenkte den Elfmeter eiskalt im rechten unteren Eck (53. Minute). Die Dänen wirkten ob des Rückstands geschockt, und die DFB-Auswahl machte weiter Druck. Havertz ließ das 2:0 noch liegen (59.), doch dann entwischte Musiala nach einem wohltemperierten weiten Ball von Nico Schlotterbeck allen Verteidigern und ließ Dänemarks Torhüter Kasper Schmeichel keine Chance – 2:0 (68.). Es war die Vorentscheidung in einem turbulenten Spiel, das für die deutsche Mannschaft einige Schrecksekunden bereitgehalten hatte. Nach einer dominanten Anfangsphase mit zahlreichen Chancen und einem ebenfalls vom VAR aberkannten Schlotterbeck-Treffer waren die Dänen immer stärker geworden. Dann zog ein heftiges Gewitter auf, das für eine 25-minütige Spielunterbrechung sorgte. Zur Pause hatten die Dänen etwas Oberwasser, ehe sich das Glück den Deutschen zuwandte.

Sonntag, 30. Juni 2024, 18 Uhr, Gelsenkirchen, 21° Celsius

ENGLAND – SLOWAKEI
2 : 1 n. V.

Trainer: Gareth Southgate

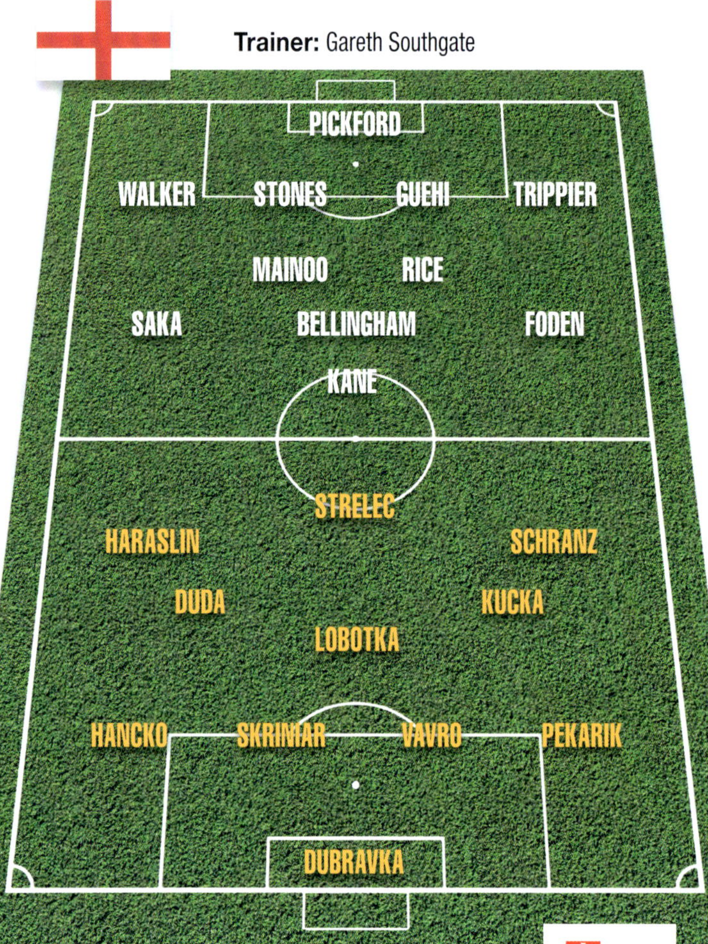

Trainer: Francesco Calzona

Eingewechselt:

England:
Palmer für Trippier (66.)
Eze für Mainoo (84.)
Toney für Foden (90.+4)
Gallagher für Bellingham (106.)
Konsa für Kane (106.)

Slowakei:
Suslov für Haraslin (61.)
Bozenik für Strelec (61.)
Benes für Duda (82.)
Bero für Kucka (82.)
Gyömber für Schranz (90.+3)
Tupta für Pekarik (109.)

Tore: 0:1 Schranz (25.), 1:1 Bellingham (90.+5), 2:1 Kane (91.)

Gelbe Karten: Guehi, Mainoo, Bellingham / Kucka, Skriniar, Pekarik, Vavro, Gyömber

Gelb-Rote Karten: –

Rote Karten: –

Schiedsrichter: Halil Umut Meler (Türkei)

Zuschauer: 47 244

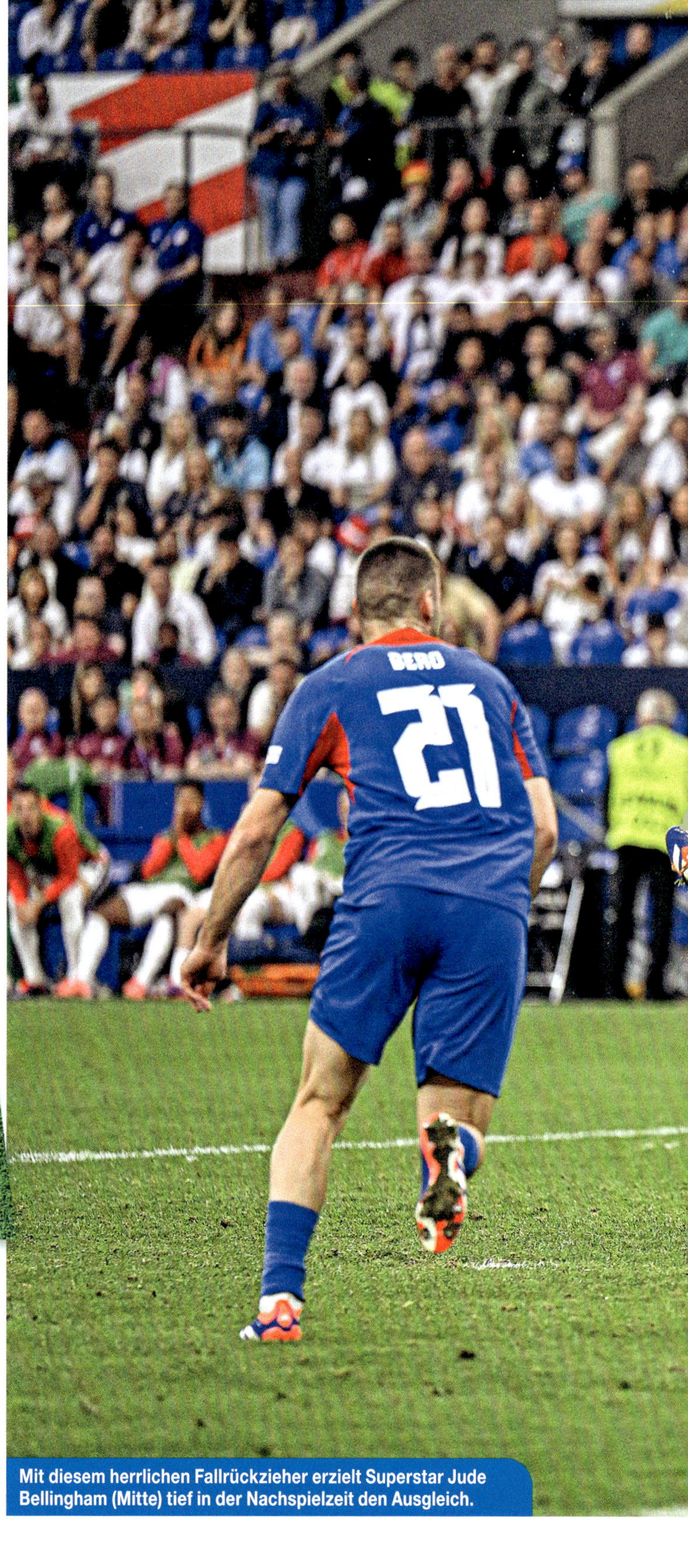

Mit diesem herrlichen Fallrückzieher erzielt Superstar Jude Bellingham (Mitte) tief in der Nachspielzeit den Ausgleich.

Die Sensation war bereits zum Greifen nah, als noch einmal ein weiter Einwurf von Kyle Walker in den Strafraum der Slowaken segelte. Englands Innenverteidiger Marc Guehi verlängerte den Ball per Kopf, in der Mitte stieg Jude Bellingham hoch und setzte zum Fallrückzieher an. Die meisten Spieler auf dieser Welt hätten das Spielgerät wohl in dieser Szene in den Abendhimmel von Gelsenkirchen befördert. Bellingham, der ehemalige Dortmunder und heutige Superstar von Real Madrid, traf den Ball hingegen perfekt. In der fünften Minute der Nachspielzeit glich er für die einmal mehr enttäuschenden Engländer doch noch zum 1:1 aus und erzwang eine Verlängerung. Ein einziger brillanter Moment, der Geniestreich eines Einzelnen machte das Werk der aufopferungsvoll kämpfenden, taktisch brillant eingestellten und auch

SUPERSTARS RETTEN SCHWACHE ENGLÄNDER

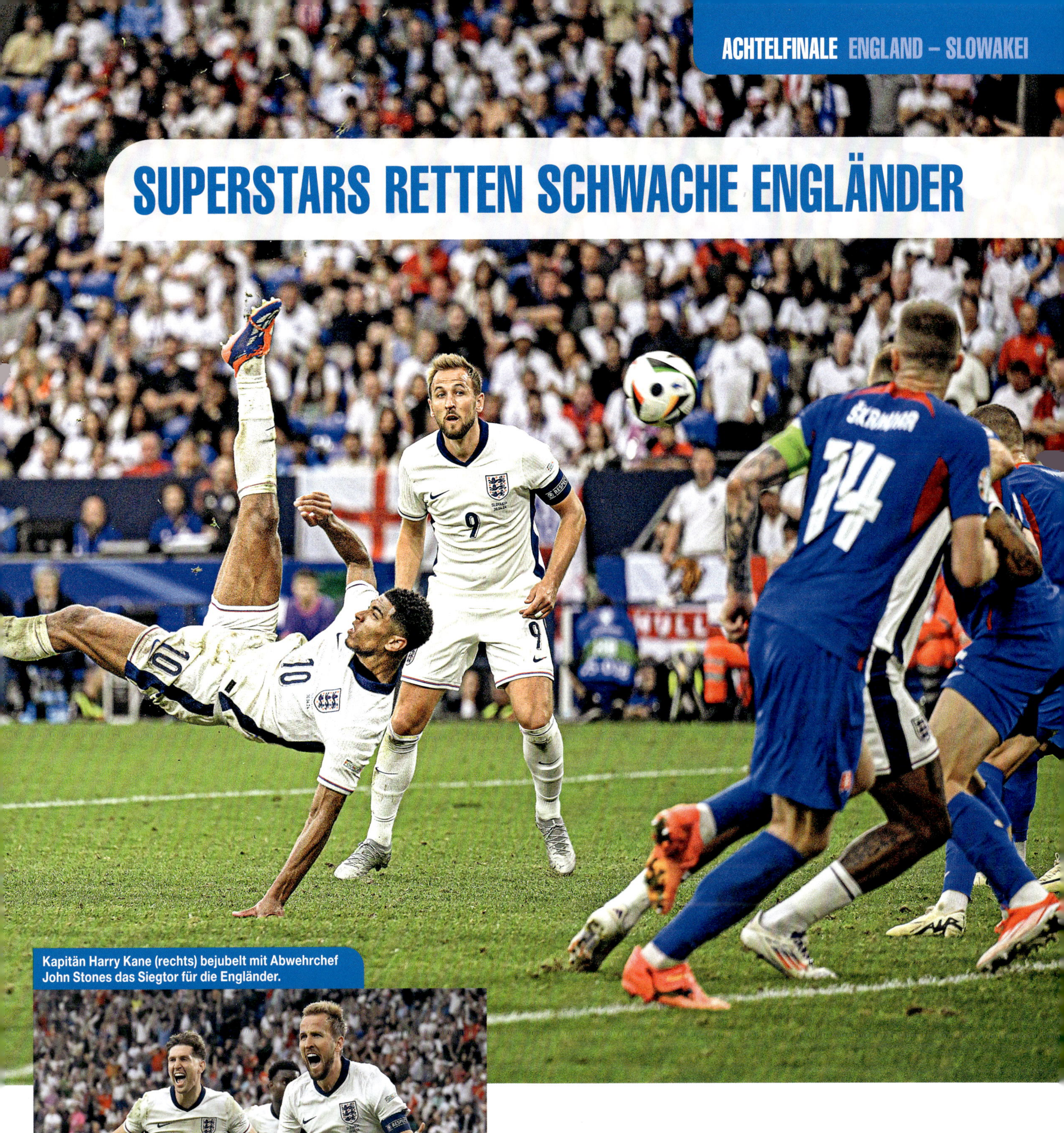

Kapitän Harry Kane (rechts) bejubelt mit Abwehrchef John Stones das Siegtor für die Engländer.

spielerisch überzeugenden Slowaken zunichte. In der Verlängerung musste der Außenseiter gleich den nächsten Tiefschlag einstecken. Nicht einmal eine Minute war vergangen, da brachte Harry Kane die Engländer in Führung. Nach einer Ablage per Kopf durch den eingewechselten Ivan Toney schaltete der Bayern-Stürmer am schnellsten und überwand den slowakischen Torhüter Martin Dubravka mit einem Kopfball aus kurzer Distanz. Die Engländer zogen sich fortan tief in die eigene Hälfte zurück und verteidigten ihre Führung geschickt gegen bemühte, aber kraftlose Slowaken. Das Happy End für die Three Lions kann aber nicht über eine abermals erschreckende Vorstellung hinwegtäuschen. Zwar verzeichnete das englische Starensemble deutlich mehr Ballbesitz, bot aber über weite Strecken Schlafwagen-Fußball ohne Tempo und Kreativität. Bellingham fiel meist nur mit Lamentieren auf. Die Slowaken spielten dagegen schnörkellos und direkt nach vorne und verdienten sich die Führung durch das dritte Turniertor von Ivan Schranz (25. Minute). England wurde erst in der Schlussphase munterer. Declan Rice scheiterte in der 81. Minute am Pfosten. Dann hatte Bellingham einen Geistesblitz.

Sonntag, 30. Juni 2024, 21 Uhr, Köln, 18° Celsius

SPANIEN – GEORGIEN
4 : 1

Trainer: Luis de la Fuente

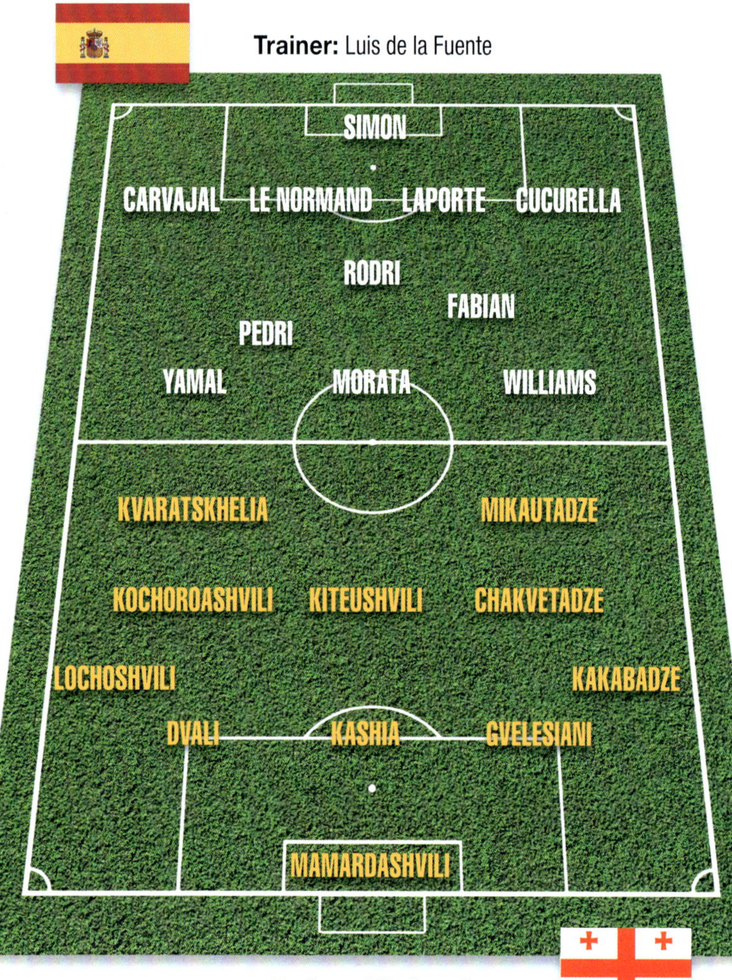

Trainer: Willy Sagnol

Eingewechselt:

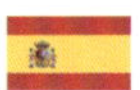

Olmo für Pedri (52.)
Oyarzabal für Morata (66.)
Grimaldo für Cucurella (66.)
Merino für Fabian (81.)
Navas für Carvajal (81.)

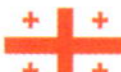

Altunashvili für Kiteishvili (41.)
Tsitaishvili für Lochoshvili (63.)
Davitashvili für Chakvetadze (63.)
Zivzivadze für Mikautadze (79.)
Kvekveskiri für Gvelesiani (79.)

Tore: 0:1 Le Normand (Eigentor, 18.), 1:1 Rodri (39.), 2:1 Fabian (51.), 3:1 Williams (75.), 4:1 Olmo (83.)

Gelbe Karte: Morata / Davitashvili

Gelb-Rote Karten: –

Rote Karten: –

Schiedsrichter: Francois Letexier (Frankreich)

Zuschauer: 42 233

Georgiens Fußballmärchen fand im Achtelfinale ein jähes Ende. Der dreimalige Titelträger Spanien war für den EM-Debütanten eine Nummer zu groß. Im Kölner Nieselregen unterlag die Mannschaft von Willy Sagnol, die mit ihrem unbeschwerten Auftreten in der Gruppenphase die Herzen der neutralen Fans erobert hatte, deutlich 1:4. Dennoch zog der Trainer zufrieden Bilanz: „Ich bin stolz darauf, was die Spieler bei der EM geleistet haben. Das Turnier war für alle eine großartige Erfahrung." Die Spanier wiederum bestätigten mit dem vierten Sieg im vierten Spiel und einem Torverhältnis von 9:1 ihre Rolle als Titelfavorit. 75:25 Prozent Ballbesitz, 13:3 Ecken, 35:4 Torschüsse – „La Furia Roja" drückte dem Spiel ihren Stempel auf. Und geriet dennoch in Rückstand. Nach dem ersten Angriff der Georgier in der 18. Minute ließ sich Khvicha Kvaratskhelia als Torschütze feiern. Die TV-Bilder lieferten jedoch den Aufschluss, dass Spaniens Verteidiger Robin Le Normand den Ball mit der Hüfte ins eigene Tor befördert hatte. Der Favorit zeigte sich unbeeindruckt und bedrängte weiterhin das gegnerische Gehäuse. Folgerichtig fiel der Ausgleich in der 39. Spielminute: Georgiens starker Torhüter Giorgi Mamardashvili streckte sich nach einem trockenen Schuss von Rodri vergeblich.

Zu Beginn der zweiten Hälfte hätte Kvaratskhelia beinahe selbst getroffen: Der Mittelstürmer erkannte, dass Spaniens Keeper Unai Simon zu weit vor dem Tor stand und zog von der Mittellinie ab – doch sein Schuss strich einen Meter am Pfosten vorbei. Danach drückten die Jungstars Lamine Yamal und Nico Williams der Partie ihren Stempel auf. Fabian Ruiz vollendete in der 51. Minute Yamals mustergültige Flanke per Kopf zur verdienten Führung, Williams schloss in der 75. Minute einen Sololauf über 40 Meter mit einem wuchtigen Schuss zum 3:1 ab. Den Endstand markierte der Leipziger Dani Olmo mit einem Aufsetzer von der Strafraumkante.

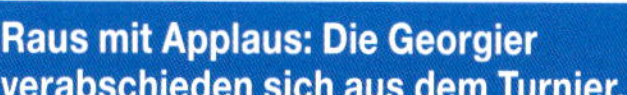
Raus mit Applaus: Die Georgier verabschieden sich aus dem Turnier.

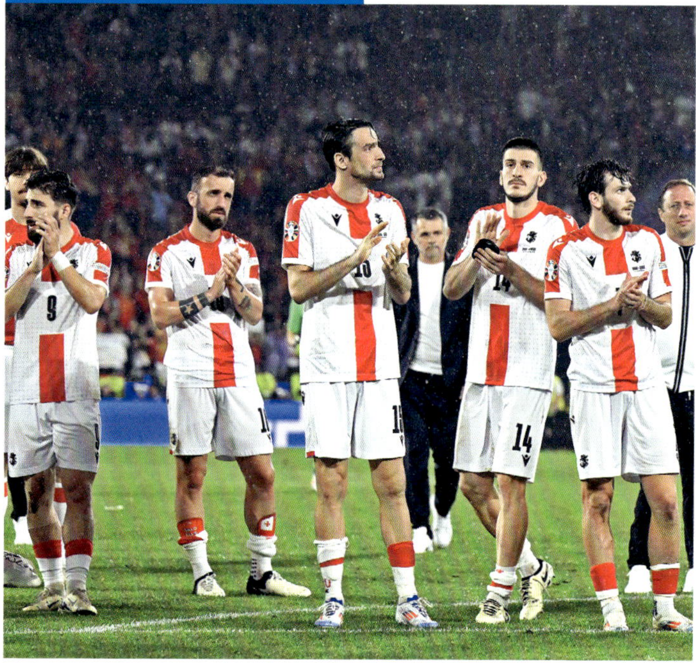

SPANIER ENTZAUBERN EM-DEBÜTANTEN

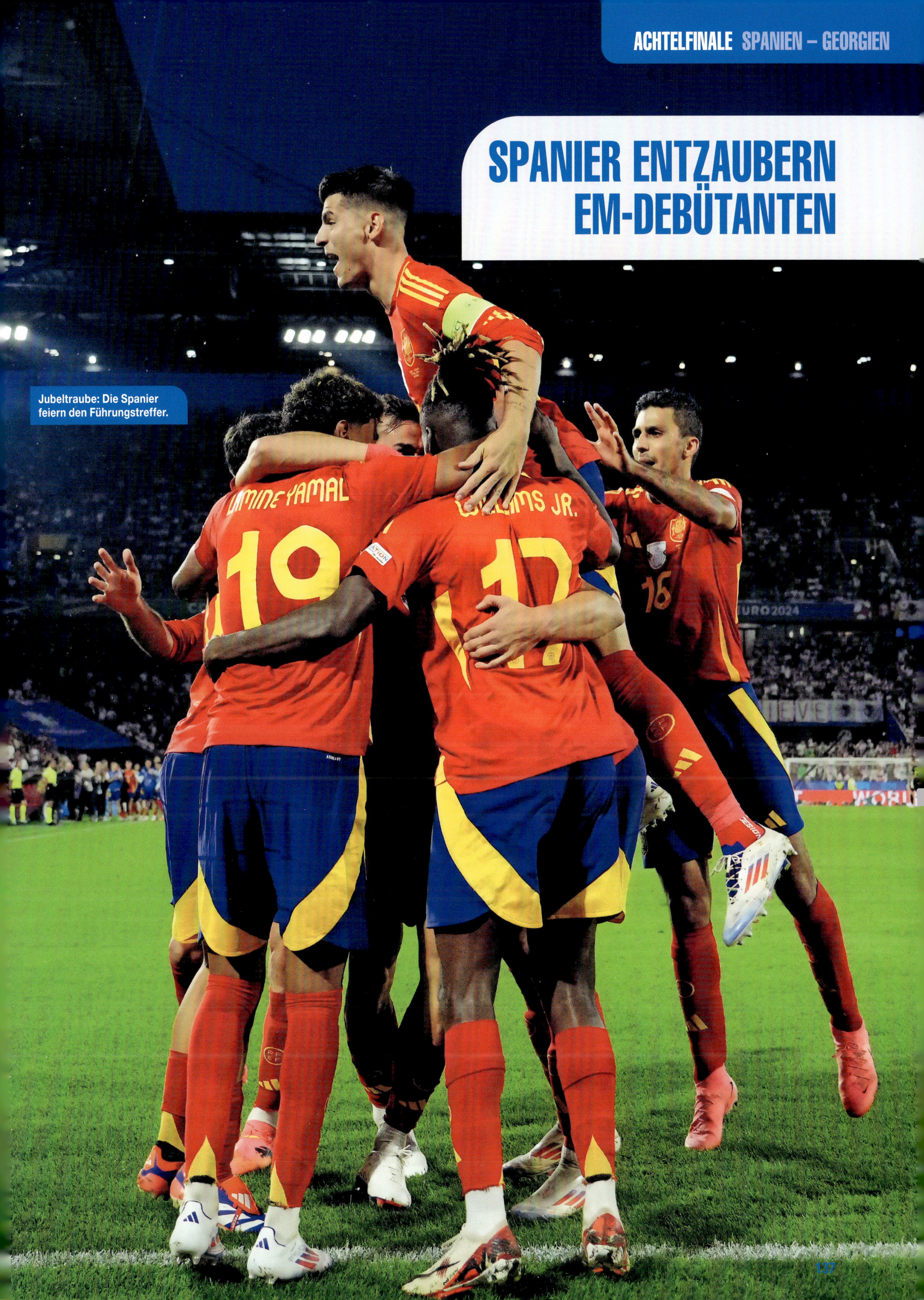

Jubeltraube: Die Spanier feiern den Führungstreffer.

Montag, 1. Juli 2024, 18 Uhr, Düsseldorf, 18° Celsius

FRANKREICH – BELGIEN
1 : 0

Trainer: Didier Deschamps

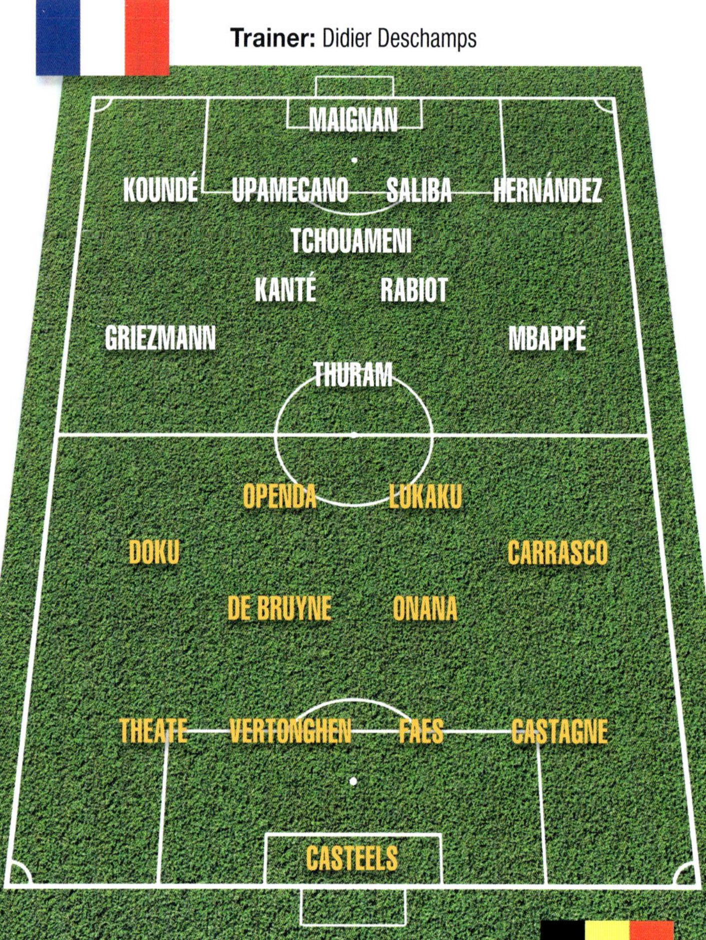

Trainer: Domenico Tedesco

Eingewechselt:

Frankreich:
Kolo Muani für Thuram (62.)

Belgien:
Mangala für Openda (63.)
De Ketelaere für Carrasco (88.)
Lukebakio für Castagne (88.)

Tor: 1:0 Vertonghen (Eigentor, 85.)

Gelbe Karten: Tchouameni, Griezmann, Rabiot / Vertonghen, Tedesco, Mangala

Gelb-Rote Karten: –

Rote Karten: –

Schiedsrichter: Glenn Nyberg (Schweden)

Zuschauer: 46 810

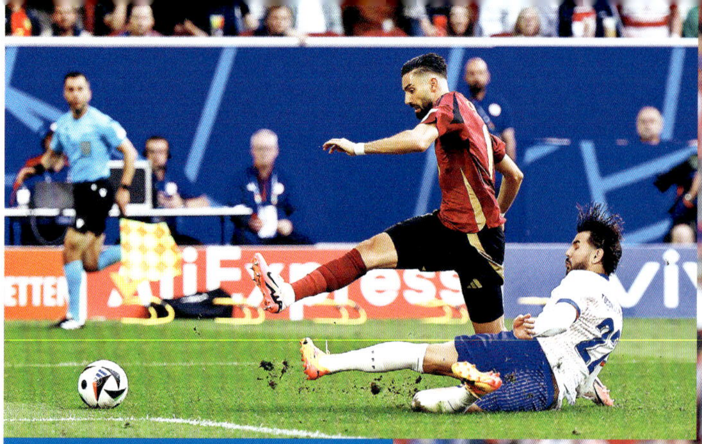

Eine der wenigen Chancen der Belgier: Yannick Carrasco (links) wird im letzten Moment von Theo Hernández gestoppt.

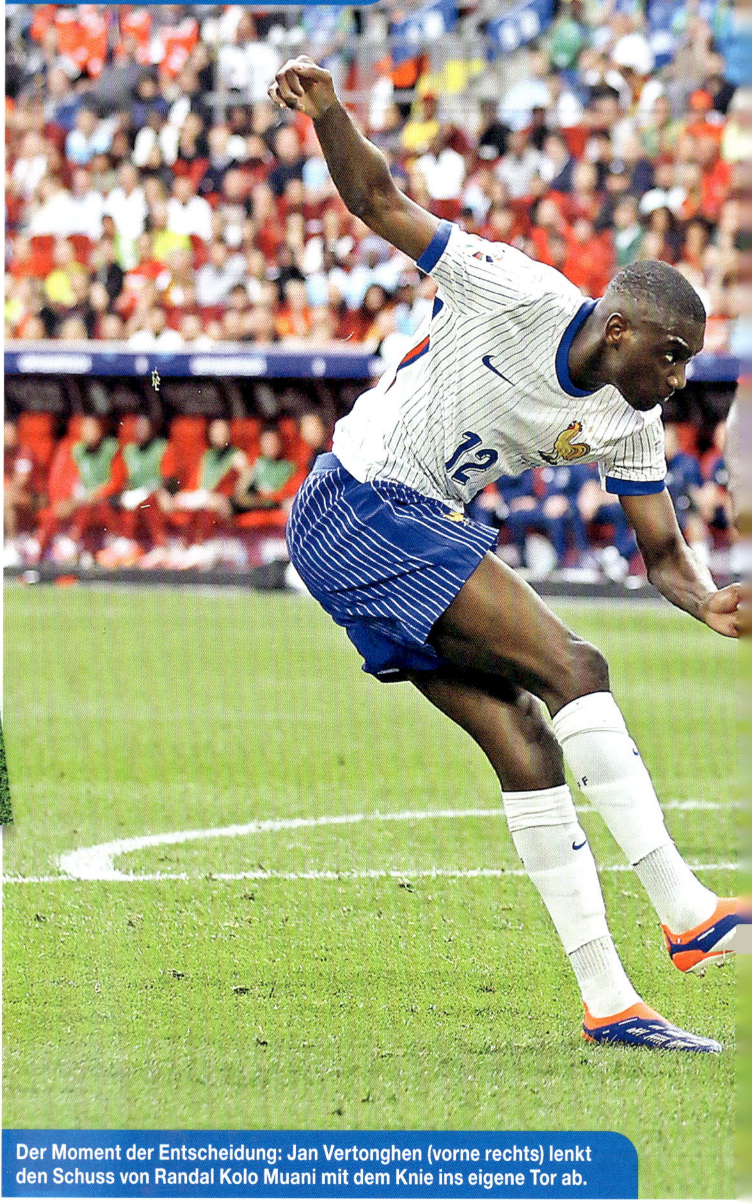

Der Moment der Entscheidung: Jan Vertonghen (vorne rechts) lenkt den Schuss von Randal Kolo Muani mit dem Knie ins eigene Tor ab.

Jan Vertonghen ist eine Ikone im belgischen Fußball. Der Abwehrspieler absolvierte bei der Europameisterschaft sein sechstes großes Turnier, und es hätten wohl noch deutlich mehr sein können, hätte Belgien zwischen 2006 und 2012 nicht jede WM und EM verpasst. Dennoch ist Vertonghen der unangefochtene Rekordnationalspieler seines Landes. Gegen Frankreich bestritt der 37-Jährige sein 156. und letztes Spiel für die Roten Teufel. Es endete für den erfahrenen Abwehrrecken auf die denkbar unglücklichste Weise. Mit einem Eigentor in der 85. Minute bescherte er den Franzosen den Einzug ins Viertelfinale. Einen Schuss des eingewechselten Randal Kolo Muani hatte er

SPÄTES EIGENTOR HIEVT FRANKREICH INS VIERTELFINALE

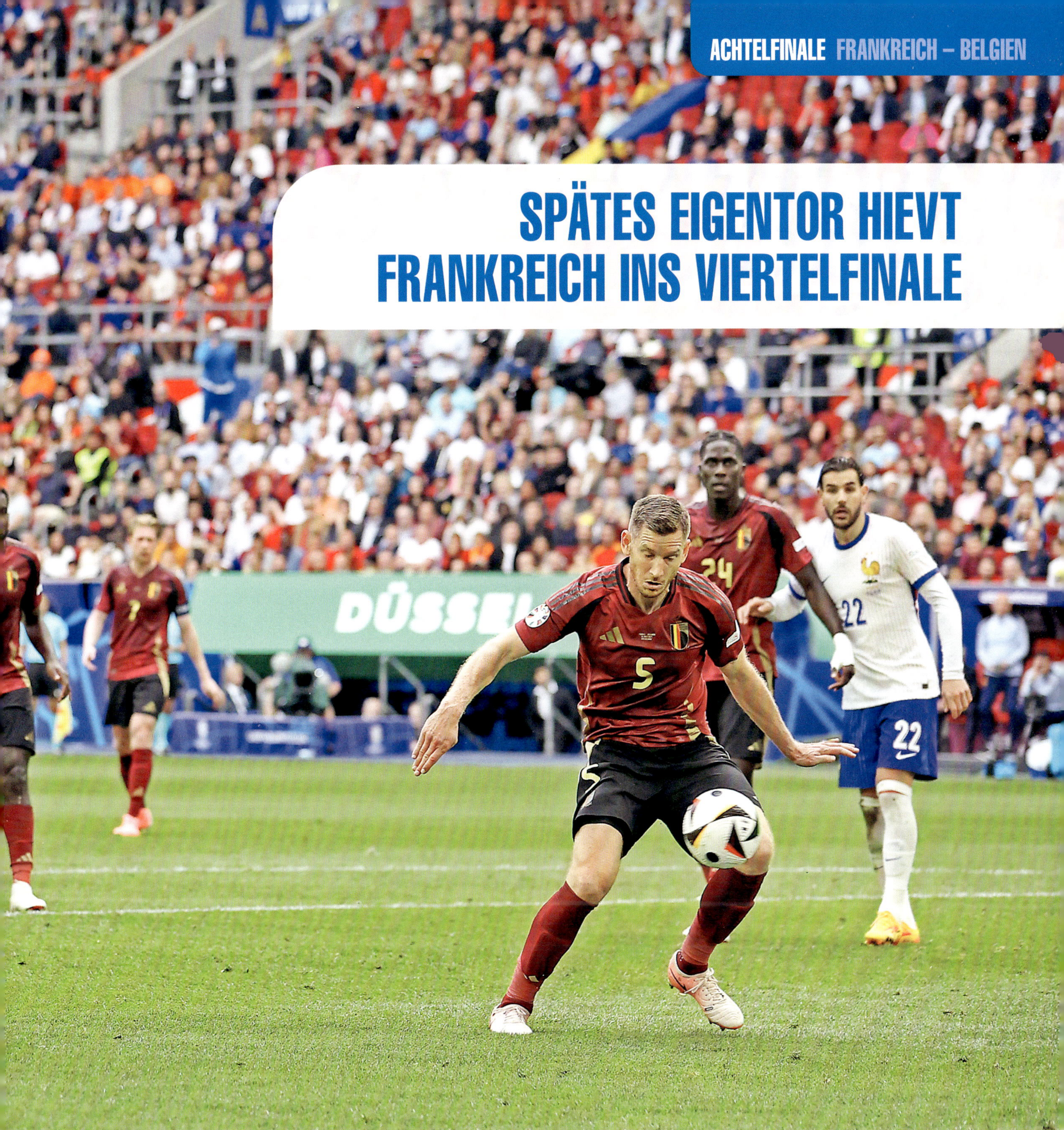

unhaltbar für seinen Torhüter Koen Casteels abgefälscht. Es war der tragische Schlussakkord einer großartigen Karriere. Nach einer taktisch disziplinierten, aber offensiv mutlosen Vorstellung endete für die Belgier eine Europameisterschaft wieder einmal vorzeitig. Sie erspielten sich gegen die französischen Defensivkünstler in 90 Minuten nur zwei gefährliche Gelegenheiten. Romelu Lukaku, der ansonsten bei William Saliba völlig abgemeldet war, scheiterte jedoch ebenso an Torwart Mike Maignan wie Kevin De Bruyne (84.). Deutlich mehr Abschlüsse verzeichneten die Franzosen, ließen dabei aber die Präzision vermissen. Insbesondere Mittelfeldspieler Aurélien Tchouameni zielte in aussichtsreicher Position mehrfach zu hoch. Superstar Kylian Mbappé kam gegen die tief stehenden Belgier kaum einmal dazu, seine gefürchteten Tempodribblings anzubringen. So schien das Spiel unweigerlich einer Verlängerung entgegenzusteuern – bis der Ball nach einer feinen Kombination bei Kolo Muani im Sechzehner landete. Der ehemalige Bundesliga-Spieler zog aus der Drehung ab, doch ohne das Zutun von Vertonghen wäre der Schuss wohl völlig ungefährlich für Casteels gewesen. Mit nur einem einzigen selbst erzielten Treffer, dazu noch per Elfmeter, zogen die Minimalisten der „Equipe Tricolore“ damit ins Viertelfinale ein.

Montag, 1. Juli 2024, 21 Uhr, Frankfurt, 17° Celsius

PORTUGAL – SLOWENIEN
3 : 0 n.E.

Trainer: Roberto Martinez

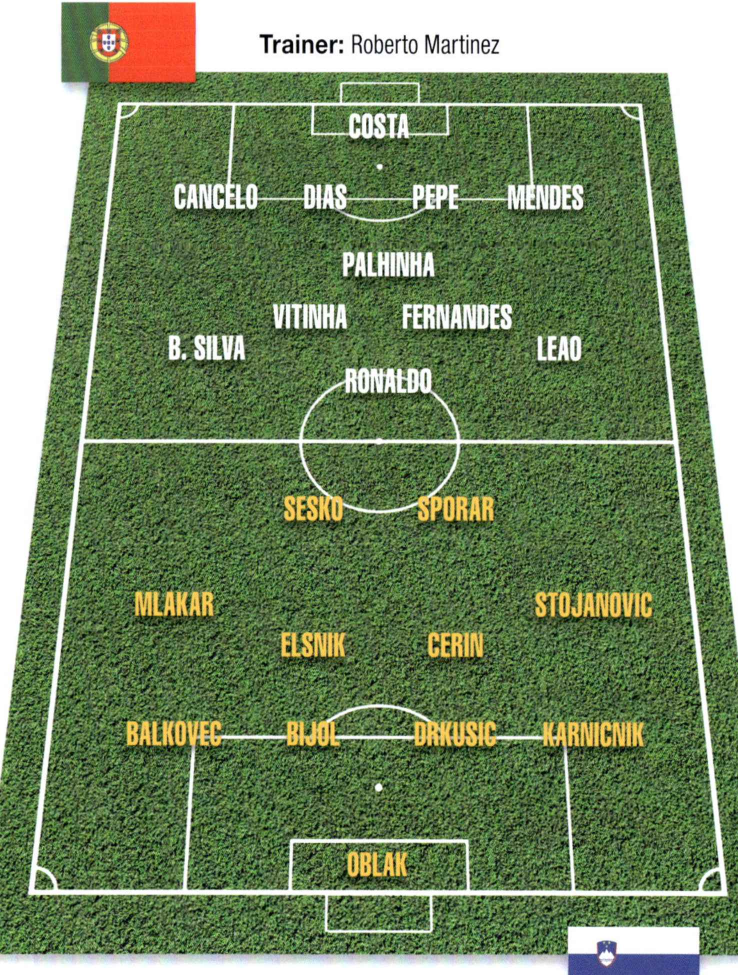

Trainer: Matjaz Kek

Eingewechselt:

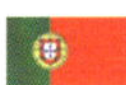

Jota für Vitinha (65.)
Conceicao für Leao (76.)
R. Neves für Pepe (117.)
Semedo für Cancelo (117.)

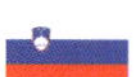

Gorenc Stankovic für Mlakar (74.)
Celar für Sporar (74.)
Verbic für Stojanovic (87.)
Ilicic für Elsnik (106.)

Tore: –

Elfmeterschießen: Costa hält gegen Ilicic, 1:0 Ronaldo, Costa hält gegen Balkovec, 2:0 Fernandes, Costa hält gegen Verbic, 3:0 B. Silva

Gelbe Karte: Martinez / Drkusic, Karnicnik, Gorenc Stankovic, Bijol, Balkovec

Gelb-Rote Karten: –

Rote Karten: –

Schiedsrichter: Daniele Orsato (Italien)

Zuschauer: 46 576

Im sechsten Achtelfinale musste erstmals das Elfmeterschießen über das Weiterkommen entscheiden. In der regulären Spielzeit und der halbstündigen Verlängerung hatten Portugal und Slowenien kein Tor zustande gebracht. Beim Außenseiter setzte sich die Flaute auch im finalen Shootout fort. Josip Ilicic, Jure Balkovec und Benjamin Verbic scheiterten nacheinander an dem über sich hinauswachsenden Torhüter Diogo Costa. Portugals Matchwinner schrieb ein neues Kapitel EM-Geschichte – drei parierte Schüsse in einem Elfmeterschießen hatte es nie zuvor bei einer Europameisterschaft gegeben – und bewahrte sein Team vor einer Blamage.

Der Showdown kurz vor Mitternacht entschädigte die Zuschauer im Stadion und an den TV-Geräten für eine träge Partie. Der Europameister von 2016 knüpfte an seine schwache Vorstellung im letzten Gruppenspiel gegen Georgien (0:2) an. Die Slowenen, erstmals überhaupt in der K.-o.-Phase eines großen Turniers dabei, traten mutlos auf, wie schon in der Gruppenphase (nur zwei Tore) ging von ihnen offensiv so gut wie keine Gefahr aus. Nennenswert waren nur drei Freistöße und eine Großchance von Cristiano Ronaldo, zudem touchierte ein Distanzschuss von Joao Palhinha den slowenischen Außenpfosten. Erst ab Mitte der Verlängerung nahm das Geschehen unter dem geschlossenen Frankfurter Stadiondach an Fahrt auf. Cristiano Ronaldo scheiterte mit einem Strafstoß an reaktionsschnellen Jan Oblak (Diogo Jota war am ausgetreckten Bein von Vanja Drkusic hängen geblieben). Sloweniens Trainer Matjaz Kek hatte sich über den Elfmeterpfiff derart echauffiert, dass er mit einer Roten Karte auf die Tribüne verwiesen wurde. In der 115. Minute hatte Slowenien die Überraschung auf dem Fuß: Nach einem kapitalen „Stockfehler“ von Pepe stürmte der Leipziger Benjamin Sesko allein auf das portugiesische Tor zu, freistehend vor Torhüter Costa verließen ihn aber die Nerven. Das rächte sich im folgenden Elfmeterschießen.

Enttäuscht: die slowenischen Spieler nach dem Elmeterschießen.

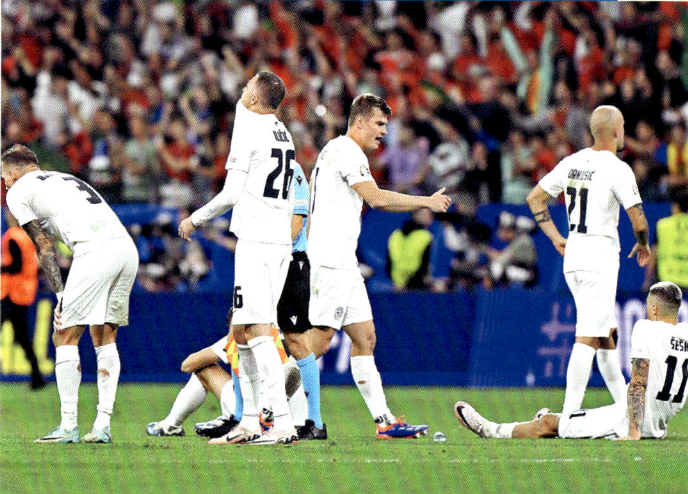

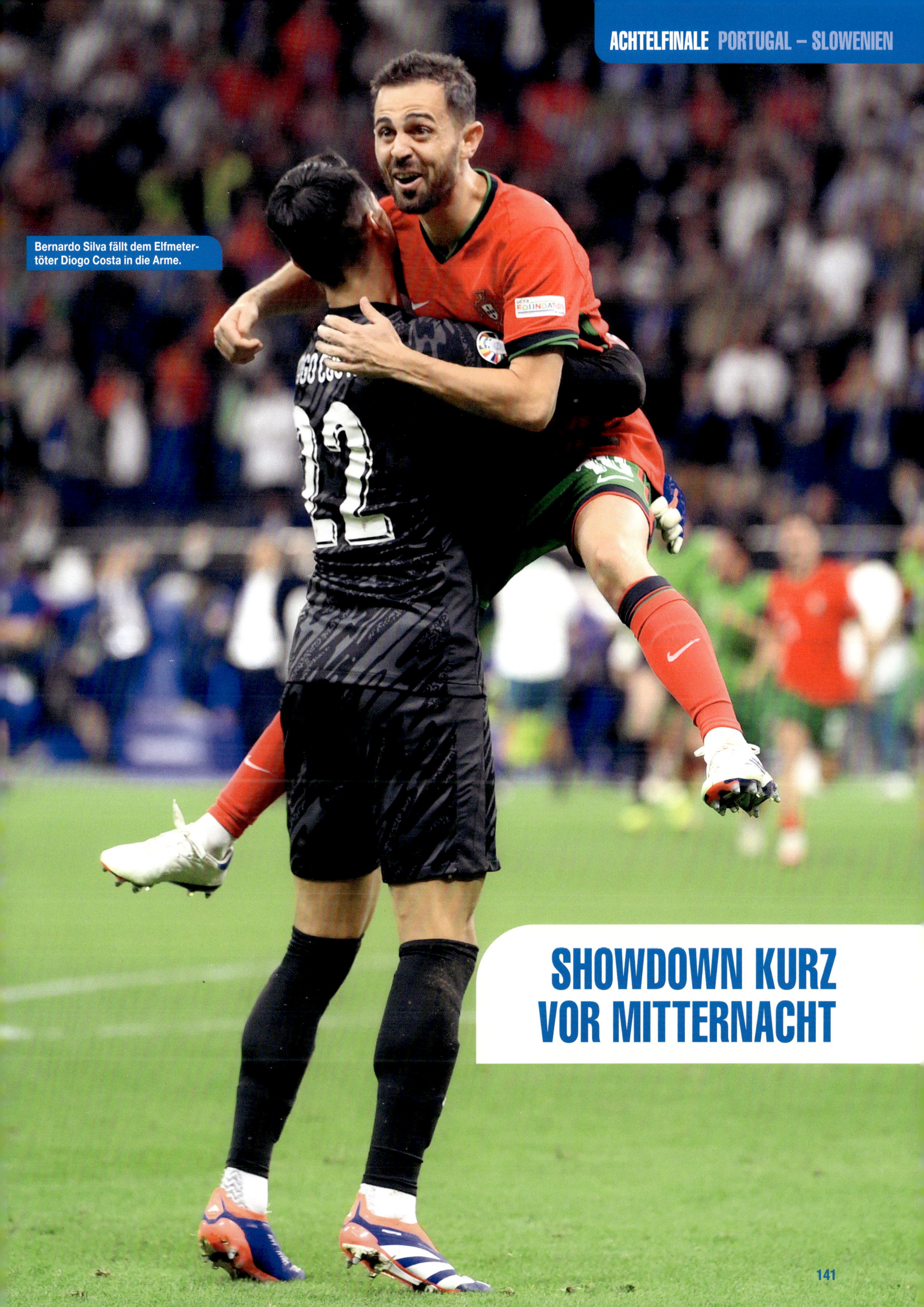

Bernardo Silva fällt dem Elfmetertöter Diogo Costa in die Arme.

SHOWDOWN KURZ VOR MITTERNACHT

Dienstag, 2. Juli 2024, 18 Uhr, München, 17° Celsius

RUMÄNIEN – NIEDERLANDE
0 : 3

Trainer: Eduard Iordanescu

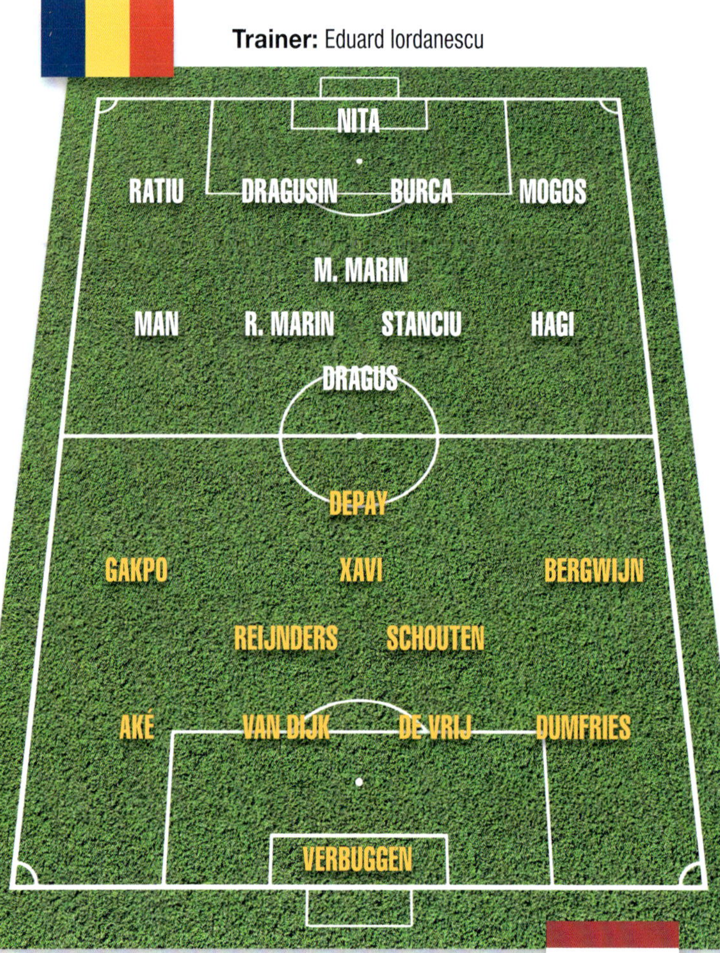

Trainer: Ronald Koeman

Eingewechselt:

Rumänien	Niederlande
Racovitan für Mogos (38.)	Malen für Bergwijn (46.)
Mihaila für Dragus (72.)	Veerman für Schouten (69.)
Alibec für Hagi (72.)	van de Ven für Aké (69.)
Cicaldau für M. Marin (72.)	Weghorst für Gakpo (84.)
Olaru für Stanciu (88.)	Blind für Depay (90.+2)

Tore: 0:1 Gakpo (20.), 0:2 Malen (83.), 0:3 Malen (90.+3)

Gelbe Karten: M. Marin, Stanciu / Malen

Gelb-Rote Karten: –

Rote Karten: –

Schiedsrichter: Felix Zwayer (Berlin)

Zuschauer: 65 012

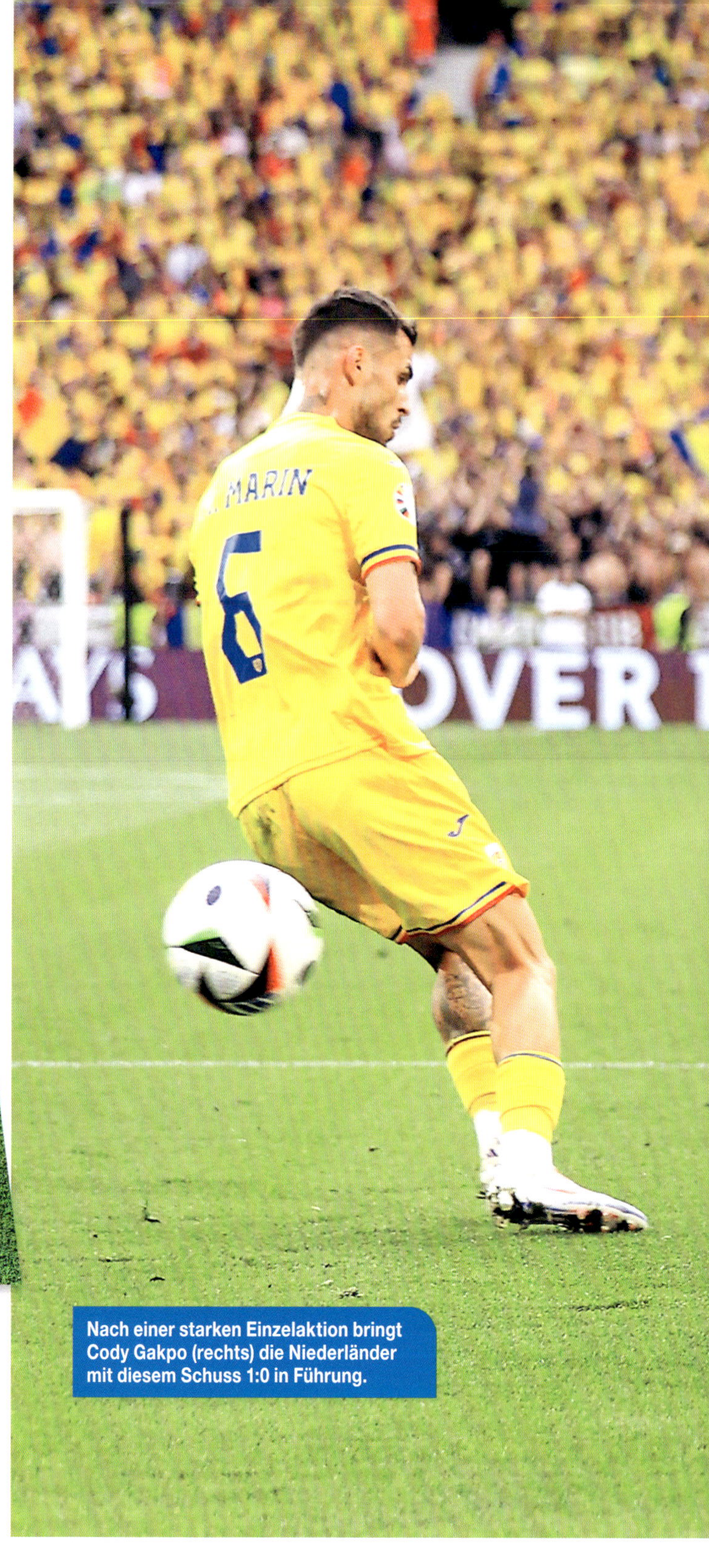

Nach einer starken Einzelaktion bringt Cody Gakpo (rechts) die Niederländer mit diesem Schuss 1:0 in Führung.

Als der FC Liverpool im Januar 2023 für eine stattliche Ablösesumme von 42 Millionen Euro Cody Gakpo verpflichtete, rief das bei einigen Beobachtern Stirnrunzeln hervor. Der schlaksige Angreifer hatte zwar eine überragende Halbserie bei der PSV Eindhoven absolviert, doch der Sprung von der niederländischen Eredivisie in die englische Premier League ist enorm. Vor ihm waren schon viele Spieler an der Umstellung auf die deutlich physischere Spielweise gescheitert. Auch Gakpo benötigte lange, um die Fans der „Reds" von sich zu überzeugen. In der ersten Hälfte der abgelaufenen Saison gelangen ihm nur zwei Tore. Nach dem Jahreswechsel hat es beim hoch veranlagten Stürmer allerdings Klick gemacht, bis zum Saisonende kamen sechs Tore und vier Vorlagen hinzu. Dieses Selbstbewusstsein hat der 25-Jährige in die EM hinübergerettet. Schon in der Gruppenphase

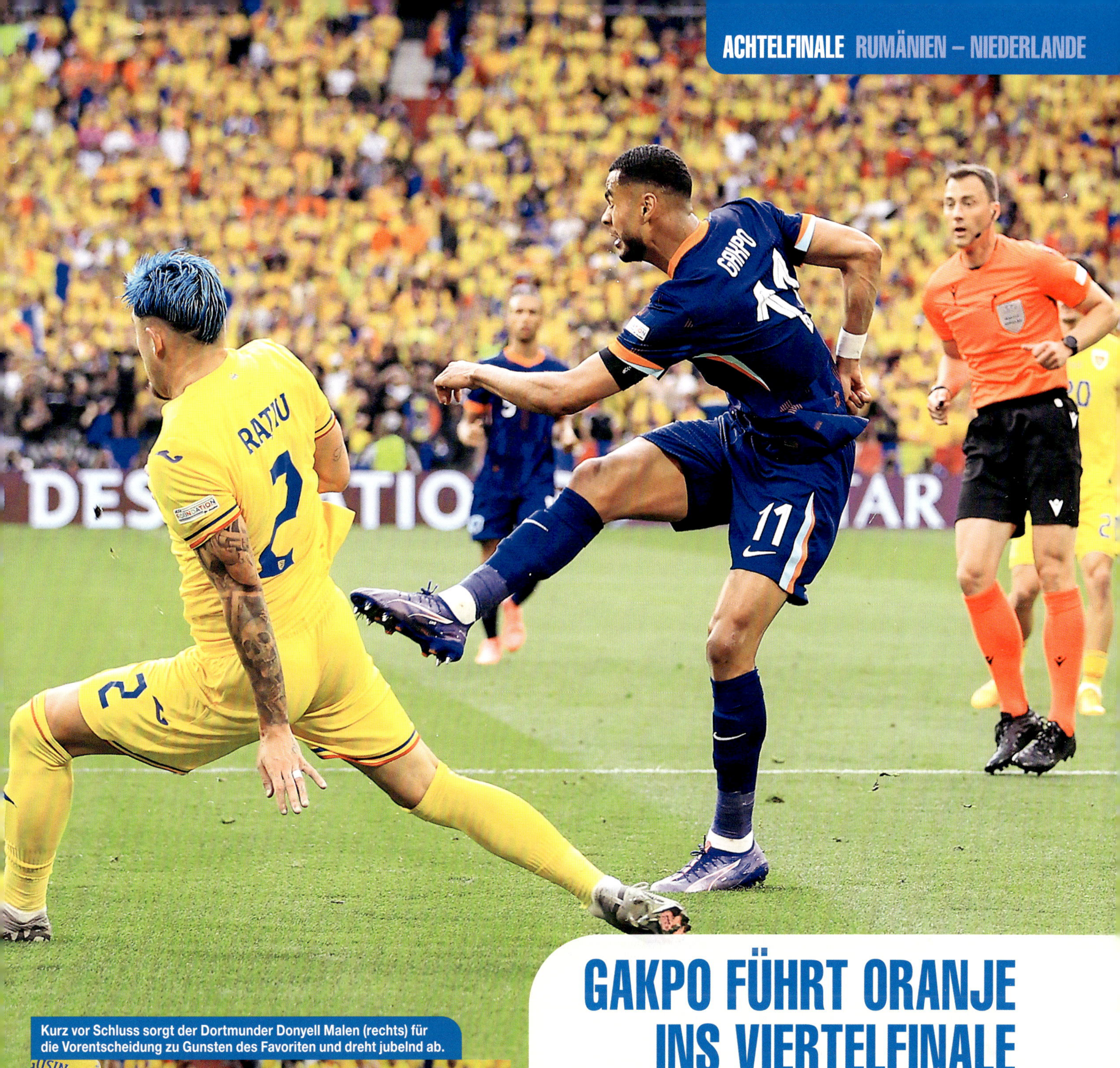

GAKPO FÜHRT ORANJE INS VIERTELFINALE

Kurz vor Schluss sorgt der Dortmunder Donyell Malen (rechts) für die Vorentscheidung zu Gunsten des Favoriten und dreht jubelnd ab.

war er der gefährlichste Angreifer der Niederländer. Im Achtelfinale gegen Rumänien legte er nun noch eine Schippe drauf und führte Oranje fast im Alleingang in die nächste Runde. Die Rumänen begannen enthusiastisch und setzten den Spielaufbau des Favoriten früh unter Druck. In der 14. Minute strich ein Schuss von Dennis Man nur wenige Zentimeter über das niederländische Tor. In diese Drangphase hinein war es dann allerdings Gakpo, der die rumänische Hochstimmung herunterkühlte. In unnachahmlicher Manier zog er vom linken Flügel ins Zentrum und schloss wuchtig ins kurze Eck zur Führung der Niederländer ab (20. Minute). Rumäniens Torhüter Florin Nita sah bei diesem Treffer nicht ganz glücklich aus. Mit dem 1:0 im Rücken übernahmen die Niederländer die Kontrolle und erspielten sich vor allem über die rechte Seite immer wieder Chancen. Rumänien kämpfte, hatte den spielerisch stärkeren Niederländern aber auch im zweiten Durchgang wenig entgegenzusetzen. Nachdem sich Gakpo stark an der Grundlinie durchgesetzt hatte, erzielte Donyell Malen das überfällige 2:0 (83.) und ließ noch einen weiteren Treffer folgen.

Dienstag, 2. Juli 2024, 21 Uhr, Leipzig, 14° Celsius

ÖSTERREICH – TÜRKEI
1 : 2

Trainer: Ralf Rangnick

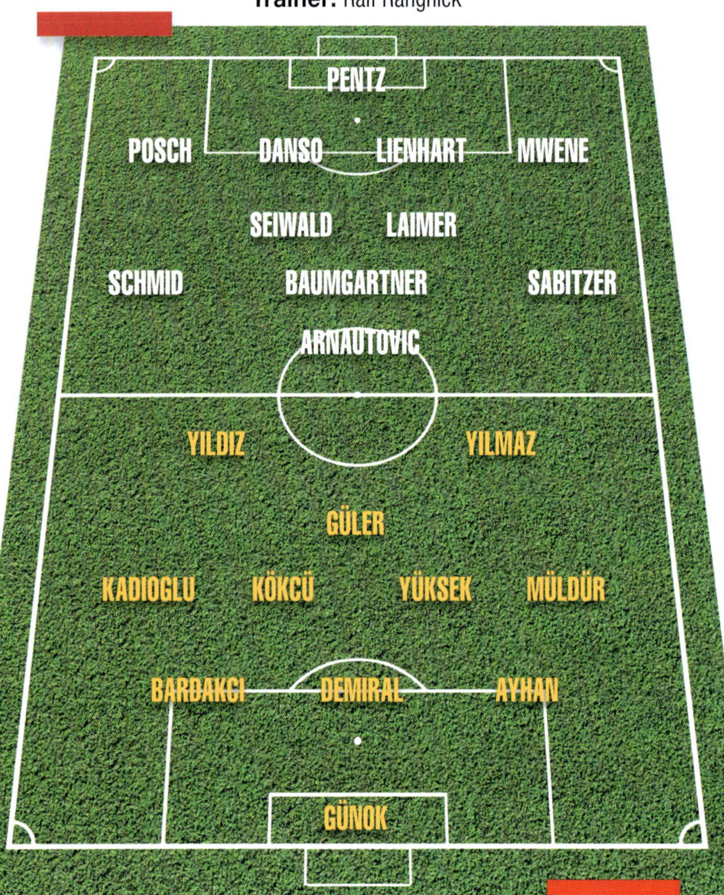

Trainer: Vincenzo Montella

Eingewechselt:

Österreich	Türkei
Gregoritsch für Schmid (46.)	Özcan für Yüksek (58.)
Prass für Mwene (46.)	Okay für Güler (78.)
Wöber für Lienhart (64.)	Aktürkoglu für Yildiz (78.)
Grillitsch für Laimer (64.)	Kahveci für Kökcü (83.)

Tore: 0:1 Demiral (1.), 0:2 Demiral (59.), 1:2 Gregoritsch (66.)

Gelbe Karten: Schmid, Lienhart / Kökcü, Yüksek

Gelb-Rote Karten: –

Rote Karten: –

Schiedsrichter: Artur Soares Dias (Portugal)

Zuschauer: 38 305

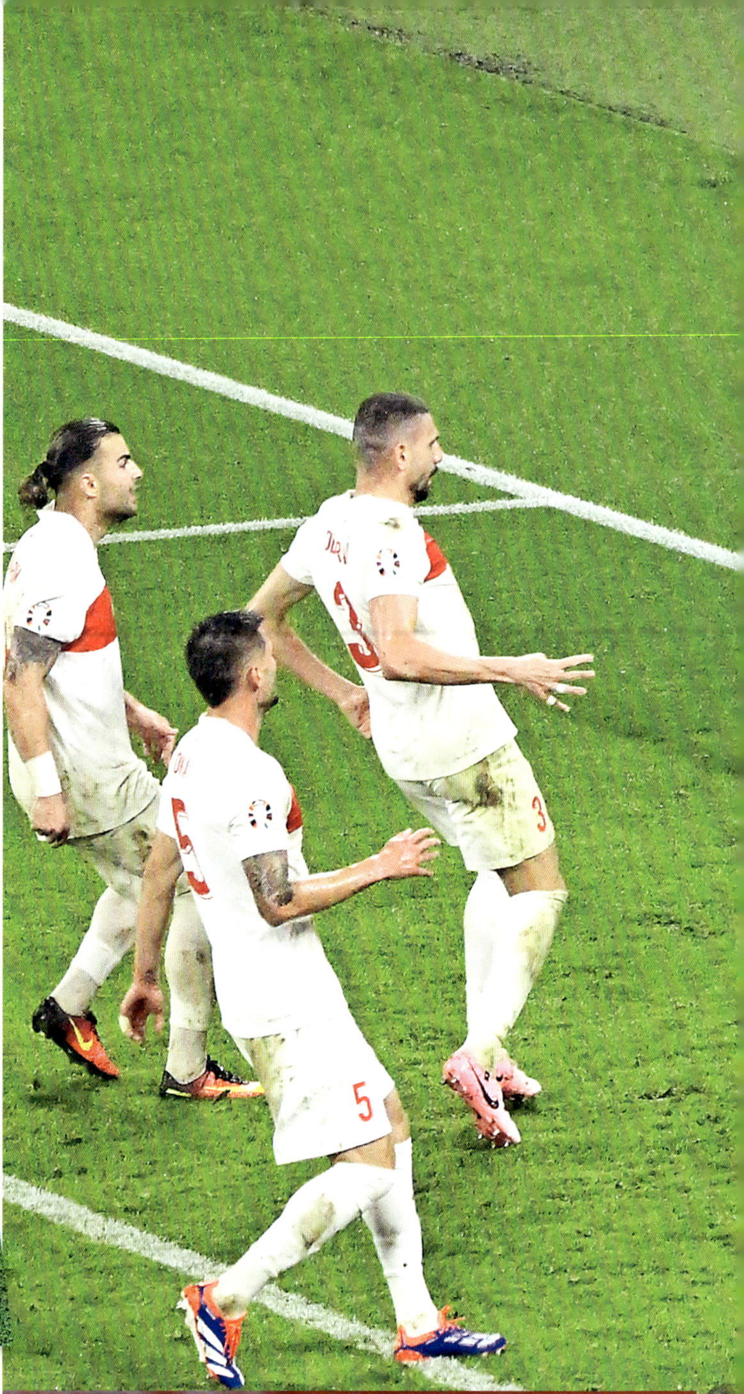

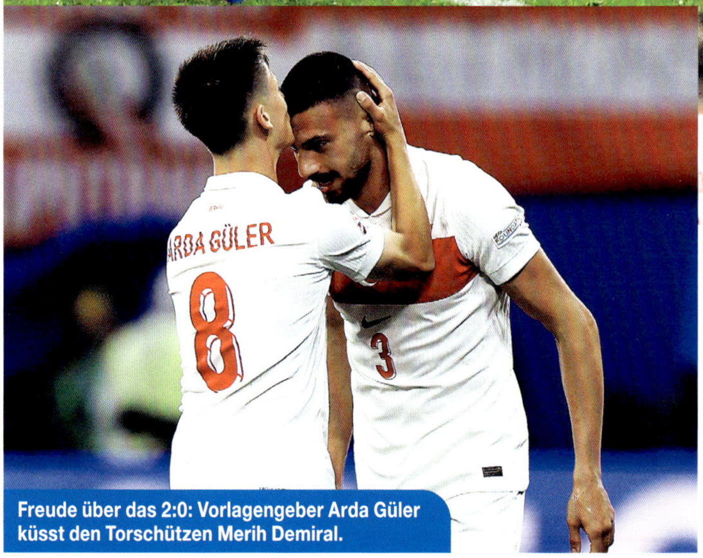

Freude über das 2:0: Vorlagengeber Arda Güler küsst den Torschützen Merih Demiral.

Die Türkei löste das letzte Ticket fürs Viertelfinale. Bei ungemütlichen Bedingungen mit Dauerregen und herbstlichen Temperaturen in Leipzig setzte sich der Zweite von Vorrundengruppe F überraschend gegen Österreich, den Sieger von Gruppe E, durch. Nach ihren guten Leistungen in der Gruppenphase wurde die Mannschaft von Trainer Ralf Rangnick als Favorit angesehen,

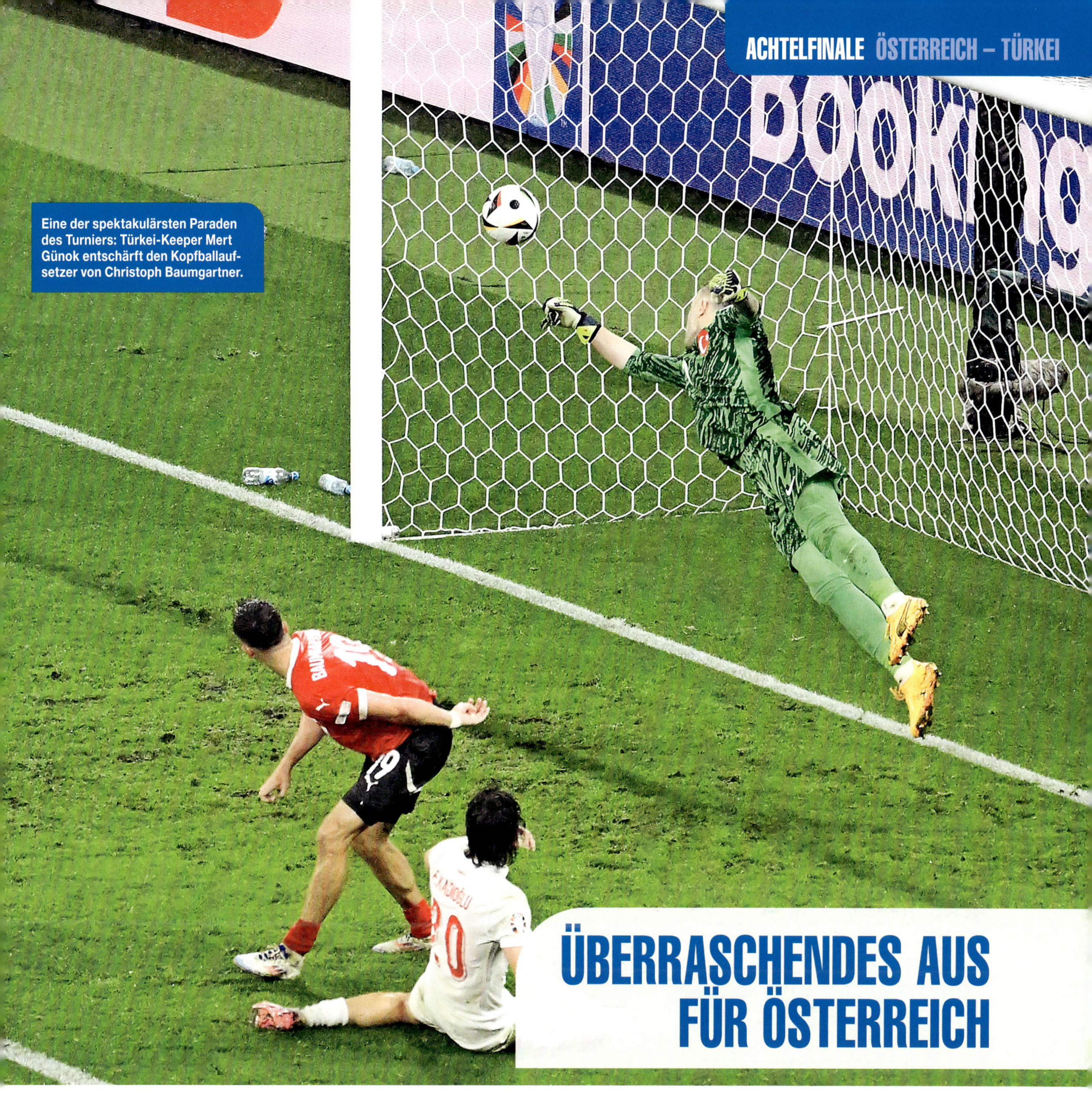

Eine der spektakulärsten Paraden des Turniers: Türkei-Keeper Mert Günok entschärft den Kopfballaufsetzer von Christoph Baumgartner.

ÜBERRASCHENDES AUS FÜR ÖSTERREICH

zumal die Türken auf ihren gelbgesperrten Kapitän Hakan Calhanoglu verzichten mussten. Das Spiel entwickelte sich jedoch anders als erwartet. Bereits nach 57 Sekunden ging der Außenseiter in Führung. Nach dem ersten Eckball des Spiels nutzte Merih Demiral die Unordnung im österreichischen Fünfmeterraum und bugsierte den Ball aus kurzer Distanz unter die Latte – das zweitschnellste Tor der EM-Historie (nur der Albaner Nedim Bajrami traf 17 Tage zuvor im Spiel gegen Italien noch früher).
Die Österreicher steckten den Schock schnell weg und drängten auf das 1:1. RB-Leipzig-Profi Christoph Baumgartner hatte im heimischen Stadion vor der Pause zwei Großchancen, Kapitän Marko Arnautovic vergab eine solche kurz danach. Statt des Ausgleichs fiel jedoch das zweite Tor der Türken: wieder nach einem Eckball von Jungstar Arda Güler und wieder aus kurzer Distanz durch Merih Demiral, diesmal durch einen wuchtigen Kopfball. Sieben Minuten später brachte Michael Gregoritsch mit dem Anschlusstreffer (das dritte Tor im Anschluss an eine Ecke) Österreich zurück ins Spiel. In der Nachspielzeit rettete der türkische Torhüter Mert Günok nach einem Kopfballaufsetzer von Christoph Baumgartner mit einer der spektakulärsten Paraden des gesamten Turniers den Sieg.
Leider benahmen sich wieder einige Besucher daneben. Bei Eckbällen wurden Spieler beider Teams mit Bechern beworfen, nach einem Münzwurf ging Österreichs Marcel Sabitzer sogar zu Boden. Im Nachgang wurde Doppeltorschütze Demiral von der UEFA für zwei Spiele gesperrt, weil er seinen zweiten Treffer mit dem sogenannten Wolfsgruß bejubelt hatte, einem Zeichen der rechtsextremistischen Ülkücü-Bewegung.

Spanien – Deutschland	2:1 n.V. (1:1, 1:0)
Portugal – Frankreich	3:5 n.E. (0:0)
England – Schweiz	6:4 n.E. (1:1, 0:0)
Niederlande – Türkei	2:1 (0:1)

Die Reise der DFB-Auswahl endete denkbar unglücklich. Im hochklassigsten aller Viertelfinalspiele unterlag das Team von Trainer Julian Nagelsmann den Spaniern durch einen Treffer kurz vor Ende der Verlängerung mit 1:2. Der starke Auftritt bei der Heim-EM machte allerdings Mut für die Zukunft. Auch die anderen Duelle geizten nicht mit Spannung. England setzte sich gegen die Schweiz ebenso im Elfmeterschießen durch wie Frankreich gegen Portugal. Im letzten Viertelfinalspiel scheiterte das Überraschungsteam aus der Türkei trotz frenetischer Unterstützung im Berliner Olympiastadion an den Niederlanden. Die „Elftal" wandelte einen 0:1-Rückstand zur Pause noch in einen 2:1-Sieg um.

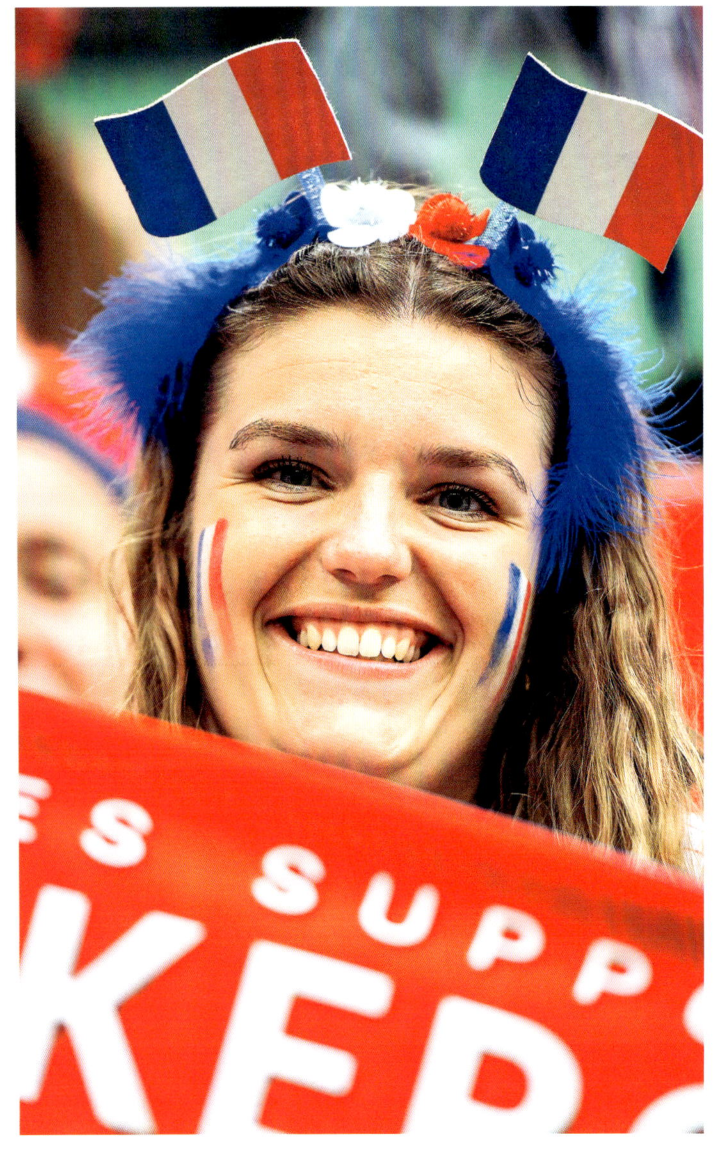

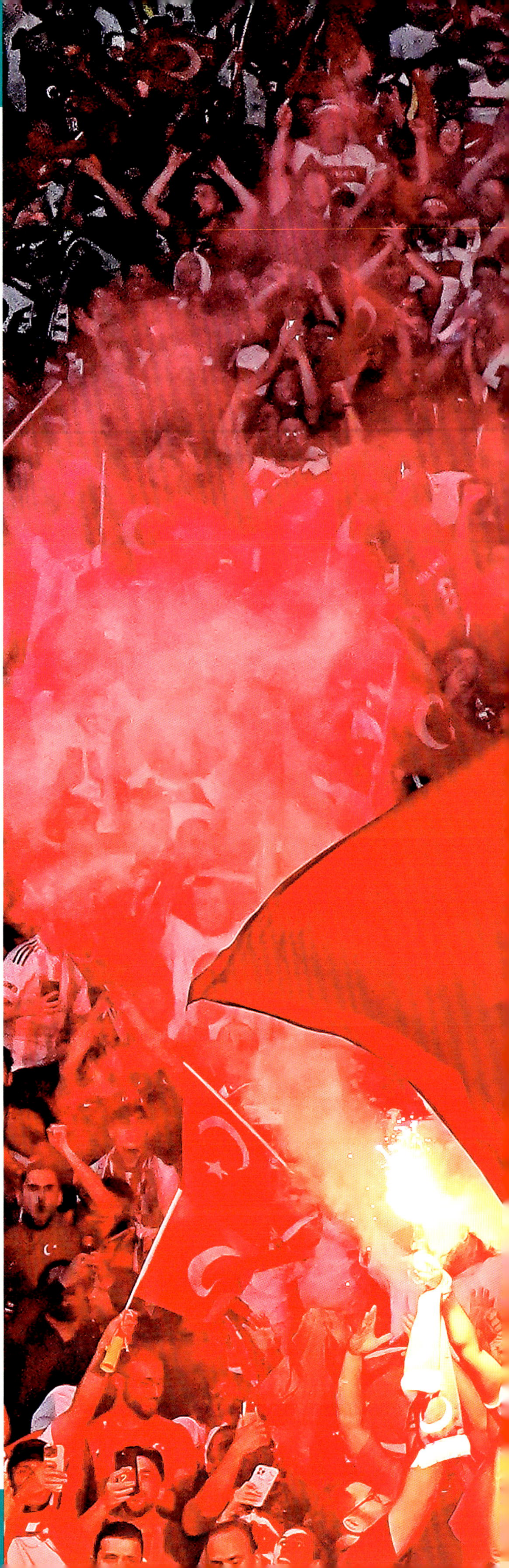

VIERTELFINALE

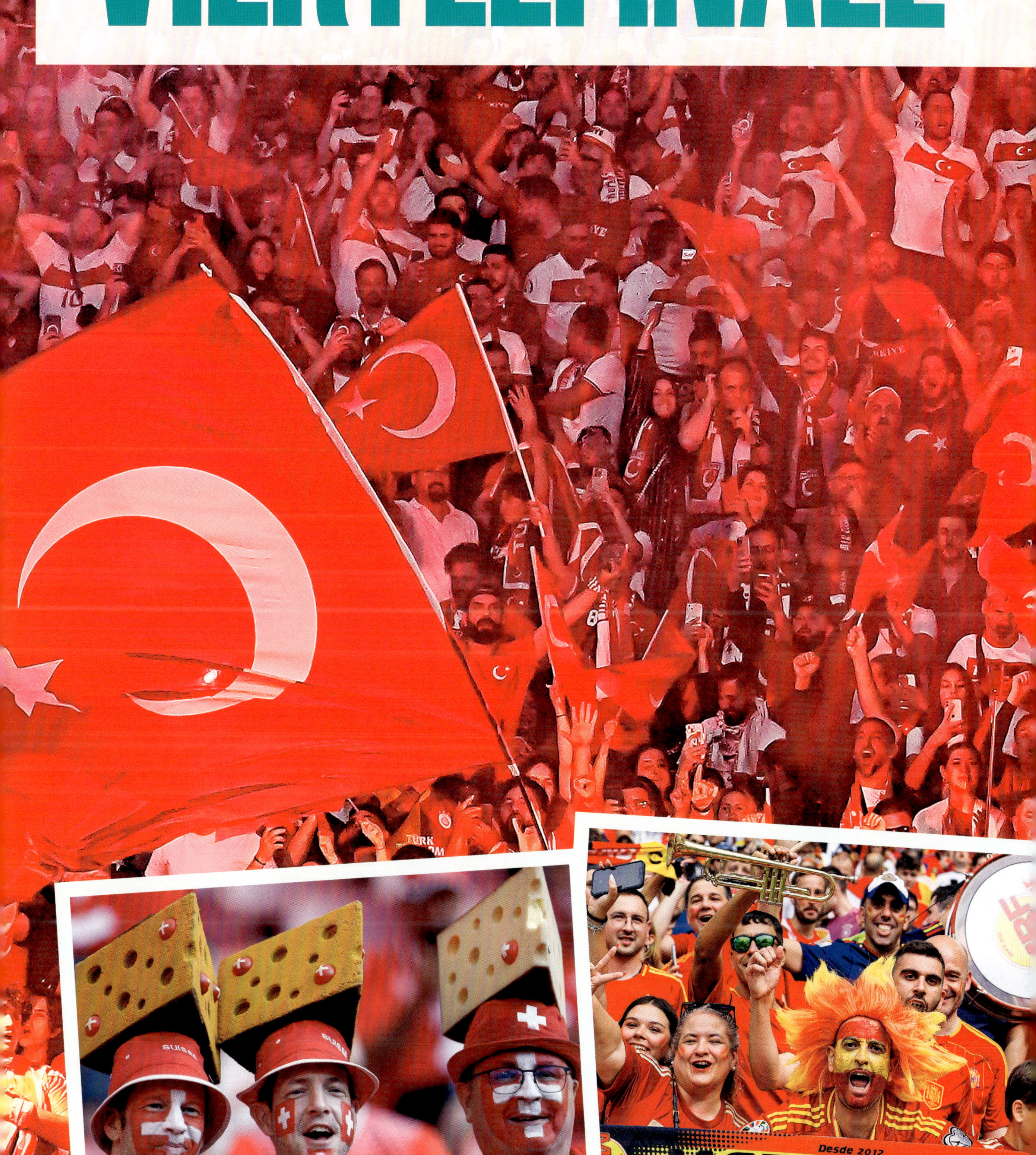

Freitag, 5. Juli 2024, 18 Uhr, Stuttgart, 22° Celsius

SPANIEN – DEUTSCHLAND
2 : 1 n. V.

Trainer: Luis de la Fuente

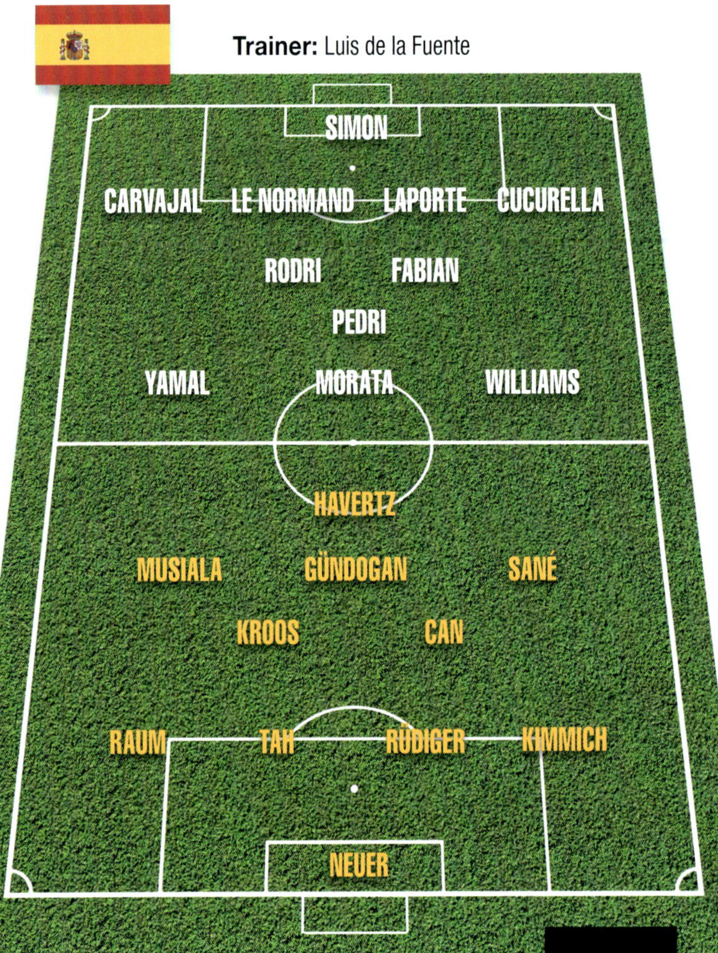

Trainer: Julian Nagelsmann

Eingewechselt:

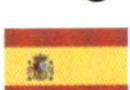

Olmo für Pedri (8.)
Nacho für Le Normand (46.)
Torres für Yamal (63.)
Oyarzabal für Morata (80.)
Merino für Williams (80.)
Joselu für Fabian (102.)

Andrich für Can (46.)
Wirtz für Sané (46.)
Füllkrug für Gündogan (57.)
Mittelstädt für Raum (57.)
Müller für Tah (80.)
Anton für Havertz (91.)

Tore: 1:0 Olmo (51.), 1:1 Wirtz (89.), 2:1 Merino (119.)

Gelbe Karten: Le Normand, Torres, Simon, Rodri, Fabian / Rüdiger, Raum, Andrich, Kroos, Mittelstädt, Schlotterbeck, Wirtz, Undav

Gelb-Rote Karten: Carvajal (120. +4) / –

Rote Karten: –

Schiedsrichter: Anthony Taylor (England)

Zuschauer: 51 000

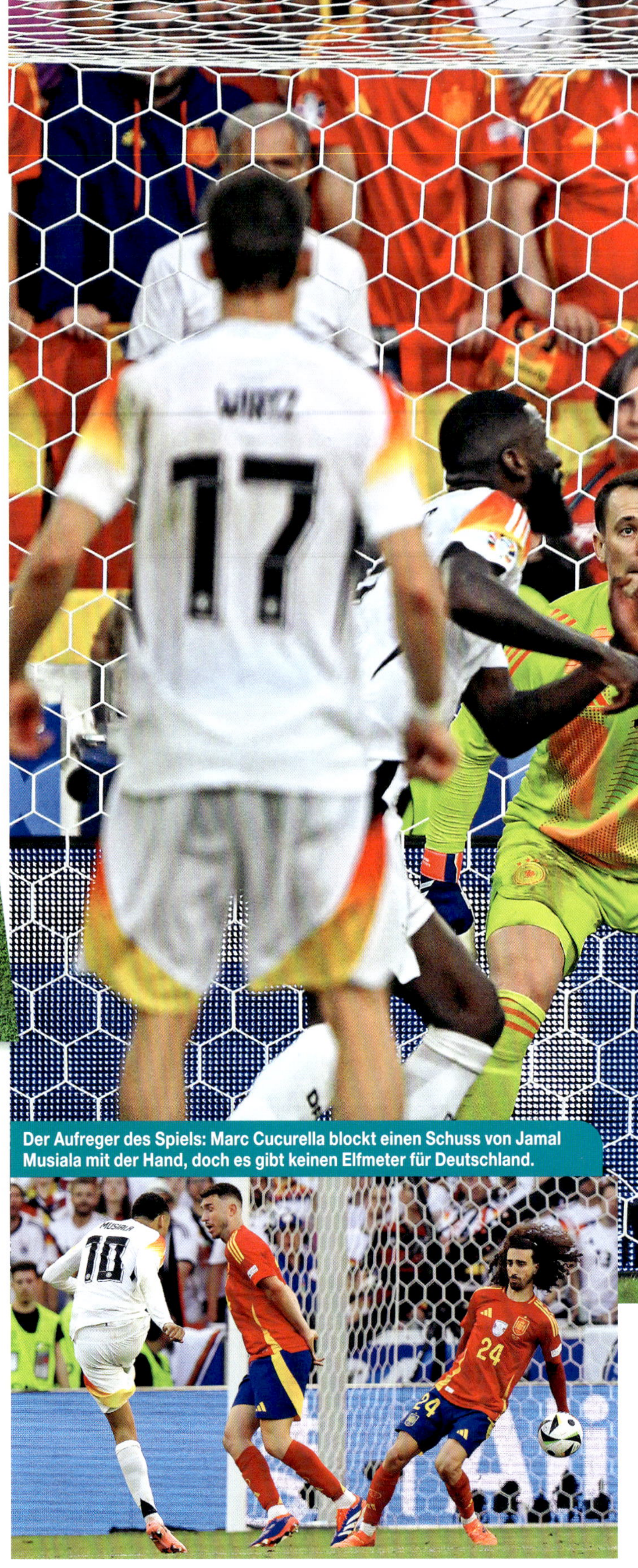

Der Aufreger des Spiels: Marc Cucurella blockt einen Schuss von Jamal Musiala mit der Hand, doch es gibt keinen Elfmeter für Deutschland.

Es gibt Fußballspiele, die sollten nie enden. Sie ziehen unwiderstehlich in ihren Bann und lassen die Außenwelt verschwimmen, weil sie alles vereinen, was diesen Sport so faszinierend macht: Schönheit, Tragik und Dramatik. Ein emotionaler Rausch über 120 Spielminuten endete für die deutsche Mannschaft mit der größten aller Ungerechtigkeiten: dem Schlusspfiff. In einem Spiel,

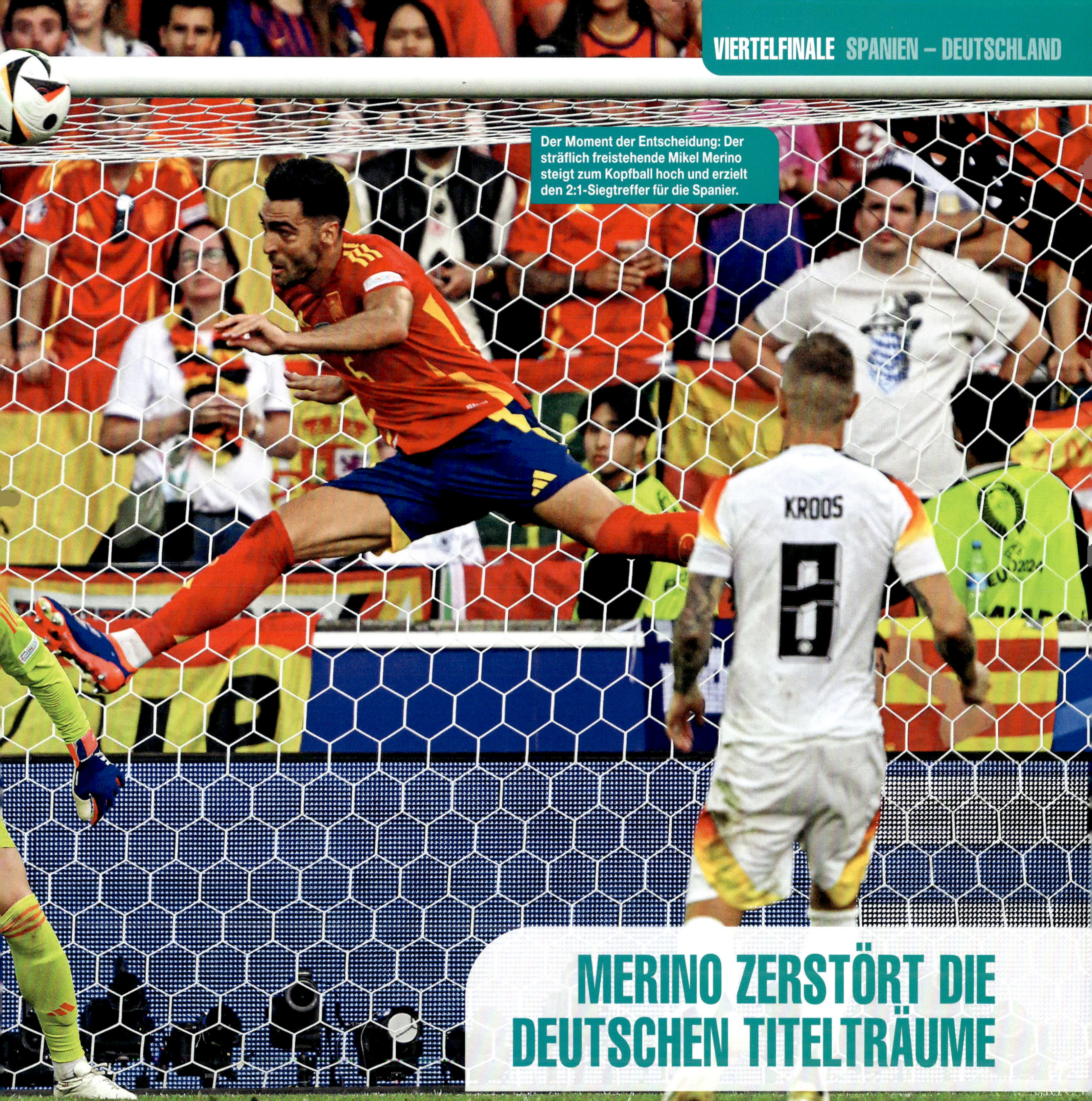

Der Moment der Entscheidung: Der sträflich freistehende Mikel Merino steigt zum Kopfball hoch und erzielt den 2:1-Siegtreffer für die Spanier.

MERINO ZERSTÖRT DIE DEUTSCHEN TITELTRÄUME

das keinen Verlierer verdient hatte, sahen sie ihre Titelträume platzen. Und sie konnten nicht anders, als mit dem Schicksal zu hadern. Unweigerlich schien die Partie auf ein Elfmeterschießen hinauszulaufen, als der überragende Dani Olmo noch einmal eine Flanke in den Strafraum schlug. In der Mitte stieg der eingewechselte Mikel Merino kraftvoll hoch und köpfte zum 2:1 in der 119. Minute ein. Es war der zweite Tiefschlag für die DFB-Auswahl in dieser Verlängerung. Den ersten hatte sie in der 106. Minute einstecken müssen, als Spaniens Linksverteidiger Marc Cucurella einen Schuss von Jamal Musiala mit der Hand geblockt hatte, der fällige Elfmeterpfiff aber ausgeblieben war. Die Entscheidung des englischen Schiedsrichters Anthony Taylor irritierte vor allem deshalb, weil das DFB-Team im Achtelfinale nach einem deutlich unscheinbareren Handspiel des Dänen Joachim Andersen einen Elfmeter zugesprochen bekommen hatte. Die Mannschaft von Trainer Julian Nagelsmann trotzte jedoch allen Kalamitäten und hätte in der der dritten Nachspielminute der Verlängerung fast noch den Ausgleich erzielt. Nach einer Flanke von Thomas Müller setzte Niclas Füllkrug seinen Kopfball Zentimeter am rechten Pfosten vorbei. Dass es überhaupt zu diesem dramatischen Schlussakkord kommen konnte, hatte die DFB-Elf dem grandiosen Florian Wirtz zu verdanken. Der zur zweiten Halbzeit eingewechselte Leverkusener erzielte in der 89. Minute mit einem platzierten Rechtsschuss den hochverdienten Ausgleich, nachdem die in der ersten Hälfte spielbestimmenden Spanier in der 51. Minute durch Olmo in Führung gegangen waren.

Freitag, 5. Juli 2024, 21 Uhr, Hamburg, 16° Celsius

PORTUGAL – FRANKREICH
3 : 5 n. E.

Trainer: Roberto Martinez

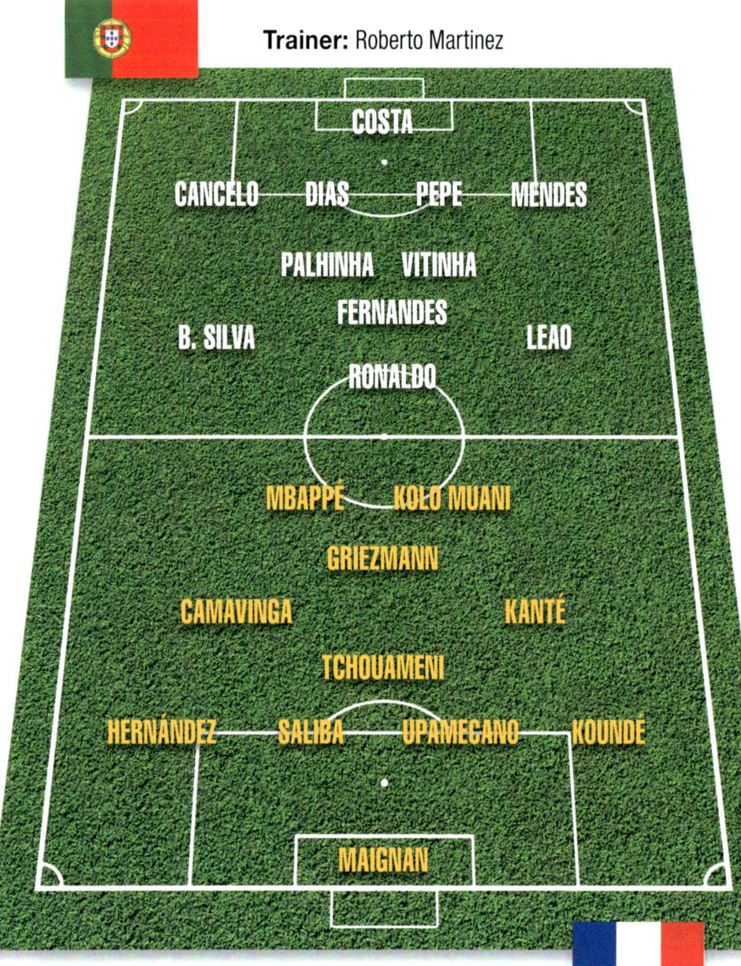

Trainer: Didier Deschamps

Eingewechselt:

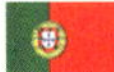

Semedo für Cancelo (74.)
Conceicao für Fernandes (74.)
Neves für Palhinha (90. +2)
Felix für Leao (106.)
Nunes für Vitinha (119.)

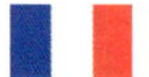

Dembélé für Griezmann (67.)
Thuram für Kolo Muani (86.)
Fofana für Camavinga (91.)
Barcola für Mbappé (106.)

Tore: –

Elfmeterschießen: 0:1 Dembélé, 1:1 Ronaldo, 1:2 Fofana, 2:2 B. Silva, 2:3 Kounde, Felix verschießt, 2:4 Barcola, 3:4 Mendes, 3:5 Theo

Gelbe Karten: Palhinha / Saliba

Gelb-Rote Karten: –

Rote Karten: –

Schiedsrichter: Michael Oliver (England)

Zuschauer: 47 789

Die Zuschauer hatten sich von der als „Generationenduell zweier Superstars“ annoncierten Partie – Frankreichs Kylian Mbappé traf auf sein portugiesisches Vorbild Cristiano Ronaldo – viel versprochen. Doch unmittelbar im Anschluss an das berauschende Viertelfinale zwischen Deutschland und Spanien war bei der EM wieder pragmatischer Ergebnisfußball angesagt. Nach torloser regulärer Spielzeit und Verlängerung gewannen die Franzosen das Elfmeterschießen gegen Portugal mit 5:3. Während Mbappé und seine Teamkollegen mit ihren Fans den Einzug in die Vorschlussrunde feierten, weinte wenige Meter entfernt Portugals Oldie Pepe bitterlich, Ronaldo musste trösten. Die „Equipe tricolore“ schaffte es damit ohne ein einziges Turniertor aus dem laufenden Spiel heraus ins Halbfinale: Die gerade einmal drei französischen Treffer in fünf EM-Spielen waren zwei Eigentore des Gegners sowie ein Elfmetertor von Mbappé.

Die Partie im Hamburger Volksparkstadion verlief ereignisarm. Lediglich die Phase zwischen der 60. und 70. Minute wurde den Ansprüchen gerecht. Frankreichs Keeper Mike Maignan entschärfte nacheinander Großchancen von Bruno Fernandes und Vitinha sowie den Nachschuss von Ronaldo. Auf der Gegenseite vergaben Randal Kolo Muani und Eduardo Camavinga die mögliche Führung. Danach passierte bis zur letzten Minute der Verlängerung – Maignan parierte einen Schuss von Nuno Mendes – nur noch wenig. Im finalen Shootout wurde Joao Felix zur tragischen Figur. Sein Elfmeter landete am linken Pfosten. Die Franzosen ließen mit ihren harten und präzisen Schüssen Portugals Keeper Diogo Costa, vier Tage zuvor im Achtelfinale gegen Slowenien mit drei gehaltenen Elfmetern der Matchwinner, keine Chance. Mbappé erlebte die Schlussphase als Zuschauer: In der 54. Minute hatte er den Ball aus kurzer Distanz direkt auf seine Gesichtsmaske bekommen. Bis Mitte der Verlängerung hielt er durch, danach kühlte er sich auf der Ersatzbank mit einem Eisbeutel die gebrochene Nase.

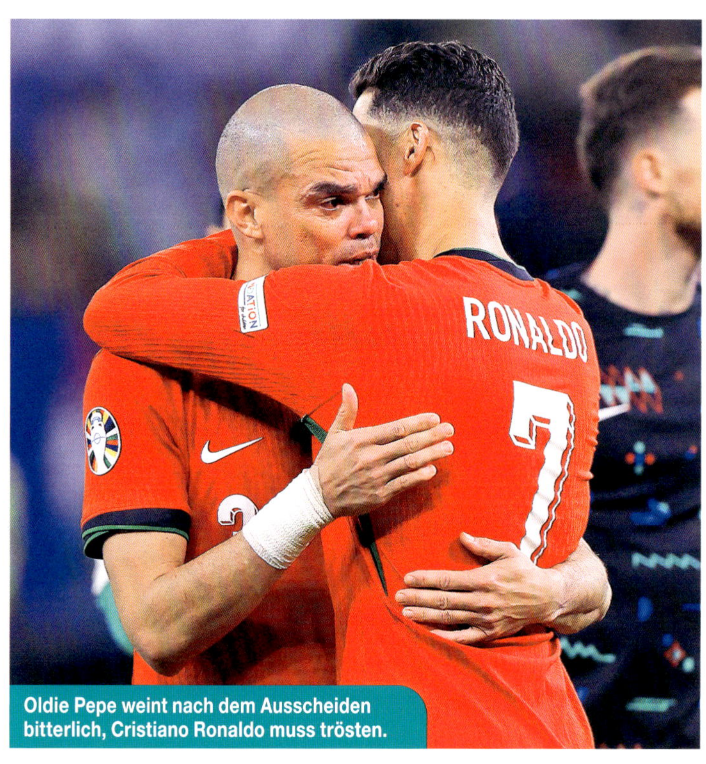

Oldie Pepe weint nach dem Ausscheiden bitterlich, Cristiano Ronaldo muss trösten.

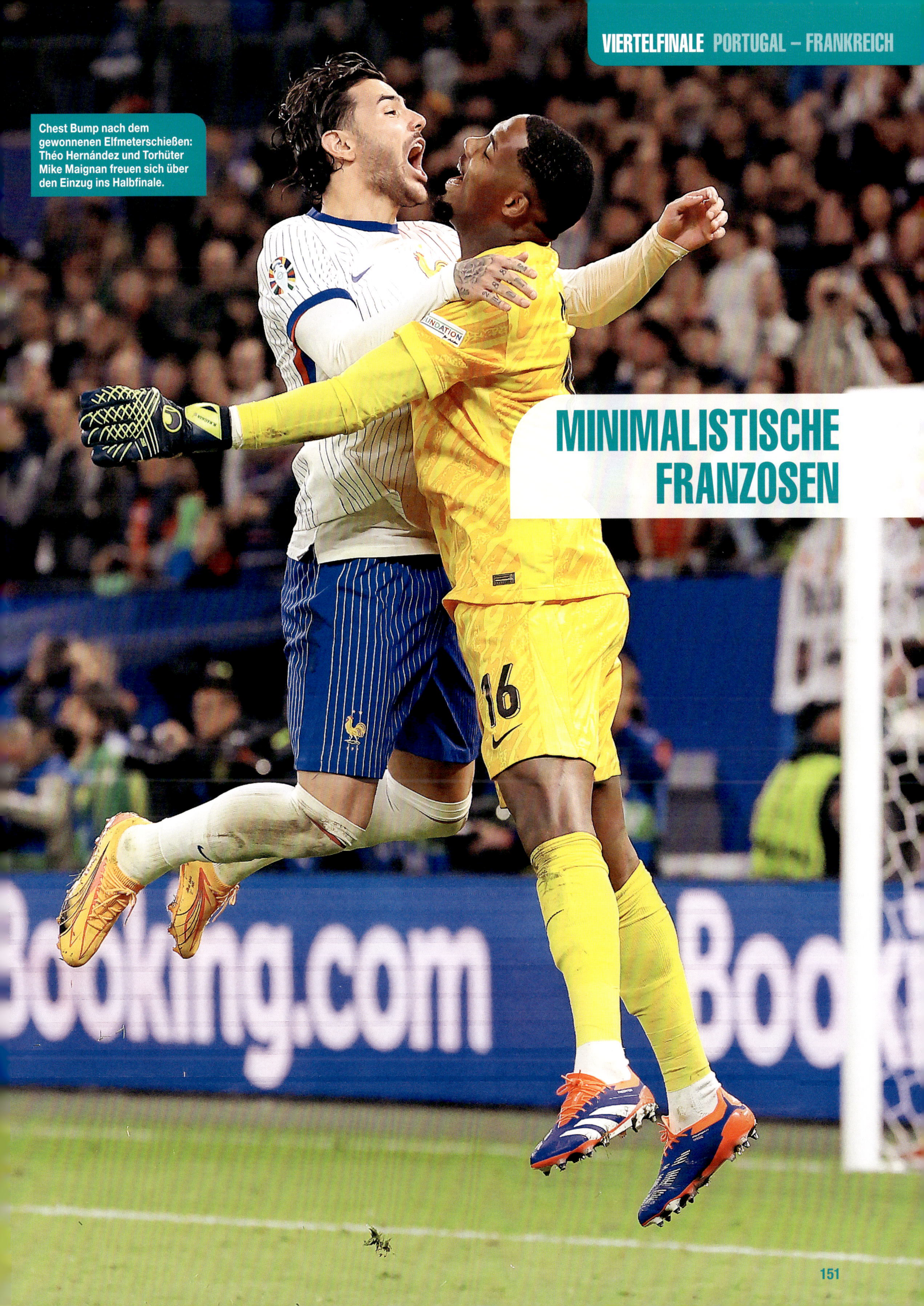

Chest Bump nach dem gewonnenen Elfmeterschießen: Théo Hernández und Torhüter Mike Maignan freuen sich über den Einzug ins Halbfinale.

MINIMALISTISCHE FRANZOSEN

Samstag, 6. Juli 2024, 21 Uhr, Düsseldorf, 15° Celsius

ENGLAND – SCHWEIZ
6 : 4 n.E.

Trainer: Gareth Southgate

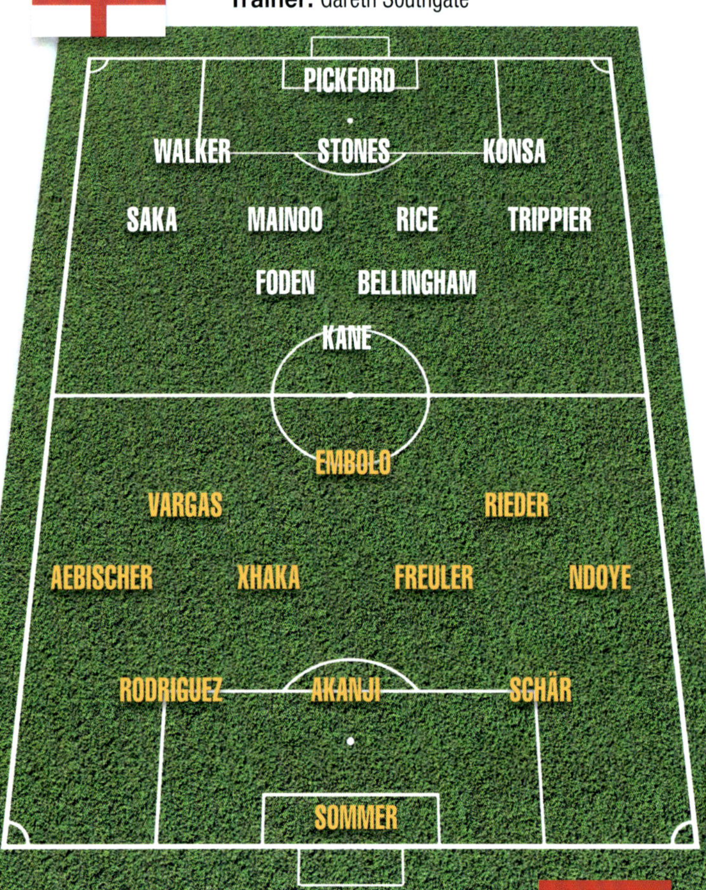

Trainer: Murat Yakin

Eingewechselt:

England	Schweiz
Palmer für Konsa (78.)	Zuber für Rieder (64.)
Eze für Trippier (78.)	Widmer für Vargas (64.)
Shaw für Mainoo (79.)	Zakaria für Ndoye (98.)
Toney für Kane (110.)	Shaqiri für Embolo (110.)
Alexander-Arnold für Foden (115.)	Sierro für Aebischer (118.)
	Amdouni für Freuler (118.)

Tore: 0:1 Embolo (75.), 1:1 Saka (80.)

Elfmeterschießen: 1:0 Palmer, Pickford hält gegen Akanji, 2:0 Bellingham, 2:1 Schär, 3:1 Saka, 3:2 Shaqiri, 4:2 Toney, 4:3 Amdouni, 5:3 Alexander-Arnold

Gelbe Karten: Kane / Schär, Widmer

Gelb-Rote Karten: –

Rote Karten: –

Schiedsrichter: Daniele Orsato (Italien)

Zuschauer: 46 533

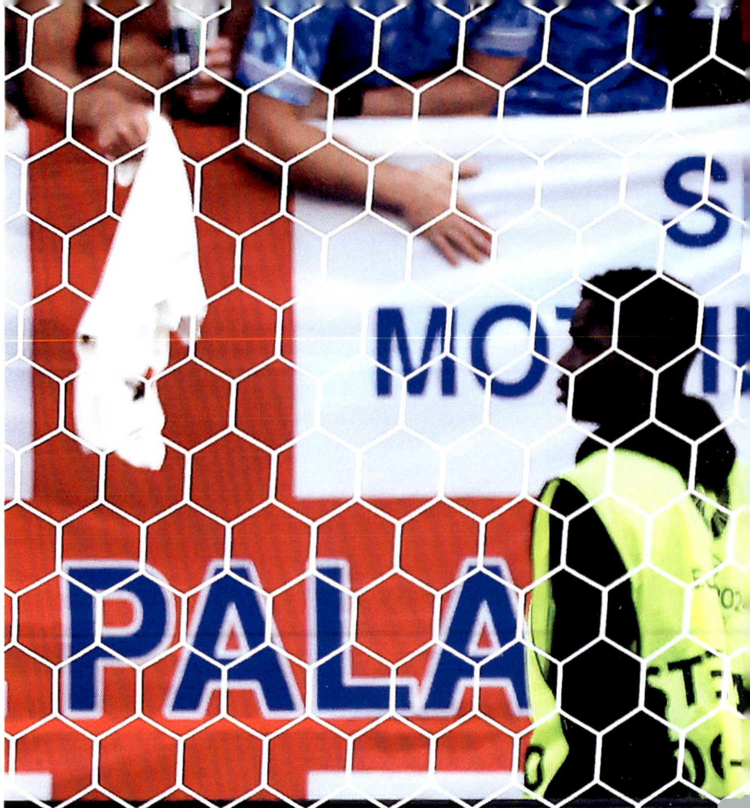

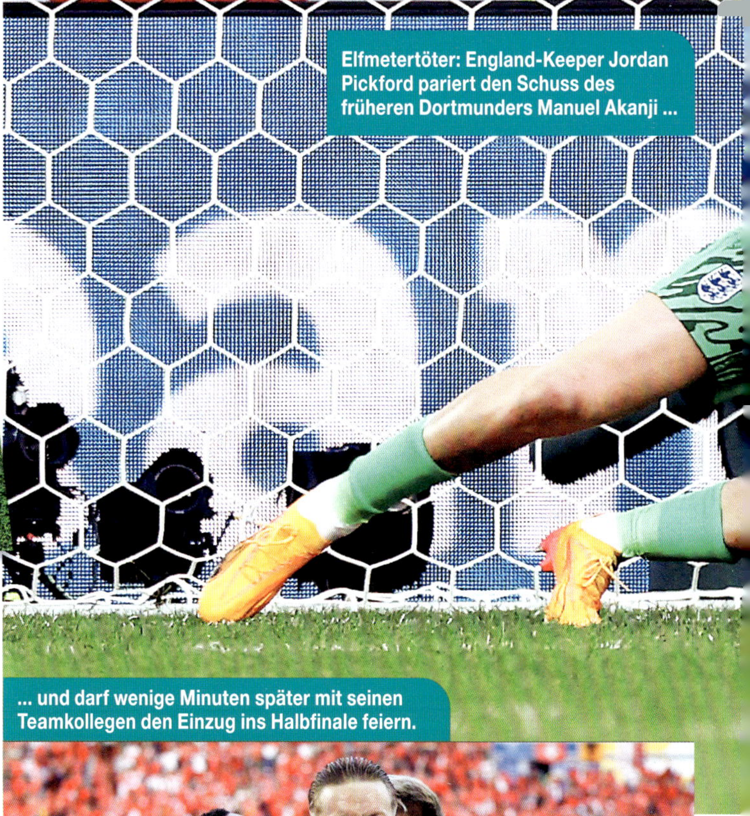

Elfmetertöter: England-Keeper Jordan Pickford pariert den Schuss des früheren Dortmunders Manuel Akanji …

… und darf wenige Minuten später mit seinen Teamkollegen den Einzug ins Halbfinale feiern.

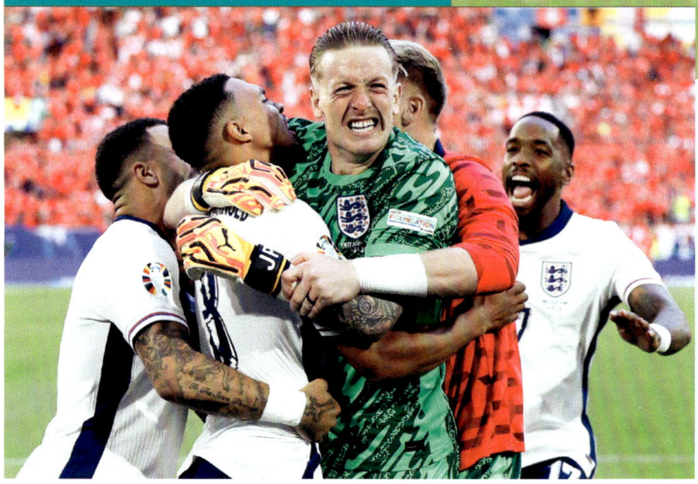

Auch das dritte Viertelfinale fand nach regulärer Spielzeit und Verlängerung keinen Sieger. Das Elfmeterschießen musste entscheiden – und hier hatte England das bessere Ende für sich. Dies ist aus historischer Sicht bemerkenswert: Neunmal bei den

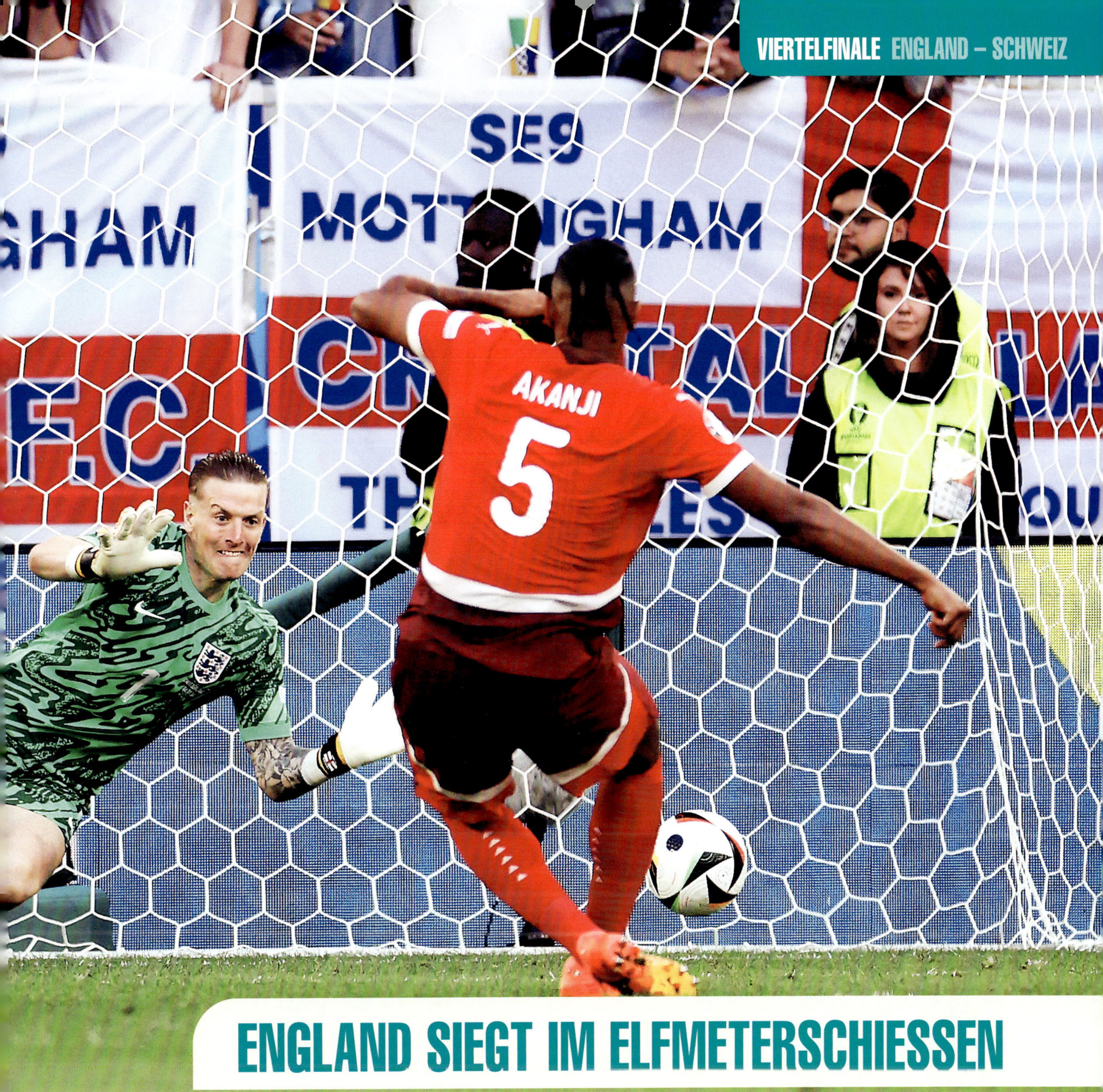

ENGLAND SIEGT IM ELFMETERSCHIESSEN

vorangegangenen 17 Europa- und Weltmeisterschaften mussten die „Three Lions" in den finalen Shootout, siebenmal zogen sie dabei den Kürzeren, zuletzt im EM-Finale 2021 gegen Italien. Diesmal präsentierten sie sich abgezockt: Cole Palmer, Jude Bellingham, Bukayo Saka (2021 noch gescheitert), Ivan Toney und Trent Alexander-Arnold ließen dem Schweizer Torhüter Yann Sommer keine Chance. Jordan Pickford hatte gleich den ersten Schweizer Elfmeter von Manuel Akanji gehalten. Kapitän Harry Kane war zu diesem Zeitpunkt nicht mehr dabei: Der Bundesliga-torschützenkönig musste in der 110. Minute wegen Wadenkrämpfen ausgewechselt werden.

Dem Elfmeterschießen vorangegangen waren 120 Minuten zum größten Teil unansehnlichen Fußballs, der dem Viertelfinale einer EM nicht würdig war. Die Statistiker notierten in der ersten Hälfte keinen einzigen Schuss aufs Tor und nach 90 Minuten gerade mal drei. Die Engländer setzten ihre enttäuschenden Leistungen aus der Gruppenphase und dem Achtelfinale fort. Die Schweizer, nach dem 2:0 gegen Italien vor Selbstbewusstsein strotzend in die Partie gegangen, wirkten lange hilflos. Ab Mitte der zweiten Halbzeit verschafften sie sich Vorteile und gingen in der 75. Minute verdient in Führung: Breel Embolo musste nach einem abgefälschten Querpass von Dan Ndoye drei Meter vor dem Tor nur noch den Fuß hinhalten. Die Freude währte aber nur kurz: Fünf Minuten später glich Bukayo Saka mit einem satten Schuss von der Strafraumkante aus. In der Verlängerung nahm die Partie Fahrt auf: Yann Sommer und Jordan Pickford entschärften Distanzschüsse von Declan Rice beziehungsweise Zeki Amdouni. Und Xherdan Shaqiri zirkelte einen Eckstoß ans Lattenkreuz.

Samstag, 6. Juli 2024, 21 Uhr, Berlin, 21° Celsius

NIEDERLANDE – TÜRKEI
2 : 1

Trainer: Ronald Koeman

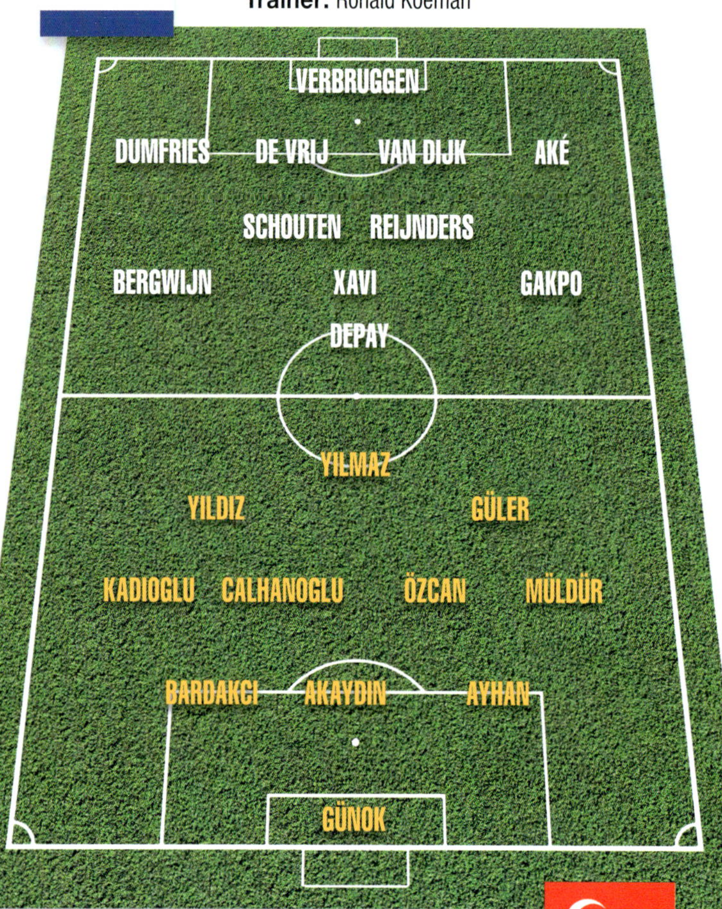

Trainer: Vincenzo Montella

Eingewechselt:

Niederlande	Türkei
Weghorst für Bergwijn (46.)	Aktürkoglu für Yildiz (77.)
Veerman für Reijnders (73.)	Okay für Özcan (77.)
van de Ven für Aké (73.)	Tosun für Akaydin (82.)
Zirkzee für Depay (87.)	Celik für Müldür (82.)
Frimpong für Xavi (87.)	Kilicsoy für Ayhan (89.)

Tore: 0:1 Akaydin (35.), 1:1 de Vrij (70.), 2:1 Müldür (Eigentor, 76.)

Gelbe Karten: Xavi, Aké, van Dijk, Weghorst / Tosun, Montella

Gelb-Rote Karten: –

Rote Karten: –

Schiedsrichter: Clement Turpin (Frankreich)

Zuschauer: 70 091

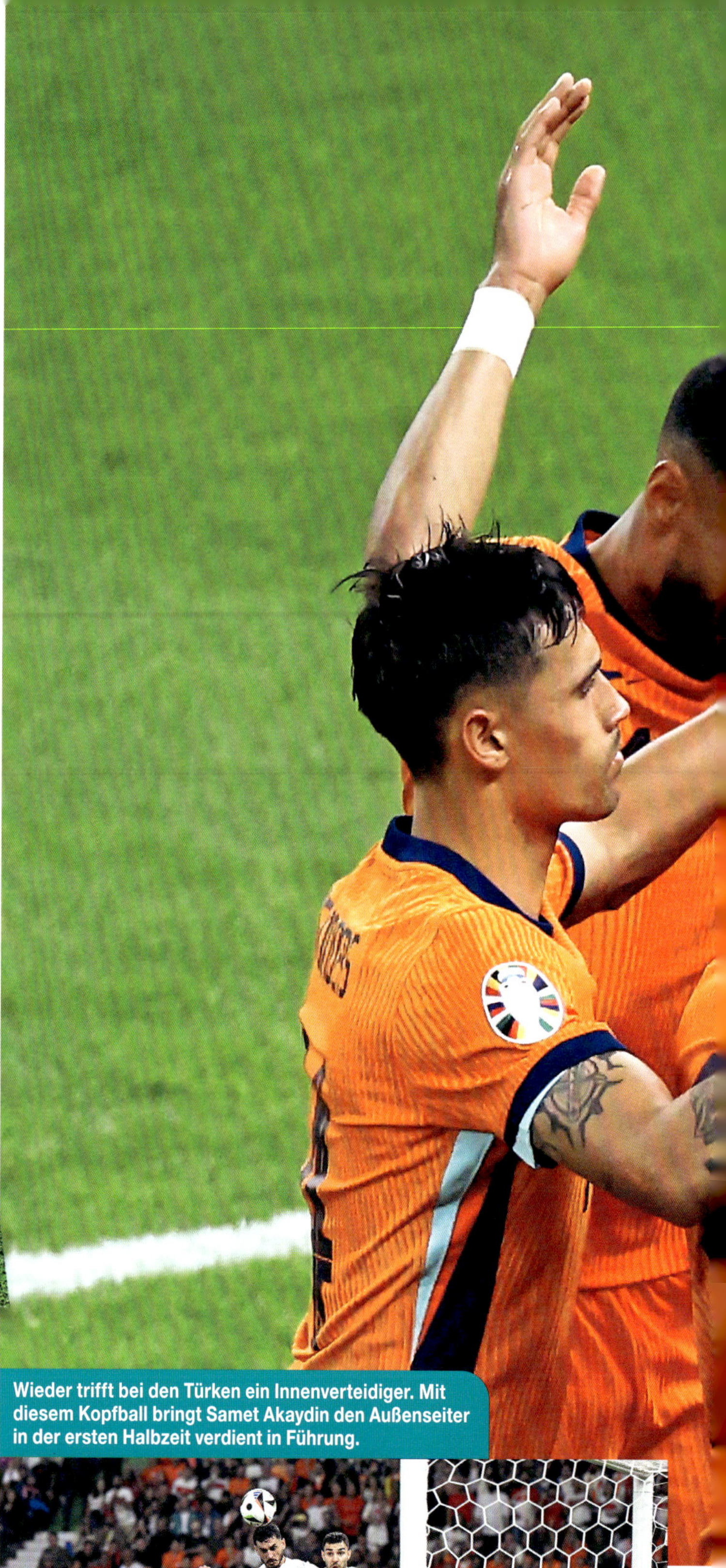

Wieder trifft bei den Türken ein Innenverteidiger. Mit diesem Kopfball bringt Samet Akaydin den Außenseiter in der ersten Halbzeit verdient in Führung.

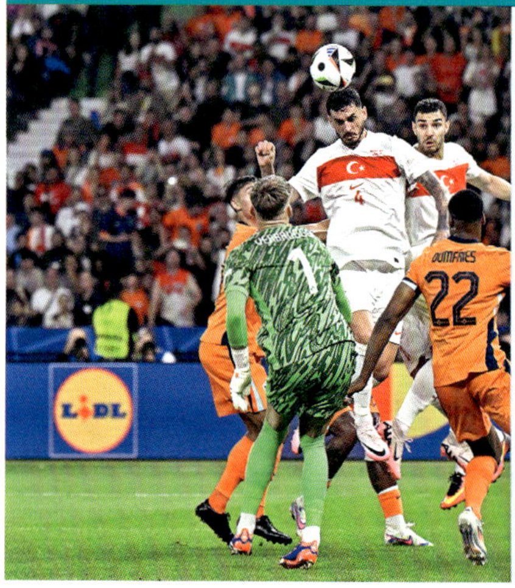

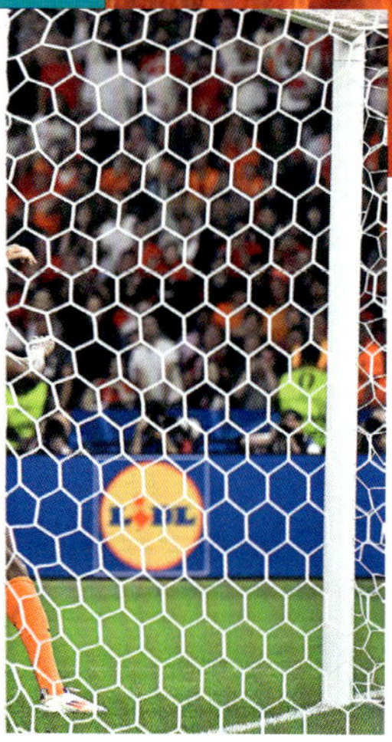

Ein Handzeichen genügte, um ein packendes Fußballspiel verblassen zu lassen. Mit seinem Wolfsgruß, dem Erkennungszeichen der rechtsextremistischen Ülkücü-Bewegung, sorgte der türkische Doppeltorschütze Merih Demiral nach dem 2:1-Sieg im Achtelfinale gegen Österreich für einen Eklat, der nicht nur hitzige

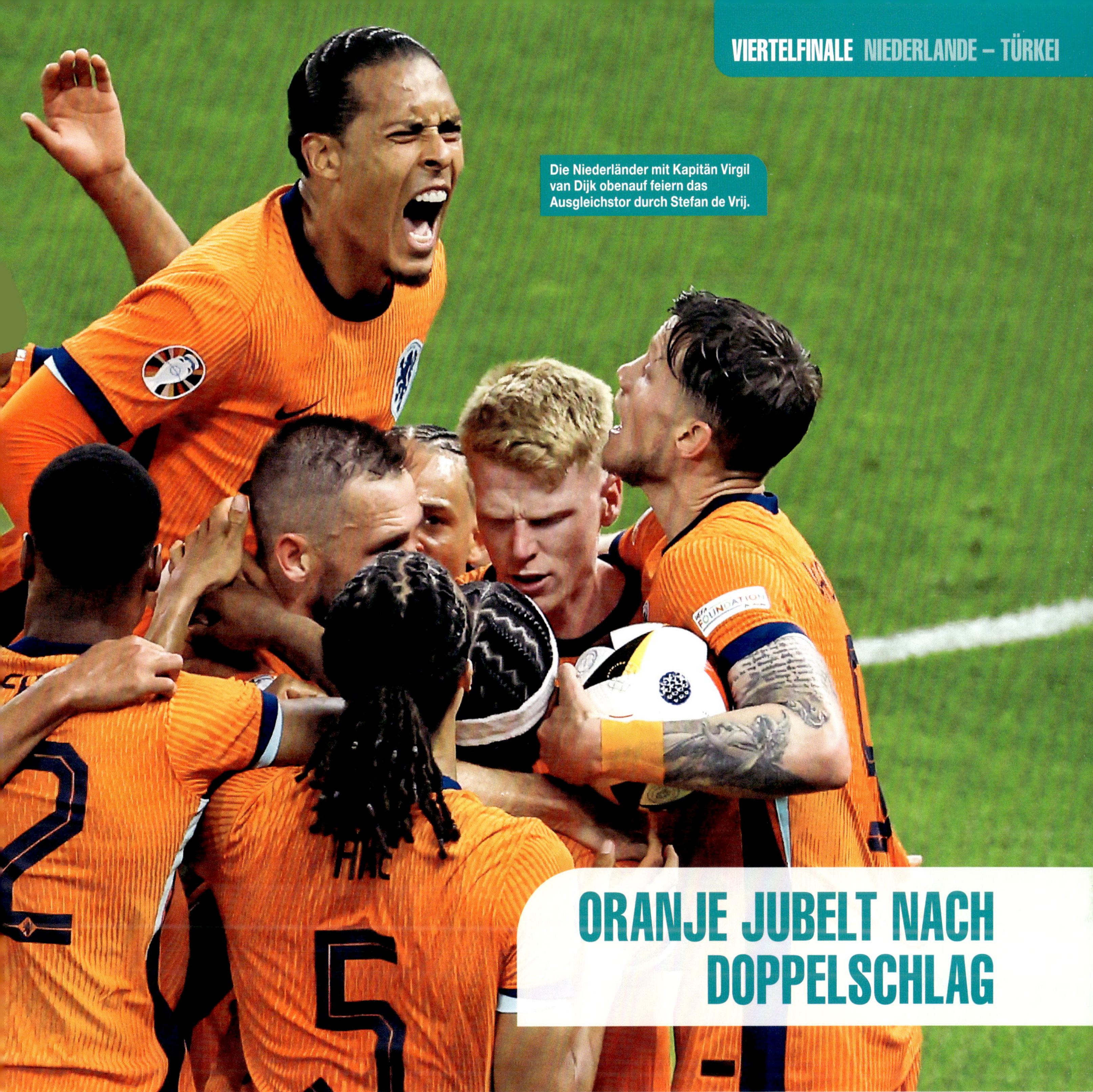

Die Niederländer mit Kapitän Virgil van Dijk obenauf feiern das Ausgleichstor durch Stefan de Vrij.

ORANJE JUBELT NACH DOPPELSCHLAG

Debatten auslöste, sondern letztlich auch in eine Zwei-Spiele-Sperre durch die UEFA mündete. Ohne ihren Abwehrchef mussten die Türken also gegen die Niederlande antreten. 40 000 frenetische türkische Fans sorgten im Berliner Olympiastadion von Beginn an für Heimspielatmosphäre, doch die Niederländer zeigten sich zunächst unbeeindruckt und bestimmten die Anfangsphase. Schon in der ersten Minute wühlte sich Memphis Depay in den Strafraum hinein, schoss aus exzellenter Position aber deutlich über den Kasten. Ab Mitte der ersten Halbzeit wurden die Türken forscher. Immer wieder war es Jungstar Arda Güler, der mit starken Zuspielen glänzte. Eines davon führte auch zur Führung. Mit viel Effet flankte der 19-Jährige den Ball in den Strafraum, wo Samet Akaydin hochstieg und per Kopf zum 1:0 (35. Minute) vollendete. Zur zweiten Halbzeit stellte Bondscoach Ronald Koeman taktisch um und brachte mit Wout Weghorst einen echten Mittelstürmer ins Spiel, der sofort Unruhe in der türkischen Defensive stiftete. Doch auch die Türken blieben offensiv gefährlich. Güler scheiterte mit einem fulminanten Freistoß am Pfosten (56.). Mitte der zweiten Halbzeit nahm der Druck der „Elftal" stetig zu. Eine Flanke von Depay verwertete Stefan de Vrij per Kopf zum Ausgleich (70.). Die Niederländer blieben dran und gingen nur sechs Minuten später in Führung. Nach einer Hereingabe von Denzel Dumfries kam der türkische Flügelspieler Mert Müldür zwar vor Cody Gakpo an den Ball, lenkte ihn aber unglücklich ins eigene Tor (76.). Die Türkei steckte nicht auf, doch der eingewechselte Semih Kilicsoy scheiterte in der Nachspielzeit am glänzend reagierenden Oranje-Torhüter Bart Verbruggen.

Spanien – Frankreich	2:1 (2:1)
Niederlande – England	1:2 (1:1)

Auch Superstar Kylian Mbappé und seine Franzosen konnten den Siegeszug der Spanier nicht stoppen. Zwar ging die „Equipe Tricolore“ im ersten Halbfinale durch ihren ersten Turniertreffer aus dem Spiel heraus früh in Führung, doch das Team von Trainer Luis de la Fuente ließ sich vom erstmaligen Rückstand bei dieser EM nicht beirren und drehte die Partie noch in der ersten Halbzeit durch einen Doppelschlag zum 2:1. Mit diesem Ergebnis endete auch die zweite Halbfinalpaarung. Durch einen Treffer in der Nachspielzeit bezwangen die deutlich verbesserten Engländer die Niederlande, die bei ihrer sechsten EM-Halbfinalteilnahme damit bereits zum fünften Mal scheiterten.

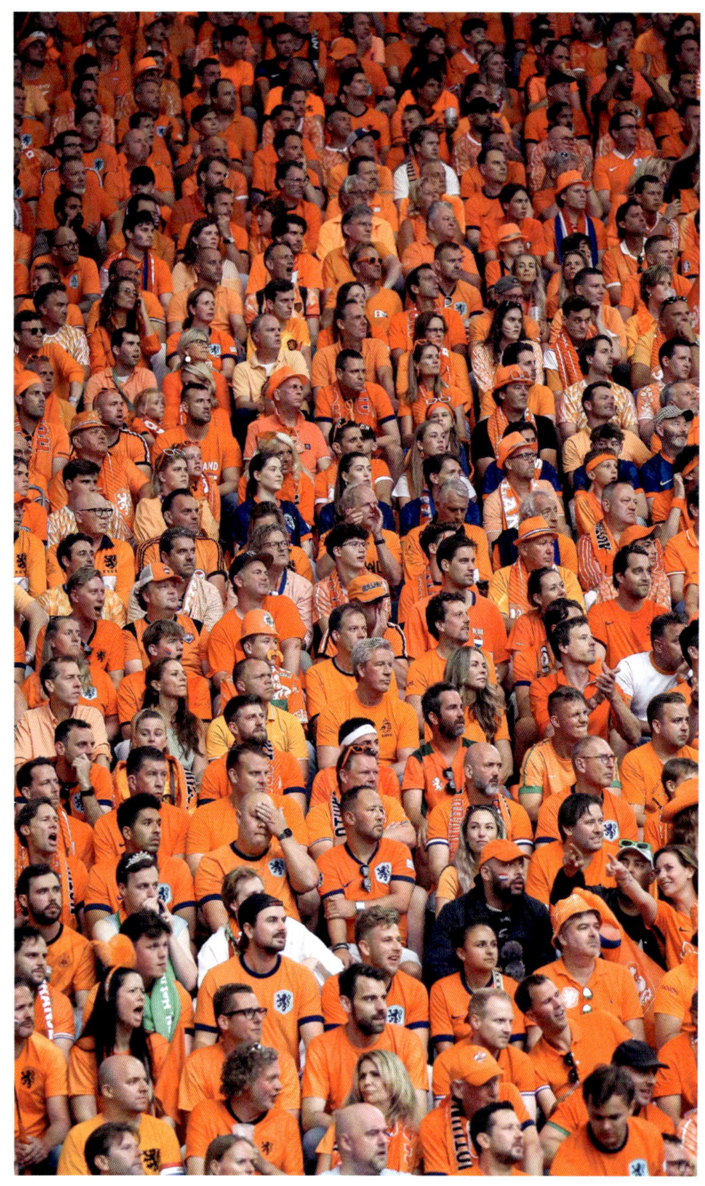

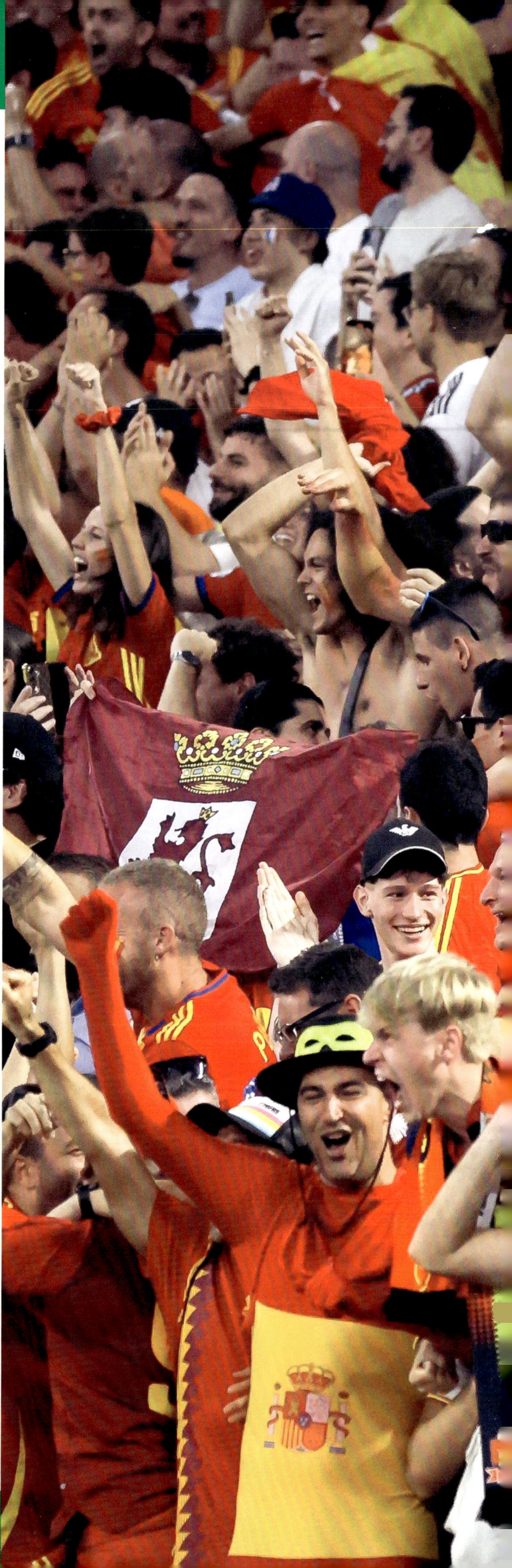

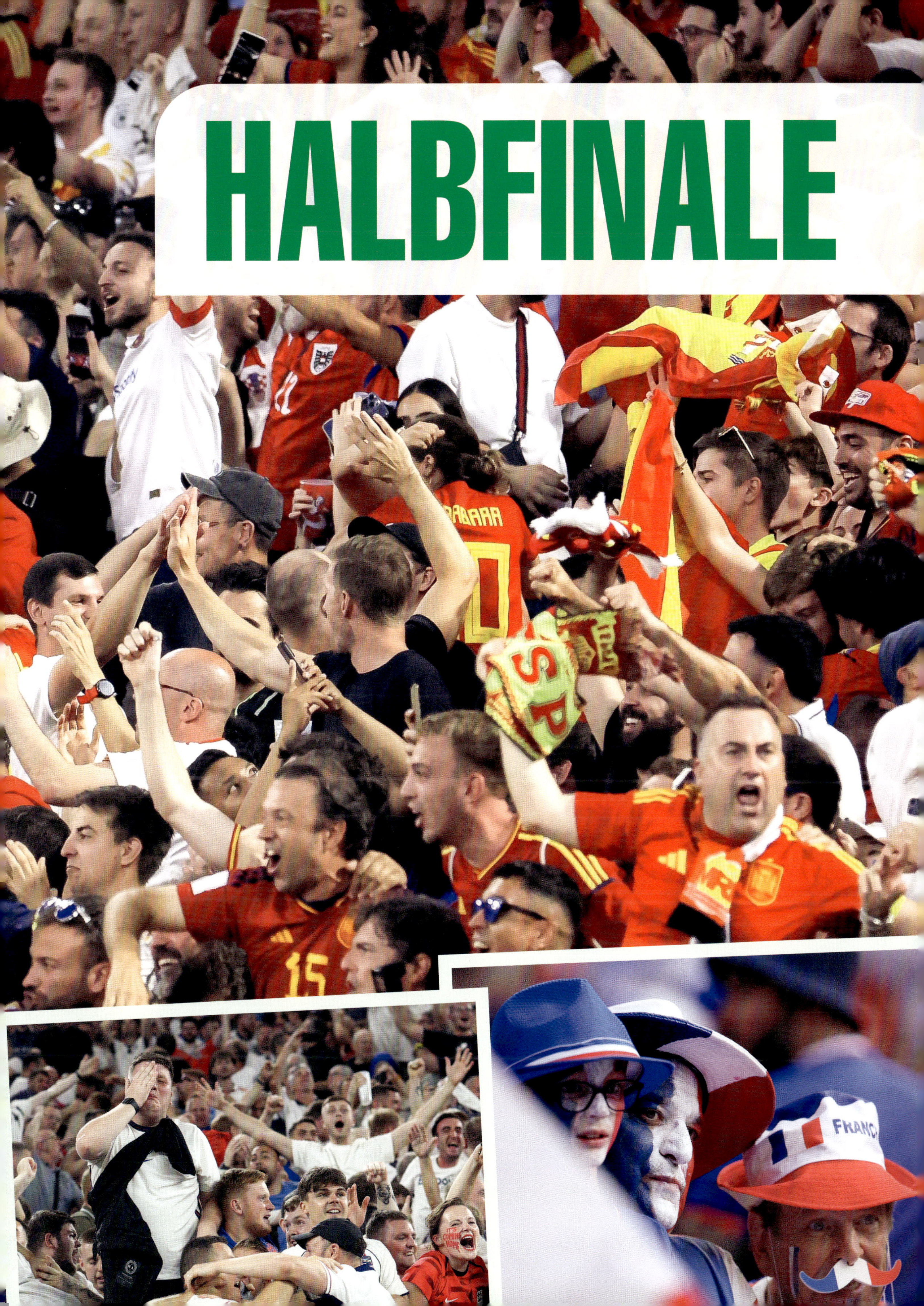

HALBFINALE

Dienstag, 9. Juli 2024, 21 Uhr, München, 24° Celsius

SPANIEN – FRANKREICH
2 : 1

Trainer: Luis de la Fuente

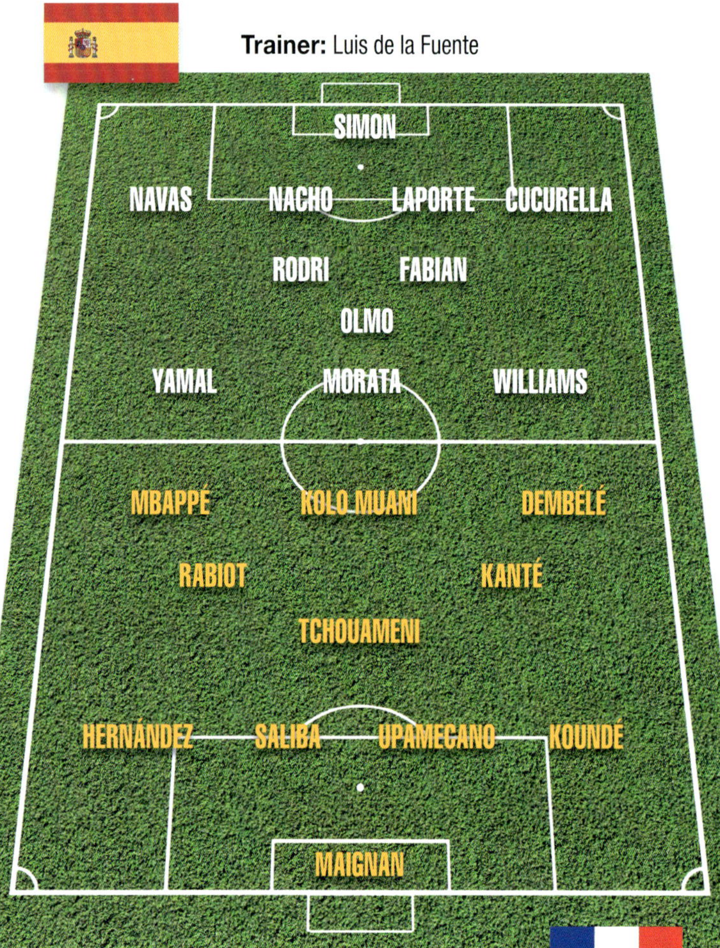

Trainer: Didier Deschamps

Eingewechselt:

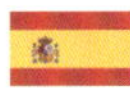

Spanien	Frankreich
Vivian für Navas (58.)	Camavinga für Rabiot (62.)
Oyarzabal für Morata (76.)	Griezmann für Kanté (62.)
Merino für Olmo (76.)	Barcola für Kolo Muani (62.)
Zubimendi für Williams (90. +3)	Giroud für Dembelé (79.)
Torres für Yamal (90. +4)	

Tore: 0:1 Kolo Muani (9.), 1:1 Yamal (21.), 2:1 Olmo (25.)

Gelbe Karten: Navas, Yamal / Tchouameni, Camavinga

Gelb-Rote Karten: –

Rote Karten: –

Schiedsrichter: Slavko Vincic (Slowenien)

Zuschauer: 62 042

Yamals Traumtor (aus der Hintertorperspektive): Unhaltbar für Torhüter Mike Maignan schlägt der Ball im linken oberen Tordreieck ein.

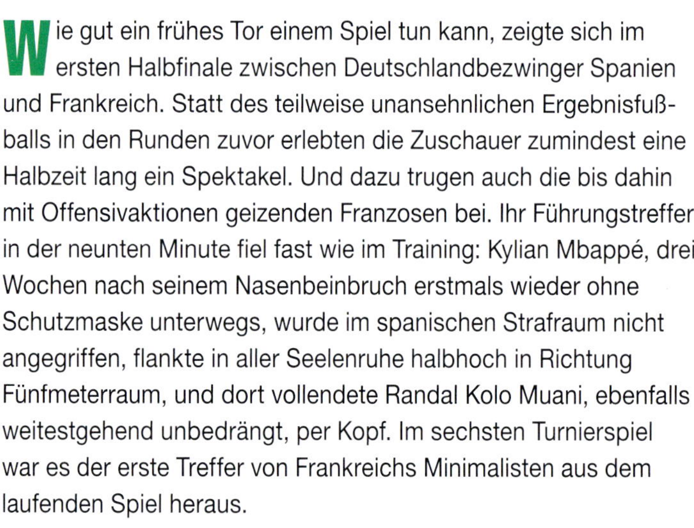

Wie gut ein frühes Tor einem Spiel tun kann, zeigte sich im ersten Halbfinale zwischen Deutschlandbezwinger Spanien und Frankreich. Statt des teilweise unansehnlichen Ergebnisfußballs in den Runden zuvor erlebten die Zuschauer zumindest eine Halbzeit lang ein Spektakel. Und dazu trugen auch die bis dahin mit Offensivaktionen geizenden Franzosen bei. Ihr Führungstreffer in der neunten Minute fiel fast wie im Training: Kylian Mbappé, drei Wochen nach seinem Nasenbeinbruch erstmals wieder ohne Schutzmaske unterwegs, wurde im spanischen Strafraum nicht angegriffen, flankte in aller Seelenruhe halbhoch in Richtung Fünfmeterraum, und dort vollendete Randal Kolo Muani, ebenfalls weitestgehend unbedrängt, per Kopf. Im sechsten Turnierspiel war es der erste Treffer von Frankreichs Minimalisten aus dem laufenden Spiel heraus.

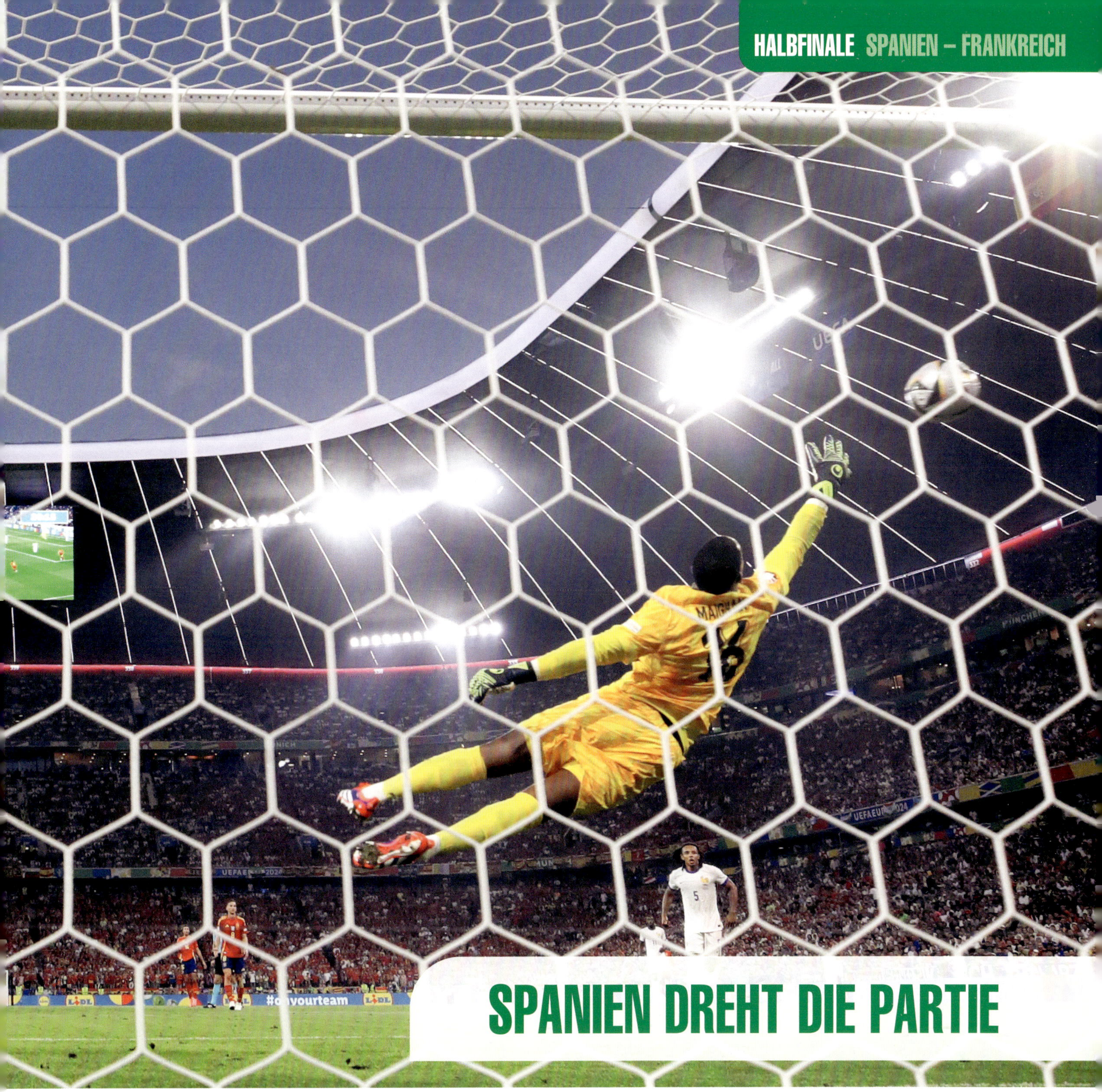

SPANIEN DREHT DIE PARTIE

Yamals Traumtor (aus der Vogelperspektive): Aus 20 Metern zieht der spanische Jungstar mit links ab.

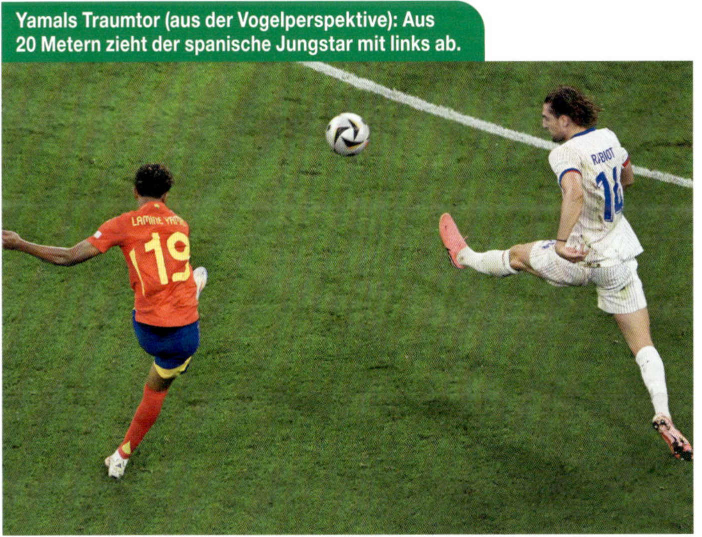

Für die favorisierten Spanier wirkte das Gegentor – erst ihr drittes im sechsten Turnierspiel – wie ein Weckruf. Es folgte in der 21. Spielminute ein Geniestreich von Lamine Yamal. Vier Tage vor seinem 17. Geburtstag nahm sich der jüngste Spieler der EM-Historie nach einem kurzen Dribbling aus 20 Metern ein Herz und zirkelte den Ball mit seinem starken linken Fuß unhaltbar für Torhüter Mike Maignan ins linke obere Tordreieck – eines der vielen schönen Distanzschusstore des Turniers. Nur vier Minuten später ließ Dani Olmo das 2:1 folgen. Der Bundesligaprofi von RB Leipzig setzte sich energisch im französischen Strafraum durch und drosch den Ball aus sechs Metern aufs französische Tor – Verteidiger Jules Koundé fälschte beim Klärungsversuch noch ab, der Treffer wurde aber völlig zurecht Olmo gutgeschrieben. Die Franzosen hatten damit innerhalb von vier Minuten doppelt so

viele Gegentore kassiert wie in den vorangegangen fünf Turnierspielen insgesamt (einer per Elfmeter von Robert Lewandowski). Nach dieser furiosen Anfangsphase flachte das Spiel ab. Die Franzosen agierten nun zwar offensiver, die Spanier aber kontrollierten das Geschehen auch ohne die gelbgesperrten Stammverteidiger Daniel Carvajal und Robin Le Normand sowie den verletzten Mittelfeldmann Pedri, für den die EM nach dem rüden Foul von Toni Kroos im Viertelfinale aufgrund einer Knieverletzung vorzeitig beendet war. Spektakulärste Szene nach Seitenwechsel war eine Rettungsaktion von Frankreichs Keeper Mike Maignan per Grätsche rund 25 Meter vor seinem Kasten. Kurz brenzlig wurde es allenfalls nach einem Kopfballaufsetzer von Aurelien Tchouameni sowie Distanzschüssen mehr oder weniger hoch über das Tor von Théo Hernández und Kylian Mbappé auf der einen sowie Lamine Yamal auf der anderen Seite.
Was sonst noch hängenblieb von diesem lauen Sommerabend in München? Spanien drehte wie im Achtelfinale gegen Georgien nach einem Rückstand die Partie und zog zum fünften Mal nach 1964, 1984, 2008 und 2012 in ein EM-Finale ein. Lamine Yamal, ohnehin der jüngste Spieler der EM-Geschichte, trug sich nun auch als jüngster Torschütze in die Geschichtsbücher ein. Sein Teamkollege Marc Cucurella musste bei jedem Ballkontakt ein gnadenloses Pfeifkonzert des Münchner Publikums ertragen – als Reaktion auf sein vom Schiedsrichter ungeahndetes Handspiel zuvor im Viertelfinale gegen Deutschland. „Damit haben sie ihn nur noch mehr motiviert", merkte Trainer Luis de la Fuente an. Und Frankreich? Die „Equipe Tricolore" verlor erstmals seit zehn Jahren wieder ein Turnierspiel in der regulären Spielzeit (0:1 gegen Deutschland bei der WM 2014). Der Gegner sei diesmal besser am Ball gewesen, sagte Trainer Didier Deschamps: „Wir waren im Spielaufbau nicht gut. Vielleicht hat uns ein bisschen die Frische gefehlt."

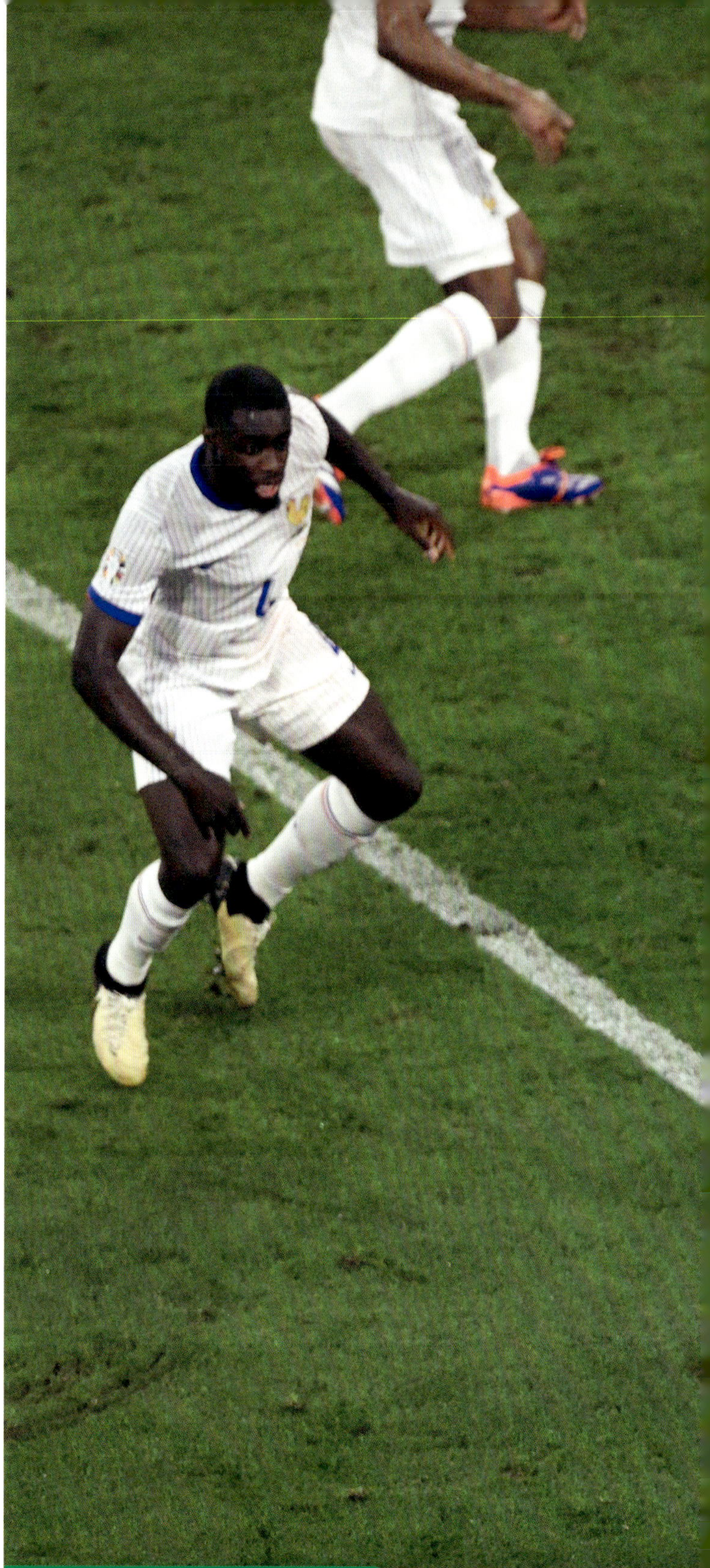

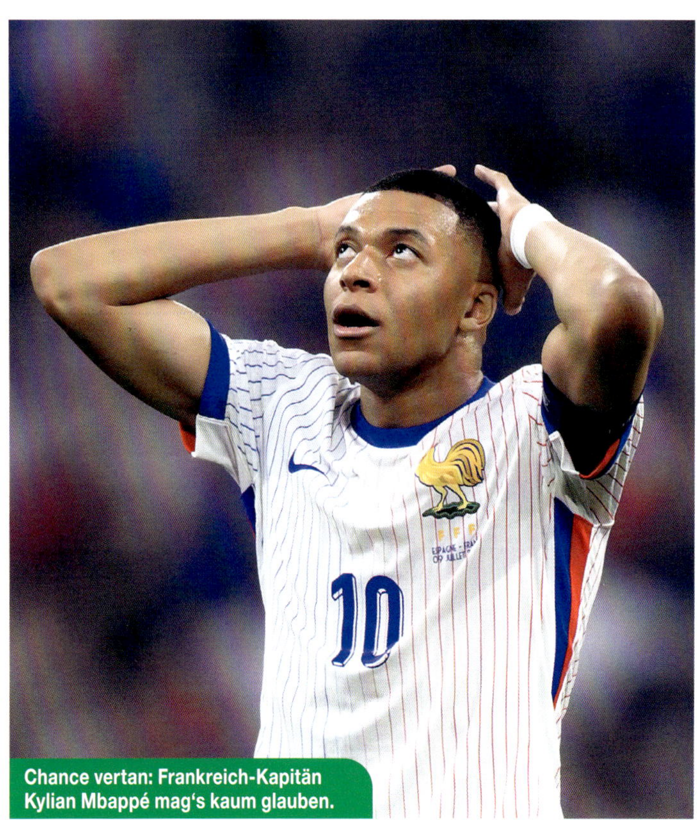

Chance vertan: Frankreich-Kapitän Kylian Mbappé mag's kaum glauben.

Frankreichs Führungstreffer: Unbedrängt kommt Randal Kolo Muani zum Kopfball.

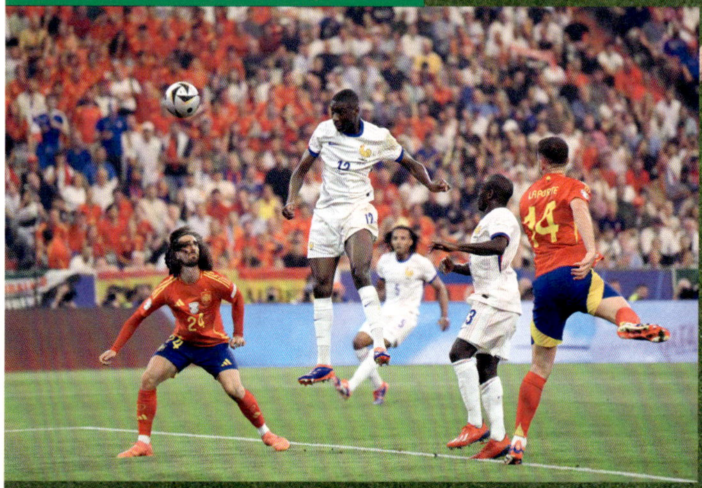

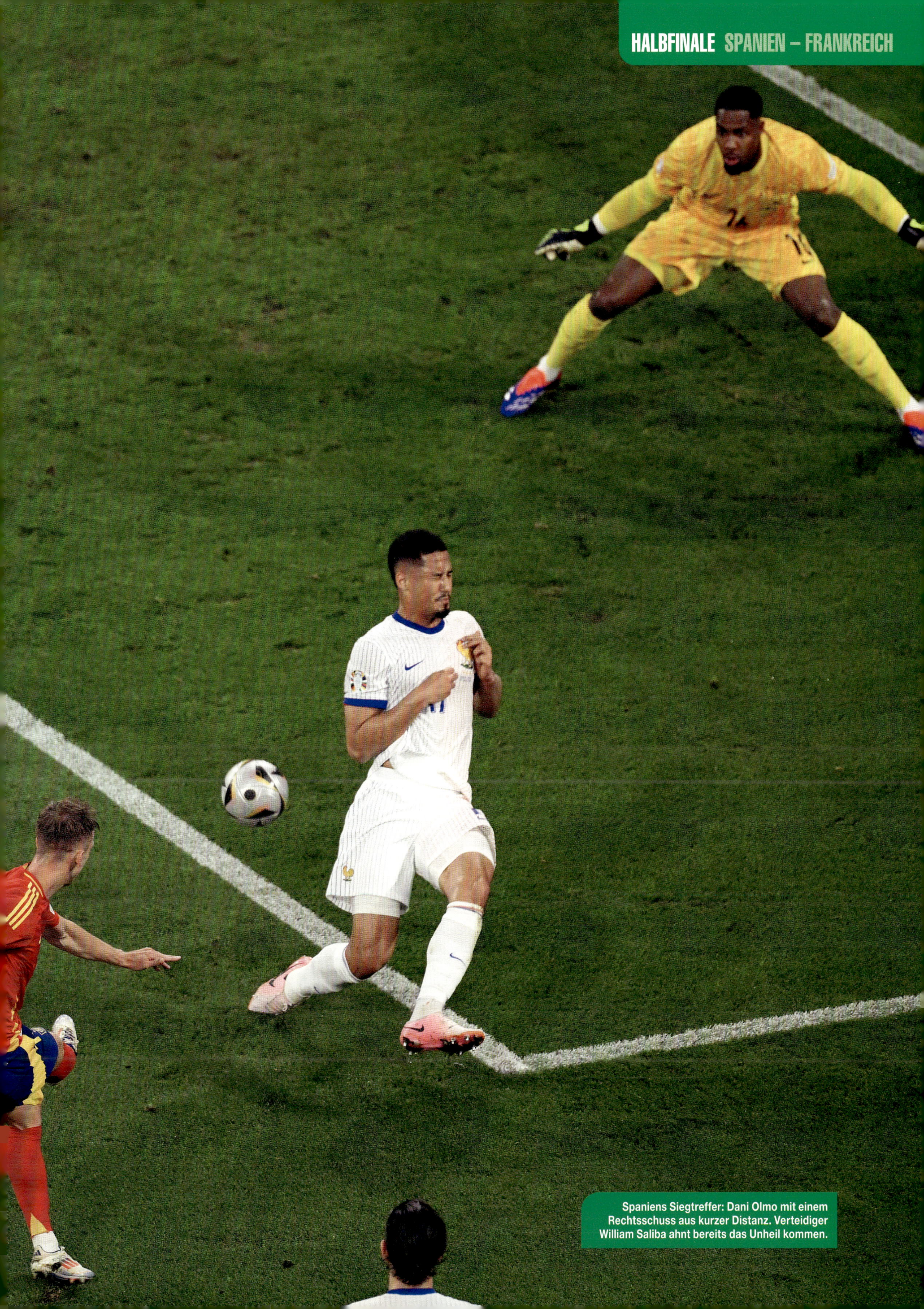

Spaniens Siegtreffer: Dani Olmo mit einem Rechtsschuss aus kurzer Distanz. Verteidiger William Saliba ahnt bereits das Unheil kommen.

Mittwoch, 10. Juli 2024, 21 Uhr, Dortmund, 19° Celsius

NIEDERLANDE – ENGLAND
1 : 2

Trainer: Ronald Koeman

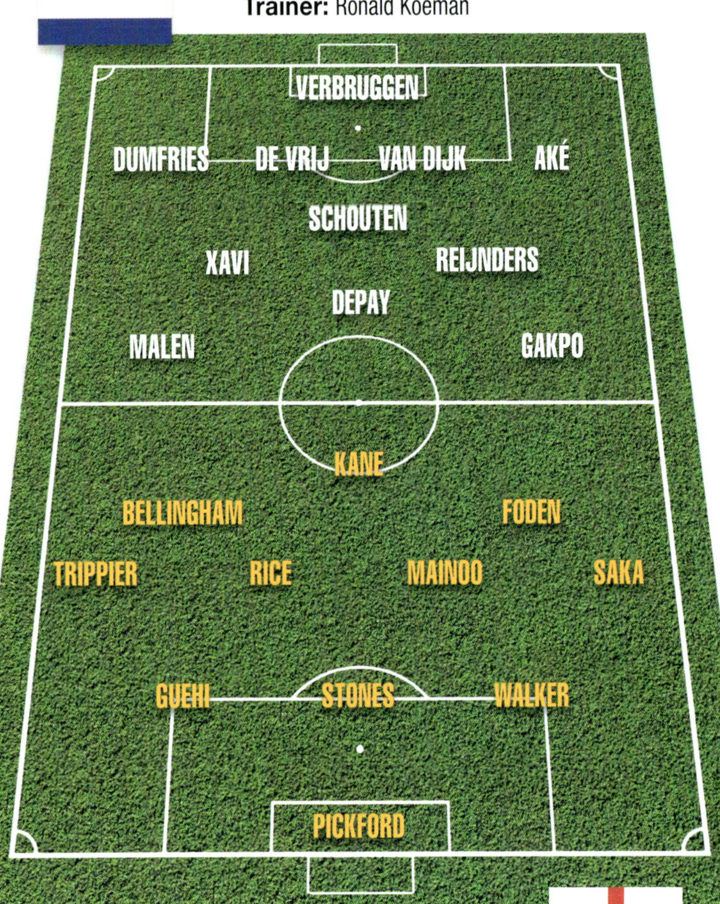

Trainer: Gareth Southgate

Eingewechselt:

Niederlande	England
Veerman für Depay (35.)	Shaw für Trippier (46.)
Weghorst für Malen (46.)	Palmer für Foden (81.)
Zirkzee für Dumfries (90. +3)	Watkins für Kane (81.)
Brobbey für Xavi (90. +3)	Konsa für Saka (90. +3)
	Gallagher für Mainoo (90. +3)

Tore: 1:0 Xavi (7.), 1:1 Kane (Foulelfmeter, 18.), 1:2 Watkins (90. +1)

Gelbe Karten: Dumfries, van Dijk, Xavi / Bellingham, Saka, Trippier

Gelb-Rote Karten: –

Rote Karten: –

Schiedsrichter: Felix Zwayer (Berlin)

Zuschauer: 60 926

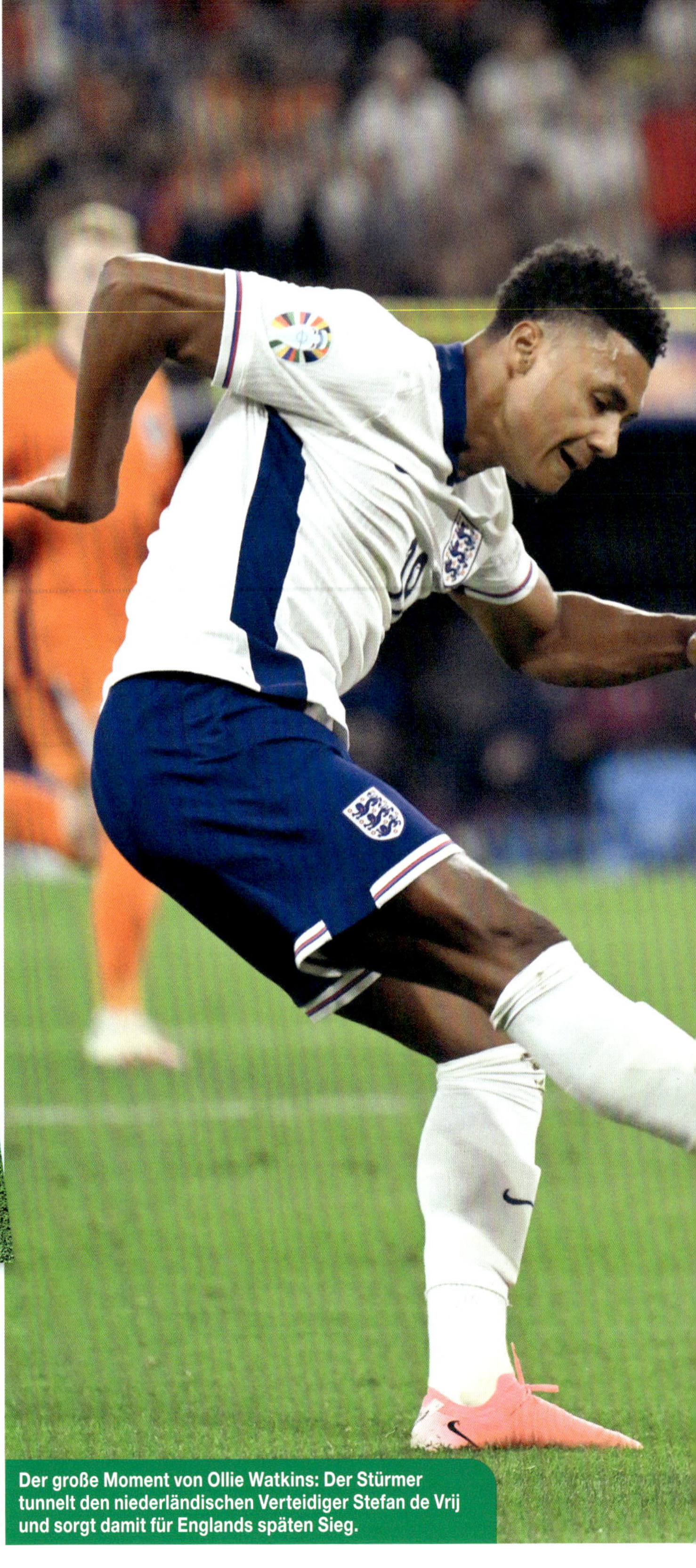

Der große Moment von Ollie Watkins: Der Stürmer tunnelt den niederländischen Verteidiger Stefan de Vrij und sorgt damit für Englands späten Sieg.

Er musste Pfiffe und Buhrufe über sich ergehen lassen – und sogar fliegende Bierbecher. Gareth Southgate nahm es stoisch hin. Fans und Medien machten den Trainer als Schuldigen für den destruktiven Fußball des englischen Starensembles aus, das sich mit Hängen und Würgen ins Halbfinale mogelte. In der Beliebtheitsskala fand sich Southgate irgendwo zwischen Wurzelbehandlung und Steuererklärung wieder. Doch all der Frust, all die Schmähungen spielten an diesem späten Mittwochabend plötzlich keine Rolle mehr. Southgate erlebte eine Wandlung vom Buhmann zum Vater des Erfolgs. Seine Mannschaft bot gegen die Niederlande nicht nur deutlich spritzigeren, inspirierteren Fußball als noch in den Spielen zuvor, mit seinen Einwechslungen hatte der Coach entscheidenden Anteil am Finaleinzug. In der 81. Minute

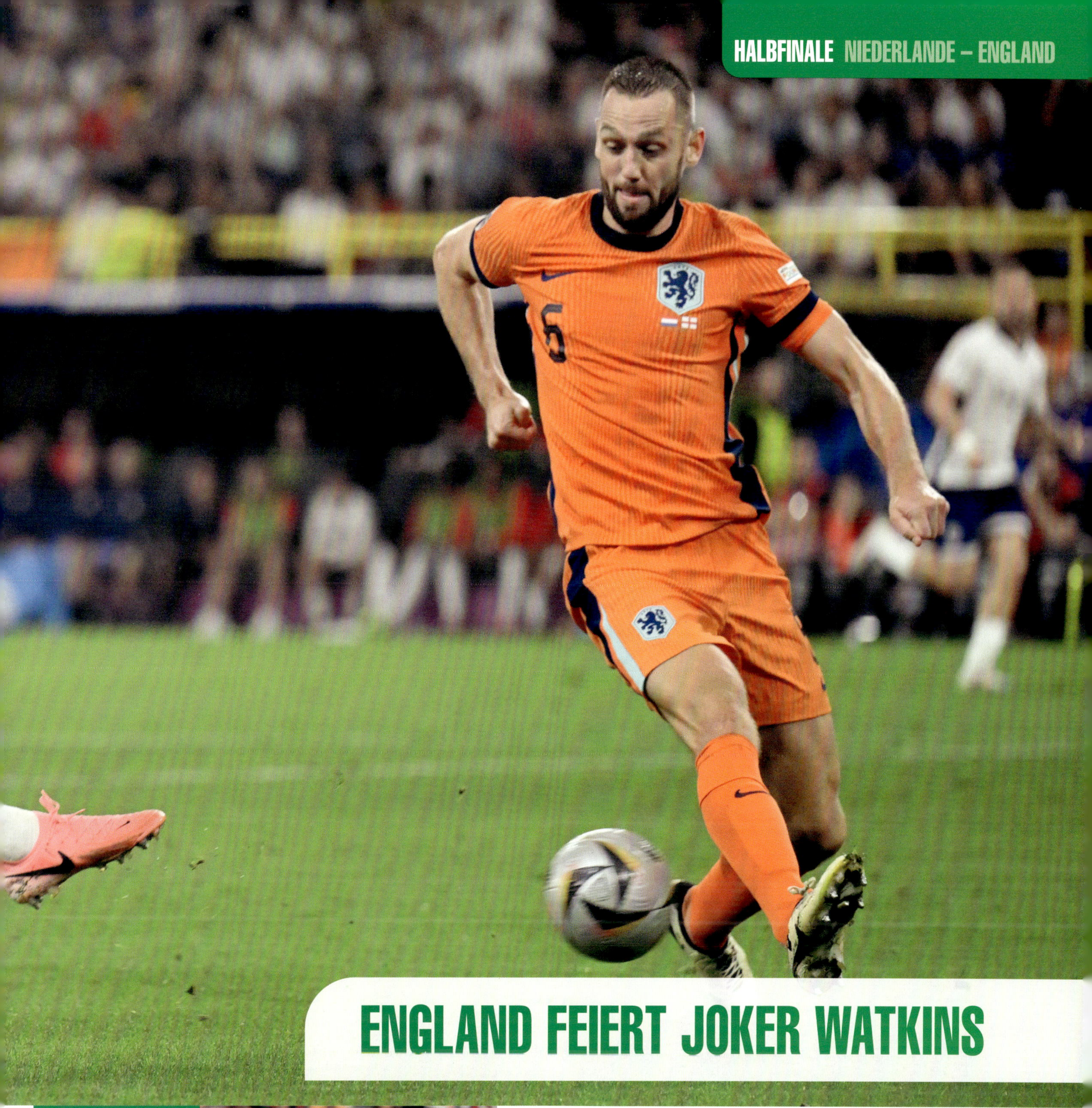

ENGLAND FEIERT JOKER WATKINS

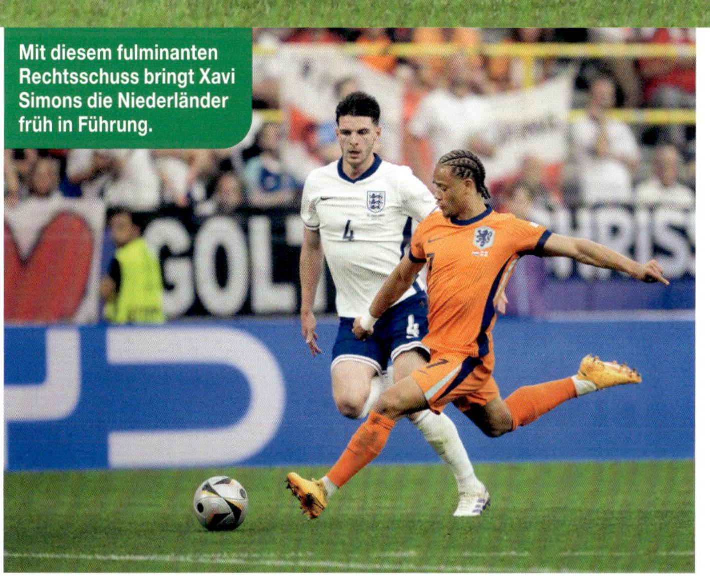
Mit diesem fulminanten Rechtsschuss bringt Xavi Simons die Niederländer früh in Führung.

wechselte er Cole Palmer und Ollie Watkins ein. Knapp zehn Minuten später war es Palmer, der mit einem feinen Pass Watkins in Szene setzte. Der Stürmer von Aston Villa nahm den Ball mit dem Rücken zum Tor an und zog wuchtig aus der Drehung ab. Sein Flachschuss, der Präzision und Härte perfekt miteinander vermählte, schlug unhaltbar für den niederländischen Torhüter Bart Verbruggen genau neben dem linken Pfosten zum 2:1 ein. Bei den Engländern brachen alle Dämme, während sich die Niederländer in einem schlechten Film wähnten. Bondscoach Ronald Koeman reagierte sofort und brachte mit Joshua Zirkzee und Brian Brobbey zwei Stürmer, doch in der verbliebenen Nachspielzeit ließen die Engländer nichts mehr anbrennen. Damit zogen die „Three Lions" zum zweiten Mal in Folge in ein

EM-Endspiel ein. Die völlig berauschten Fans feierten den Siegtorschützen mit Sprechchören – und seine Mitspieler stimmten mit ein. Dass die Teamchemie bei den Engländern stimmt, war schon zuvor oft betont worden. Auf dem Platz schlug sich das jedoch nicht nieder – bis zu diesem Halbfinale. Von Beginn an zeigten die Engländer eine ungekannte Angriffslust und setzten den Spielaufbau der „Elftal“ früh unter Druck. Allerdings schafften es die Niederländer zunächst immer wieder, sich spielerisch zu befreien. Nach einer starken Balleroberung im Mittelfeld gingen sie in der siebten Minute in Führung. Xavi Simons setzte sich gegen Declan Rice durch, lief noch ein paar Schritte und jagte den Ball aus 18 Metern ins linke obere Eck. Die „Three Lions“ streiften den Schock jedoch schnell ab. Mit einem Distanzschuss zwang Harry Kane Oranje-Torwart Verbruggen zu einer ersten Parade (13. Minute). Kurze Zeit später stand der Bayern-Stürmer erneut im Fokus, nachdem er im Strafraum volley abgezogen hatte und einen Augenblick später von Denzel Dumfries schmerzhaft am Fuß getroffen worden war. Nach Intervenieren des VAR sah sich Schiedsrichter Felix Zwayer die Szene selbst noch einmal an und entschied auf Elfmeter. Der Gefoulte trat selbst an und traf souverän ins linke untere Eck (18.). Mit seinem sechsten Tor in einem K.-o.-Spiel stellte Kane einen neuen EM-Rekord auf. Die Engländer rissen das Spiel nun mit Macht an sich. Einen Schuss des stark aufspielenden Phil Foden kratzte Dumfries noch von der Linie (23.), in der 32. Minute hatte Foden Pech, dass sein Schlenzer an den Außenpfosten klatschte. Einen weiteren Versuch des Profis von Manchester City entschärfte Verbruggen (39.). Die Niederländer, die aufgrund einer Streckensperrung der Deutschen Bahn kurzfristig mit dem Flugzeug nach Dortmund anreisen mussten, hatten große Mühe, sich aus der Umklammerung der Engländer zu befreien, verpassten nach einer Ecke aber nur haarscharf die erneute Führung. Ein Dumfries-Kopfball landete an der Latte (28.). Nach der Pause mieden beide Teams zunehmend das Risiko, wobei die Niederländer noch etwas mehr Zug zum Tor entwickelten. Den „Lucky Punch“ landeten jedoch die Engländer.

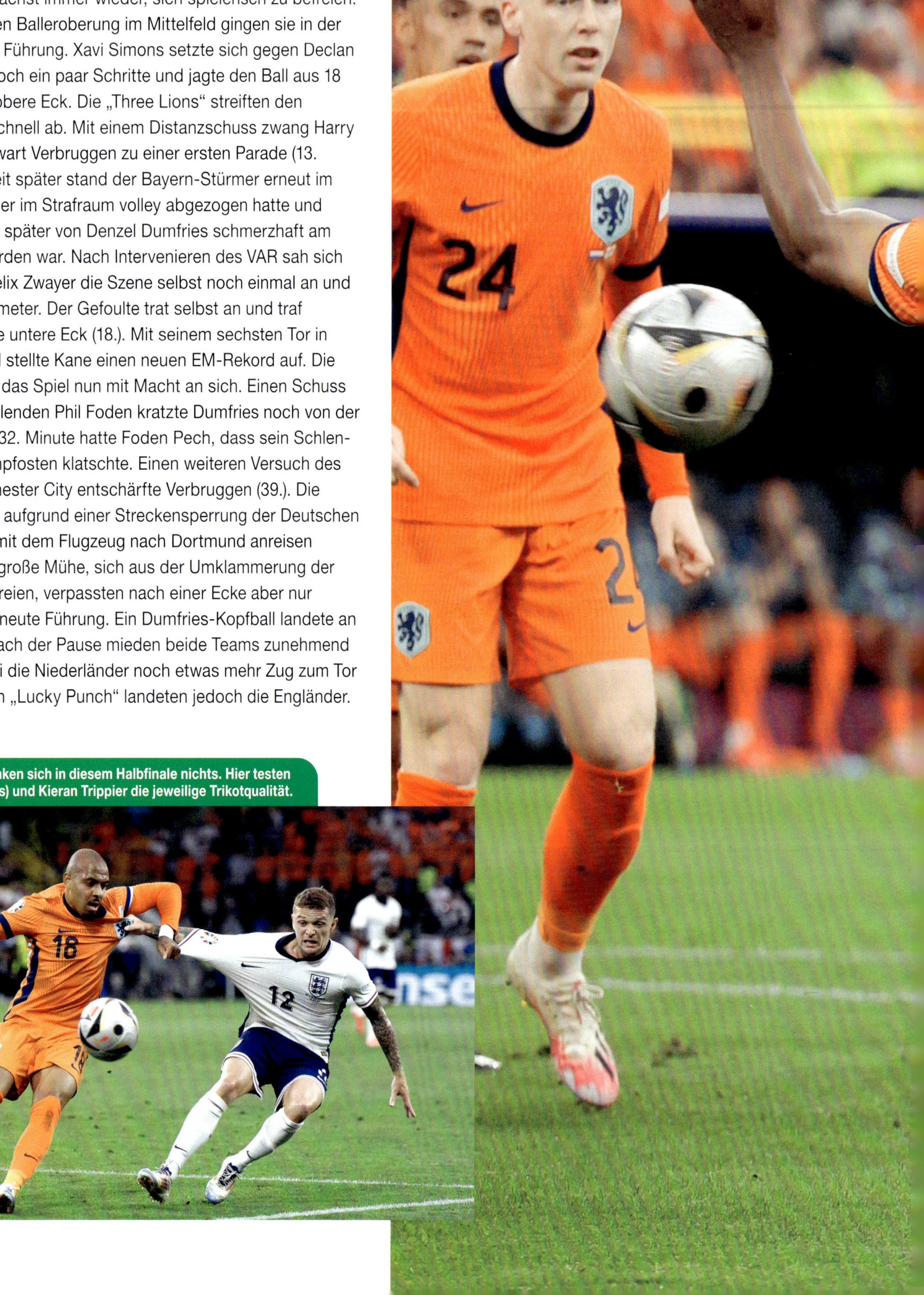

Beide Teams schenken sich in diesem Halbfinale nichts. Hier testen Donyell Malen (links) und Kieran Trippier die jeweilige Trikotqualität.

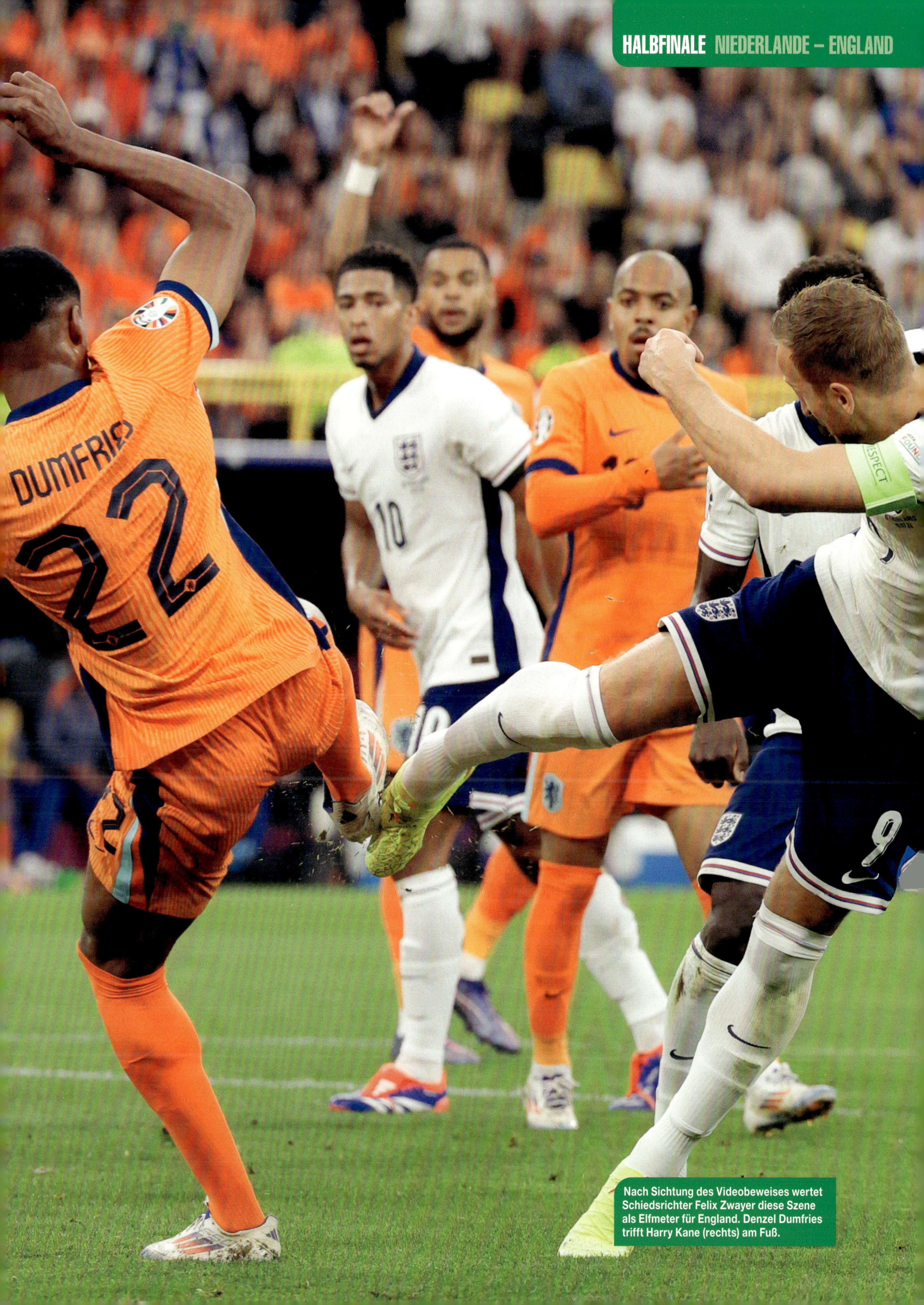

Nach Sichtung des Videobeweises wertet Schiedsrichter Felix Zwayer diese Szene als Elfmeter für England. Denzel Dumfries trifft Harry Kane (rechts) am Fuß.

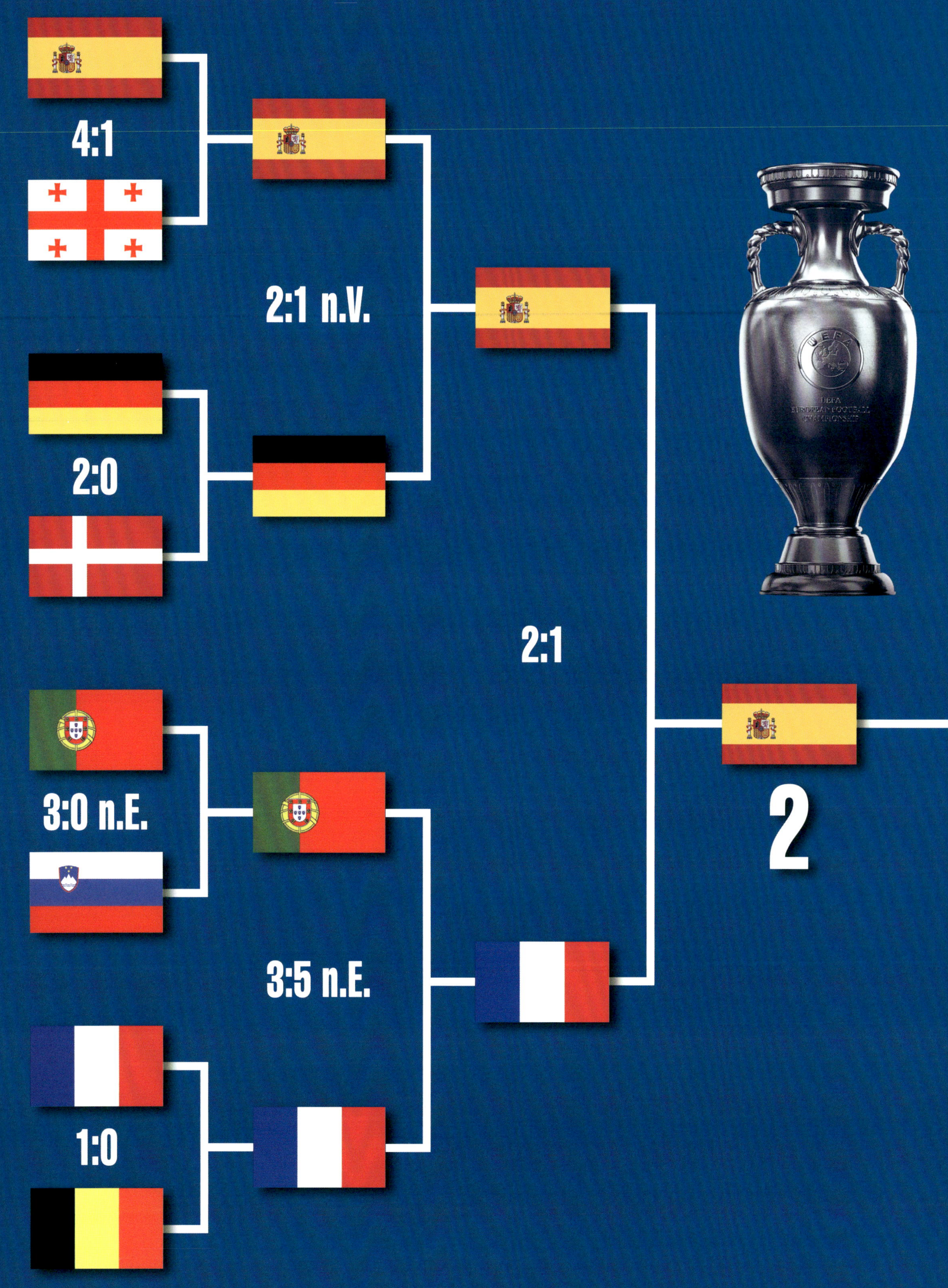

4:1
2:1 n.V.
2:0
2:1
3:0 n.E.
3:5 n.E.
1:0
2

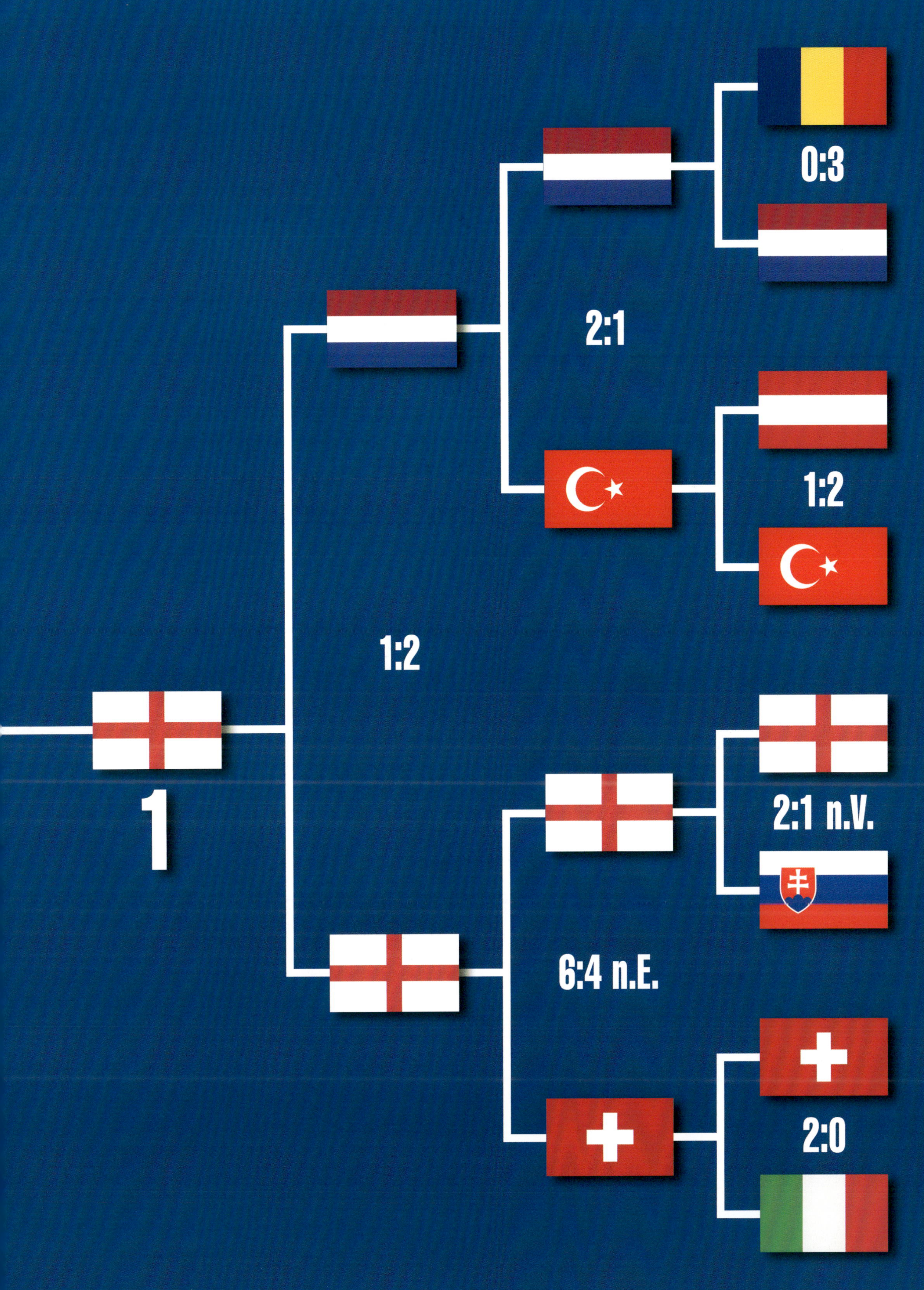
0:3
2:1
1:2
1:2
1
2:1 n.V.
6:4 n.E.
2:0

Sonntag, 14. Juli 2024, 21 Uhr, Berlin, 22° Celsius

SPANIEN – ENGLAND
2 : 1

Trainer: Luis de la Fuente

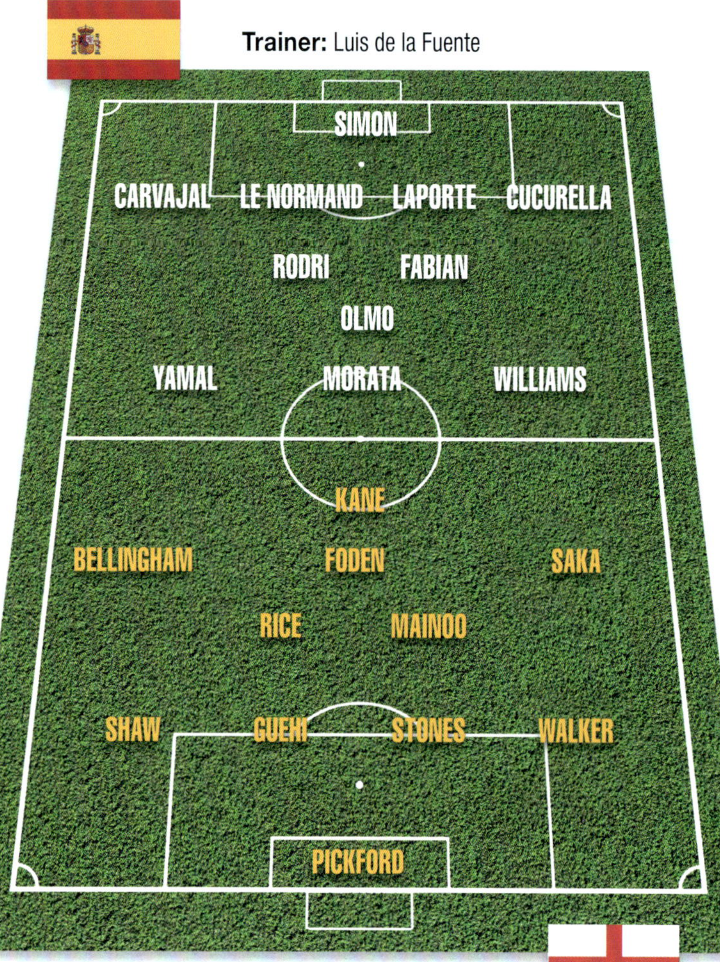

Trainer: Gareth Southgate

Eingewechselt:

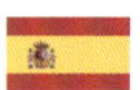

Spanien	England
Zubimendi für Rodri (46.)	Watkins für Kane (61.)
Oyarzabal für Morata (68.)	Palmer für Mainoo (70.)
Nacho für Le Normand (83.)	Toney für Foden (89.)
Merino für Yamal (89.)	

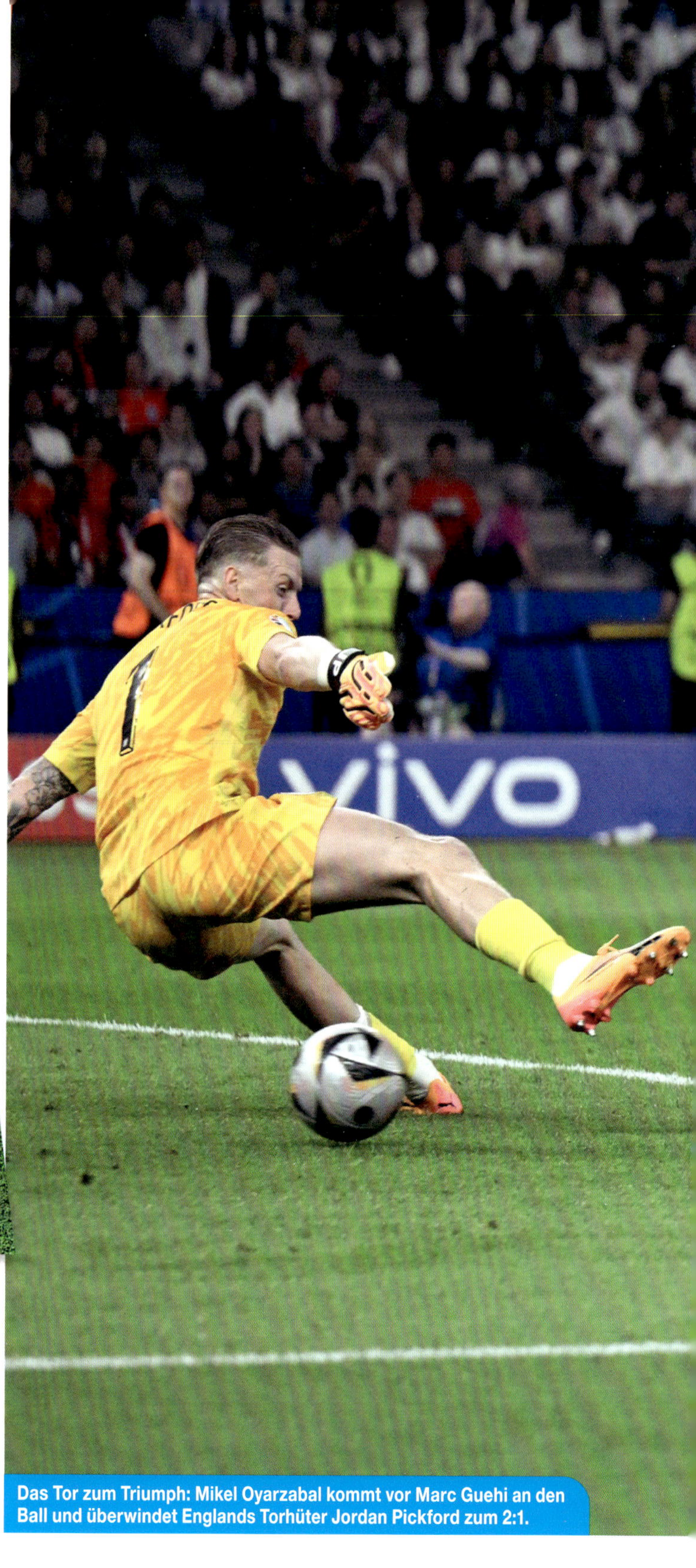

Das Tor zum Triumph: Mikel Oyarzabal kommt vor Marc Guehi an den Ball und überwindet Englands Torhüter Jordan Pickford zum 2:1.

Tore: 1:0 Williams (47.), 1:1 Palmer (73.), 2:1 Oyarzabal (86.)

Gelbe Karten: Olmo / Kane, Stones, Watkins

Gelb-Rote Karten: –

Rote Karten: –

Schiedsrichter: Francois Letexier (Frankreich)

Zuschauer: 65 600

Mikel Oyarzabal blickte kurz zur Seitenlinie, dann richtete er sich auf und trottete mit ausgebreiteten Armen los. So richtig begreifen konnte der spanische Stürmer sein Glück noch nicht, in seinen Blick mischte sich neben Freude auch Skepsis. Der Videobeweis hatte bei diesem Turnier schließlich eine tragende Rolle gespielt und so manchen Treffer wieder einkassiert. Doch nach einigen bangen Momenten war es Gewissheit: Oyarzabal stand nicht im Abseits, sein Tor zum 2:1 (86. Minute) zählte. Eine letzte Volte hielt dieses erst in der zweiten Halbzeit packende EM-Finale aber noch parat. Nach einer Ecke von Cole Palmer klärte der spanische Torhüter Unai Simon einen Kopfball von Declan Rice ins Zentrum, wo Marc Guehi hochstieg und erneut aufs Tor köpfte. Auf der Linie stand jedoch Filigrantechniker Dani

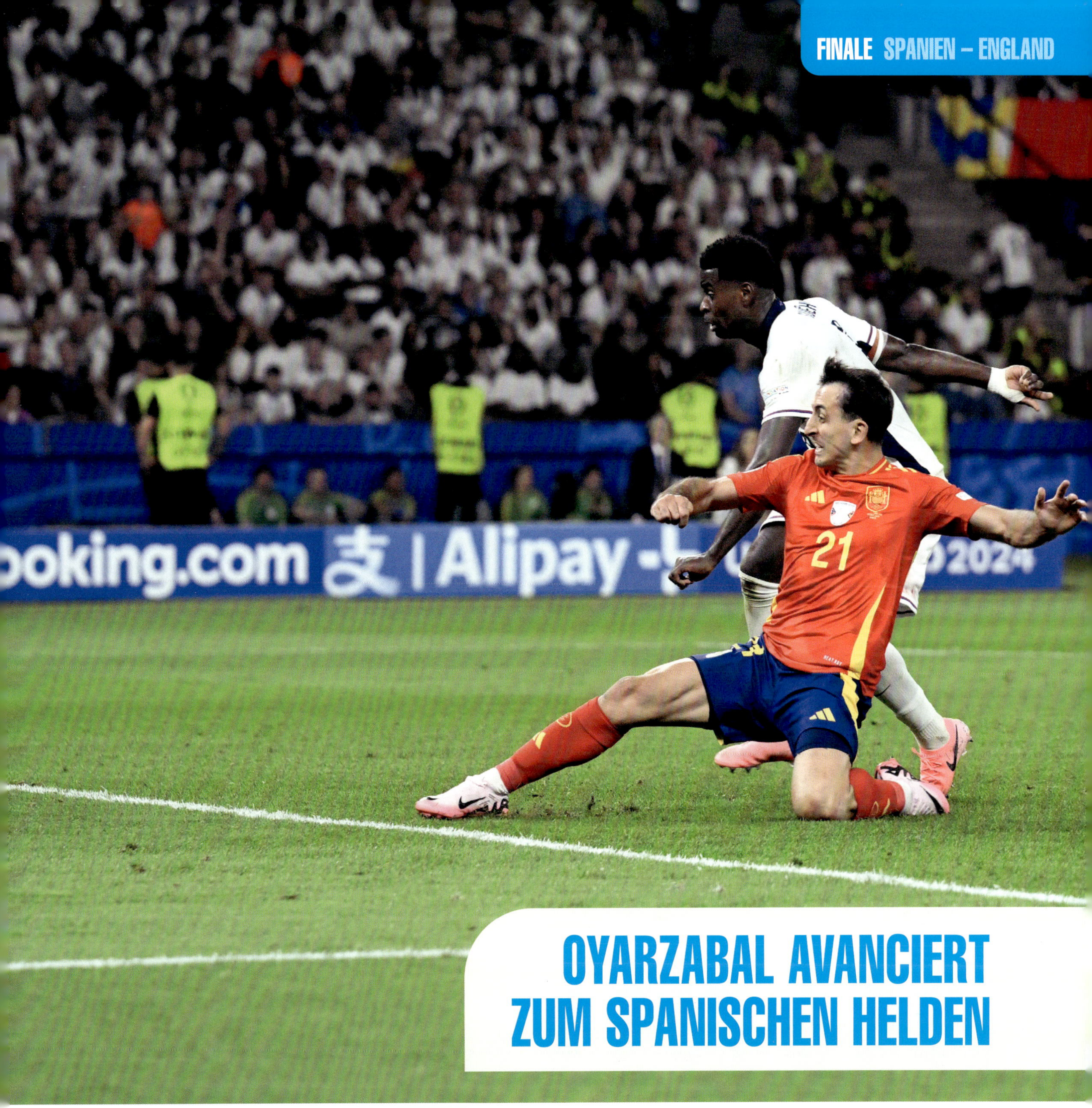

OYARZABAL AVANCIERT ZUM SPANISCHEN HELDEN

Der Spanier Nico Williams dreht nach seinem Führungstor jubelnd ab. Nach dem 1:0 gewinnt das bis dahin dröge Finale gewaltig an Fahrt.

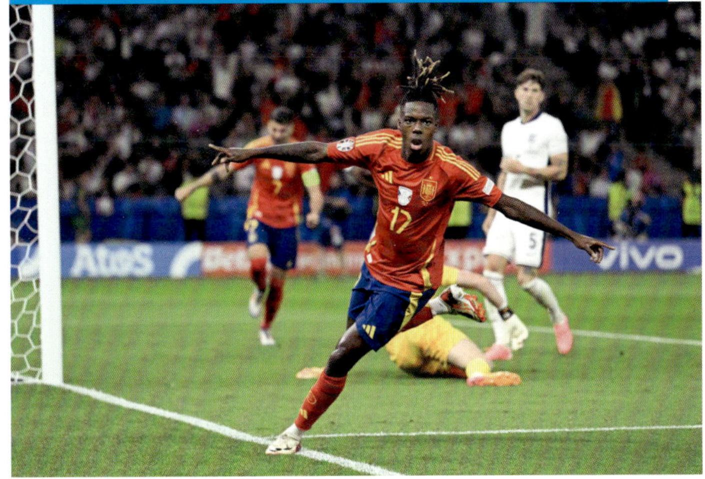

Olmo, wehrte mit dem Kopf ab (90.) und feierte diese Rettungsaktion inbrünstig. Nach vierminütiger Nachspielzeit pfiff Francois Letexier, mit 35 Jahren der jüngste Schiedsrichter, der jemals ein EM-Finale leitete, schließlich ab. Während England wie schon 2021 dramatisch scheiterte, krönten sich die Spanier mit ihrem vierten Titel zum alleinigen Rekordeuropameister. Sie gewannen alle ihre sieben Spiele auf dem Weg zum Triumph. In der K.-o.-Phase hatte es einzig die DFB-Auswahl geschafft, „La Furia Roja" in eine Verlängerung zu zwingen.

Von der Grazie und Dynamik, mit der sie auf dem Weg ins Finale betört hatten, war im Berliner Olympiastadion zunächst aber nichts zu sehen. Endspiele halten ja ohnehin selten, was sie versprechen. Der Druck ist immens, die Risikobereitschaft der

Trainer reduziert, und die Spieler sind nach einem kräftezehrenden Turnier ausgelaugt. Doch was die Spanier und Engländer in der ersten Halbzeit boten, war selbst gemessen daran eine herbe Enttäuschung. Die „Three Lions" igelten sich in der eigenen Spielhälfte ein und überließen dem Team von Trainer Luis de la Fuente den Ball. Die Spanier wussten mit dem Ballbesitz allerdings herzlich wenig anzufangen. Mehr als ein paar Halbchancen sprangen in der gesamten ersten Halbzeit nicht heraus. Auch die jungen Himmelsstürmer Lamine Yamal und Nico Williams konnten kaum Akzente setzen und blieben an den starken englischen Außenverteidigern Kyle Walker und Luke Shaw, für den es der erste Startelfeinsatz seit über einem Jahr war, hängen. Offensiv kam von den Engländern, die auf ihren ersten internationalen Titel seit dem WM-Sieg 1966 hofften, hingegen so gut wie gar nichts. Es lief bereits die Nachspielzeit in der ersten Halbzeit, als Torwart Simon bei einem Schuss von Phil Foden erstmals eingreifen musste.

Dafür begann die zweite Hälfte mit einem Knall. Yamal entzog sich einmal der Bewachung von Shaw, dribbelte dynamisch in die Mitte und legte perfekt in den Lauf von Nico Williams, der mit einem wuchtigen wie präzisen Linksschuss dem englischen Torhüter Jordan Pickford keine Abwehrchance ließ (47. Minute). Damit küsste er dieses Finale endlich wach. Der starke Olmo hatte nur zwei Minuten später das 2:0 auf dem linken Fuß, zog aber etwas zu überhastet ab. Die Engländer wirkten angezählt, und Spanien fand zu jenem rasanten Kombinationsfußball zurück, der sie in den Spielen zuvor so stark gemacht hatte. Nach feinem Zuspiel von Yamal überwand Kapitän Alvaro Morata zwar Pickford, doch Englands Abwehrchef John Stones klärte vor der Linie (55.). In der 66. Minute rettete Pickford stark gegen den jetzt wie entfesselt aufspielenden Yamal (66.). Englands Trainer Gareth Southgate brachte Ollie Watkins und Palmer für Harry Kane und Kobbie Mainoo – und bewies wieder einmal ein glückliches Händchen. Nach einer starken Ablage von Jude Bellingham traf Palmer aus rund 20 Metern mit einem überlegten Linksschuss zum umjubelten Ausgleich (73.) im von englischen Fans dominierten Olympiastadion. Doch die Spanier hatten in der Schlussphase mehr zuzusetzen. Der eingewechselte Oyarzabal bediente Marc Cucurella auf der linken Seite, sprintete in den Strafraum und erhielt den Ball zurück. Im Grätschen bugsierte er den Ball an Pickford vorbei und stieg zum Helden auf.

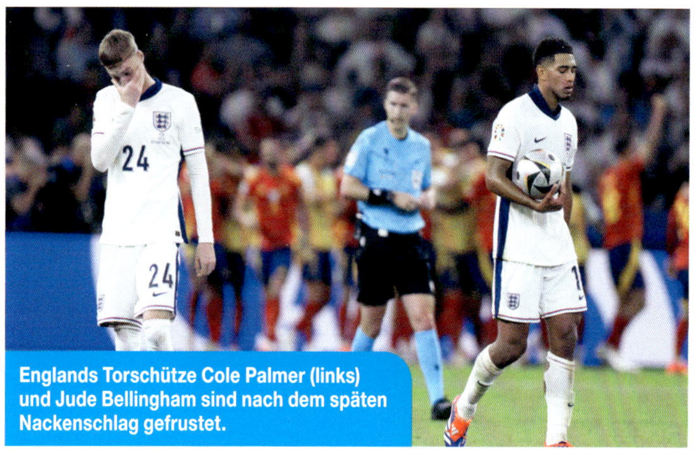

Englands Torschütze Cole Palmer (links) und Jude Bellingham sind nach dem späten Nackenschlag gefrustet.

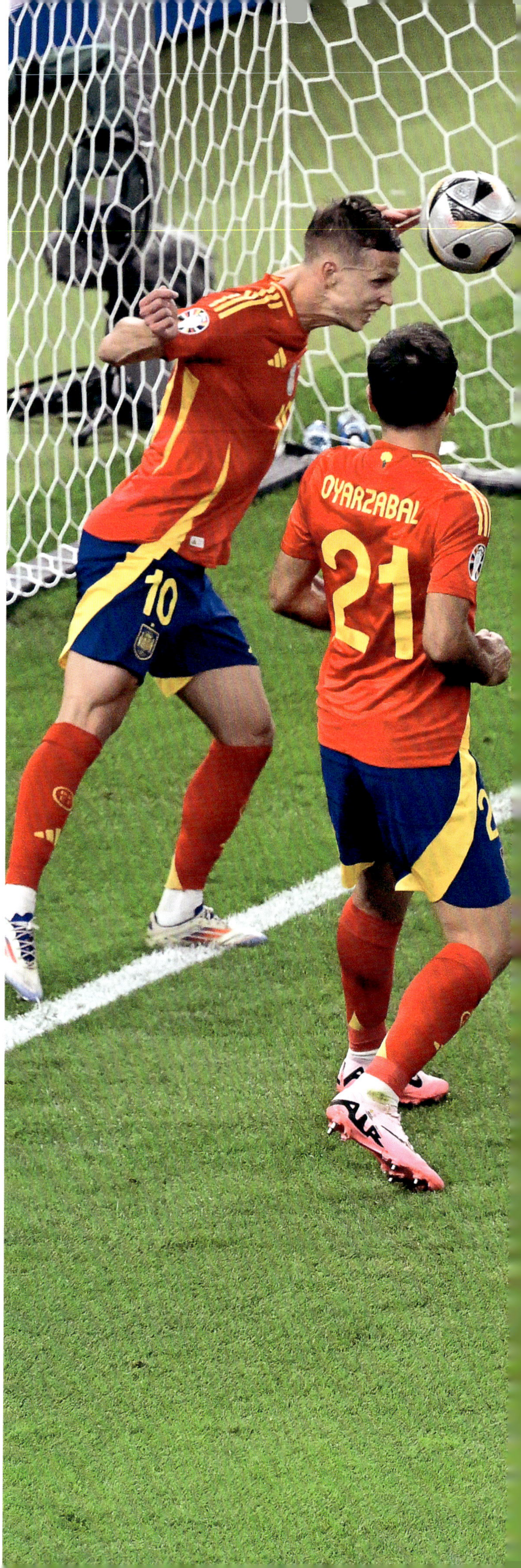

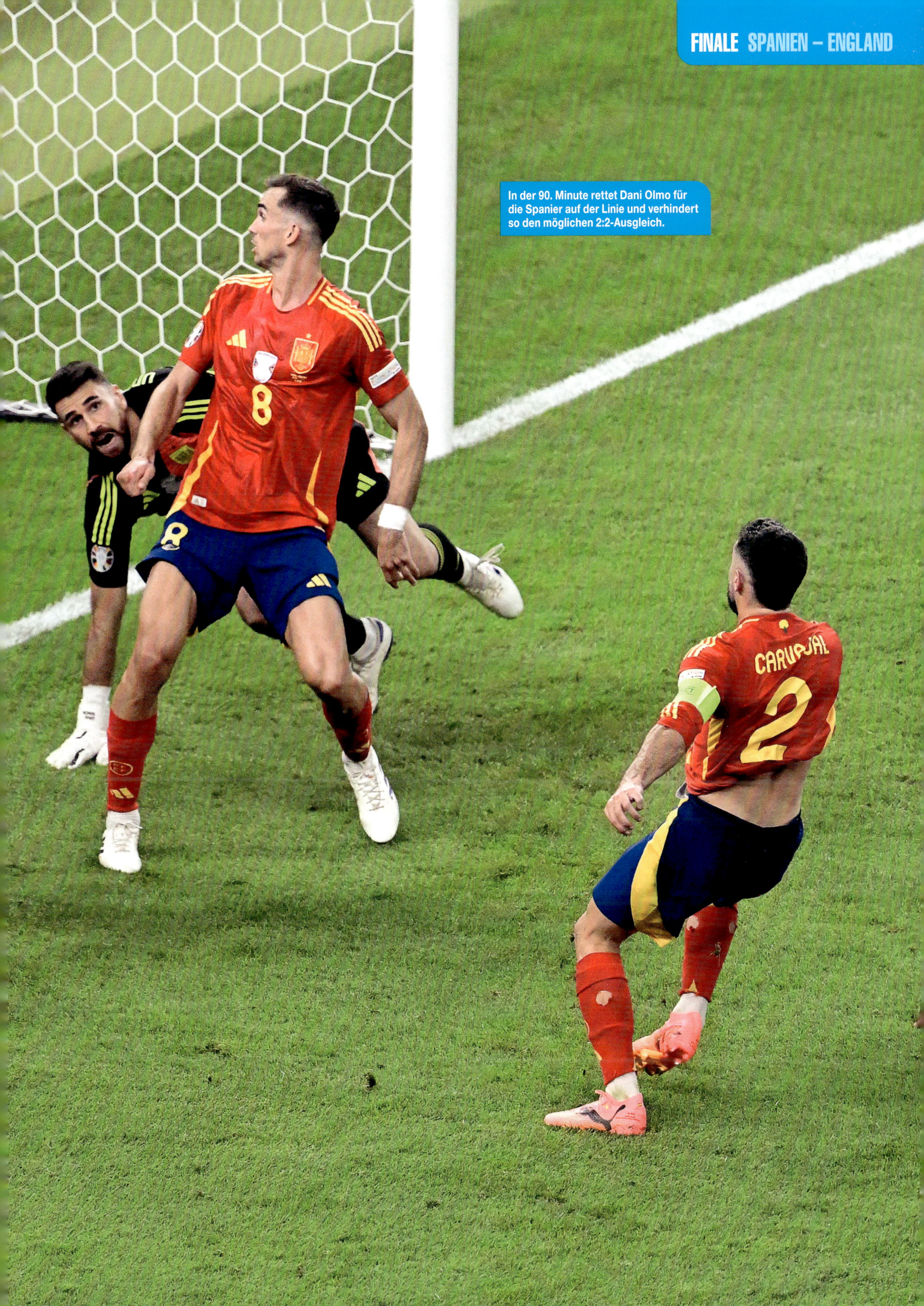

In der 90. Minute rettet Dani Olmo für die Spanier auf der Linie und verhindert so den möglichen 2:2-Ausgleich.

STATISTIKEN EM 2024

DIE BESTEN TORSCHÜTZEN

	Tore
1. Dani Olmo	3
Cody Gakpo	3
Harry Kane	3
Georges Mikautadze	3
Jamal Musiala	3
Ivan Schranz	3

TABELLE DER GRUPPENDRITTEN

	Spiele	Tore	Punkte
1. Niederlande (Gruppe D)	3	4:4	4
Georgien (Gruppe F)	3	4:4	4
3. Slowakei (Gruppe E)	3	3:3	4
4. Slowenien (Gruppe C)	3	2:2	3
5. Ungarn (Gruppe A)*	3	2:5	3
6. Kroatien (Gruppe B)*	3	3:6	2

*ausgeschieden

DIE BESTEN TORHÜTER*

	Einsätze	Gegentore	Ø
Mike Maignan	6	3	0,5
Koen Casteels	4	2	0,5
Jan Oblak	4	2	0,5
Anatoliy Trubin	2	1	0,5
Diogo Costa	5	3	0,6
Unai Simon	6	4	0,7
Predrag Rajkovic	3	2	0,7
Manuel Neuer	5	4	0,8
Yann Sommer	5	4	0,8
Jordan Pickford	7	6	0,9

*mindestens zwei Einsätze

DER JÜNGSTE SPIELER

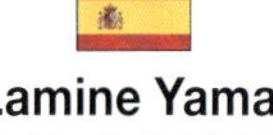

Lamine Yamal
* 13. Juli 2007

DER ÄLTESTE SPIELER

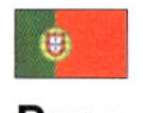

Pepe
* 26. Februar 1983

DER GRÖSSTE SPIELER

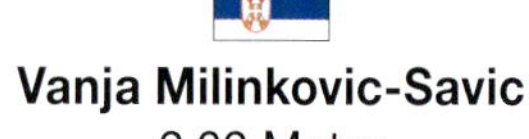

Vanja Milinkovic-Savic
2,02 Meter

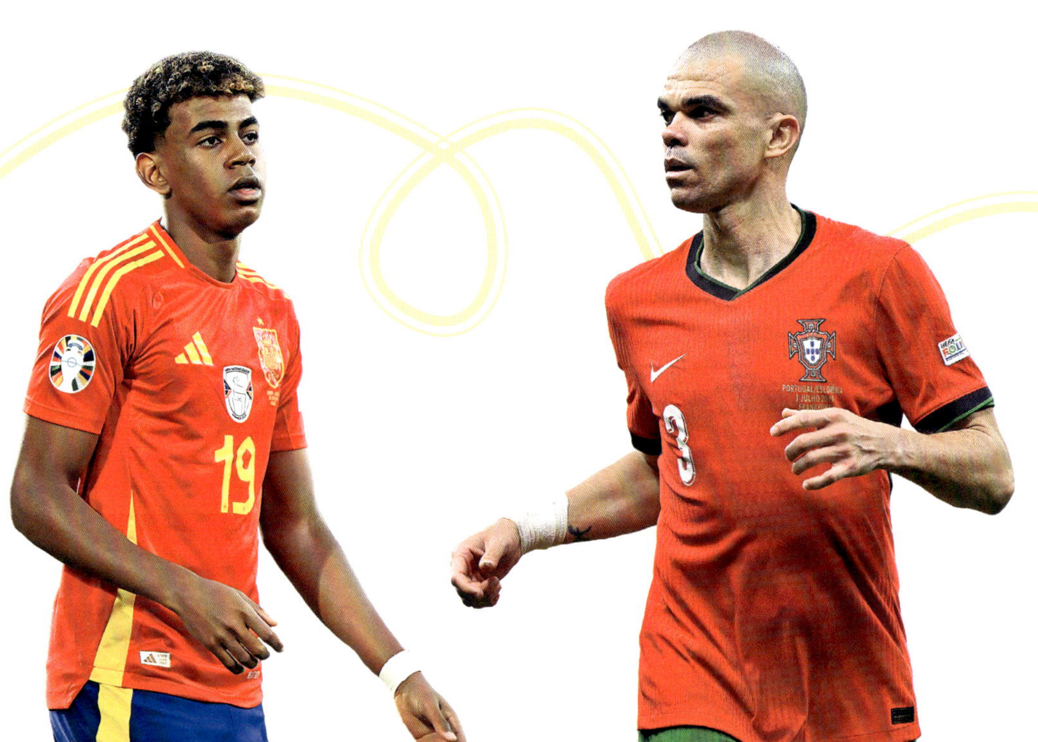

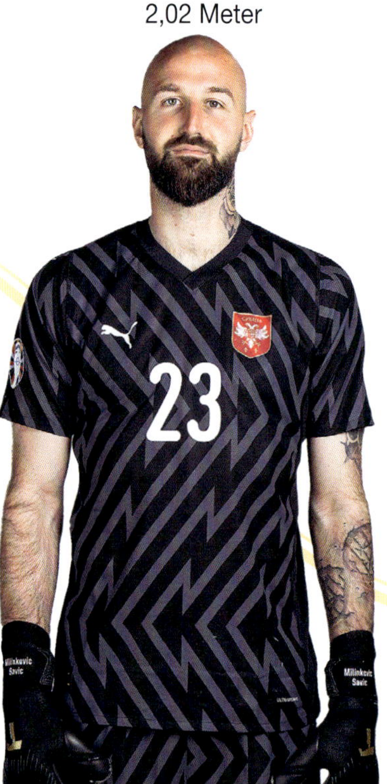

DIE MEISTEN KARTEN

	Gelb	Gelb-Rot	Rot
Türkei	19	0	1
Spanien	14	1	0
England	14	0	0
Tschechien	11	1	1
Deutschland	13	0	0
Österreich	12	0	0
Slowenien	11	0	0
Niederlande	10	0	0

ALLE SCHIEDSRICHTER

	Einsätze
François Letexier	4
Michael Oliver	4
Daniele Orsato	4
Felix Zwayer	4
Clement Turpin	3
Anthony Taylor	3
Halil Umut Meler	3
Artur Soares Dias	3
Glenn Nyberg	3
Slavko Vincic	3
Marco Guida	2
Istvan Kovacs	2
Ivan Kruzliak	2
Danny Makkelie	2
Szymon Marciniak	2
Sandro Schärer	2
Daniel Siebert	2
Jesus Gil Manzano	1
Facundo Tello	1

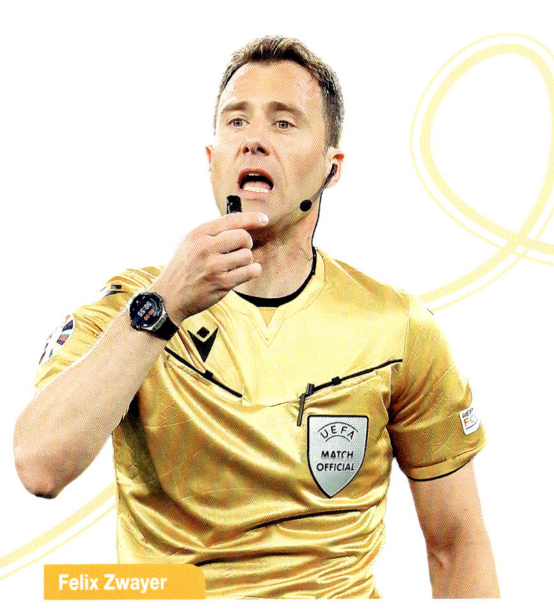

Felix Zwayer

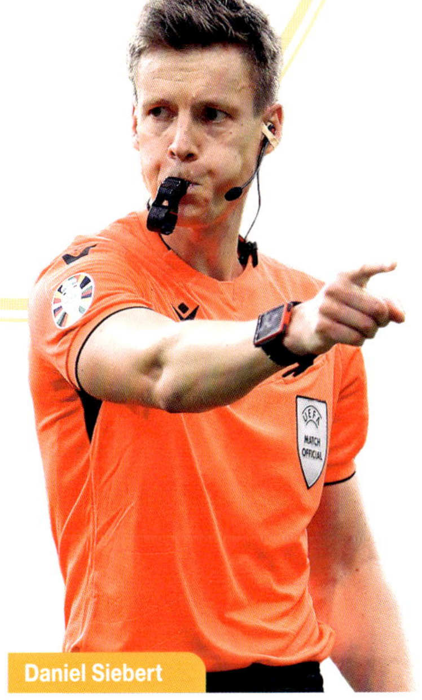

Daniel Siebert

DER KLEINSTE SPIELER

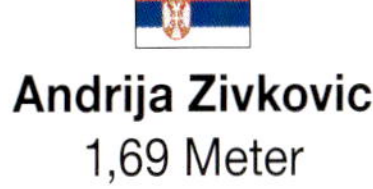

Andrija Zivkovic
1,69 Meter

DER JÜNGSTE TRAINER

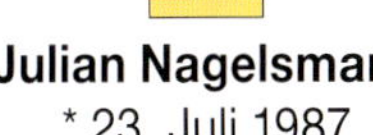

Julian Nagelsmann
* 23. Juli 1987

DER ÄLTESTE TRAINER

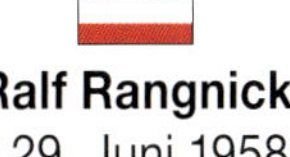

Ralf Rangnick
* 29. Juni 1958

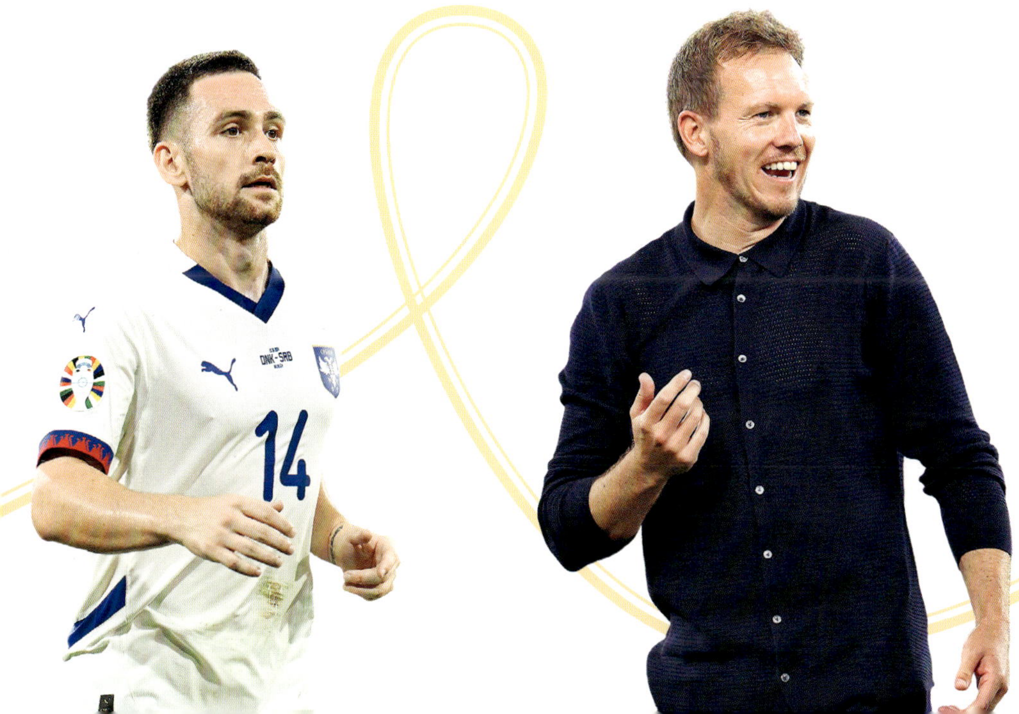

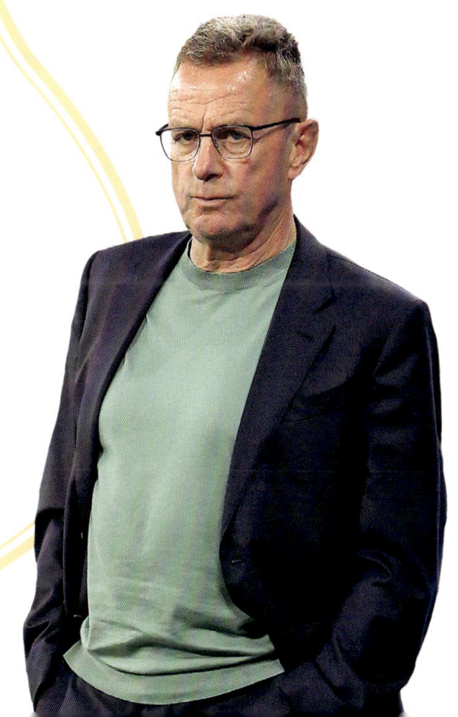

STATISTIKEN EM-HISTORIE

DIE MEISTEN SPIELE

	Turniere	Spiele
1. Cristiano Ronaldo	6	30
2. Pepe	5	23
3. Manuel Neuer	4	20
4. Joao Moutinho	4	19
Toni Kroos	4	19
6. Leonardo Bonucci	3	18
Bastian Schweinsteiger	4	18
Harry Kane	3	18
9. Antoine Griezmann	3	17
Alvaro Morata	3	17
Gianluigi Buffon	4	17
Giorgio Chiellini	4	17
Thomas Müller	4	17

DIE MEISTEN TORE

	Spiele	Tore
1. Cristiano Ronaldo	30	14
2. Michel Platini	5	9
3. Alan Shearer	9	7
4. Alvaro Morata	17	7
Antoine Griezmann	17	7
6. Patrik Schick	7	6
7. Ruud van Nistelrooy	8	6
8. Patrick Kluivert	9	6
9. Wayne Rooney	10	6
10. Thierry Henry	11	6
11. Zlatan Ibrahimovic	13	6
12. Romelu Lukaku	14	6
Robert Lewandowski	14	6
Nuno Gomes	14	6

DIE MEISTEN SIEGE

	Spiele	Siege
1. Deutschland	58	30
2. Spanien	53	28
3. Niederlande	45	23
4. Frankreich	49	23
5. Italien	49	22
6. Portugal	44	21

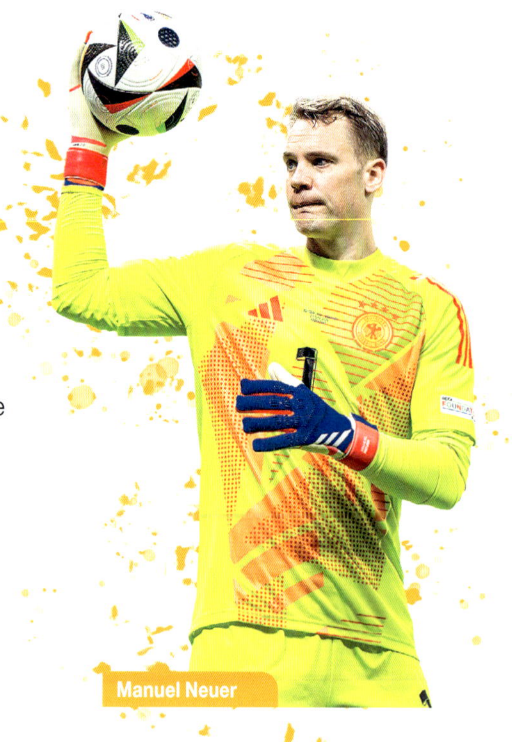
Manuel Neuer

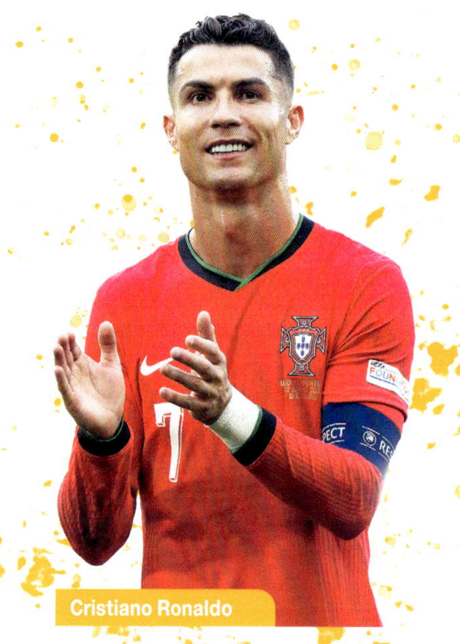
Cristiano Ronaldo

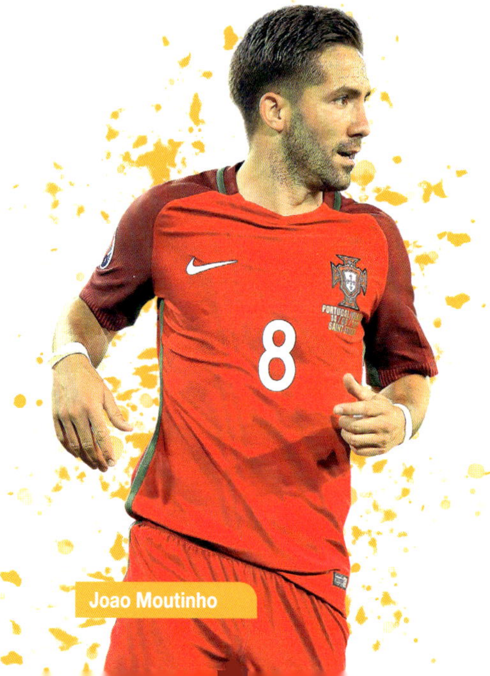
Joao Moutinho

DIE MEISTEN TITEL

1. Spanien	4
2. Deutschland	3
3. Italien	2
Frankreich	2

DIE HÖCHSTEN SIEGE

2000 (Viertelfinale)
Niederlande – Jugoslawien
6 : 1

2020 (Gruppenphase)
Spanien – Slowakei
5 : 0

2004 (Gruppenphase)
Schweden – Bulgarien
5 : 0

1984 (Gruppenphase)
Dänemark – Jugoslawien
5 : 0

1984 (Gruppenphase)
Frankreich – Belgien
5 : 0

DIE TORREICHSTEN SPIELE

1960 (Halbfinale)
Niederlande – Jugoslawien
5 : 4

2021 (Achtelfinale)
Spanien – Slowakei
5 : 3 n.V.

2016 (Viertelfinale)
Schweden – Bulgarien
5 : 2

2000 (Viertelfinale)
Dänemark – Jugoslawien
6 : 1

2000 (Gruppenphase)
Frankreich – Belgien
4 : 3

ALLE EUROPAMEISTER

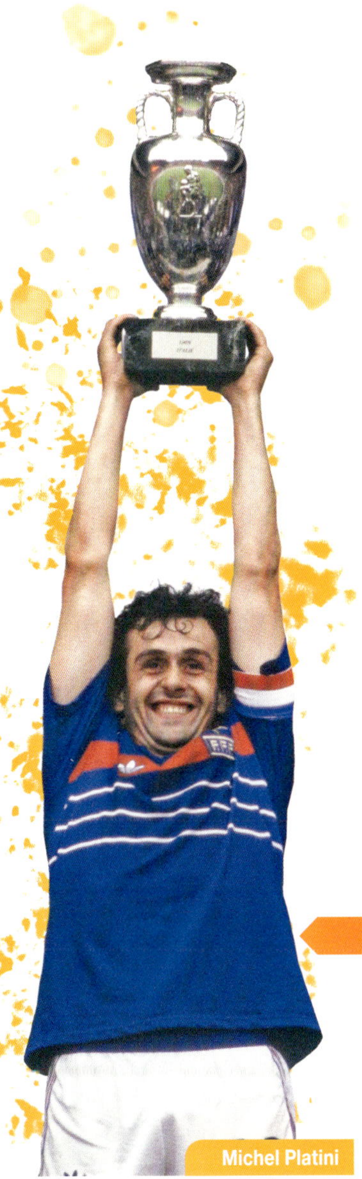
Michel Platini

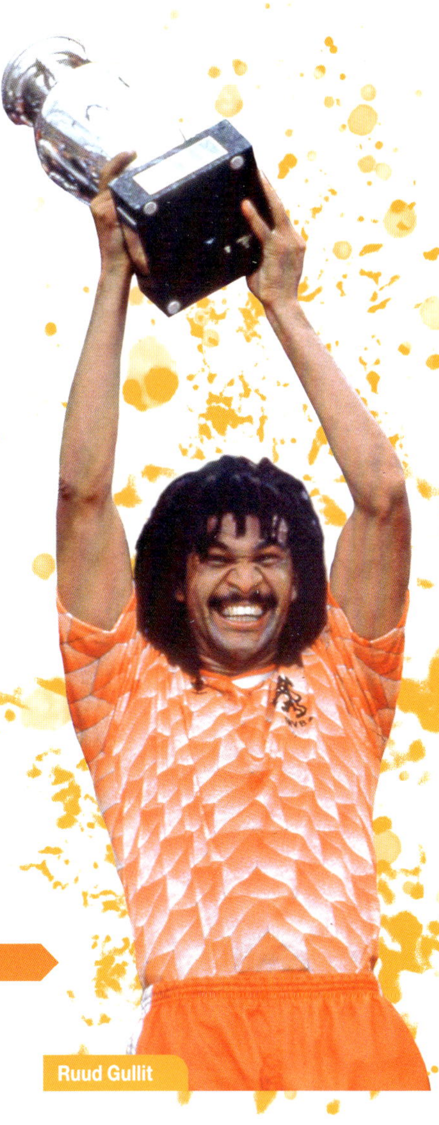
Ruud Gullit

1960 IN FRANKREICH
FINALE: Sowjetunion – Jugoslawien 2:1 n.V.

1964 IN SPANIEN
FINALE: Spanien – Sowjetunion 2:1

1968 IN ITALIEN
FINALE: Italien – Jugoslawien 1:1 n.V., 2:0*

1972 IN BELGIEN
FINALE: Deutschland – Sowjetunion 3:0

1976 IN JUGOSLAWIEN
FINALE: Tschechoslowakei – Deutschland 7:5 n.E.

1980 IN ITALIEN
FINALE: Deutschland – Belgien 2:1

1984 IN FRANKREICH
FINALE: Frankreich – Spanien 2:0

1988 IN DEUTSCHLAND
FINALE: Niederlande – Sowjetunion 2:0

1992 IN SCHWEDEN
FINALE: Dänemark – Deutschland 2:0

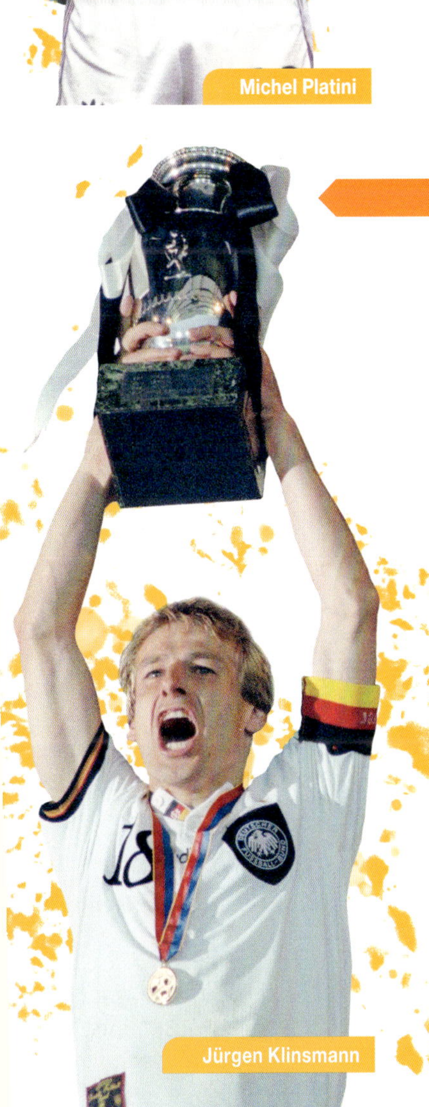
Jürgen Klinsmann

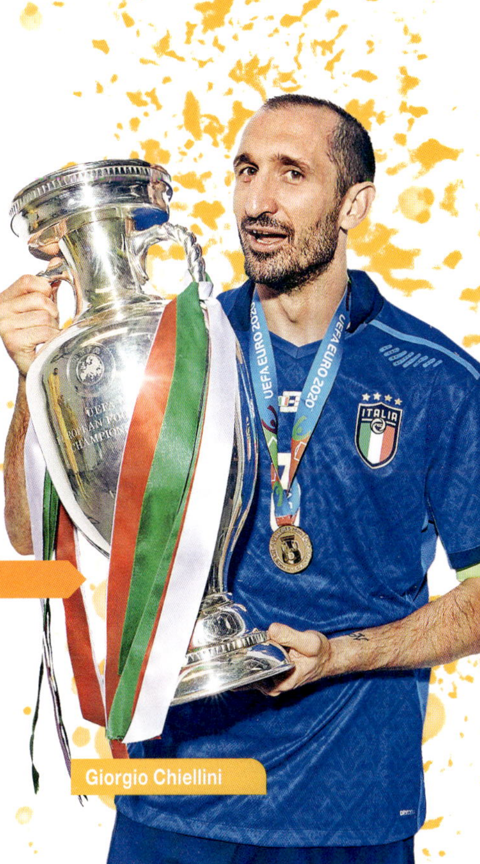

Giorgio Chiellini

1996 IN ENGLAND
FINALE: Deutschland – Tschechien 2:1 n.GG**

2000 IN BELGIEN / NIEDERLANDE
FINALE: Frankreich – Italien 2:1 n.GG**

2004 IN PORTUGAL
FINALE: Griechenland – Portugal 1:0

2008 IN ÖSTERREICH / SCHWEIZ
FINALE: Spanien - Deutschland 1:0

2012 IN POLEN / UKRAINE
FINALE: Spanien – Italien 4:0

2016 IN FRANKREICH
FINALE: Portugal – Frankreich 1:0 n.V.

2021 EUROPAWEIT
FINALE: Italien – England 4:3 n.E.

2024 IN DEUTSCHLAND
FINALE: Spanien – England 2:1

*Wiederholungsspiel **Golden Goal

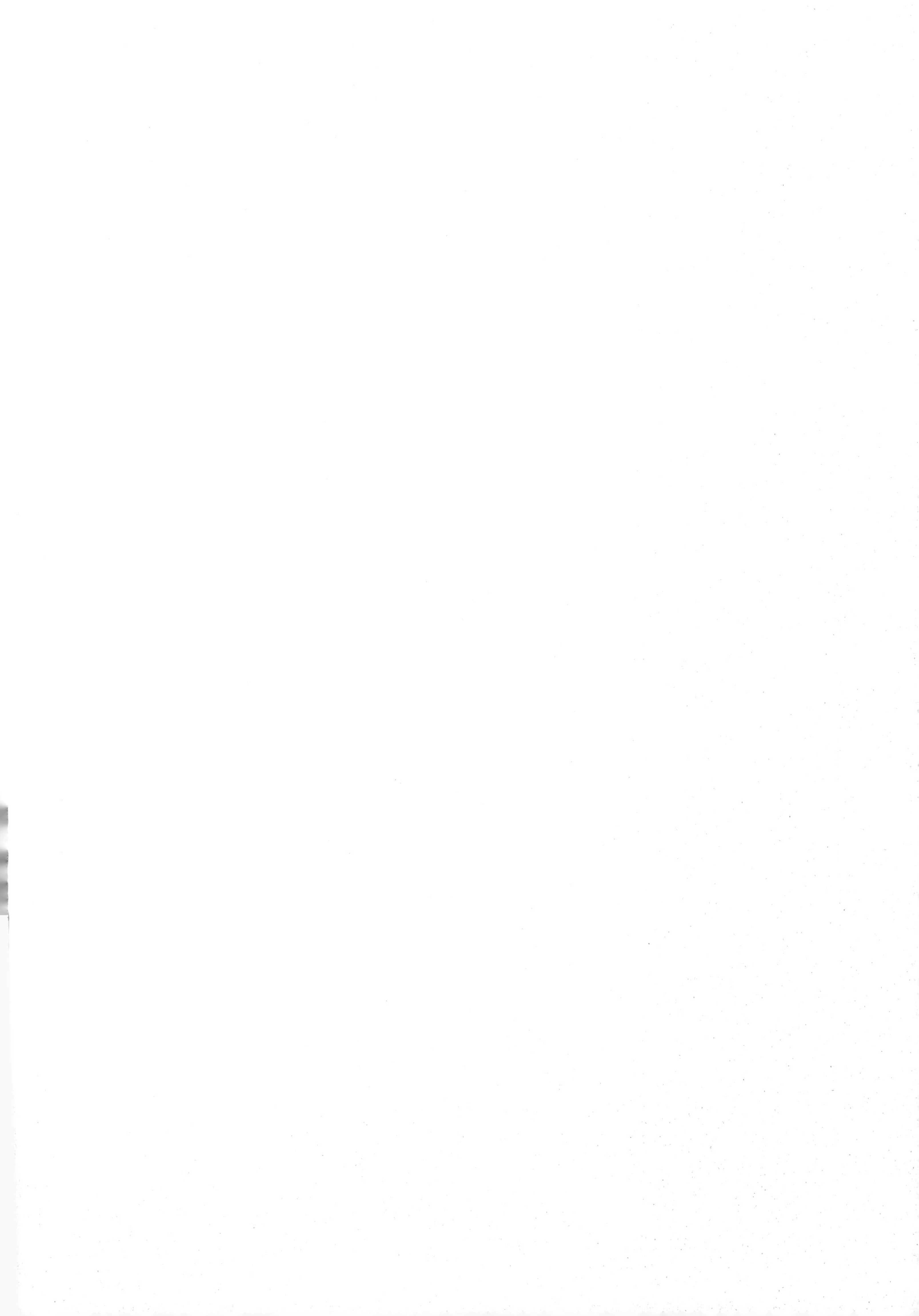

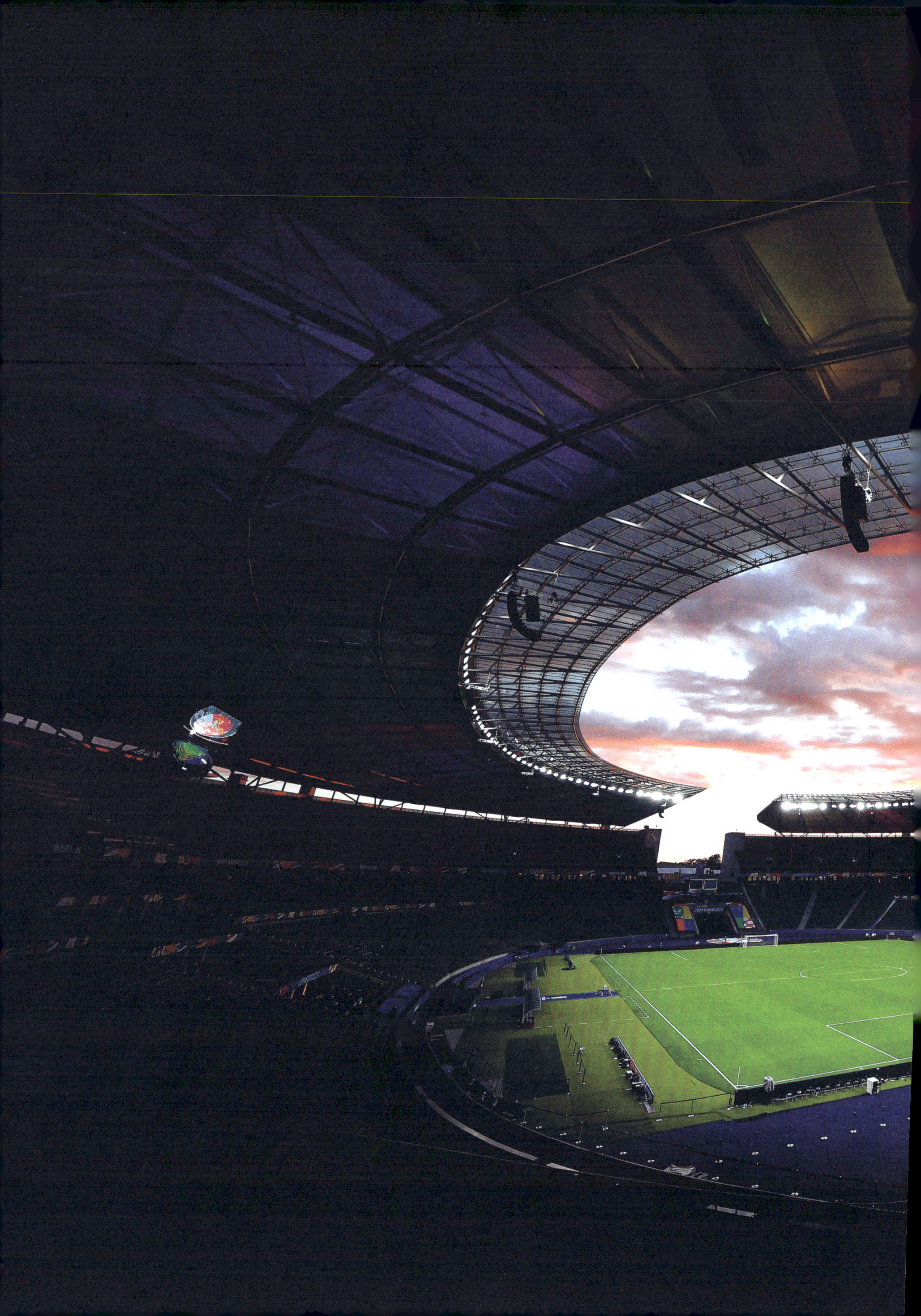